中央民族大学青年文库

本书为国家自然科学基金项目"基于'主体－产业
展模式与重构研究"（批准号：41901180）、国家
013）成果

中央高校基本科研业务费资助出版

流动的乡土：
景观·小镇·村落

Liudong De Xiangtu
Jingguan Xiaozhen Cunluo

陶慧◎著

中央民族大学出版社
China Minzu University Press

图书在版编目(CIP)数据

流动的乡土:景观·小镇·村落/陶慧著.—北京:中央民族大学出版社,2023.2(2023.9重印)

ISBN 978-7-5660-1661-4

Ⅰ.①流… Ⅱ.①陶… Ⅲ.①小城镇—旅游业发展—研究—中国 Ⅳ.①F592.3

中国版本图书馆 CIP 数据核字(2021)第 124289 号

流动的乡土:景观·小镇·村落

著　　者	陶　慧
责任编辑	杜星宇
封面设计	舒刚卫
出版发行	中央民族大学出版社
	北京市海淀区中关村南大街27号　邮编:100081
	电话:(010)68472815(发行部)　传真:(010)68932751(发行部)
	(010)68932218(总编室)　(010)68932447(办公室)
经 销 者	全国各地新华书店
印 刷 厂	北京建宏印刷有限公司
开　　本	787×1092　1/16　印张:22
字　　数	385 千字
版　　次	2023 年 2 月第 1 版　2023 年 9 月第 2 次印刷
书　　号	ISBN 978-7-5660-1661-4
定　　价	78.00 元

版权所有　翻印必究

序

全球化与地方化的两极互动构成了城乡关系变迁的主要动因。一方面，在全球化的背景下，我国的发展构成了新的全球体系发展的一部分。旅游在给人们创造美好生活的同时，以其更大的规模和力量，推动了乡村城市化进程。另一方面，随着土地政策的变革与社会经济的快速发展，乡土社会变得更加开放，乡村的边界伴随着人的流动而拓展。

乡村凭借其截然不同于城市的景观与生活体验，成为都市人群寄托乡愁与想象的"桃花源"。与此同时，乡土文化的变迁也历尽曲折，经历了从传统文化解构到现代文化重建的历史过程。尤其是改革开放后，我国农村经历了家庭联产承包责任制、乡镇企业、小城镇建设到城乡一体化发展的现代化历程。这使中国的农村逐步实现由传统到现代的整体转型，乡土社会被嵌入城镇化、工业化、市场化的轨道，相伴而生的一个重要问题则是农村社会的文化变迁与其背后的社会演变。伴随着商品经济的快速发展与现代文明的渗透演进，农村传统文化与现代文明相互碰撞、相互融合，对乡土中国变迁和演进产生了广泛而深刻的影响。

纵观中国发展历史，无一不是嵌入于乡土之中。《流动的乡土：景观·小镇·村落》一书将乡村置于旅游带来的社会情境多样化的全球流动网络中：一方面，人群城乡双向流动使得构成地方的社群与景观呈现多元复杂的马赛克图景，传统且相对静止、封闭的乡村演变出新的地理单元——景区化和城镇化的新空间；另一方面，全球化的物资、信息与文化形态等形成流动的网络，以多样的形式交织在传统乡土社会的"地方"，同样影响着尚未被旅游直接改造的村落，让它们具备了景观基质或为景观提供延伸的服务。地方在流动与交互中不断生产新的价值与意义。

这样看来，流动成为形塑社会结构并推动文化变革的重要力量，人口、产业、信息与知识的快速传播，使得原本相对稳定与"熟悉"的乡土社会越来越多地处在"他者"的凝视、互动与文化实践之中。这一过程必然会带来地理空间极其复杂的嬗变与重构，乡土的地方性越来越成为一个被流动所建构的过程。

旅游产业自发展之初便以其文化的异质性与空间流动为基础，旅游带来的乡土流动日渐成为重要的流动形式。旅游流动不仅包括传统地理视角下的空间流动，更重要的是与之相随的各种社会关系、权力、资本以及文化要素等所构成的流动体系。

陶慧博士这本书建构了一种关注乡土社会的全新视角——景观、小镇与村落（简称"ATV"）。这一视角不但拓展了乡村旅游空间的内涵与外延，也引发读者去理解旅游在相对均质的乡土社会呈现的新特征及其与地方、空间之间的相互关系。书中通过作者深入武陵山地区专题调研和东部沿海地区乡村旅游规划实践获取的一手数据作为不同类型乡村案例区加以解析，从地理空间的角度将流变的乡村视为旅游城镇化的特殊地理单元，划分为五种不同的演变类型，并试图探究它们的地理分异规律与发展机理。在乡村振兴的战略背景下，怎样去研究置身于流动网络中的乡村成为一个重要的课题。本书中呈现出旅游带来的乡村变迁，在中国大地上颇具普适性的研究价值，以期为正经历着矛盾与冲突的乡村人地关系协调与旅游空间重构提供决策依据和借鉴经验，从而推动乡村新秩序的建立。

对乡土社会流动性的探讨和批判性思考自古有之，并逐步成为当前时代不可回避的主要话题和必然要求。陶慧博士从中国科学院地理科学与资源研究所获得地理学博士学位之后，继而转向旅游人类学的博士后研究，从之前仅关注地理空间的要素流动，到更多地想要在研究中突破"见物不见人"的乡村传统静态的视角，唤醒对乡村的文化主体价值的尊重。这于她个人而言是一个研究者的"人文转向"，于整个旅游学科的研究而言，希望能够充盈不同学科、不同群体对流动的讨论、研究和实践的理想空间，促进学科之间的交流与合作。这种透过流动的空间探视地方性的人本主义范式，有助于理解旅游现代化进程中所面临的人地关系的风险和社会矛盾，让每个公民在乡土文化的变迁中，在新的乡土景观孕育和体验中，寻回对地方的归属和认同。

中国科学院地理科学与资源研究所研究员
2021 年 5 月 18 日

前　言

> 他们的歌声自成其调，与笛声婉转，时断时续，如温柔的牧羊人，就像泰迪鲁斯那位缪斯。
>
> ——路易斯·德·科莫·伊思（1572）

费孝通在《乡土中国》中对"乡土社会"的经典描述构成世人对传统中国乡村的想象。20世纪70年代末以来，随着中国土地政策的变革与社会经济的快速发展，中国乡村发生着天翻地覆的变化。乡村的变迁常常通过空间叙事来表达日常生活中的各种社会关系，传统乡村的空间演变，包括生长、拓展、缩减甚至消亡，均体现在对农业经济（农田）的依赖上。20世纪90年代以来，全球范围内呈现出快速的乡村非农化趋势，继手工业、零售业、文化和旅游产业等相继切入，乡村逐步实现从生产空间到消费空间的嬗变。随之而来的是乡村人口结构不断丰富，本地村民、第二住房拥有者、游客、管理者以及其他新迁入者使得人口流动变化大，乡村的社会关系与景观意象也因此发生变革，乡村已演变为一个多主体、多功能、多维度的复杂空间。

如今，旅游产业已经成为世界第一大产业，在我国成为推动城镇化的重要力量，有些地方甚至成为推动城镇化的唯一力量。改革开放以来，我国涌现一大批独具特色、类型各异的旅游小城镇，成为很多地区振兴乡村经济和挽救乡村衰落的重要手段，成为构建和谐城乡关系和建设美丽乡村的重要抓手，为广大乡村地区可持续的经济社会发展创造出一种新模式。在旅游小城镇快速发展过程中，出现了"鬼城"、假的古镇、缺乏人气的商业街、缺乏个性的粗制滥造、空间无序、资源与环境破坏、社区居民不满等大量问题。旅游小城镇的学术研究关注度和成果与之在实践中的重要性不相匹配，理论研究远远跟不上现实实践。而少有的研究成果，多聚焦于历史文化名（古）镇和景区服务镇，忽视了一类借由特殊区位、资源和环境等优势转化生长的新型旅游小城镇。因此，旅游小城镇分类体系的完善，不同类型旅游小城镇科学发展模式的探索以及高效有序的空间组织结构的建立，均是亟待研究的课题。

本书基于"景观吸引物（A）""小镇（T）"与"村落（V）"三要素协同演化的新视角，借鉴国内外小城镇发展格局与演变、原因与机理的研究成果，以福建马洋溪生态旅游区（镇）与武陵山经济协作区5个代表性旅游小城镇作为案例地，通过问卷调查、田野调查和深入访谈等手段采集第一手数据，采用定量与定性相结合的方法深入研究，取得以下成果：

（1）构建了ATV研究新视角：确立基于核心吸引物（Attraction，A）—小镇（Town，T）—村落（Village，V）的理论视角，是从全域旅游的理论出发，分析现有旅游区域开发中的问题，包括景区问题、景区与城镇乡村的关系问题、乡村破碎化空心化的问题、房地产粗暴掠夺的问题等。ATV理论是霍华德田园城市"三磁铁"理念结合传统空间管理理念的嬗变，是"生产-生活-生态"理念的现实创新。ATV的资源观摆脱了原有单体资源调查评价模式，将感知、体验、服务等纳入分类评价系统，丰富了旅游小城镇的资源体系，是全方位的科学资源观。ATV三者空间关系表现为渗透交叉、胁迫互补等多元耦合，并随着旅游小城镇不同发展阶段发生相应的演变。ATV理论视角的提出，为旅游小城镇的深入研究奠定了基础。

（2）旅游小城镇内涵、分类与特征：本书基于ATV空间关系的旅游小城镇界定与类型划分当属创新。分为"AT一体式、AT分离式、ATV联动式与ATV创意再造式"四类，并对应"传统古镇、景区服务镇、休闲集聚镇、生态旅游区（镇）与主题小镇"五个细分类型。从ATV三者不同属性出发，对这五类旅游小城镇特征做出分析，并以此为基础，制定了旅游小城镇的全要素体系，包括"城镇发展基础、旅游产业基础、乡村生态环境、要素与配套、社区参与、管理保障与创新技术"七个方面，给予了旅游小城镇通用性的判断方向，在实践中可以结合实际情况加以修正。

（3）旅游小城镇发展模式与案例演绎：基于"景区—小镇—乡村"的空间效益优劣组合得出ATV权衡的三维空间八个象限，其中五个象限符合旅游城镇化发展空间特征，进而得出五类旅游小城镇的发展模式分别为社区营造、创意再造、双核驱动、休闲集聚与大区小镇，正好契合旅游小城镇的5个类型划分。本书结合武陵山区恩施州的5个案例地，进行了旅游产业、镇区与乡村结构等多维度的演化分析，为同类型旅游小城镇发展提供了借鉴经验。

（4）构建了旅游小城镇空间重构模型：利用GIS空间技术与层次分析法确立一套旅游小城镇地区的"ATV"适宜性评价体系，该体系包含3大主类指标和96个评价因子。结合ATV三类空间职能差异与旅游小城镇的共同空间特征，提出ATV单核联动空间重构的概念模型。这一模型强调空间效用适度集中，发挥产业规模集聚效应，防止分散延展式开发所带来的负面影响，并能有效提升乡村环境质量。以马洋溪生态旅游区（镇）为例，在分析空间现状问题的基础上，按照ATV空间适宜性评价体系与单核空间重构模型，实现了马洋溪的整体空间重构，搭建了全新的空间管理平台。

（5）旅游小城镇可持续发展策略：分别从景区—小镇—乡村（ATV）三方面提出旅游小城镇可持续策略，具体包括：景区方面关注边界、容量与服务设施的配置问题；小镇重在解决业态配置、景观营造与公共设施配套的问题；乡村旨在关注社区权力与公平、居民点的空间管理以及乡土景观的回归问题。ATV三要素的优化协同推动着旅游小城镇的科学演进，这是旅游小城镇可持续发展的关键点。

无论是历史、当下，甚或未来，乡村都是中国社会最具想象力和生命力的空间。关于乡村空间结构与变迁问题，实际上是乡村社会被想象、描述、革新、执行与具体化的过程。由于旅游的嵌入，僵化与封闭的乡村共同体已转换为"流变的村庄"。乡土空间在与现代性文化的交汇融合中走向分化和多元化。本书建构"ATV"三要素的协同框架，为解释当前中国乡村旅游空间的现实、问题和趋势提供了一种客观中性和建设性的分析框架，既要区别对待每一种新旧交织的空间元素的多元产出，又要摆脱长期以来"剥夺式积累"（accumulation by dispossession）的乡村（城镇化）空间旧秩序。该框架是在尊重现代产业发展需求和乡村进步的基础上，最大限度保护原生环境和地方秩序，是基于人性关照下的文化权力黏合和空间权力重置，更是从地理学、人类学和旅游学等多学科角度出发，寻找乡村重构的视角创新。

当然，乡村变迁是一项系统工程，涉及经济、文化、社会组织等方面，包括产业就业结构的变化、聚落形态与景观的变化、工农和城乡关系的转变等。本书探讨乡村空间变迁是在乡村经历旅游业空间实践的和象征性控制的特定情境下，意图唤醒乡村的景观权力与文化自觉，也是践行大卫·哈维的"空间修复"（Spatial Fix）理论之前提。在此，要为旅游要素融入乡村现代化进程中带来的空间嬗变所面临的问题与困境寻求出路，除了空间有效配置之外，还需要从市场转型和现代国家权力建构的角度加以全面理解和积极应对。在如火如荼的乡建大潮以及城乡审美媚俗化的趋势下，以 ATV 的空间观去重审乡村之于城市的荣光与失落。试图让旅行者的精神与环境建立和谐关系，就必须强调乡村旅游目的地的功能性与审美差异，在满足基础与公共服务的均等化条件下，尽量保持"田园之乐"的多元空间意象融合，重现农业社会乐趣。

陶 慧

2021 年 5 月 5 日

目 录

第一章 绪 论 ·· (1)
  1.1 研究背景 ·· (1)
    1.1.1 乡村振兴战略背景下，理顺景镇村关系，重塑乡土空间的"面"域价值 ·· (1)
    1.1.2 以旅游产业为抓手，推进新型城镇化发展，开创旅游城镇化的新局面 ··· (2)
    1.1.3 依托旅游小镇搭建经济创新平台，拓展旅游业发展的新空间 ··· (5)
    1.1.4 借力旅游小镇激活乡村内生动力，构建城乡一体化发展的新格局 ··· (7)
    1.1.5 构建全新的理论体系和研究范式，破解"小城镇大问题"的现实困境 ·· (8)
  1.2 研究意义 ··· (11)
    1.2.1 理论意义 ·· (11)
    1.2.2 现实意义 ·· (13)
  1.3 写作构思 ··· (14)
    1.3.1 总体思路 ·· (14)
    1.3.2 研究方法 ·· (15)
    1.3.3 技术路线 ·· (16)

第二章 基本概念与理论基础 ·· (20)
  2.1 核心概念 ··· (20)
    2.1.1 流动的乡土 ··· (20)
    2.1.2 城镇概念的内涵 ·· (21)
    2.1.3 小（城）镇的内涵 ··· (21)

2.1.4　旅游小城镇 …………………………………………………（23）
　　2.1.5　研究对象 ……………………………………………………（24）
2.2　基础理论 ……………………………………………………………（25）
　　2.2.1　城市建设理论 ………………………………………………（25）
　　2.2.2　区域空间结构理论 …………………………………………（28）
　　2.2.3　旅游经济学理论 ……………………………………………（33）
　　2.2.4　和谐发展理论 ………………………………………………（39）
　　2.2.5　借鉴意义 ……………………………………………………（44）
2.3　研究进展 ……………………………………………………………（45）
　　2.3.1　小（城）镇研究进展 ………………………………………（46）
　　2.3.2　旅游城镇化研究进展 ………………………………………（52）
　　2.3.3　旅游小城镇研究进展 ………………………………………（57）

第三章　ATV新视角：景观、小镇与村落 …………………………（63）

3.1　ATV视角的提出 ……………………………………………………（64）
　　3.1.1　新视角提出的现实背景 ……………………………………（64）
　　3.1.2　新视角提出的理论前提 ……………………………………（66）
3.2　ATV内涵解析 ………………………………………………………（68）
　　3.2.1　景观吸引物（景区或节点）"A" ……………………………（69）
　　3.2.2　社区小镇（镇区或配套服务区）"T" ………………………（71）
　　3.2.3　乡村基底（村落与环境）"V" ………………………………（76）
3.3　ATV资源分类与评价 ………………………………………………（81）
3.4　ATV空间职能特征 …………………………………………………（86）
　　3.4.1　ATV的空间属性 ……………………………………………（86）
　　3.4.2　ATV空间关系 ………………………………………………（88）
　　3.4.3　ATV空间职能耦合 …………………………………………（90）
　　小　结 ……………………………………………………………………（93）

第四章　新乡土：ATV视角下的旅游小城镇生长机理 ………………（95）

4.1　旅游小城镇的分类 …………………………………………………（96）
　　4.1.1　传统分类标准 ………………………………………………（96）
　　4.1.2　基于ATV视角的旅游小镇分类及特征 ……………………（99）
4.2　不同类型旅游小城镇的特征 ………………………………………（101）

  4.2.1 古镇型 …………………………………………………………… (101)
  4.2.2 AT 分离——先 A 后 T 型（景区服务型） ………………………… (104)
  4.2.3 AT 分离——先 T 后 A 型（休闲集聚型） ………………………… (105)
  4.2.4 A+T+V 联动式——生态旅游区（镇） …………………………… (106)
  4.2.5 ATV 创意再造——主题小镇 ……………………………………… (108)
 4.3 基于 ATV 的旅游小城镇构成要素判定 ……………………………… (109)
  4.3.1 旅游小城镇构成要素 ……………………………………………… (109)
  4.3.2 武陵山区旅游小城镇统计实例 …………………………………… (113)
 4.4 不同类型旅游小城镇的分布特征 …………………………………… (121)
 小　结 ……………………………………………………………………… (128)

第五章　空间权衡与路径分析
　　——旅游小城镇发展模式的武陵山区个案研究 ……………………… (130)
 5.1 研究依据 ……………………………………………………………… (131)
  5.1.1 已有研究总结 ……………………………………………………… (131)
  5.1.2 ATV 空间效益权衡 ………………………………………………… (132)
 5.2 传统古镇：社区营造模式 …………………………………………… (138)
  5.2.1 社区营造内涵 ……………………………………………………… (138)
  5.2.2 国外典型案例 ……………………………………………………… (139)
  5.2.3 国内案例调研：恩施沐抚古镇 …………………………………… (140)
 小　结 ……………………………………………………………………… (149)
 5.3 主题小镇：ATV 创意再造 …………………………………………… (150)
  5.3.1 创意再造解析 ……………………………………………………… (150)
  5.3.2 国外案例：美国奥兰多迪士尼小镇 ……………………………… (151)
  5.3.3 创意再造：土家女儿寨 …………………………………………… (153)
 小　结 ……………………………………………………………………… (162)
 5.4 休闲集聚小镇：休闲集聚 …………………………………………… (163)
  5.4.1 休闲集聚解析 ……………………………………………………… (163)
  5.4.2 国外案例：新西兰皇后镇 ………………………………………… (165)
  5.4.3 休闲集聚：水城珠山镇 …………………………………………… (167)
 小　结 ……………………………………………………………………… (176)
 5.5 生态旅游区：大区小镇 ……………………………………………… (177)

5.5.1　大区小镇内涵 ································· (177)
　　5.5.2　国外案例：加拿大班夫镇 ····················· (178)
　　5.5.3　国内案例：苏马荡度假区 ······················ (180)
　小　结 ··· (185)
　5.6　景区服务镇：双核驱动 ···························· (186)
　　5.6.1　双核驱动解析 ································· (186)
　　5.6.2　国外案例：日本箱根小镇 ······················ (187)
　　5.6.3　国内案例调研——坪坝营服务小镇 ············ (189)
　小　结 ··· (197)
　总　结 ··· (198)

第六章　流转的边界与重构 ································· (199)
　6.1　相关概念及空间问题 ······························ (200)
　　6.1.1　相关概念 ····································· (200)
　　6.1.2　旅游小城镇现存空间问题 ····················· (203)
　6.2　研究区概况——马洋溪生态旅游区（镇） ········· (205)
　6.3　A、T、V空间适宜性评价 ·························· (208)
　　6.3.1　ATV评价体系 ································· (208)
　　6.3.2　ATV空间适宜性评价指标 ······················ (210)
　　6.3.3　适宜性评价指标案例验证 ····················· (215)
　6.4　ATV空间重构概念模型 ····························· (219)
　　6.4.1　旅游小城镇空间演化 ·························· (219)
　　6.4.2　旅游小城镇空间重构概念模型 ················ (225)
　　6.4.3　空间重构模型案例演绎——马洋溪生态旅游区（镇） ···· (228)
　总　结 ··· (233)

第七章　景观格式塔与可持续发展 ························· (235)
　7.1　景观视角（A） ···································· (236)
　　7.1.1　边界限定 ····································· (236)
　　7.1.2　容量控制 ····································· (239)
　　7.1.3　服务设施配置 ································· (241)
　小　结 ··· (252)
　7.2　镇区视角（T） ···································· (252)

  7.2.1　业态配置 (252)
  7.2.2　公共配套服务 (256)
  7.2.3　景观风貌 (259)
 小　结 (262)
 7.3　村落视角（V） (263)
  7.3.1　社区参与力 (263)
  7.3.2　居民点空间整理 (273)
  7.3.3　重回乡土景观 (276)
 小　结 (280)
 7.4　空间秩序反思 (281)
 7.5　ATV协同优化 (282)
  7.5.1　ATV协同策略 (282)
  7.5.2　ATV协同优化演进 (288)
 总　结 (290)

第八章　结论与未来展望 (292)
 8.1　研究结论 (292)
  8.1.1　构建了ATV研究新视角 (292)
  8.1.2　ATV视角下的空间类型及特征分析 (293)
  8.1.3　提出五类旅游小城镇发展模式及案例演绎 (294)
  8.1.4　以定量与定性结合的方法构建ATV空间重构模型 (294)
  8.1.5　构建新乡土可持续优化发展策略 (295)
 8.2　研究创新点 (295)
 8.3　不足与建议 (296)

参考文献 (298)
附录 (316)
 附录1　旅游发展（旅游城镇化）中社区参与情况调查问卷 (316)
 附录2　其他大型旅游项目调查问卷 (321)
 附录3　武陵山区旅游小城镇及地理坐标 (322)
后　记 (336)

第一章 绪 论

> 新的时间秩序不仅影响到自然，也影响到我们自身。它向我们预示着一种新的历史，一种新的、更有责任感的社会秩序，最后，是新的景观。
>
> ——约翰·布琳克霍夫·杰克逊

1.1 研究背景

1.1.1 乡村振兴战略背景下，理顺景镇村关系，重塑乡土空间的"面"域价值

中国社会的根基源自乡村，费孝通先生在《乡土中国》中对"乡土社会"的经典描述构成世人对传统中国乡村的想象。土地对于传统中国人而言是生存的根基，人与土地的高度黏合是传统中国乡土社会的关系缩影。自20世纪70年代末以来，随着中国土地政策的变革与社会经济的快速发展，中国乡土社会方方面面不可避免地发生着结构性改变。20世纪90年代以来，全球范围内呈现出快速的乡村非农化趋势，继手工业、零售业、文化和旅游产业等相继切入，中国乡村实现从生产空间到消费空间的嬗变。乡土社会不再被当作僵死、刻板、非辩证、静止的东西，而是被看成富有启发性和生命力的概念。随着旅游产业的嵌入，乡土景观成为最具争议的"社会矛盾体"，面临资源争夺、资本侵蚀、文化衰退等困境，乡村原有系统被重新分割与整合，历史记忆、文化传统、建筑结构甚至居民自身转变成人们参与或抵制变迁的资本。由此，主张差异性与流动性的后现代主义研究逐渐盛行，并被广泛应用于对乡村复合空间的结构、网络和联系的探讨

与争论。由此，乡村不再是呆板的地理空间，也不再附庸于城市的发展，而是可以通过持续不断的建构、革新与重构得以复兴的"流动的空间"。

党的十九大做出重大决策部署，提出实施"乡村振兴战略"是今后一段时期我国乡村发展的总纲领，既是我国供给侧改革、深层次改革开放的重大举措，更是推动城乡融合、乡村治理和构建和谐社会的重要实践。乡村振兴战略实施是一个不断积累、不断丰富的过程，近十年发布的一系列政策更包含了乡土实践探索中的诸多思想，比如"两山理论"、精准扶贫等。从空间尺度和覆盖面来看，如果广大的乡村地区是"面"，那么小镇就是依附这一面域的"点"。乡村振兴政策着眼于乡村这一基本面，旨在提高农民收入、改善农村人居环境，全面系统地解决乡村发展问题。这里有一个关键问题就是城乡关系的协同，即如何协同村落与小镇的空间关系，如何重审乡村地区的本土文化的价值，如何合理实现乡土资源景观化，理顺旅游景点、特色小镇与周边村落之间的时空演化关系，因此，对乡村地区旅游城镇化现象的探讨，非常重要的方面就是要把流动的空间和要素等纳入研究领域之中，这是地理学实现人文转向研究的现实领域。

今天的乡土社会，早已超出了费孝通界定的"乡土中国"所设定或隐喻的各种有形的和无形的、社会的和文化的界限，不断被越来越频繁的人员、物资和信息的流通所交织，由"乡土中国"向"城乡中国"逐渐转变。一方面，越来越多的乡村居民离开家乡，选择入城不返乡，成群结队地到城市工作，追求美好生活；另一方面，来自都市的信息、物资和人群也源源不断地流入乡村地区，那些还留在乡村的"农二代"也在升级。这种双向的互动，形成了本书想要研究的"流动的乡土"。

1.1.2 以旅游产业为抓手，推进新型城镇化发展，开创旅游城镇化的新局面

1978年实行改革开放以来，由于经济快速发展和城市人口的补偿性递增，中国进入城镇化快速发展阶段，并呈现出起点低、速度快的发展特征。据统计，1978年至2013年，城市数量从193个增加到658个，城镇常住人口从1.7亿人增加到7.3亿人，城镇化率从17.9%提升到53.7%，年均提高1.02个百分点；建制镇数量从2173个增加到20113个。由于受长期以来形成的城乡二元体制的影响，我国城乡发展极不平衡。2002年开始，城乡发展战略进行重大调整，标志着我国城乡二元经济体制逐渐被打破，开始朝城乡统筹发展的一元化方向转

变。从党的十六大"统筹城乡经济社会发展",党的十七大明确要"建立以工促农、以城带乡长效机制,形成城乡经济社会发展一体化新格局",到党的十八大提出的"推动城乡发展一体化"战略思想。由传统工业文明带动的城镇化率短期内迅速提升的背后也隐藏着较为激烈的社会矛盾与环境危机(图1-1),为缩小城乡差距、推动产业升级与经济结构优化,新型城镇化已成为我国新时期的国家战略,这是实现城乡一体化目标的又一重大举措。新型城镇化的重要宗旨是实现大、中、小城市以及与小城镇协同发展的城乡统筹的科学路径。

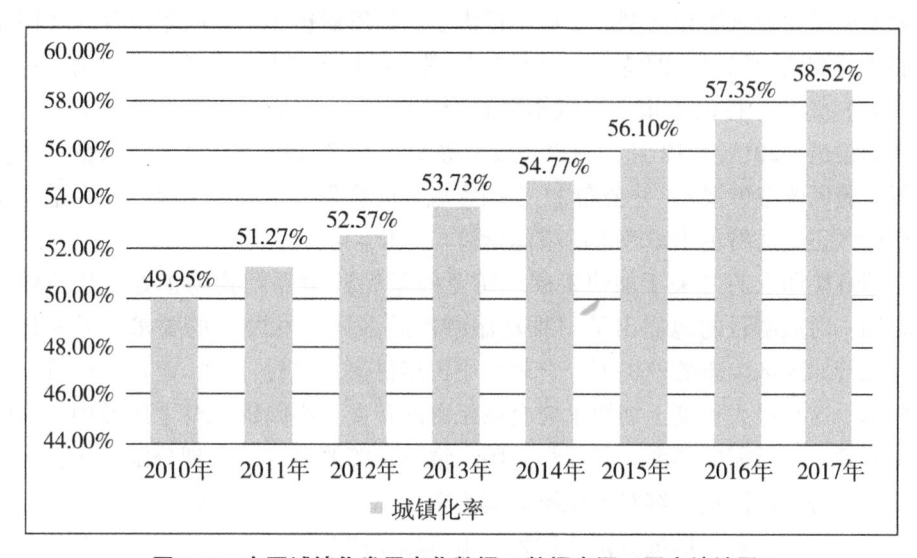

图1-1 中国城镇化发展变化数据(数据来源:国家统计局)

20世纪后期,由于我国旅游产业的快速发展,新型城镇化道路上出现新的发展契机,旅游导向下的城镇化现象开始凸显,生态城市、宜居城市、智慧城市等城市发展的新理念应运而生。许多国家和地区均出现旅游业主导地方经济的现象。此外,还发展出许多著名的旅游城市或景点,国外如拉斯维加斯、坎昆、巴塔亚、尼斯奥兰多、黄金海岸、阳光海岸等。国内如张家界、黄山、丽江、武夷山、桂林、三亚等。

国务院2014年正式发布的《国家新型城镇化规划(2014—2020年)》提出新型城镇化战略的首要原则是坚守"生态文明"和"文化传承",这一战略充分展现了现阶段我国社会发展理念发生的重大转变,同时也更有力地促进了新型城镇走向"旅游化"的发展路径。

2019年城镇常住人口84843万人，比上年增加1706万人；乡村常住人口55162万人，比上年减少1239万人。城镇人口占总人口比重（城镇化率）为60.60%，比上年末提高1.02个百分点。随着新型城镇化发展，国家从政策层面引导进入更具活力的新局面，如《国民经济和社会发展第十三个五年规划纲要》提出要发展充满魅力的小城镇。2016年4月，国家发改委表示，结合国家"十三五"规划实施，当年将在国家层面，会同有关部门从规划引领、政策扶持和宣传推广等方面引导扶持1000个小城镇发展为特色镇，这为具有良好发展基础和巨大发展潜力的旅游导向型的小城镇提供了新的发展机遇。而同年出台的《国家发展改革委关于加快美丽特色小（城）镇建设的指导意见》，第一次明确了特色小（城）镇包括特色小镇、小城镇两种形态，提出了五条总体要求和两条支持发展的渠道。2019年12月，国家发改委等十八个部门联合印发《国家城乡融合发展试验区改革方案》，并公布11个国家城乡融合发展试验区名单，城乡融合发展试验区正是对特色小镇政策的空间延展与深化。

国务院印发的《关于加快发展旅游业的意见》中提到我国正处于快速城镇化时期，对旅游目的地提出了"推动旅游产品多样化发展"的要求，尤其是在妥善保管原地区生态的前提下，合理利用民族村寨、古村古镇，建设特色景观旅游村镇。这在极大程度上加快了向全域旅游的转变，小镇依托整个区域中全部的资源要素，对所需要的商、养、学、闲、情、奇等要素进行合理分配调用，更好地发挥优势，以满足游客对于旅游的新需求（张亚明 等，2019）。

发展旅游产业是推进城镇化进程、丰富城镇体系、拯救农村经济以及带动社会发展的重要战略措施，更是部分农民转变为城镇居民的基本路径。旅游城镇化发展是中国城市化进程的重要组成部分。旅游小城镇的成长和发展是新型城镇化的重要成长结构之一。从国家经济社会发展的高度以及新型城镇化的要求来看，具有休闲产业聚集、消费聚集、泛旅游产业聚集、解决人口就业、生态优化、幸福价值提升作用的旅游小城镇，将成为引领中国小城镇特色化发展的主要动力。旅游城镇化的发展，是保护地域特色，满足社会经济需求，保证生产、生活与生态空间的有序构建。维持生态安全格局应该是目前新型城镇化进程中尤为重要的发展方向。(戴均良 等，2010)。

> **城镇化工作：严守底线分类推进**
>
> 　　按照促进生产空间集约高效、生活空间宜居适度、生态空间山清水秀的总体要求，形成生产、生活、生态空间的合理结构。减少工业用地，适当增加生活用地特别是居住用地，切实保护耕地、园地、菜地等农业空间，划定生态红线。按照守住底线、试点先行的原则稳步推进土地制度改革。
>
> 　　　　　　　　　　　——中央城镇化工作会议（2013年12月12日）

1.1.3　依托旅游小镇搭建经济创新平台，拓展旅游业发展的新空间

　　目前旅游产业已经成为世界第一大产业，中国旅游发展的30多年，虽然取得巨大成就（截至2013年底，我国国内旅游者数量已经达到32.6亿人次，入境过夜旅游者数量达5569万人次，人均出游达2.5次）也面临着巨大的转型需求。2009年底国务院指出要"把旅游业培育成国民经济的战略性支柱产业和人民群众更加满意的现代服务业"，2013年《国民旅游休闲纲要》大力支持休闲旅游业发展，进一步优化宏观环境。中国旅游业已从依靠入境旅游转向以国民消费为主题的大众旅游阶段，旅游市场由名胜古迹观光转向购物、度假、住宿、文化创意消费等休闲旅游市场。

　　现代旅游产业表现出综合性强、关联效应明显、前后向产业链长的特征，极大地突破了传统旅游业范畴，在许多相关行业和产业中均有广泛涉及并多出现交叉渗透的现象，从而形成了大旅游业、泛旅游业等发展理念（李强，2013）。根据2014年8月出台的《国务院关于促进旅游业改革发展的若干意见》，到2020年，我国境内旅游消费总额将达到5.5万亿元，城乡居民年人均出游将突破4.5次，旅游业增加值占国内生产总值的比例将超过5%，我国旅游业将真正成为国民经济的战略性支柱产业。旅游业的发展促使全民休闲时代的到来，多层次休闲旅游模式已得到明确支持。进一步拓展旅游发展空间（图1-2），逐渐突破传统景区式空间，推动旅游向城镇全域化拓展，旅游小城镇正符合了全民休闲旅游时代的这一需求（管晨熹，2011）。

图1-2 《国务院关于促进旅游业改革发展的若干意见》规定拓展旅游发展的六类空间

2016年7月，住房城乡建设部、发展改革委、财政部联合发布《关于开展特色小镇培育工作的通知》，提出到2020年培育1000个左右特色小镇，满足条件的特色小镇不仅可申请专项建设基金，还可享受中央财政奖励。接着8月便公布了2016年各省市特色小镇推荐数量分配表，共计有159个特色小镇推荐名额。按照5年建设1000个特色小镇的目标，未来特色小镇的建设步伐将加快，新型城镇化过程中再次强化了旅游小城镇的发展地位与路径，为旅游产业的"二次创业"创造新的发展机遇。

自2006年云南省实施加快推进旅游小城镇发展的战略之后，全国掀起旅游小城镇的建设高潮，除传统古镇之外，主题式人工建造小镇、景区依托式小城镇以及区位环境优势促动下形成的休闲旅游小镇等多种类型旅游小城镇蓬勃发展。将小镇特殊的景观资源作为发展特色，开发适用于当地的旅游模式，将景观资源转化为旅游产业，达到稳步发展的目的。作为产业提升、扶贫扶农、产业融合重要途径的旅游小城镇，是转变旅游发展思路、创新发展模式和完善基础设施和服务配套设施的空间载体和创新平台，为旅游产业升级转型提供了新的契机，开拓了旅游发展新空间。

但同时，旅游特色小镇并没有摆脱开发过程中的各种风险因素，例如开发进程长、资金需求量大、参与方众多导致责任方不明确等，也导致了很多旅游特色小镇的消亡。著名的西安白鹿原民俗小镇就在国家特色小镇的标准评价中被淘汰，小镇的同质化、商品的恶意竞争、短期商业行为等问题严重，导致特色小镇不再特色，匆匆退出市场。常州杨桥古镇在开发期打着创造"第二个乌镇"的旗号，开发商一拥而入，却由于后期资金链断裂等问题还没建立就消亡。因此，对于旅游特色小镇的开发及风险研究具有很强的现实意义。

1.1.4 借力旅游小镇激活乡村内生动力，构建城乡一体化发展的新格局

旅游小城镇建设正是立足于农村旅游业发展，推进城镇化进程的重要举措。在国家将旅游业建设成为"国民经济战略性支柱产业"的新政策下，旅游小城镇正处于快速发展期，承担着丰富旅游产品内容、拓展旅游产业布局、扩大内需、促进社会经济发展的重大职能。旅游小城镇建设顺应宏观经济发展，是国家实施"社会主义新农村建设"发展战略、推进城镇化进程的重要途径。发展乡村旅游，鼓励农民带资进城（镇）以及就地就近就业，发展农村特色经济，提升农民收入水平，促进村容镇貌整治，改善乡村人居环境，以实现农村的可持续发展。

近三十年来，关于"三农"问题的讨论和政策逐年递增，是我国社会经济发展最为关注的重大问题。借助旅游来消灭乡村贫困是近年来学术界关注的热点，有文献表明，许多地方是旅游资源富集与贫困地区的高度重合区，尤其是那些地处偏远山区、交通不便的乡村，自然环境与生态系统保存完好，有着良好的发展旅游产业的基础条件。从国内外的实践来看，旅游扶贫开发是最具优势的挽救乡村经济的方式，且返贫率很低（辜胜阻 等，2000）。在城镇化快速进程中，广大乡村地区面临"空心村"式衰落，而城镇化圈地运动使千篇一律的新农村建设成为新的牺牲品，这都是乡村生态文化再次衰败的特征。因此，将旅游小城镇的兴起与乡村经济振兴、乡村生态文化复苏有机结合应是消除乡村衰落的最有效途径。旅游小城镇因其优势，不仅成为贫困乡村新的经济增长点，而且由于三产高度融合的发展模式，可以更好地实现产业结构的优化、经济层次提升以及摆脱贫困的快速发展（葛荣玲，2014）。然而，城乡融合的本质是实现劳动力、土地、资本等生产要素在城乡间自由流动（李国正，2020）。所以旅游小城镇的发展可以为建设美丽乡村、构建和谐城乡关系提供一条公平、低碳与可持续发展道路。但想要真正实现城乡的一体化发展还需要时间。

1.1.5 构建全新的理论体系和研究范式，破解"小城镇大问题"的现实困境

我国有关旅游城镇化的研究尚处于初始阶段，相关的理论体系尚未建构完成，有关旅游小城镇的研究多从界定概念、动力机制的分析以及实证研究等方面展开，研究成果相对单薄。虽然目前形成了对发展机制和模式的新研究热潮，如何科学合理地开发不同类型的旅游小城镇，构建合理的资源评价体系，探寻旅游小城镇的产业发展模式，优化旅游型小城镇空间环境，促进小城镇实现区域可持续发展，已成为当前我们面对的重要课题，但是在城乡统筹的新型城镇化背景下，在旅游小城镇快速发展过程中凸显出了亟待解决的问题，表现在：

1.1.5.1 类型缺失，认知偏颇

从已有文献分析来看，我国目前还没有一个全国统一的旅游小城镇的分类标准，少有的一些旅游小城镇研究成果，还主要聚焦于历史文化名（古）镇演化形成的旅游小城镇和服务于著名景区（如黄山）的旅游小城镇，忽视了一类借由特殊的区位、资源和环境等优势转化生长的乡村与城市相互渗透的新聚落空间。而这类新型旅游小城镇空间一方面处于发展的最前沿，多省市大力推广特色旅游小镇的开发，促动新一代旅游空间的拓展，以期承担更丰富的旅游转型功能；另一方面这类介于城市与乡村居民点之间新的旅游目的地，是"城之尾，乡之首"，它们的生长与演化，具有独特的经济特性，在统筹城乡区域协调发展方面的功能凸显，需要进行专门的梳理与分类研究。现阶段尚未形成完善的旅游小城镇分类体系，这项基础性工作相对欠缺，显然已无法指导旅游小城镇的未来发展。

1.1.5.2 相互模仿，特色缺失

目前学术界尚未展开对旅游小城镇这一特殊旅游资源系统的研究，尤其是缺乏对其生长机制分异性的判断，甚至鲜少见到对新时代背景下生长出的新型旅游城镇空间展开发展模式的研究。而相对应的是国家政策层面大力推进特色小镇的建设，旅游又是休闲经济时代最具吸引力的朝阳产业，这一政策自然促进旅游小城镇建设，但旅游规划及开发模式单一及相互抄袭的现象也随之出现。许多旅游小城镇忽视历史传统和地域文化的独特性，千篇一律，毫无核心吸引力。

国家对于那些特色不足还停留在概念阶段的、拥有虚假特色生搬硬套的、触碰红线破坏了生态环境的非特色小镇发出警告，严重的予以取缔和淘汰。建立关

于特色小镇"特色"的标准，对特色小镇生态的科学可持续发展具有重要的作用。

> "火柴盒、白瓷砖"，这是眼下不少缺乏特色与个性的小城镇常见的景象，特色是小城镇的魅力所在。以规划为引领，作为全省30个示范小城镇的者相镇在推进城镇建设过程中，根据"小而精、小而美、小而富、小而特"的城镇发展思路，注重当地民族文化的发掘与利用，同时结合地处风景名胜区的实际，进而杜绝了城镇建设"千城一面"的通病，使这个小镇彰显出自己的个性与魅力。
> ——黔西南州贞丰县者相镇小城镇建设侧记（《贵州日报》）

1.1.5.3 无视机理，空间无序

由于缺乏对旅游小城镇时空演化机理的系统把握，实际发展中难以形成高效有序的空间组织结构，往往出现各类建设用地混杂、空间布局无序，整体环境品质下降等现象，不利于旅游小城镇的可持续发展。

产业结构和社会结构的调整是对城镇空间"解构—重构"过程，产业结构和社会结构的特殊性是旅游小城镇空间拓展规律异于普通城镇的本质原因，未能理解其形成机理的特殊规律，而照抄其他城镇空间组织结构，必然会导致旅游小城镇吸引力下降、生命力受损。

事实证明，城镇空间"复合化"利用，在特定区域形成旅游产业集聚，有利于城镇空间利用效率的提高，促进城镇空间结构稳定。空间过于"纯粹化"，独立发展某一项旅游功能，削弱了空间内在的组织关系，使得空间类型单一、利用效率低下，进而引发社会不同利益群体间的矛盾。空间结构松散，不仅会出现遍地开花般的旅游活动布局，而且会造成生态环境恶化，空间拓展不可持续，土地资源浪费等后果（龙花楼，2013）。

1.1.5.4 短期利益，矛盾凸显

近年来，国民经济的持续快速发展，为大规模的城乡聚落更新提供了可能。然而，深层的社会经济背景使得我国乡村更新不仅成为刺激和推动城市经济持续高速发展的助推器，同时也带来了诸多的由经济引发的问题。住房商品化和土地市场化趋势使得政府部门多利用通过土地置换获得一定的财政收益，再加上部分依托景区建设的小城镇均拥有良好的生态景观，所以这些成为众多开发商争夺的

热门地块。然而，以经济利益最大化为标准的城镇开发，由于土地资源十分紧张，公共空间被大量挤压，众多重要的文化遗产及经济遗产遭到破坏。我国已有不少风情小镇，以获得了巨额利润的代价而丢掉了自己的历史（龙花楼，2012）。

因此，当经济利益被当作小城镇发展的首要问题时，无可避免地给这些更新带来了巨大的负面影响。片面地追求短期利益，不仅剥夺了当地居民公共空间共享的权利，为景观基底、基础设施带来压力，达不到改善生态环境的目的，而且使这些小城镇很快沦为需要"二次重构"的区域，为其以后的改造增加了难度。进一步加剧了当地居民由于土地转让带来的旅游返贫可能性，社区参与度低，公共配套服务无法跟进，部分新型镇区由于第二居所式的房产过于集中，长期沦为空城，发展缺乏持续性。

这些问题的出现，归根结底是因为现阶段尚未建立完备的旅游小城镇发展指导的研究体系，缺乏对旅游小城镇开发模式的科学总结。对于旅游小城镇的社会空间组织、产业结构优化、公共配套服务以及新旧居民融合[①]等方面的内容有待进一步加强，如何通过发展模式优化的一系列内在机制解决旅游小城镇的诸多问题，是未来研究的主要方向（李强，2013）。本书尝试对目前国内旅游小城镇的生长类型、特征、发展模式与演变机理等问题进行探讨，以期在城乡融合与乡村振兴的政策下，真正实现资源的高效流动与有效配置，为推进旅游小城镇深层次研究提供参考和依据，进一步实现旅游小城镇的科学发展。

"悠悠踏过拱形铁桥，伫立渗透奥地利文化精髓的广场，穿街走巷中，淡蓝、鹅黄、粉白、亮红等色彩缤纷的尖顶建筑伴随左右，一排排临湖而建的木屋，在阳光的照耀下显得格外引人注目，耳畔依稀飘来阵阵教堂钟声……"这就是被联合国教科文组织列为世界文化遗产、有"世界最美村庄"之称的奥地利哈斯塔特村。如今，央企五矿建设斥资60亿元将其"克隆"至遥远的中国广东惠州，并取名为"五矿·哈斯塔特"。

但在这个号称全国第一个奥地利风格旅游度假风情小镇背后，挖山劈林建房引发当地生态环境遭到严重破坏，以"国家4A级风景区"概念为卖点更是备受质疑（图1-3）。在这场关于"五矿·哈斯塔特"的争论背后，凸显出我

---

① 作为一种城镇类型，旅游小城镇的典型特征就是居民的流动性较大。原有聚落居民转变身份成为服务者，而旅游目的地系统的打造更会吸引众多的外来就业者，成为新居民。

国旅游小城镇"假旅游真地产"的尴尬真相。

"现在哈斯塔特的旅游运营很不错，已经累计接待游客几十万了。"博罗县碧华房地产开发有限公司负责人谭穗生说。

2013年《每日经济新闻》报道

图1-3 哈施塔特建设前和开发中环境对比

1.2 研究意义

1.2.1 理论意义

从目前国内研究成果来看，理论研究仍然相对滞后，案例研究较多，整体研究的框架体系还在建立中，旅游目的地社会空间、产业结构、配套服务等方面的内容的深入研究，将会为未来旅游城镇化的理论研究提供科学的指导思路（图1-4）：

①深化城市研究体系，优化旅游目的地管理研究。

长期以来，城市及城市群一直占据着人文地理的研究重地，对小城镇的关注较弱。研究首创性关注新要素在旅游小城镇生长中的作用过程和机制的研究，随着城镇化发展尤其需要关注原有乡村聚落向全镇域旅游目的地转变的特征及规律。从要素—过程的集成角度，建立旅游小城镇发展的结构—过程—机制的研究体系，同时注重不同规模、不同阶段和不同区位的小城镇发展机制的比较研究，丰富旅游城镇化的研究体系。

②城乡统筹视角下寻求人地关系协调机理。

建设全新型城镇化背景下的旅游小镇人地关系地域系统变化的研究。随着发

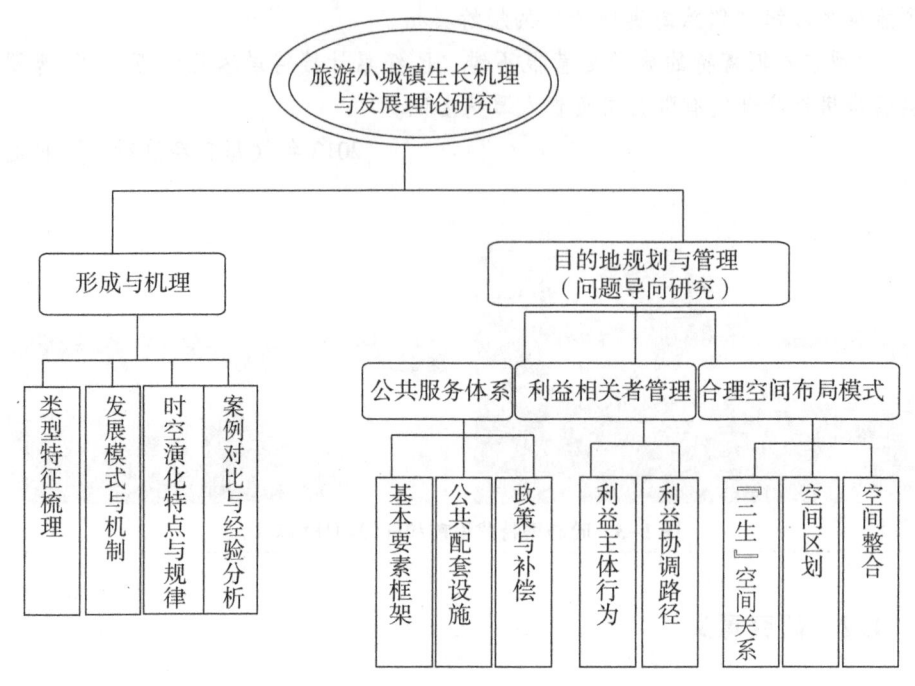

图 1-4 旅游小镇理论研究全体系构建

展环境的变化，旅游小城镇逐渐形成多元化的发展方式、发展路径，呈现出多元化的结构特征。本书首次进行全境区资源、村落环境、配套服务和景观结构的研究，结合 GIS 空间技术对旅游小城镇空间结构调整的过程进行演示，从而揭示旅游小城镇镇区、乡村与景区的变化特征以及各要素之间的互动特征。以人地关系地域系统理论为指导，研究城镇化进程中的特殊地理单元、特殊人地关系地域系统注入旅游发展要素之后的人地关系地域系统的变化特征、过程和机制。

③探索旅游小城镇高效有序空间模式。

旅游小城镇发展涉及多方利益，小城镇规划建设与管理模式、目标与原则、基础要素与框架、管理的效益与实施障碍等具有差异性，本书创新性地以"吸引物（A）—镇区（T）—乡村（V，E）"为研究视角，加强旅游小城镇不同类型的模式与机制等基础理论研究，并从实际问题出发关注公共服务设施的配备、利益相关者问题的优化途径研究，并加强旅游小城镇开发中的不同类型发展机制研究，关注旅游小城镇"三生"（生活、生产、生态）空间优化调整是优化城乡空间结构、推进城乡统筹发展的综合途径。生活—生产—生态三类空间在地域空间相对独立，功能效用上存在着互为影响、交互胁迫与渗透互补等关系，为空间技术在旅游小城镇的管理中的应用指明了方向（陶慧 等，2016）。

1.2.2　现实意义

随着旅游城镇化在经济发展中的重要地位凸显，在旅游建设中，许多小城镇逐步被发掘、开发，形成各具特色的旅游目的地。然而现实中我国旅游小城镇存在无序开发、相互模仿、千城一面等现象，从而导致生态环境的恶化、传统乡村文明和乡土景观的凋敝以及新老居民矛盾激化等普遍困局。本书不仅要完善理论研究的缺失，尝试对目前国内旅游小城镇的标准、类型、资源评价以及在不同初始条件空间下的发展模式选择等问题进行探讨，更需要针对现实困境提出有针对性、可操作的调控策略和发展方向，以期进一步推动旅游小城镇的健康发展。其现实意义主要表现在以下方面：

①有助于新型城镇化政策的落实。

"小城镇与大、中、小城市协调发展"是我国新型城镇化道路的基本要求。作为旅游城镇化的有效路径，旅游小城镇的发展，是大众旅游进入休闲时代的新表征，更是城镇化快速推进的新产出。2016年1月，国务院发布的《关于推进农村一二三产业融合发展的指导意见》中明确规定要"建设一批具有历史、地域、民族特点的特色旅游村镇和乡村旅游示范村"。以旅游产业为主导的旅游小镇，是未来乡村建设的重要发力点。近年来，旅游小城镇在实践中逐渐显示出旅游产业新增长点的地位，并有效实现推进城镇化进程的目标，得以快速发展起来，在国家层面也从政策的各个方面，给予极大的支持。所以关于旅游小城镇的研究，既是城镇化科学发展路径的探索，更是国家政策方针落实的深入思考，小城镇与旅游的协调发展更是贯彻科学发展观，实现可持续发展的具体路径。

②有助于深化旅游产业的创新改革。

2014年8月《国务院关于促进旅游业改革发展的若干意见》（国发〔2014〕31号，以下简称《意见》）颁布，成为继国务院41号文《关于加快发展旅游业的意见》《国民旅游休闲发展纲要》《旅游法》之后的又一项旅游重要指导性文件，旅游业被重新定位为"现代服务业的重要组成部分"，推动旅游产业创新与空间的拓展。旅游小城镇作为城乡一体的新型旅游目的地，集乡村、休闲、度假、购物、研学、养老养生等多类旅游产品于一体。深入展开旅游小城镇的系统研究，有利于完善旅游产品体系，拓展旅游开发的新空间，增强旅游发展动力，促进旅游产业的深化改革。

③有助于生态安全格局的构建。

对旅游小城镇开发的研究，有利于保护和利用各类遗产资源，通过合理开发与积极保护，使小城镇开发与当地旅游资源进行完美结合。在开发新的旅游空间过程中，集中布置配套服务设施，既可以推动产业集群的形成还可以保护整体乡村环境，培育优良的生态网络、创建有效的公共服务体系、搭建完善的旅游发展平台，重构有序的生产、生活和生态新型空间，实现城乡建立完善的生态安全格局理论与方法创新。

④有助于城乡经济优化与社会统筹的实现。

旅游小城镇的科学发展，可以促进地方经济发展和优化产业结构，增加地方就业机会，合理转化农村剩余劳动力，带动相关产业融合，实现农村经济由粗放型向集约型转变。尤其对于经济落后地区的小城镇而言，特色的旅游资源转化为新的经济增长点，从而缩小区域经济发展水平差距，促进经济的地方平衡，城乡之间的协调，实现城乡居民生活水平的公平与和谐。尤其是通过旅游小城镇的建设，促进城乡间的公共服务设施的均等，实现城乡经济互补，社会统筹。

1.3 写作构思

1.3.1 总体思路

关于乡村现代化的演变问题，实际上是乡土社会被想象、描述、革新、执行与具体化的过程。由于旅游的嵌入，乡土共同体的僵化与封闭已转换为"流动的乡土"。乡村图景的改变，聚焦于景观、村庄以及旅游产业集群相关要素的空间投影所发生的更迭中。本书以动态的、多维的视角关注旅游影响乡土社会变迁的表征与机制，从而将流动的乡土界定为正在生长中的旅游小城镇。

本书从"景观吸引物（Attraction，A）""小镇（Town，T）""村落（Village，V）"三者间的空间职能关系的角度出发，以东部沿海地区的福建马洋溪生态旅游区与西部武陵山区的恩施州几个旅游小城镇为典型案例，分析旅游小城镇的生长机理与发展模式。通过基于 ATV 视角的分类创新，理清旅游小城镇不同类型的发展特征，依据案例地的田野调查，总结出五类不同规律的旅游小城镇发展模式，代表着未来不同 ATV 效益组合下的旅游城镇化地区的发展路径选择。

结合调研中凸显的旅游小城镇空间无序、环境受损、布局凌乱等现实问题，本书探讨了空间重构的技术方法和概念模型，空间的科学管治对解决旅游小城镇发展的诸多问题具有重要的指导价值。

借鉴国内外旅游小城镇的发展演变、格局与机理的研究成果，通过前后多次的田野调查，包括观察、问卷、访谈与座谈等方式采集第一手数据，采用定量与定性相结合的方法深入研究，得出旅游小城镇的发展模式与空间管理的有关结论。具体的研究思路如下：

（1）乡土的流动性研究创新：ATV 新视角的提出。首先分析 A、T、V 三者的内涵及特殊研究角色。基于 ATV 新视角对旅游小城镇的全域资源做了新的分类和评价。重点解构 ATV 三者的空间职能关系与空间耦合机制。这是本书的研究起点和理念依据，后续一切研究的铺陈都是基于 ATV 三者协同的视角展开。

（2）基于"ATV"视角的旅游小城镇不同类型划分与特征分析。根据 ATV 空间关系，将旅游小城镇分为四大类五小类，每一种类型因为 ATV 组合的差异表现出迥异特征。特征的梳理正好为旅游小城镇的要素构成与实证统计打下基础，本书在此结合调研所得武陵山区的旅游小城镇数据统计作了简单的空间分布的研究。有关旅游小城镇的类型划分与特征描述正好为后续发展模式的提出奠定基础。

（3）基于"ATV"视角的旅游小城镇发展模式研究。基于 ATV 效益组合的差异与旅游小城镇的不同类型发展特征，总结出五类典型的发展模式，并结合实地调研选取了具有代表性的案例地作为研究对象进行发展模式的具体分析。

（4）基于"ATV"视角的旅游小城镇空间重构模型构建。无论发展模式有何差异，所表现出的问题均有相似之处。经过总结发现，旅游小城镇的核心问题是空间的不合理发展所致，所以本书在发展模式的基础上，提出基于 ATV 的空间重构模型，结合 GIS 空间技术寻找一条空间重塑之路。

（5）旅游小城镇的可持续发展策略。从 ATV 三者的协同优化出发，目标导向性地突出分析了包括社区参与、服务设施配置、居民点安置以及乡村景观回归等多方面的内容。

1.3.2 研究方法

本研究综合运用了旅游地理学、旅游经济学、社会学、生态景观学等多种学科理论和研究方法，以交叉学科的思维方式，以期完成对旅游小城镇发展模式与空间机理的研究。

（1）定性分析与定量研究结合。

本研究从定性和定量两个方面入手，展开对旅游小城镇的判定、测度、分类以及相关模式研究。在定量研究之前，需要对旅游小城镇有定性认知，以此为依据，运用定量研究方法对旅游城镇化的发展水平进行测度，并搭建起旅游小城镇的相关指标体系，包括判断指标、空间分区管理指标等。

（2）问卷调查法。

在进行旅游小城镇案例调研中，本书对以苏马荡为代表的旅游新镇做出了问卷调研，并结合深度访谈，试图找出旅游小城镇发展初期，居民的感知与参与情况。问卷在很大程度上可以反映出旅游小城镇"人"地关系发展中的现实问题与改进方向，为本书的研究指明了方向。

（3）理论研究与实证研究相结合。

本研究对旅游小城镇分类与发展模式进行理论性的研究，并结合多个案例地做出实证分析，最终实现了理论与实证的结合。

（4）时空二维空间的结合研究。

旅游小城镇的生长过程本身就是一个时空共同演化的过程，研究过程中，既要从空间角度分析旅游小城镇的演变，又要从时间角度判断旅游小城镇的不同阶段发展特征与阶段演进。

（5）核心定量方法——空间分析和空间模拟相结合。

本书将采用计量经济学、地理学和交通经济学等相关的分析模型，对旅游小城镇的空间效应进行分析和评价。而这些模型的研究结构需要采用 GIS 的空间呈现和空间分析模块、网络分析模块等进行分析和表达。本书研究中将大量运用 GIS 中网络分析模块、密度分析（Kernel Density）、度量空间分布工具集中的均值中心分析（Mean Center）、分析模式工具集中的平均最邻近距离分析（Average Nearest Neighbor）、空间自相关（EDSA-GIS）、热点分析及叠加分析等多种空间分析方法。

1.3.3　技术路线

（1）数据收集。

①文献整理数据：主要对案例区的年鉴、出版物与各地旅游局公布景区数据进行整理；

②实地调查数据：实地调查为数据的主要获取来源，以重点镇域为对象进行实地调查，向产业参与者调查旅游集群的发展历史与推动因素；

③申请购买数据：向案例区的土地局与旅游局申请得到各景区经济运行数据与空间数据。向数据公司购买重点分析地块的遥感影像数据。本书数据类型与数据来源详见表1-1。

表1-1 本书数据类型与数据来源

主类	名称	数据说明	数据性征
地理概况	行政界限	研究区行政区划及范围	线、面
	地表水	研究区内水资源分布的节点、河流、湖泊	点、线、面
	道路	国道、省道、高速公路、等级公路、一般公路、小路、铁路等分布情况	线
	交通枢纽	机场、港口、火车站、汽车站、码头、地铁站、停车场等	点
	地形图	研究区内的等高线	线
	活动区	研究区内建成区、正在建设区、居民点、已规划要占用建筑用地范围和面积	面
	植被	样本区域内植被分布范围，及对应的植被类型和覆盖率，圈定林业保护区	面
	旅游资源	研究区内的旅游资源分布范围，资源点分级及资源保护区范围	点、面
	区域地质构造	区域内褶皱、断裂与裂隙分布范围、发育特征	线
	地质灾害	区域内地质灾害类型及分布范围、灾害体成因	面
	地貌	区域内地貌类型分布	面
	高程	研究区内高程栅格图	栅格
	坡度	利用高程栅格图得到坡度图	栅格
	坡向	根据高程栅格图得到坡向图	栅格
土地条件	土壤	不同类型土壤分布范围、不同土层厚度土壤分布范围、不同酸碱度（pH）土壤分布范围、不同有机质含量土壤分布范围、不同侵蚀程度土壤分布范围	面
	土地利用类型	研究区内的土壤利用现状，圈定农田、林地、草地、滩涂等范围	面

续表

主类	名称	数据说明	数据性征
区位条件	产业布局	农林牧、加工业、服务产业的分布范围	面
	交通通达性	利用原有的基础设施图判断离各交通枢纽站的远近	栅格
社会经济条件	人口数量	研究区内人口数量分布	表
	重要企业	一定规模以上企业点分布	点
	重大投资项目	样本区域内重大投资项目点分布	点

注：表1-1中数据均由发展改革局、规划与建设局、国土资源局、统计局等为案例调研研究组统一提供

（2）调研情况。

2013年10月—2017年3月，分三次完成为期170天的实地调研工作。分别是：

2013年10月2日—2013年11月20日，为期48天。初步完成对福建马洋溪生态旅游区（镇）的调研，收集包括基础地理、自然条件、土地条件、区位交通以及社会经济发展水平等多方面的资料，并对马洋溪17个旅游开发项目与景点进行实地考察，初步得出旅游产业发展与居民点迁移状况的因果判断。访谈对象达62人，包括政府工作人员、当地的开发商、景区工作人员与当地居民。

2014年3月18日—2014年4月20日，为期32天。完成对福建马洋溪生态旅游区（镇）的小镇中心街区选址及产业配套座谈等工作，并与马洋溪管委会工作人员展开深入实地问题研讨，进一步完善马洋溪的旅游开发与城镇化水平的判断。组织访谈34人，包括村民、开发商与政府各方。

2015年5月1日—7月26日，为期86天，2015年6月2日—6月26日，为期24天，总共进行了110天的田野调查，深入西部武陵山区恩施土家族苗族自治州的5个旅游小城镇展开实地调研。其中5个小城镇分别代表了5种类型的旅游小城镇：恩施女儿寨；沐抚古镇；苏马荡旅游度假区；坪坝营景区服务镇；休闲小镇珠山镇。总共发放深度调研问卷130份，回收111份。完成73人的访谈，有录音和纸质笔记记录。收集数据包括产业经济、地理基础资料、开发阶段以及居民态度等多方面。调研情况统计详见表1-2，本研究的技术路线见图1-5。

表 1-2 调研情况统计

地区	地点	时间	方式	重点分析
东部沿海	福建马洋溪生态旅游区（镇）	2013年10月2日—2013年11月20日 2014年3月18日—2014年4月20日	走访、座谈、拍照、录音、收集资料	空间重构
西部山区（武陵山区）	恩施土家族苗族自治州（5个代表）	2015年5月1日—2015年7月26日 2015年6月2日—2015年6月26日	走访、问卷、座谈、录音、收集资料	发展模式

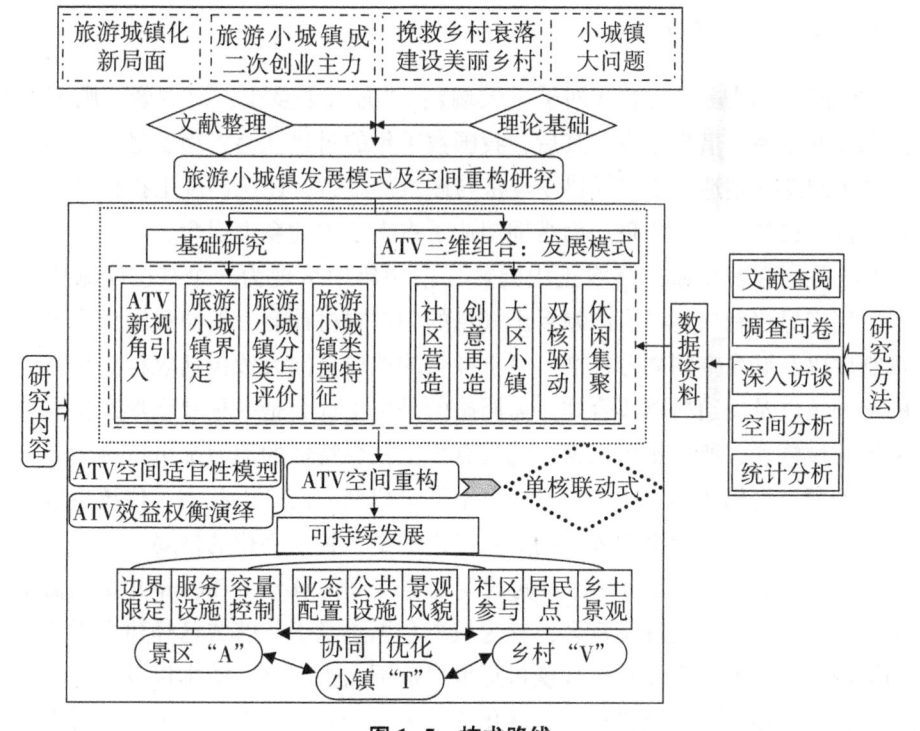

图 1-5 技术路线

第二章 基本概念与理论基础

2.1 核心概念

2.1.1 流动的乡土

"乡土"一词最早见于《列子·天瑞》:"有人去乡土,离六亲,废家业",它指家乡的土地,借指家乡。其后,我国数千年的封建社会、小农经济与儒家文化对乡土观念的塑造,不仅提供了经济与政策的支持,还从制度上提供了实施的理论依据,也从思想、心理层面帮助塑造了古人心中的乡土观念。

乡土社会在费孝通的《乡土中国》一书中集中呈现为一个社会学地方性的概念,用来界定和描述具有浓厚乡土气息的中国农村社会。按照我国历来推行的户籍制度以及城乡空间划分标准,乡土社会的地域范围大致包括农村人口占大多数的小城镇以及周边村落集合体。需明确的是乡土社会是一种社会形态概念并非严格的地域概念,所以也可以说一切具有乡土社会特性的地域都可以称为乡土社会。正如费先生描述的乡土中国是一个不靠法律制约而是由礼俗、传统生成秩序的熟人社会,在乡土社会中人们的关系呈现的是一种差序化的格局。

"流动"最初被理解为一种时间的变幻与空间的移动。Cresswell 指出流动是关于存在的一个基础地理学概念,它为叙事和思想意识能够或已经建立提供了丰富的场域。当下的多重流动形式既包括世界范围内人、物、资本以及信息大规模的流动,也包括在地化的过程。全球化背景下,"流动"变成全球社会科学的核心概念之一。在鲍曼看来,"流动性(fluidity)"是现代性社会的标志性特征。"流动"意味着边界的消解,包括人、地域、资本和关系等的流动。基于这一论断,本书借用"流动"指代乡土社会现代化过程中的变动不居的状态。

乡土社会的变迁就是指在具有乡土特性的小城镇以及村落集合体地域所发生一切社会现象的动态变化过程以及结果，包括乡土社会人口的变迁、组织结构的变迁、文化生活以及经济生产方式形式的变迁。在乡土社会变迁的过程中乡土性也许会随着社会方方面面的变化而逐渐消融，完成从乡土社会到现代性社会的转变。

2.1.2 城镇概念的内涵

城镇是具备城市部分特征的乡村经济区域中心，是乡村经济发展到一定阶段的产物，介于城乡之间，既具有城市的经济与社会特征又与乡村保持着密切的经济、社会的联系。城镇体系即城市系统，是一个国家或地区内，不同等级、不同规模以及不同职能属性的城镇综合。城镇体系是对城镇群的综合性研究，不是单独地看待任何一个城市，也不是形成之后固定不变的，城镇体系有着整体性、层次性、等级性和动态性等特征。

居民点存在一套序列：小村—村庄—镇—城市—大城市。当前中国在统计上城镇包括城区和镇区：城区是指在市辖区和不设区的市，区、市政府驻地的实际建设连接到的居民委员会和其他区域；镇区是指在城区以外的县人民政府驻地和其他镇，政府驻地的实际建设连接到的居民委员会和其他区域。

2.1.3 小（城）镇的内涵

按照费孝通（1985）的定义，"小城镇是由乡村中比乡村社区高一层次的社会实体组成，这群社会实体是以一批并不从事农业生产劳动的人口为主体组成的社区，无论从地域、人口、经济、环境等因素，他们都具有与乡村社区相异的特点，又都与乡村社区保持着不能缺少的联系。"对于小城镇，袁中金等人将其看成一种城乡过渡体，他们认为，"城市和乡村是性质不同的两种社会，经济与景观实体，两者在空间上具有比较明确的管理界线。但是城市与乡村均是动态变化的，两者存在着发生学上的联系——乡村不停地在向城市转换。在这一转换过程中，存在一种中间状态，即城乡过渡体，这一过渡体的形式有小城镇和城乡交界带等，其中小城镇是主体和代表"（袁中金 等，2004）。

本研究认为，小城镇是指在城镇化过程中，介于城乡之间的过渡性居民点区域，具备一定的经济、社会、文化聚集力，地理范畴上包括建制镇（含县城镇）和集镇。我国城市类别按其人口规模划分，可分为特大城市、大城市、中等城市、小城市和建制镇（费孝通，2001）。

表2-1 我国城市类别划分新标准

城市等级	城区常住人口（人）	等级细分	城区常住人口（人）
小城市	<50万	Ⅰ型小城市	20万—50万
		Ⅱ型小城市	<20万
中等城市	50万—100万		
大城市	100万—500万	Ⅰ型大城市	300万—500万
		Ⅱ型大城市	100万—300万
特大城市	500万—1000万		
超大城市	>1000万		

资料来源：《国务院关于调整城市规模划分标准的通知》（国发〔2014〕51号）

根据国内外学者从不同的视角对小镇的研究、分析得出：小城镇是指，在一定的区域内，具有一定的经济规模、建筑规模和非农业生产人口的社会实体，是农村和城市的过渡地带，也是连接农村和城市的纽带。

根据已有研究，对"小城镇"范畴认知多延续以下4种：
①县城镇：指县级市的城区（设市建制）、设镇建制的县城镇。
②建制镇：县城以外的建制镇。
③镇：包括乡政府驻地集镇与非政府驻地集镇。
④小镇：不同于行政建制镇和产业园区的产业集聚空间。

随着小镇的建设热潮，近年来越来越多的学者转向对小镇的界定，其涵盖范围主要有：按照我国城市规划法中的规定，小镇多指建制镇；小镇与城市在经济结构和生活方式等方面有着明显的区别，其生活方式与农村更相似；在地理学研究领域，小镇是农村聚落的最高级别（陈仲伯，1999）。

2016年出台的《国家发展改革委关于加快美丽特色小（城）镇建设的指导意见》中首次将小镇与小城镇分别提出并给予界定："特色小镇主要指聚焦特色产业和新兴产业，集聚发展要素，不同于行政建制镇和产业园区的创新创业平台。特色小城镇是指以传统行政区划为单元，特色产业鲜明、具有一定人口和经济规模的建制镇。"

本书中的"小城镇"涵盖范围包括上述县城镇、建制镇、集镇以及小镇四种类型。

2.1.4 旅游小城镇

1983年费孝通先生在《小城镇，大问题》一文中将江苏省吴江县的小城镇分为五种类型，其中同里镇被归类为水乡游览镇。随后由国家统计局、农村调查队和建设部等公布了不同分类依据下多种小城镇类型，均包含旅游型小城镇。旅游已经成为小城镇发展的重要方向，依托得天独厚的旅游资源，云南省政府在2005年7月就提出了建设"旅游小镇"的战略构想。旅游小城镇对小城镇的建设理念、思想和方法有着重大价值和影响，这种模式正在向其他地区蔓延（费孝通，2010）。

与国外早期定义的娱乐型和休养型城市等旅游关联概念研究思路不同的是，中国一开始就明确提出了旅游开发型城镇、风景旅游型城镇等概念。"旅游小城镇"又可以称为"特色旅游小城镇"，实质上是以旅游产业为主导产业的小城镇，属于"特色小城镇"的范畴，是"旅游专业镇"，如乌镇、婺源、周庄、西塘、阆中、大理、丹巴藏寨等。学者们对"旅游小城镇"的定义众多，其含义基本一致，都认同旅游小（城）镇（Tourism Town）拥有得天独厚或者较高品位的自然资源、人文景观，具有高频率的游乐、休闲、商务旅游；旅游发展与小城镇建设相结合，在旅游活动中扮演目的地、集散地或服务站角色的小镇；旅游小城镇中旅游经济在小城镇中占有绝对主导地位，带动小城镇的经济社会文化发展（李柏文 等，2009）。

旅游业是与第一、第二产业融合的综合性行业，很难准确统计其在GDP所占比例，国际旅游卫星账户表（TSA：RMF）对旅游GDP认定，凡是为旅游者提供产品和服务所创造的经济收入都归于旅游经济指标测算中（史蒂夫·史密斯，2003），旅游业构成包括旅行社业、以宾馆为代表的住宿业、交通运输业、餐饮业、游览娱乐业、旅游用品和纪念品销售业、各级旅游管理机构及行业组织等7个部门35个项目（苏建军 等，2011）。

综上所述，本书确定了衡量旅游产业是小城镇主导产业的重要标准：

（1）需求收入弹性高，弹性大于1；

（2）具有较大规模，增加值占GDP比例大于5%；

（3）行业关联度大，影响力系数和感应度系数大于1；

（4）就业岗位增加，吸收大量村民从事相关工作；

(5) 涌现出核心企业知名产品；

(6) 呈现持续高增长率的 GDP。

据此，本书将旅游小城镇界定为具有丰富旅游资源或者旅游经济占区域 GDP 的比例超过 5%，且有可能继续增高，旅游产业在当地产业结构中占主导产业地位的小城镇，范围界定为县城镇、建制镇、集镇以及部分由于旅游产业集聚而生长的新聚落空间（陶慧 等，2015）。从定义上看，既是对旅游经济绝对性指标很高的小城镇的界定，也囊括了部分由于镇域经济发达，经济总量水平很高，即使旅游业层次高，但很难在当地经济统计中占据大比例的小城镇。本书研究的旅游小城镇，淡化了"城"的概念，强化了小城镇建设对旅游资源、景区景点的依托，以及旅游对周边乡村区域的带动与改变。

2.1.5 研究对象

正如前文所示：本书的研究重点在于为旅游影响的乡土景观社会未来研究提供新的视角，尤其是满足空间生长的拓展规律，从考察镇区与乡村环境变迁的角度，本研究的地理研究范畴①为旅游小城镇地域内包括景区景点、小镇以及涵盖的乡村聚落区域。书中"小镇"是指正处于由"乡村性"集聚地向现代化城市转变的过渡性社区。本书界定的旅游小城镇的地理范畴统一为：县城镇、建制

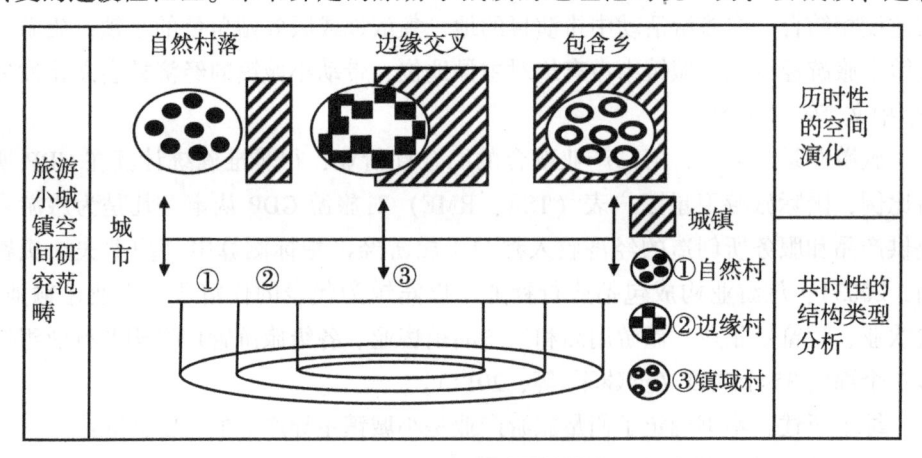

图 2-1 本书研究的城镇范围

---

① 本书研究对象是旅游小城镇，地理范畴是包括景点、小镇与乡村（村落）在内的全镇域区域。

镇、集镇，以及部分以主力村落联动发展旅游的村镇区域，是模糊定义上的小城镇概念，整个镇域范畴均是本研究的空间对象，更能反映某些阶段中小城镇的时空演化机理。

需要特别说明的是，本书的研究对象——旅游小城镇从空间上看，是包括了景区、镇区与周边联动乡村区域的整个镇域范畴。为了便于区别，书中所言的小镇是特指镇区空间，不包括周边乡村地域。

2.2 基础理论

由于旅游小城镇尚属于新生事物，发展时间不长，有关的理论研究相对于实践发展而言，实属滞后，所以往往在学术研究中多借鉴与产业、地理以及旅游等相关理论为指导。但这些理论多是针对工业型小城镇提出的，并不完全适合运用于旅游小城镇的开发，因此相关理论研究还需要进一步完善。从目前的经济理论看，主要是从不同角度分析城镇化的进程和一般规律，并不单一地局限在小城镇上，因此本书主要结合城镇化的一般理论，探讨其对旅游小城镇发展的启示，并分析以旅游为主要动力推进城镇化的主要特征（曾博伟，2010）。

2.2.1 城市建设理论

（1）城市（镇）化理论。

"城镇化"的提法来自英语"urbanization"，国际上的通用提法是城市化。在我国，"urbanization"一词可以被译为"城镇化""城市化""都市化"，但通用的是"城市化"，其实城市化和城镇化本质上是一致的。所以目前中国学术界"城市化"和"城镇化"这两个词语均有广泛使用，其意义基本相同。

城镇化具体表现为人口的迁移、产业转型与土地利用方式的改变。城镇化过程可概括为以下五个方面内容：①城镇人口集聚的过程；②产业结构升级的过程；③居民消费水平不断提高的过程；④城镇文明不断发展并向广大农村渗透和传播的过程；⑤居民整体素质逐渐提高的过程（王亚红，2012）。

增长极理论和中心地理论是具有代表性的城市化理论。1933年德国地理学家克里斯泰勒（W. Christaller）提出了"中心地学说"。该理论认为，城镇具有向它周围地区提供商品和服务的职能，即中心地职能。增长极理论最初由法国经济学家佩鲁提出，后又经许多经济学家的丰富和完善，这一学说认为：一个国家不可能实现平衡发展，其发展是某些具有优势的地区先形成增长极，带动周边地区的发展，因此增长极的形成尤为重要（傅强 等，2016）。

由此看出，作为增长极和次中心的小城镇是有存在价值的，小城镇和农村为城市的发展提供了大量资源，虽然这有利于加快城市化进程，但是另一方面也带来了交通拥挤、犯罪增长、污染严重等一系列问题，同时伴随着乡村迅速凋敝的情况（曾博伟，2010）。

（2）逆城市化理论（田园城市）。

城市化进程迅速导致"城市病"日益显著，出现了人群返乡的逆城市化现象（向春玲，2014）。逆城市化的理论源泉是英国规划师霍华德提出的"田园城市"概念，其最初定义田园城市是一种同时具有城市和农村优点的城市。1919年，又以健康目标作为田园城市设计理念，认为田园城市应满足丰富多样的社会生活，城市需求应由城市四周的农业提供（何博，2014）。

现实世界的"逆城市化"是1970年以后在发达国家发生的，其特点是大城市人口向郊区、周边的中小城镇转移。随着生活水平达到一定程度，城市居民开始追求良好的生活环境和高品质的生活，而小镇交通和通信的改善，使得城市居民的追求得以实现，有着丰富旅游资源的旅游型小镇能高标准地满足城市居民的需求，这种需求是旅游型小城镇发展的动因之一（费孝通，2010）。

（3）新型城镇化。

新型城镇化是以人为核心，其基本特征有城乡统筹、生态宜居、城乡一体、节约集约等，新型城镇化将生态理念融入城镇化中，对优化城镇格局、构建合理的城镇体系具有重要作用，除了经济、人口、基础设施等城镇化外，新型城镇化还强调节约资源、生态保育的重要性（杨得前 等，2014），使得农村具有与城市同样的服务，并保障城镇具有更高的宜居性（苏于群，2013）。

与传统城镇化相比，新型城镇化强在发展理念、资源利用、发展目标、推进主体、推进机制、推进方式等方面有着很大的差异（表2-2）。在发展理念上，由强调数量转向注重质量内涵；在城市发展上，城市间的协调发展代替中心城辐射，实现区域协调发展，资源粗放利用转向资源集约利用（汤少忠，2014）。

表2-2 新型城镇化与传统城镇化对比分析

类别	传统城镇化	新型城镇化
理念核心	关注发展速度	注重速度、效益和质量的统一

续表

类别	传统城镇化	新型城镇化
目标	以人口的非农化为单一目标	经济集约、社会和谐、政治文明和环境友好四个方面目标
主体	主要以政府尤其是中央和省级政府为主	中央政府、地方政府、企业、民众共同推进
机制	以行政手段为主	以市场机制为主，政府引导配置
方式	单方面强调一种等级发展	主张大中小城市和小城镇协调发展，构建更高水平的城镇体系
策略	缺乏因地制宜的策略	主张因地制宜实行不同策略，注重东中西部策略差异性

（4）乡村建设理论。

中国作为一个有几千年乡土文明的国家，乡村向城镇演进的过程有自身独特之处。相对于工业化小城镇而言，旅游小城镇同乡村的联系更为紧密，因此，以梁漱溟为代表提出的乡村建设理论对研究旅游小城镇有一定的启示和借鉴作用。

20世纪30年代，梁漱溟提出了乡村建设理论，他认为中国首先要解决的问题是乡村问题。乡村建设，核心是文化问题得到解决，并综合解决社会、经济、政治等方面的问题（曹海林，2005）。同时梁漱溟认为，在中国这样的农业社会，乡村是中国文化的源泉，加强乡村的建设，才能使中国文化恢复其本身的活力。

20世纪30年代，中国工业化水平极低，工业化的影响还未呈现。随着改革开放，我国城镇化快速发展，乡村文化遭到严重破坏，农民虽然提高了物质生活水平，但只能在城镇化进程中裹挟前进。虽然中国不可能也没有必要重新回到"小国寡民"的乡土社会，但是梁漱溟的乡村建设理论为中国城镇化提供了不同的思考角度和乡村城镇化的核心（王武岭，2005）。

因此，旅游小城镇一方面要加快经济社会建设，实现城乡协调发展，共同富裕。另一方面，要充分挖掘乡村文化，保证农民利益，增加农民获得全面发展的机会。乡村建设理论注重从乡村文化中寻找对旅游小城镇发展的启示（何忠国等，2006）。乡村旅游是城市经济与乡村经济发展的产物，是推动农村产业化与非农化就业形式的先锋力量，是促进城乡统筹与城乡协调发展的核心路径。也是联系城乡经济、完善城乡居民休闲体系的重要纽带。

> **启发——对城乡机理演变的指导**
>
> 旅游小城镇的分布呈现出规律突出的特征，介于城乡之间兼具城乡之特色。通常旅游小城镇的分布呈现三个规律：一是地处大城市周边的旅游卫星城，如：昆明野鸭湖小镇、官渡古镇（距都市或都市圈50 km）；二是地处重要旅游线路或旅游区内的小城镇，如：地处滇西北黄金旅游线上的鹤庆县草海镇新华村和丽江束河古镇。这两类旅游小城镇的分布都是依托中心城市及周边县城等经济较为发达的人口聚集地，形成稳定客源。三是虽不临近城市或旅游区域，但具有鲜明的旅游资源特色，临近交通干线的小城镇，如：云南通海秀山镇和丘北县双龙营镇普者黑村，这类旅游小城镇依靠资源特色和交通便利性，吸引旅游者进入（管晨熹，2011）。
>
> 通过对旅游小城镇的演化机理分析，大多数新型旅游小城镇均以乡村基底为环境背景，由于景观吸引物以及周边配套开发服务产业，形成了小区域的经济集聚。从而引发居民点的迁移、生态景观的局部改造、社区生活方式的改变等一系列经济、社会甚至文化的城市化演化，最终形成新旧居民融合、城乡景观交替、游憩与生产协同的新型聚落。所以在开发建设中，首先得研究这一新型聚落可能产生的地理上的分异以及此种分异对行为方式的影响，从而把握旅游小城镇不同区域的发展与管理方法。
>
> 如何使新生的旅游镇域空间有效生长，发挥旅游城镇更加丰富和全面的生产和服务功能，营造更宜居宜游宜业的生活环境，促进城乡统筹与可持续发展，是旅游导向下的新型城镇化的关键。通过旅游小城镇的空间分布规律可以看出旅游小城镇的发展恰恰是新型城镇化的最佳选择，是符合全域城镇化先进观念的发展方向，也契合逆城市化理论中田园城市的发展路径。而且由于介于城乡之间，更需要关注乡村建设的理论指导，尤其关注最近几年我国关于新农村建设的政策与趋势走向（陈万灵，2002）。

2.2.2 区域空间结构理论

（1）区位理论。

区位理论又称立地论（Location Theory）、区位经济学、地理区位论，是通过地球表面的点、线、面等几何要素及其组合实体（网络、地带、地域类型、地域），研究人类活动区位选择，分析其成因与条件、区位对人类活动的影响，并预测其发展规律的科学。目前已经成为工业、农业、交通运输及商业等产业部门和城镇聚落规划及区域空间组织优化的共同理论。区位理论包括了古典区位理论（农业、工业）、近代区位理论（中心地、市场论）、现代区位理论。

区位理论最早溯源于古典经济学，19 世纪初期以来，区位理论先后形成了四个代表性理论。19 世纪初，德国经济学家杜能提出著名的孤立国理论，创立了区位理论，被后人称为区位理论的鼻祖（李小建，2007）。20 世纪初，德国经济学家韦伯提出了工业区位理论，农业区位理论和工业区位理论研究个体的区位选择，达到成本或运费最低。

德国地理学家克里斯泰勒于 20 世纪 30 年代初，首次提出中心地理论；随后，廖什进一步把中心地理论发展成市场区位理论（楚义芳，1989）。中心地理论和市场区位理论研究区域或市场、中心地的影响范围及其之间的关系，为厂商找到最优区位。

20 世纪 60 年代，现代区位理论始于消费者区位的研究（洪开荣，2002）。一方面，现代区位理论使传统研究从单个厂商的区位决策研究提升到区域总体经济结构及其模型的研究，从静态和运费最小考虑到动态的多要素分析，从抽象的纯理论模型发展为建立应用性区域模式。另一方面，从仅局限在经济技术的范围扩展到社会领域的综合思考。决策目标也不仅局限在考虑生产者利润，还扩展到考虑消费者效用，力求实现双赢的目标（张立威 等，2015）。

发展实践证明，区位理论自诞生就已经应用到城市与乡村的建设活动与地理空间的结构关系研究中。区位理论在旅游小城镇研究中主要的应用有：确定小城镇游憩空间组织层级和规划层次；制定城镇—乡野的游憩发展序列；寻求旅游小城镇的区位优势；产业空间的集聚效应；游憩线路设计和游憩活动场所选择等方面。

（2）旅游地系统理论。

作为旅游地发展的物质载体，旅游地系统的研究一直占据业界研究核心地位。根据 Gunn 的界定，整个旅游地系统包括吸引物组团、服务社区、对外交通和内连通道四个要素（图 2-2）。其中，吸引物组团以旅游资源为核心，经过开发一般形成景区，它的等级和吸引力决定了旅游地的吸引范围；服务社区一般是以旅游城镇为中心，需要构建包括基础设施、接待服务设施、娱乐购物设施以及服务人员的服务质量等在内的服务全要素体系，它提供设施和服务的优劣决定了社区服务质量的高低；内外交通状况是旅游系统可达性的衡量准则。Gunn 提出的旅游地系统论强调以景区景点为依托，以服务社区为核心，并推动各要素的自身发展和相互之间的协调（Gunn，1988）。

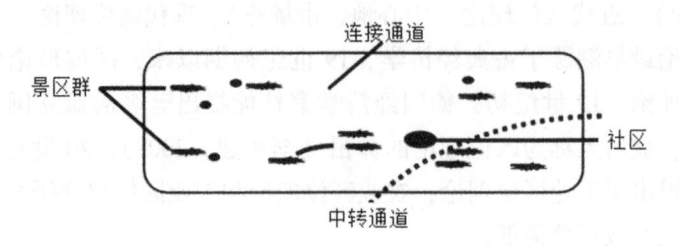

图 2-2　旅游目的地系统结构

来源：Gunn，1988

旅游地系统具有空间等级结构，高级的旅游地系统会影响到低一等级的旅游地系统的状态，其等级层次的序列组合又会影响到区域的旅游等级结构，而等级结构的高低又受到当地的城镇体系结构的制约。旅游资源吸引力大小、服务社区水平高低、旅游供给设施完善程度以及对外交通的便捷性最终组合成旅游地系统的竞争力。

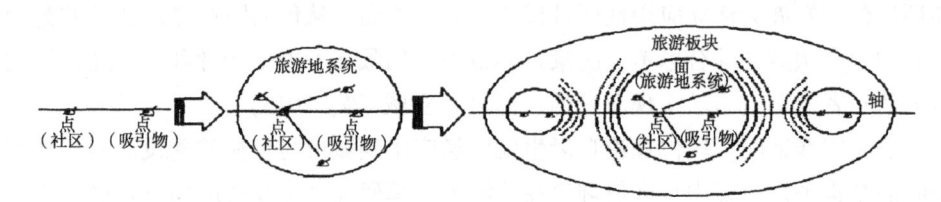

图 2-3　点轴面相结合的板块旅游目的地形成过程

来源：汪德根 等，2006

在旅游小城镇旅游目的地系统建设过程中，根据汪德根的研究内容，表明单个旅游地系统其实担负着"点"和"面"的双重角色。对于更大范围的区域旅游地而言，各级旅游地系统是"点"的形式，各级旅游小城镇组成的目的地系统沿旅游交通线向外围辐射，以影响和带动周边地区的发展，最终构成更大更综合性的旅游面块。

（3）点—轴系统理论。

1984年，地理学家陆大道在中心地、空间扩散和增长极等理论的基础上提出了"点—轴"扩散理论。他在1998年出版的专著《区域发展及其空间结构》

中，详细地阐释了"点—轴"扩散理论。如其空间结构发展过程、"发展轴"的结构和类型、"点—轴渐进式扩散""点—轴集聚区"、不同发展阶段空间结构的特征等。他认为点—轴的核心是在区域空间范围内，社会经济客体之间是相互作用的，小范围点集聚，基础设施连接点形成轴，进而形成网络结构空间体系（陆大道，1998）。

点—轴理论认为其核心是点和轴的确立及发展，点即区域内的行政或经济上中心地，轴指连接这些中心点的交通。通过点轴的发展，带动区域的发展（图2-4）。

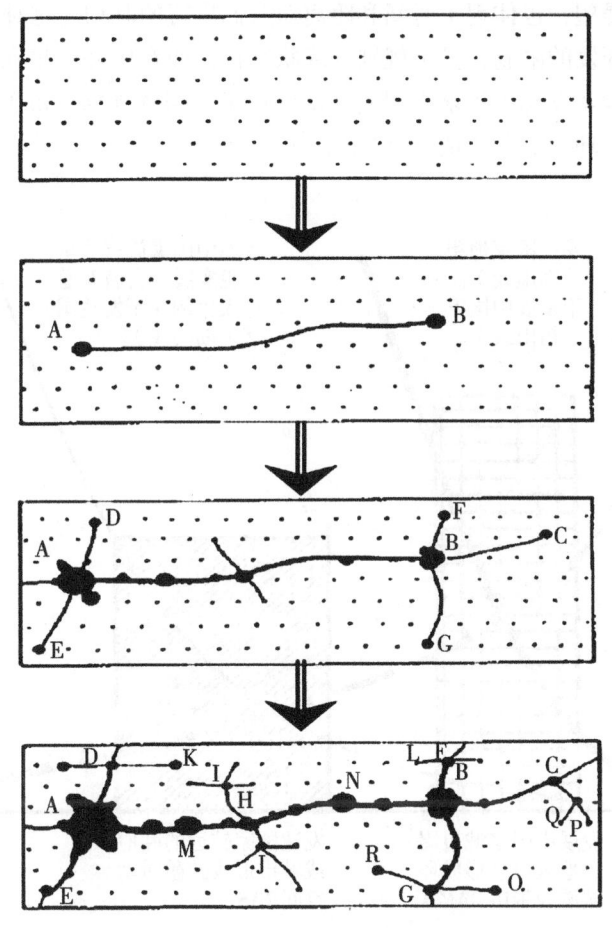

图2-4 点—轴渐进式扩散模式

来源：陆大道，1998

▶▶▶ 流动的乡土：景观·小镇·村落

"点—轴"理论在我国区域发展中起到了重要的指导作用，在旅游小城镇的发展中也需要该理论的指导，确立并重点发展旅游小城镇点，通过游憩线路进行连接，在空间结构上形成点线面结合的城镇体系。

（4）环城游憩带理论。

我国吴必虎教授于1999年首次提出环城游憩带的概念及其理论，并指出：环城游憩带一般位于大城市郊区，客源地为其依托的大城市，环城游憩带遵循距离衰减规律，距离大城市越远，其吸引力越低。环城游憩带的形成既体现了人们对回归自然的渴望，也体现了时间和距离对人们出行的制约。这种娱乐带由于受地形、道路和开发的限制，呈不规则的环状结构。而在国外，早在20世纪80年代，苏联就有学者发现了周末人们涌向郊区地带度假的现象，Ball也观察到在大伦敦外围形成了环形的游憩地带（Ball，1984）。

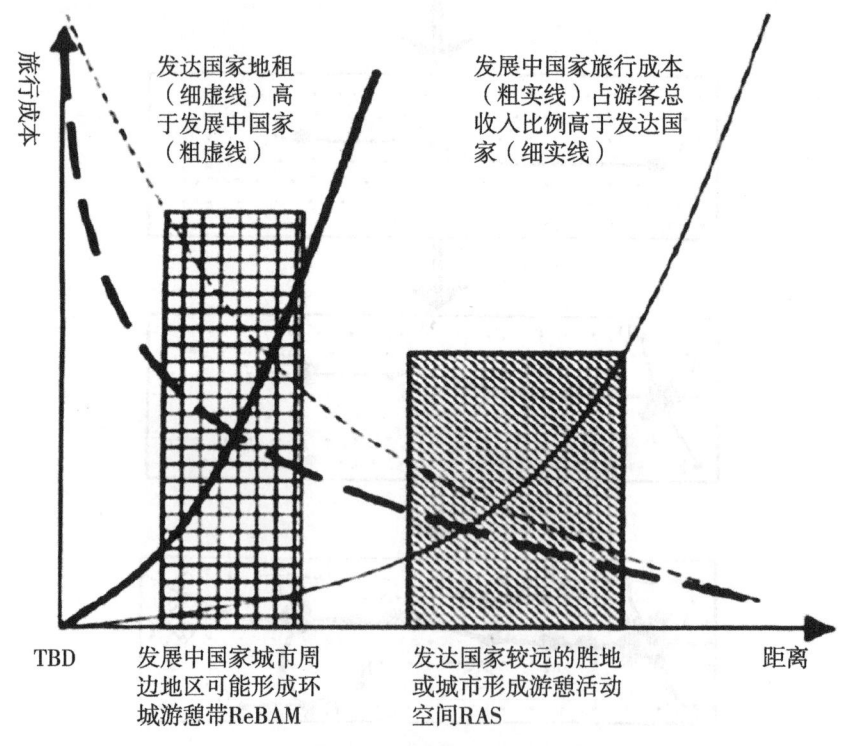

图2-5 发达国家与发展中国家 ReBAM 区位形成特征

来源：吴必虎，2001

环城游憩带的形成，受土地租金和出行成本双重制约。距离城中心越远，地租越低，投资商投资欲望越高，但出行成本会越高，出行意愿和出行率会越低。环城游憩带是城市游憩空间的一个重要组成部分，在当前中国大部分城市居民的出游能力多局限于距城市较近的范围内，对环城游憩带的研究，将成为新型旅游小城镇选址与产业布局结构研究的重点之一（吴必虎，2012）。

> **启发——对空间优化布局的指导**
>
> 旅游小城镇在内部产业构造演化的基础上，还会进行外部空间演化。构造演化到空间演化是一个由量变到质变的过程，即：旅游小城镇经济构造演化到一定阶段，将产生向区域外进行空间拓展的趋势。从空间演化的视角看，旅游小城镇的空间演化分为聚集模式、衍生模式和扩散模式。
>
> 而大部分旅游小城镇由于其生态价值较高，其空间组成更为复杂，主要包括生产空间（旅游产业、农业生产、简单的副产品加工与手工业等）、生活空间（包括本地居民、短期就业、长期就业以及外来游客等居民）以及生态空间。"三生"空间在地域管辖中相对独立，功能作用上又互为影响（陶慧 等，2016）。
>
> 针对快速旅游城镇化进程中土地利用形态的变化及其引发的问题，从空间管制的视角寻找相应解决方案，是地理学在实际运用中的探索。在促进产业结构转型和空间重构形成良性互动过程中，本书旨在为培育优良的生态环境、创建有效的公共服务体系、搭建完善的旅游发展平台，重构有序的生产、生活和生态新型空间，推进城乡一体化发展提供理论指导与方法创新。对"三生"空间的结构特征、形成原因和演化方式进行系统研究，为未来新型旅游城镇的空间合理布局提供可操作性的理论依据，为协调人地关系提供技术保障。

2.2.3 旅游经济学理论

（1）休闲经济。

最早有关于休闲的研究源于1883年Paul Lafargue《有权获得闲暇》，之后有1899年Thorstein Veblen的《有闲阶级论》及1970年的《消遣宪章》。消遣时间被界定为个人完成工作和满足生活基本需求之后，可以完全受本人支配的一段时间。闲暇（leisure）一词最早出自拉丁语，译为"自由的状态"，美国百科全书与法国学者对闲暇的定义均是强调：从正规的工作与义务中脱离出来，支配剩下时间的自由。日本《城市问题百科全书》认为现代闲暇应该包括消遣、休息时间、休养娱乐与旅行。汉语中的闲暇定义是停止之前手中的工作，处于闲适享受的状态。

汉语中，闲暇、休闲、休憩等为同义词，使用得最多的为"休闲"一词，休闲包括时间和活动两个维度（张广瑞，2001）。

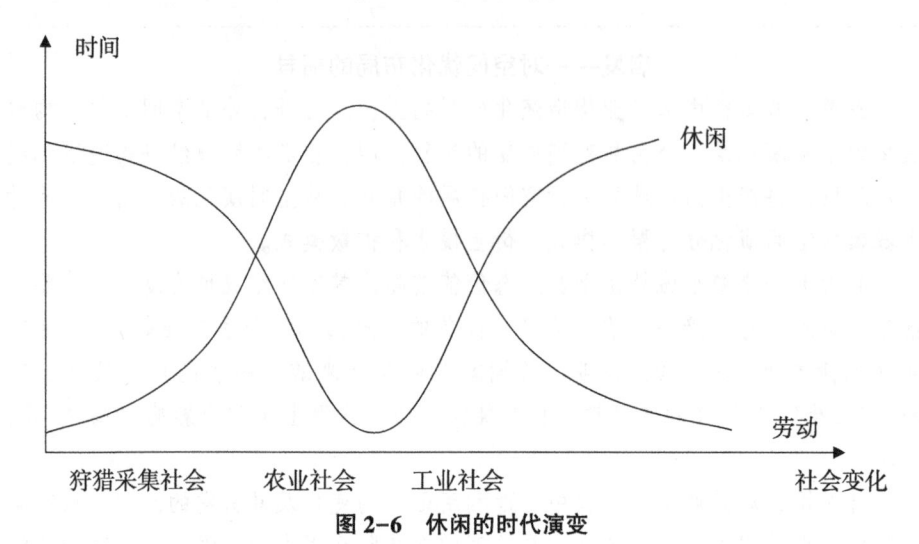

图 2-6　休闲的时代演变

来源：吴承照，2003

休闲产业是为了满足人群的休闲需要，实现其休闲目标而形成的产业集群。休闲专家马惠娣认为休闲产业是基于休闲需求而产生的休闲行为、休闲生活以及密切相关产业的领域，包括旅游、娱乐等服务产业与经济形态。（杨健，2005）

尽管休闲产业已成为不少国家第一位的产业，但休闲产业的边界却十分模糊，休闲活动渗透在包括军队在内的几乎所有的部门之中。在我国，休闲产业通常被称为第三产业。在经合组织成员国，通常被称为服务业。发达国家休闲业既包括营利性组织也包括非营利与公益性组织，以营利性组织为主导。以美国为例，95%的休闲服务项目由营利性服务机构承担（陈美云，2006）。

而非营利性和公益机构主要为青少年和老年人服务。在 3500 亿美元的休闲消费中，有 1.7%—2% 是对政府提供的服务进行消费的，约 4.2% 的消费用于非营利性服务机构提供的服务，剩下的则是在营利性机构中进行消费的（Edginion & OJdron, 1995）。

表 2-3 国外休闲产业结构构成类型

分类	营利性组织	非营利性组织	公益性组织
内容	剧院、电影院、饭店	体育健身中心场所	
	饭馆、咖啡馆、酒吧	图书馆、博物馆	
	舞厅及夜总会	艺术中心及美术馆	环境保护机构
	旅行社及旅游公司	观光景点	社区活动场所
	航空公司及代理	旅游信息中心	娱乐策划组织
	景观吸引物	社区中心	文化组织
	健身俱乐部及工作室	公园体育场所及游戏地	俱乐部及协会
	综合购物娱乐中心	游泳池	
	运输公司	其他特殊设施	

国内休闲产业分主体休闲、辅助休闲与休闲相关产业三大类。主体休闲产业是指依靠人们休闲消费获得收入的企业，如度假村。辅助休闲产业指为主体休闲产业提供产品、材料或服务的企业，如旅行社。休闲相关产业指提供吃、住、行等的企业，如饭店（邢道隆 等，1989）。作为旅游小城镇的判断标准之一，其主导产业就是旅游休闲产业，结合国内休闲产业的分类，引入旅游小城镇的产业体系，为未来旅游小城镇的产业布局与规划提供理论依据。

表 2-4 旅游小城镇休闲产业分类

类型	内容
娱乐型	歌舞厅、音乐厅、棋牌室、影剧院、演艺中心、卡拉OK等
体育型	健身馆、各类球场、溜冰场、赛马场、射箭场、自行车道及漂流
保健型	疗养馆、洗浴馆、阳光浴、美容美发、推拿按摩馆、氧吧等
社会旅游	景区景点及主题公园、动植物园、城镇风光等
乡村型	农家乐、洋家乐、牧场乐、民俗村、乡村古镇等
教育型	博物馆、艺术馆、图书馆、纪念馆、展览馆、工业园、科技馆、天文馆、大学校园、地质馆、烈士陵园、宗教寺观、示范园、老年大学、书吧等
饮食型	餐厅、酒楼、茶馆、咖啡馆、风味小吃店、美食广场等

续表

类型	内容
购物型	商场、会展、批发市场、步行街、专卖店及拍卖、典当行等
怡情型	宠物豢养、种花、种草、集邮、收藏雕刻、书法、绘画、编织、插花、陶吧、话吧、清吧等
社会休闲	慈善、福利、志愿者行动及各种会餐、交友、网吧等
休闲物品制造	饮食、服饰、保健、读物、器材及设备的制作供应

(2) 旅游地生命周期理论。

对于旅游地生命周期的研究，可以追溯到1964年Christaller对欧洲旅游地的分析（Christaller，1964），也有人认为可以更加提前到1939年Gilbert对英国海滨胜地成长过程的研究（Gilbert，1939）。到了1980年，加拿大地理学家巴特勒系统地阐述了旅游地生命周期理论，他认为旅游开发是随着时间从探索阶段（Exploration）—参与阶段（Involvement）—发展阶段（Development）—巩固阶段（Consolidation）—停滞阶段（Stagnation）到衰落或复兴阶段（Decline or Rejuvenation）这6个阶段呈S形不断演化的过程（图2-7）。

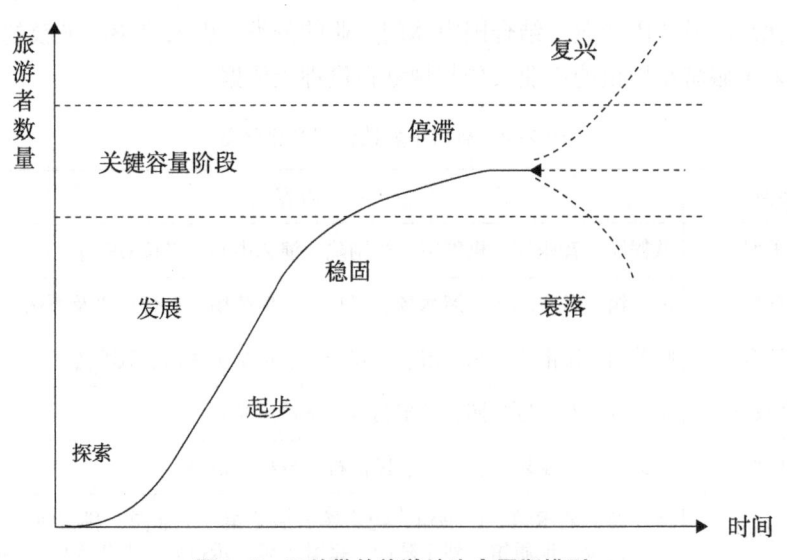

图2-7 巴特勒的旅游地生命周期模型

巴特勒曲线高度抽象地描述了旅游发展周期。在后期的研究中，出现了许多变形形式。如 Priestley 提出"后滞长期"（post-stagnation phase）的概念，研究发现了许多旅游地（永久性的世界级文化遗产：长城、故宫、西湖）长期处于停滞阶段的不败之地，处于停滞阶段后到目前并没有出现衰弱；Haywood 将旅游开发周期分为若干部分；近来实际研究发现，一些旅游地发展没有停滞期，直接从高峰期走向衰弱，如主题公园。旅游地生命周期理论是一个很好的描述性工具，对旅游小城镇的开发，尤其是针对不同发展阶段的类型提供相应的理论依据，具有重要指导意义，通过人为调整延长旅游地生命周期（邵晓兰，2006）。一个小城镇如果处于巩固阶段及以前的发展时期，其重点应放在游憩资源开发，游憩设施建设和宣传促销等方面；如果处在停滞阶段及以后的发展时期，其重点应放在游憩资源创新，促使小城镇的复苏。

（3）产业聚集理论。

产业聚集是指具有共性或互补性的产业在一定地理区域内不断汇聚的过程，在空间范围内形成相互联系、互相支持的产业群。集聚实质上是利用产业在生产、技术、经济等上的联系，达到设施、社会劳动、生产、技术、经济等互补共享，产生集聚效应，在区域内实现共赢局面。19 世纪末开始了产业集聚的研究，由经济学家马歇尔在 1890 年首次提出产业集聚这一概念，一并提出的还有"内部经济"与"外部经济"，并指出产业集聚能够节约社会资源劳动的消耗，节约基础设施建设、运输成本，产生集聚效应。这种产业的集聚只是地理空间上的集聚，在地域上它们之间通过各要素的结合形成相互作用、互相依赖、共同发展的时空关系，呈现出独具特色的产业链。因此，旅游小城镇在充分发挥旅游资源优势的前提下，要促进小城镇内相关企业或机构的发展，产生集聚经济，形成产业链（顾朝林 等，2000）。

一定程度的产业聚集有利于降低成本、节约资源劳动力、信息技术共享、吸引人才资金、加强创新、提高竞争力，获得溢出效益。因此，旅游小城镇在其开发发展中，除了做好旅游设施服务外，还应加强旅游关联产业和组织在旅游小城镇内的发展，形成旅游产业一条链，实现小镇内外部经济发展，产生集聚效应。

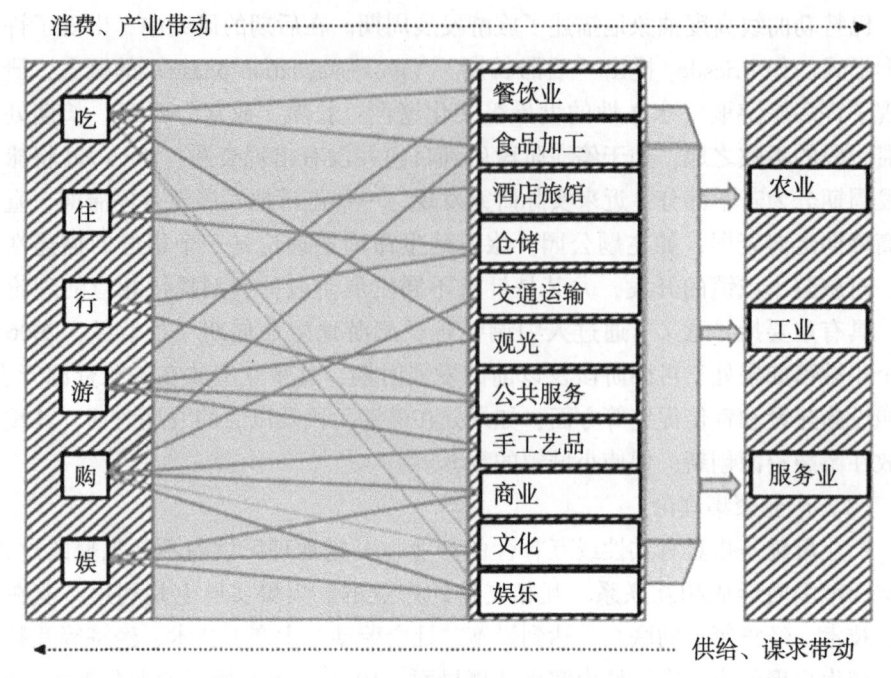

图 2-8　旅游小城镇的旅游产业集群

> **启发——对发展模式与机制的指导**
>
> 旅游经济学主要从"休闲产业""旅游地生命周期"以及"旅游产业集群"三方面对旅游小城镇产业布局、道路选择以及旅游产品设计等多维度进行理论指导,最终形成在不同的前提条件基础上的独具特色的发展模式。
>
> 小城镇发展模式是指特定区域、历史、经济、文化等条件下,形成的能体现小城镇在这一时期的发展方向、发展思维、发展方式、发展结构的一般方式。在之前的研究上,一些学者与管理者对旅游小城镇的开发进行了归纳总结,得出了一些经典旅游小城镇开发模式,这些模式在一定程度上具有推广的可行性。然而旅游小城镇发展模式研究从根本上是为了满足产业结构的优化布局、经济周期的合理调试并达到休闲旅游产业最优聚集而做出的科学路径选择。无论是"黄山模式""曲阜模式""栾川模式"(赵忠,2005)还是未来的"马洋溪模式",均需遵照旅游经济发展的一般规律。

2.2.4 和谐发展理论

（1）可持续发展理论。

古代已有可持续发展的思想，如春秋时期有人主张保护幼鸟，再如成语网开一面等，古代虽有可持续发展的思想，但并未形成完整的体系，而且这类主张极少被统治者回应。可持续发展理论的形成是在20世纪中后期。最早是1962年美国Rachel Carson的《寂静的春天》的发表，引起了人们对发展理念的重视，随后发表了一系列著作。但国际上普遍认为"可持续发展"作为一种概念被正式提出是在1987年正式发表的《我们共同的未来》中。（王喜刚 等，2013）。报告中认为"可持续发展"是指"既满足当代人的需要，又不对后代人满足其需要的能力构成危害"。可持续发展的三个基本原则：公平性原则（fairness）、可持续性原则（sustainability）、共同性原则（commonality）。可持续发展包括经济、生态、社会三方面可持续发展，三者和谐发展并最终达到人类的全面可持续发展。

①经济可持续发展：国家实力的增强和社会财富的增长依靠的是经济的发展，确保经济可持续发展才能为国家安全和社会稳定提供保障，经济可持续发展既要保证经济的增长，又要不破坏经济持续增长的能力，经济增长的同时确保不破坏环境，集约型经济增长方式从某种意义上来说是经济可持续发展的一种方式。②生态可持续发展：生态可持续发展是经济可持续发展和社会可持续发展的前提，经济和社会的发展必须在生态承载能力范围内，并不是要求不发展，而是在经济和社会发展的同时，考虑生态承载力，保护环境，改变传统的以牺牲环境换取发展的发展方式。③社会可持续发展：生态和经济的可持续发展的最终目的是保证社会的可持续发展，社会可持续发展要求创造一个自由、公平、和谐、平等的社会环境，实现高质量、健康的生活。可见，社会可持续发展才是最终目标，生态、经济可持续发展只是社会可持续发展实现的条件和基础（周园，2012）。

表2-5 联合国环境问题科学委员会提出可持续发展指标体系的结构（来源：李杨，2012）

经济	社会	环境
经济增长（GNP）	创业指数	资源浪费指数
存储率指数	贫穷指数	污染指数
收支均衡指数	宜居指数	生态环境风险指数
负债指数	人力投资指数	对人类福利影响

旅游业可持续发展的理论，为旅游小城镇发展的路径转变提供了有力的、科学的理论支撑。本书基于游憩空间分区理论嬗变与空间分析技术结合的核心要义就是包括旅游产业、城镇生活和生态保育的三大空间的合理布局与可持续发展。

（2）Pro-Poor-Tourism（PPT）研究。

1999年，英国国际发展局提出PPT，随后进行了一系列PPT战略实施工作，如在南非、乌干达等六个地区进行了研究，并提交了6篇关于案例区的优劣势、背景、实施情况及影响的PPT战略研究的报告，发现主要影响PPT战略成效的是贫困人口进入旅游市场的能力。（许学强，1998）。

当地的政府政策体系（土地政策、政府态度、旅游政策）对PPT战略实施也具有重要影响，如通过南非的项目发现：土地所有权的稳定性是影响项目的实施和经济社会利益最大化的关键，土地权利的范围和程度是社区获利润和项目授权的范围与程度的关键。在Makulkee的项目中，因为当地贫困人民具有土地权利，社区能从社区财产协会直接获得利润（张伟 等，2005）。在曼叶尼特地区，不确定的土地权利影响了当地的经济回报，阻碍了旅游的发展。在纳米比亚的研究中发现，由于当地政府缺少法律和政策的支持，仅依靠当地的旅游协会难以支持项目的进行（张伟 等，2005）。

（3）利益相关者理论。

"利益相关者"一词最早提出是在1929年，但一直没有明确的概念，直到1963年斯坦福大学研究所才给出明确的定义：利益相关者依靠企业来实现其个人目标，而企业也依靠他们来维持生存。随后这一理念的影响开始扩大并被运用到旅游开发中，该理论认为，企业的经营管理活动要平衡所有利益相关者的要求。任何利益相关者对公司的发展都至关重要，所以企业要避免个体利益至上，追求整体利益。旅游的开发涉及多个领域、多个主体，如地方政府、旅游企业、当地居民的利益。在旅游的开发过程中要考虑各个利益相关者的诉求，追求整体利益最大化（徐燕，2006）。

表2-6 旅游小城镇不同利益相关者的利益诉求与冲突（来源：徐燕，2006）

利益相关者	主要利益点	主要冲突
社区居民	经济利益、主人感受	处于弱势地位，缺乏理性
当地政府	地方经济、社会效益	忽视各方利益的协调、缺乏公正性

续表

利益相关者	主要利益点	主要冲突
旅游企业	经济利益、追求利润最大化	过于注重个体自身利益，忽视环境与社会效益
旅游者	注重环境与文化效益，追求美好的异质体验	高涨的维权意识

(4) 旅游承载力的概念及评价指标。

承载力的概念起源于20世纪30年代美国牧场管理和野生动物管理的研究，是指一块土地单元所能够承受的牲畜数量（Cunningham，2003）。随着全球旅游的大众化发展，旅游地拥挤不堪、环境遭受破坏、游客的旅游体验严重下降等问题逐渐突出。在此背景下，承载力的概念被引入旅游学科的研究，旅游承载力（Recreational carrying capacity）的问题由Lapage于1963年首次提出（Stankey，1981）。牧场管理中的承载力概念与旅游目的地管理中的承载力概念的本质区别在于：前者对承载力的关注聚焦于生态要素；而后者对自然资源、社会、管理等要素同样重视（Manning，1986）。1978年，世界旅游组织（UNWTO）在年度工作计划报告中，正式提出了旅游承载力的概念："即在自然、经济和社会文化等要素没有遭到破坏以及游客的满意度还未出现不可接受的下降时，一个旅游目的地所能容纳的最大游览人数。"并随后就此问题开展了大量的研究工作（UNWTO，1983）。

旅游承载力评价指标的构建受到研究案例地的类型、研究目的等多种因素的影响，在实例研究中，要根据具体情况对主要框架进行调整。每种类型的旅游地都因为自身资源与条件的特殊性，在构建承载力评价指标的时候需要根据各个不同旅游地的具体情况作出调整。目前被广泛研究的有：历史遗迹、自然保护区、古村落等类型的旅游地（章锦河 等，2014）。

表2-7 旅游承载力指标体系构建举例

案例	评价内容	构建指标
美国Cascadia国家公园	社会与生态承载力	设施满意度、野生动植物观景机会比、濒危物种栖息地质量、濒危物种数量比（Prato，2009）
中国西递	旅游综合承载力	旅游经济承载容量、居民心理承载容量、地理空间容量（卢松，2005）

续表

案例	评价内容	构建指标
江苏湿地生态旅游地	旅游综合承载力	生态环境承载力、资源承载力、社会经济承载力（黄震方，2008）
Cyprus 东海岸旅游胜地 Ayia Napa	社会承载力	居民态度评价、居民与游客的关系以及旅游对当地的影响（Saveriades，2000）
以色列北部乡村旅游地 Yiron	社会承载力	游客破坏行为、个人隐私侵犯、环境污染、服务设施改善、基础设施建设等 14 个基本指标（Mansfeld，2006）

在实践研究中需要注意的是，各项指标在评价旅游承载力方面的重要性不尽相同。借鉴生态学的理论，胡炳清提出了旅游承载力的限制性因子原理，即研究旅游承载力要密切注意并经常分析各种因子，找到限制性因子，尤其要找出其决定性作用的限制性因子，便于管理和发展（胡炳清，1995）。杨桂华提出要解决旅游承载力的难点，突破口可以从复杂概念体系中抓限制因子，不同的旅游地采用不同的承载力研究体系（杨桂华，2000）。

孙晋坤指出在评价指标体系建立过程中，必须考虑旅游超载问题，通过指标的变化体现旅游超载问题，所以指标体系建立需考虑各个利益相关者的诉求、地区的自然社会人文条件等因素，并指出承载力研究的精髓已经转移为设计出一些具体的行动、措施，从而实现对自然资源的最有效而无害的永续利用。旅游超载的问题外在表现就是各种评价指标的数量值变化，所以需要很好地控制各项指标值不被降低（孙晋坤 等，2014）。

表 2-8　各指标监测评价法的特征对照（Farrell & Marion，2002；Hall，1998）

	LAC	VIM	VERP	VAMP	ROS	TOMM
主要应用领域	自然保护区	自然保护区内的景点	主要在美国国家公园实施	主要在加拿大的国家公园实施	以自然景观为主的、受保护的多用途旅游区	适用于以自然景观为主的旅游社区
能够评价和/或使游客影响最小化	+	+	+	+	+	+
尽可能考虑到各种影响的潜在因素	+	+	+	+	+	+

续表

	LAC	VIM	VERP	VAMP	ROS	TOMM
有选择地协调各种管理措施	+	+	+	+	+	+
提出保护性的决策	+	+	+	+	+	+
将技术信息和价值判断分开	+	+	+	+	+	+
鼓励公众参与和学习	+	+	+	+	+	+
整合地方资源及其管理事务	+	+	+	+	+	+
必要的规划资金投入	--	-	--	---	--	--
基于经验的总体有效性	---	-	-	-	---	--

注：+为正面效应，-为负面效应（数量不同表达程度上的差别）

从表2-8可以看出，这些管理框架虽侧重点不同，但却有着以下共同点：其重点都在评价可行性上，并对社会可接受度的最低标准做出判断；建立了完善的可量化的指标体系；制定了相关的管理措施；制定了适时检测技术与反馈系统等（刘杨，2006）。

启发——对社区参与的公正空间建设指导

实现旅游的可持续发展，需要协调好旅游开发、社会发展、环境保护这三者间的关系，发挥出积极影响的一面。所以制定旅游小城镇的规划与发展策略尤其需要平衡开发与保护的关系，把资源与环境的保护放在首位；更要凸显出环境容量的管理，对环境承载力的评价是发展的前提，保证其再生和恢复功能。此外，还需要关注生态环境之外的文化传承，乡土文化是许多小城镇发展旅游业的优势和潜力所在，对乡土文化的尊重与研究，有助于树立有识别度的旅游地形象，丰富旅游产品体系，从而建构旅游小城镇的核心竞争力（钟家雨，2014）。

发达国家小城镇在发展中逐渐承担着大城市的许多功能。我国小城镇的建设还处于初级阶段，后续要完善并发挥其在城市化中的独特功能，突出其在城乡文化异质性、互补性和独特性等方面的优势，建立城乡协调、城乡包容、文化互动的新型城乡关系。这不仅是我国旅游小城镇与乡村社区的协同共进的目标和方向，是未来城市化进程中文化与管理创新的重点内容之一，也是旅游小城镇可持续发展的公平思路与理念基础。

2.2.5 借鉴意义

城市建设理论不仅是城镇化视角下居民点、资金、土地以及产业形态等要素的时空演变与积聚，更要关注逆城市化趋势下的乡村建设机理、城乡结合新空间的改造与重构。空间结构理论不仅从微观的角度解释了小城镇内部不同业态空间布局与区位选择的问题，同时也从宏观的角度对于理解区域城镇体系分工以及旅游目的地大系统的构建具有指导意义。旅游经济理论分别从旅游产品、旅游者、市场与旅游系统多角度指导了旅游小城镇经济产业关联、游憩产品设计和区域空间相互作用的影响过程，并对旅游小城镇不同阶段的协调发展和旅游市场差异性的研究有指导意义。和谐发展理论运用可持续发展的核心要义指导旅游小城镇整体系统的均衡发展，并可以从生产能力的提升、生活舒适度的提高以及生态系统的保护三方面提出可持续发展新模型。为推动城乡统筹，关注利益相关者的参与协调，将更多视角投向居民生存状况的演变。

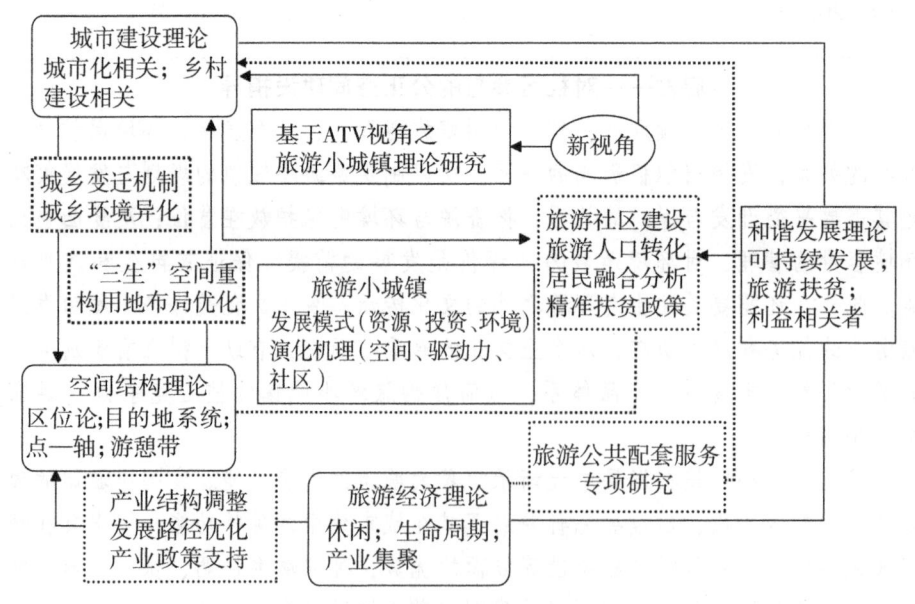

图2-9 理论基础及思路构建

2.3 研究进展

近年来国内学者对小城镇发展与优化进行了一些相关的深入研究。从对CNKI期刊全文数据库和中国优秀博硕士学位论文全文数据库相关检索的统计结果可以看到，对小城镇的研究正逐渐成为研究的焦点（表2-9）。

到21世纪初，中国城镇旅游的蓬勃发展和人们对城镇旅游的良好预期刺激了旅游小城镇在实践中得到快速推广，但在学术研究层面，对旅游小城镇的系统研究却凸显滞后。通过选择篇名、关键词和摘要进行检索到的1356篇旅游与城镇相关，其中旅游小城镇相关文献178篇。截至2014年9月，利用中国期刊网通过对国内学术界具有权威性的期刊《地理学报》《地理科学》《地理研究》等十类地理类期刊检索关键词"旅游小城镇"，仅有3篇文章；检索关键词"旅游+城镇"，仅有14篇文章。对《旅游学刊》《旅游科学》《北京第二外国语学院学报》《桂林旅游高等专科学校学报》（旅游论坛）进行检索，仅有1篇关于旅游小城镇的文章（2010年），利用"旅游+城镇"进行综合检索，也仅15篇文章。有关旅游城镇的博士论文，仅检索到3篇。现有旅游小城镇的多数文献多发表于《小城镇建设》期刊。可见，与目前旅游小城镇建设的广泛实践相比，学界对旅游小城镇的研究十分滞后。本书将从两大方面展开研究进展的探讨：旅游城镇（市）化研究与旅游小城镇研究。

表2-9 基于不同检索条件的文献总结

检索条件	检索字段	1997—1999	2000—2002	2003—2006	2006—2014
关键词	小城镇	1030	2704	3147	7249
地理类期刊	小城镇	109			
博士学位论文	小城镇	40			
篇名+关键词	小城镇+旅游	19	31	43	85
	旅游+城镇	1356			
篇名+关键词+地理类核心期刊	旅游小（城）镇	3			
	城镇+旅游	14			

续表

检索条件	检索字段	1997—1999	2000—2002	2003—2006	2006—2014
篇名+关键词+旅游类核心期刊	旅游小城镇	1			
	城镇+旅游	15			
博士学位论文	旅游小（城）镇	colspan 3			

2.3.1 小（城）镇研究进展

2.3.1.1 国外小（城）镇研究

在小城镇研究方面，国外尚未形成完全独立的小城镇理论体系，仅在城乡关系理论、城镇体系、农村发展理论等相关领域中能找到与小城镇有关的观点。本研究总结出国外对小城镇的研究主要体现在以下与小城镇相关的经典研究方向：

（1）美国小城镇强调以人为本，规划时首要是满足人的生活需求，规划和建设中重视公众的参与；二是重视当地的生活传统；三是重视生活舒适性，最大限度地绿化和美化环境；四是注重打造小城镇的个性，形成各具特色的小城镇。

（2）德国的村镇改造和建设是政府工作的重点之一。首先，小城镇建设没有专门的法律法规，以《农业法》为基础；其次，是对管理机构和队伍特别重视；最后，政府大力支持小城镇的建设，并完善投资机制。德国的小城镇建设还表现在重视古建筑的保护与基础设施的完善上。

（3）英国的小城镇建设以1898年霍华德提出的田园城市运动为核心。"田园城市"对旅游小城镇研究的启示为：①城乡是一个整体，加快小城镇及乡村的发展，促进城乡协调发展，才能实现城乡这一个整体良性和谐发展。②大城市的发展也有一定的极限，建立一定数量规模的小城镇才是符合生态系统可持续发展的有效方法，而农业地带与小城市的有机镶嵌是控制和限制城市规模的工具。③"田园城市"从城乡整体尺度来研究人口密度、城市运营管理、土地分配、城市绿化、经济建设等问题。这一理论对村庄、小城镇、农村的改建具有指导作用，并产生了一定的影响。这一理论对本研究的影响在于ATV理念的提出、有序空间重构以及小镇的理想空间构建。

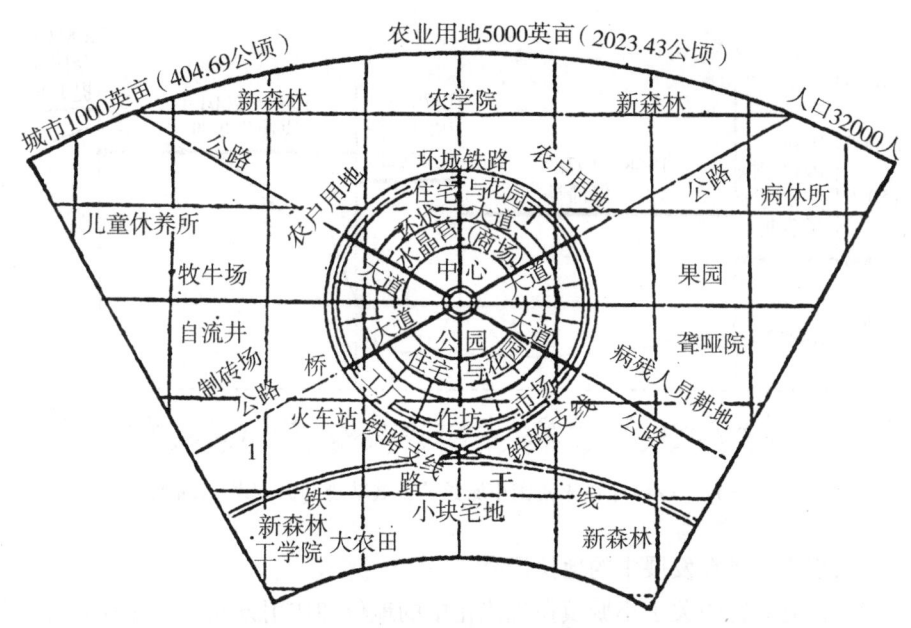

图 2-10　霍华德的田园城市构想（霍华德，1898）

（4）日本的村镇改造示范工程独具特色。村镇改造示范工程自 20 世纪 70 年代实施以来，已经覆盖了全日本 40%的城市和村镇，其成功的经验在于各级政府在政策、资金、技术方面的大力支持和各个阶段居民的直接参与。日本的小镇改造为本研究在小城镇社区营造模式的分析中提供了思路。

2.3.1.2　国内小城镇研究

不同学者对小城镇发展阶段的划分不同，邹远修将我国小城镇发展历程分为四个阶段，方创琳等将其划分为五个阶段。如图 2-11 所示。

1945 年 10 月，梁思成发表"市镇的体系秩序"拉开了我国小城镇研究的序幕，他认为：我国即将由农业社会进步到工业社会，许多市镇农村会经历突变性的变化，正确地引导才能确保其有序、健康发展，否则可能造成难以估计和弥补的失误。1964 年，严重敏 等人深入研究了江苏地区小城镇发展对农业的影响（严重敏 等，1964）。费孝通以吴江为例，把县域集镇分为 5 种不同的类型，展开了真正对小城镇的学术调研，在 1982 年，他提出了小城镇研究的 10 字方针——"类别、层次、兴衰、分布、发展"（陈玉霞，2013）。

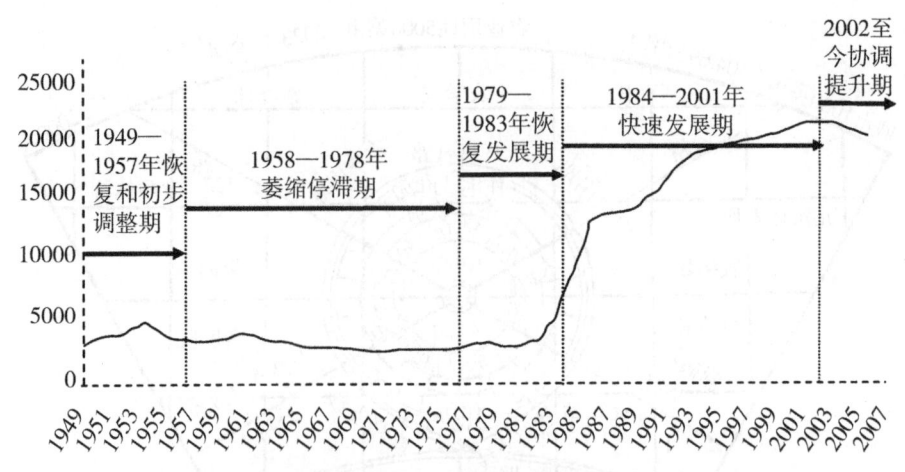

图 2-11　1949 年以来我国小城镇的发展轨迹（方创琳，2009）

①关于小城镇在发展中的地位研究。

我国已有研究中关于小城镇在现代化中的地位和作用方面一直存在差异性较大的观点。温铁军认为应该发展小城镇，可以解决"三农"问题。中国农村经济可持续发展面临着资源的、制度的、环境的制约等问题，农村以小城镇建设为主的城市化是解决问题的手段，许学强认为应先发展小城镇，我国提出"小城镇，大战略"，把小城镇的发展提升到国家发展战略的层次上，目的是解决"三农"、人多地少矛盾、产业结构等问题，可见小城镇的发展至关重要。有关我国小城镇发展的政策研究截至 2013 年，总结如表 2-10，从国家战略层面不断强化小城镇的重要地位。

表 2-10　改革开放以来我国关于小城镇建设的政策汇编

年份	来源	政策内容
1978 年	政府工作报告	新建工业项目可适当布局于小城镇
1980 年	国务院批转《第三次全国城市规划工作会议纪要》	控制大城市规模，鼓励小城镇建设
1996 年	"九五"规划	引导少数发展基础好的小城镇转型小城市，多向交通便捷、设施完备、环境优美的小城镇转型
1998 年	十五届三中全会报告	小城镇建设是大战略的高度
2000 年	党中央、国务院关于促进小城镇健康发展的意见	小城镇发展意义重大、运用市场机制培育向小城镇合理布局

续表

年份	来源	政策内容
2001年	"十五"规划	走大中小城市和小城镇协调发展道路,重点发展小城镇
2003年	中央一号文件	繁荣小城镇经济,固定资产投资要继续支持小城镇建设
2009年	政府工作报告	加快小城镇建设,壮大县域经济
2010年	中央一号文件	完善加快小城镇发展的财税、投融资等配套政策,安排年度土地利用计划要支持中小城市和小城镇发展
2011年	中央一号文件	提高城镇发展质量,加强中小城市和小城镇发展
2011年	"十二五"规划	突出重点小城镇的发展
2012年	政府工作报告	要继续促进大中小城市和小城镇协调发展
2012年	中央经济工作会议报告	提高城镇化质量,促进大中小城市和小城镇协调发展
2012年	十八大	小城镇在新型城镇化战略中的重要位置
2014年	《国家新型城镇化规划(2014—2020年)》	发展旅游业是小镇实现跨越式发展的一条重要途径
2016年	《关于深入推进新型城镇化建设的若干意见》	"加快特色镇发展……发展具有特色优势的休闲旅游、商贸物流、信息产业、先进制造、民俗文化传承、科技教育等魅力小镇"
2016年	《国民经济和社会发展第十三个五年规划纲要》	发展特色县域经济,加快建设美丽宜居乡村,促进城乡公共资源均衡配置,推动城乡协调
2016年	《国家发展改革委关于加快美丽特色小(城)镇建设的指导意见》	明确了特色小(城)镇包括特色小镇、小城镇两种形态,提出了五条总体要求以及两条支持渠道
2016年	《住房城乡建设部 国家发展改革委 财政部关于开展特色小镇培育工作的通知》	国家发改委等有关部门支持符合条件的特色小镇建设项目申请专项建设基金,中央财政将对工作开展较好的特色小镇给予适当奖励。特色小镇原则上为建制镇(县城关镇除外),优先选择全国重点镇
2016年	《关于推进政策性金融支持小城镇建设的通知(附第一批127个中国特色小镇名单)》	对于特色小镇的融资支持,推动全国小城镇政策性金融支持工作,建立项目库,开展指导和检查,中国农业发展银行将进一步争取国家优惠政策,提供中长期、低成本的信贷资金

由此可见,近年来,国家从政策层面给予小城镇发展高度重视与配套支持,引发一阵小城镇发展与研究的热潮。却也出现了不同的声音,如张正河认为小城镇的发展对我国城市化来说是弊大于利的。高佩意认为应该发展大城市而不是小城镇。周一星学者认为我国应该大力发展中城市,但大多数学者认为应协调发展,小城镇只是城镇化的路径之一,并不是唯一,小城镇、中城市、大城市应该协调发展。学者们都从自己的研究视角给小城镇发展进行了定位。

②城镇化进程中的地位。

关于我国城镇化发展道路存在以下 4 种看法:一是主张以发展大城市为主,二是认为应该主要发展中等城市,三是认为应大力发展小城市(镇),最后一种是认为大中小城市(城镇)应协调发展。

关于优先发展小城镇的主张以崔功豪为代表。主张先发展小城镇,理由如下:建设小城镇的城镇化道路投资少、成本低,先建设小城镇的城镇化过程比较稳定,不会出现大波动,而且也符合农村城镇化的一般规律(农村—小城镇—中城市—大城市);先建设小城镇有利于城乡结合,实现城乡统筹发展。张正河等人则认为优先建设小城镇成本高不利于城镇化发展,理由如下:小城镇就业机会少,不利于解决就业问题;小城镇的建设投资高,效益低;小城镇处理污染设施不足,污染加重。

目前,认为协调发展大、中、小城镇的城镇化道路思想仍然是主流。这既符合一般城镇体系发展的原理,又符合客观实际。如杜润生认为,城市的大小应根据实际情况而定,不应该一概而论(中小城市发展战略研究院,2016)。

③小城镇发展办法。

关于小城镇发展策略的提法,以辜胜阻的思想最具代表性,他认为应该坚持长远目标与渐进发展相结合,长远目标可以实现农村城镇化,渐进发展是把这个目标分为小目标来实施,分解如下:实施千座小城市,即在现有的县及县城中心镇中选择 1000 个农村城镇,发展为约 20 万人口的小城市;实施千个微城市,即确保 1000 个农村城镇平均人口达到 10 万;在城市群中着力培养部分有潜力的小城市,尤其是长三角、珠三角与环渤海三大城市群;发展郊外城市群,即在省会城市周边建设小城市;发展农民城。(辜胜阻,2000)。

国务院体改办俞燕山提出在全国建制镇内发展约 1 万个具有鲜明特色、规模适度、环境优美和具有集散中心作用的小城镇。具体应该选取何种小镇开发,不同部门也形成了 3 种观念:县级城关镇(农业农村部)、建制镇和城关镇(小城镇改革发展中心）与中心镇（温铁军）。

④小城镇发展模式。

费孝通经过长期调研，开启了我国小城镇发展模式的研究，总结出我国小城镇发展有着三类迥异的模式：苏南模式——临近大城市、成功兴办乡镇企业；温州模式——家庭经营和联户企业大力发展；珠三角模式——沿海地区，获得发展外向型经济的优势（费孝通，1985）。除此之外，许多学者根据不同地区的特点总结相关发展模式，如"孙耿模式"——以邻村换地、集零为整解决企业布局分散问题。

⑤有关小城镇的产业发展。

产业结构的合理性是小城镇协调发展的基础和标志。小城镇产业结构域经济增长方面：刘延玲、王微微等根据小城镇产业结构现状，分析了小城镇产业发展中存在的问题，并给出了解决措施。

近年来迅速展开了关于小城镇的聚集效应的研究，成为当下热点之一。彭长生通过研究发现我国小城镇发展过程中产业在不断地集聚，形成了集聚效应；王慧英认为中小企业集聚是小城镇发展的必然选择；刘丽明等指出，小城镇持续发展必须发展产业群——小城镇发展的动力系统；丁益喜分析了集群的规模经济效应和小城镇效应，提出要利用比较优势合理确定小城镇主导产业，有利于产业调整构建小城镇的发展优势。此外，很多学者将空间结构和区位理论引入小城镇的研究，取得了一定成果。

2.3.1.3 研究述评

小城镇的发展具有典型的中国特色，由于不同的经济体制，国外关于小城镇问题的研究较少且借鉴性不大。我国自费孝通提出"小城镇，大问题"以来，小城镇的研究如火如荼，形成了多个研究高潮。主要集中在小城镇的地位与作用、发展模式和类型、动力机制及发展条件以及小城镇的建设与经济结构规划等方面。其特点如下：

①方法：从单学科研究到多学科研究和系统综合研究。

小城镇是城镇的缩影，也是一个五脏俱全的复杂系统，包括了生态、经济、社会等要素，要素间相互联系，因此小城镇的研究是多学科的系统综合研究，包括生态学、土地科学、地理科学、城市规划科学、经济社会学等。

②技术：从定性分析到定量分析和数字技术。

20世纪，计算机的发明和发展及软件的开发，为城镇定量化研究提供了工具，出现了一系列城镇模型，如神经网络、元胞自动机、遗传算法、分形、系统动力学等，以及随着互联网的发展而出现的云计算、物联网、大数据，为数字城镇、智能化城镇提供了很好的基础，城镇的研究从之前的定性分析进入精度高的定量分析和数字分析。

③视野：从小城镇到大城市到城镇群。

随着城镇化进程加快，城乡之间的联系加强，城镇的研究从单个城镇到城镇群，从区域的尺度研究城镇，小城镇的研究除了研究本身之外，还需要把其放入城镇群的关系网中去考察。

④关注：从城镇的物质形态到经济社会文化的整体可持续发展。

《雅典宪章》主要思想是城市和城市建筑是分块的，以物质空间决定为理论基础，《马丘比丘宪章》则转向社会文化论，从整体上研究城市，《我们共同的未来》则让人们开始关注可持续发展问题。

⑤思维：从静态思维到动态思维和有针对性的思考。

随着科学的进步和研究的深入，许多学者认识到传统的对城镇静态研究的不足，运用动态思维研究城镇，对城镇动态进行监管和研究。另外应用性研究成为研究的热点，有针对性、具体性的研究往往更具有现实意义，对小城镇土地利用有关专题的研究将成为未来的研究趋向。

2.3.2 旅游城镇化研究进展

旅游城镇化由于其独特的旅游消费功能而成为一种新型的城镇化形式，国外旅游城镇化源于大众享乐的福特主义时期，在1970年进入成熟时期。20世纪末，随着城镇化发展，旅游成为城镇化发展的动力之一，国内对旅游城镇化的研究逐渐兴起，现在尚处于探索阶段。

2.3.2.1 国内旅游城镇化研究

20世纪90年代开始，景区及配套服务的发展导致的一系列环境破坏问题引发了国内旅游与城镇化相关的研究热潮。2000年，黄震方首次对旅游城镇化进行了定义。2003年，王冬萍研究发现旅游在资本、人口、物资集聚方面具有带动作用；陆林认为旅游是促进城乡和谐发展的动力；俞孔坚研究了武陵源地区的旅游城镇化。由已有文献的总结看来，旅游城镇化的研究侧重于由案例出发探寻理论内涵，包括对旅游城镇化的概念、内涵、特征、模式、管理、效应及发展机制等多方面的研究。

①旅游城镇化概念。

Mullins最早提出旅游城镇（市）化的概念，21世纪初，我国学者陆续对旅游城镇化进行了定义，有关旅游城镇化的定义如表2-11：

表2-11 旅游城镇化定义统计

作者	年份	案例地	主要观点	定义角度
黄震方 等	2000	长三角都市连绵区	非城市人口由于旅游区的发展不断向城市转移和集聚	基于具体表象
王冬萍 等	2003	吐鲁番	人口、资本和物质等生产要素向旅游产业开展地区积聚和扩散	基于发展动力
李鹏 等	2004	—	包括旅游景区、景点的人工化、城镇化倾向	侧重地方景观描述
陆林 等	2005	丽江	旅游是城市化动力，引导人口向城市集中的过程	基于发展动力、模式以及旅游者需求
朱竑	2006	桂林	旅游业促进城市发展的一种结果，强调动态演变	基于旅游功能
李璐芳	2007	大连	建设城市旅游目的地，促进城市建设，繁荣城市经济	基于城市旅游角度
安传燕	2008	—	把旅游作为一种推动人类社会经济转型、社会变迁和文化重构的动力来实现城市化	基于综合作用

来源：李强：《旅游城镇化发展模式与机制研究》，2013。有修改

学者们对旅游城镇化的概念界定，均从具体案例出发，推导出基本规律，定义视角分别聚焦于发展动力、旅游功能以及综合作用等多方面，其中缺少定量分析。

②旅游城镇化特征。

旅游城镇化特征主要体现在两方面：一是研究旅游与城镇化之间的互动关系；二是旅游对城镇化的推动力是旅游城镇化的基本特征。国内学者没有直接对旅游城镇化的特征进行界定，只是进行了一些关于自我研究角度的探讨。

表 2-12 国内学者关于旅游城镇化特征方面的研究

作者	年份	研究范围	观点
蔡建明	1997	全国	旅游是城市化发展动力因素中的特殊因素
刘锋	2000	丽江	在我国西部地区利用优势旅游资源，能够带动区域发展
蒙睿	2002	云南、四川等	旅游业发展对我国西部地区城市化发展的旅游驱动思想
谷凯	2002	海南	通过研究海南一些城市的城市化发展，认为旅游发展是促进海南快速城市化的主要因素之一
段汉明	2002	西安	旅游业的发展是推动西安城市国际化的主要因素之一
支军	2004	武夷山	旅游业的发展能够改变城市的功能、性质。指出武夷山创建国际旅游城市，从旅游城市向城市旅游发展，加强城市旅游目的地建设，对遗产地进行保护性开发经营
余凤龙	2006	黄山、井冈山	比较了江西井冈山市与安徽黄山市行政区划调整的旅游效应
葛敬炳	2009	丽江	认为丽江旅游城市化表现出不同的特征，主要体现在城市功能性质、空间结构、城市用地、城市人口以及基础设施建设上
王红	2009	九寨沟	旅游城镇化的核心特征表现包括景观城镇化、人口城镇化、地域城镇化和社会观念城镇化 4 方面的内容
王兆峰	2013	湘西	交通因素成为制约旅游城镇化的关键因素

③发展模式方面。

李鹏对我国的旅游城市化模式进行了总结，认为黄山模式、曲阜模式和以武陵源为代表的景区城镇化是旅游城镇化的典型模式（李鹏 等，2012）。吴国清将长三角旅游一体化发展模式总结为多核心加网络化模式，认为地区经济的快速发展能够促使区域内的旅游经济中心趋于分散，我国的旅游城镇化也伴随移民现象出现，主要是旅游从业人员移民，另外就是以老年人为主要群体的度假移民（吴国清，2010）。杨钊等以九华山旅游劳工移民为实证研究对象，探讨了九华山旅游劳工职业转换的动机结构（杨钊 等，2008）。

④发展机制方面。

黄震方将旅游城市化的形成机制总结为：a. 城市化进程的带动；b. 城市本身的载体作用；c. 旅游者对城市旅游目的地的选择行为；d. 政策机制；e. 旅游业的发展和交通设施的完善。李鹏从旅游需求与供给两方面推动旅游城市化。丁娟通过案例研究，认为旅游城市化是多种因素综合作用的产物，同时旅游业的快速发展、旅游者的行为规律和偏好、政策制度以及区位交通等也是旅游城镇化发展的因素。吴国清认为，城市旅游的发展促进了旅游城市化的进程。王冬萍认为旅游城市化现象推动了吐鲁番的城市化进程，同时也促进了吐鲁番城市功能的多元化和城市特色的鲜明化。朱竑认为旅游城市化与城市旅游化之间是一种互动的关系（王冬萍 等，2003）。焦华富认为居民对旅游城市化经济方面的正、负影响都有明显的感知。徐红罡认为旅游城市化是城市旅游与城市发展的动态模式之一（焦华富 等，2013）。陆林认为旅游城市化是一种新的城市化模式（陆林，2013）。李璐芳认为旅游已成为大连城市化的主要动力之一。吴国清认为，长三角区域旅游发展趋势是以城市为依托，实现沪宁杭旅游互动是长三角区域旅游一体化发展的必然选择，而在长三角旅游一体化发展过程中，旅游城市化将成为必然（吴国清，2010）。

⑤特殊区域研究（民族地区/落后地区）。

我国关于特殊区域研究主要是针对民族地区的发展而言，由于缺乏产业基础，文化资源丰富等特点，我国民族地区多在城镇化进程中选择了旅游产业的主导方向。在研究中多以城镇化以及旅游产业发展条件、水平、相互关系为核心，其代表性研究如下：

表2-13 国内学者关于民族地区旅游城镇化的研究

作者	年份	研究案例	观点
刘嘉纬	2001	四川	旅游产业对民族地区城镇化带动的可能性
杨振之 等	2002	四川、云南	藏区旅游城镇建设必须建立在民族文化的保护基础上
王冬萍 等	2003	吐鲁番	旅游与城市化的互动关系研究
罗娅	2005	西藏	农牧业仍然是实现以旅游业为主导的城镇化模式的基础条件
冯万荣	2005	路南石林	归纳出旅游与城镇发展关系的三种模式
王晞	2006	广西	采用了计量学分析旅游与城市化的关系，关注了生态环境的反应
杨建翠	2012	九寨沟	从时间序列出发，构建旅游对城市化影响评价体系

从以上特殊地域旅游与城镇化研究内容可以看出，特殊区域的旅游城镇化研究基础相对薄弱，研究深度不够，多以案例分析为主，缺乏理论上的创新。多集

中在分析旅游产业与城镇化关系的互动上，并未真正揭示出特殊地区在旅游城镇化过程中的特殊表征和应该建立的发展机制。研究方法上多偏重定性描述性的研究，缺乏适当的定量方法作为支撑，研究的科学性有待提升。

2.3.2.2 国外旅游城镇化研究进展

在国外，早在《雅典宪章》制定时，起草者们就已经认识到城市与旅游的紧密联系，并将游憩（旅游）列为城市的四大功能之一。随着人们对旅游促进城市发展这一论断的认可，"旅游城市化"现象很快成为新的研究热点。主要从以下方面展开：

①旅游城市化内涵的界定：最早由 Mullins 在 1991 年提出旅游城市化的概念。在消费经济时代，人们很快认同了旅游为城市发展获取更多资源的模式，Mullins 以黄金海岸和阳光海岸两个城市的对比研究，提出了旅游城市化的理论。进而有 Gladstone 对美国旅游城市的分类，并通过"区位熵（location quotient）"的概念进一步界定了不同类型的旅游城市发展方向。Luchiari 认为巴西南部和东南部景观房产的开发是旅游城镇化的表征之一。Hamiigan，T. C. Chang，Judd 等也对旅游城镇化发展模式进行了研究。

②发展特征方面：Mullins 提出了沿海发展的空间结构、人口增速快、就业三产化、人口构成异地化、基础设施完善等特征；Gladstone 对休闲城市特征的研究结果与 Mullins 有些相似；Luchiari 却提出了房地产业发达、环境优美、人口增长较快等典型特征。

③发展影响方面：几乎所有学者都认可了旅游城市化在促进当地经济发展方面的积极意义。除此，经济的增长在带动城市空间规模的扩大方面也存在极大的作用。如墨西哥自 1972 年开始对坎昆发展旅游进行支持，使其由 20 世纪 60 年代 300 多人的僻静渔村发展成为拥有近 100 万居民的著名滨海旅游城市。还有泰国最具代表性的帕塔亚自 20 世纪 60 年代开始的演变均是研究重点。

还有学者在旅游移民方面展开了综合性的论述，尤其是针对旅游作为移民媒介的地位展开了较为深入的探讨。旅游目的地的经济和人口增长，促进了旅游产业积聚和劳工移民的现象，以及在旅游区购置第二居所的居住式移民，被称为游客的"候鸟现象"。

2.3.2.3 研究述评

国外学者研究主要侧重于城市旅游和乡村旅游的二元研究体系。研究领域集中在以居民感知为对象的城镇社区参与、以投入产出等定量模型构建为核心的旅游业与城市化耦合关系、以规划决策体系为视角的理论探讨等。近些年尤其聚焦如何实现传统城镇转型的研究，案例选择多是欧洲等地传统小镇，如爱丁堡、威尔士、昆士兰等。研究视角多集中在小尺度范围内的案例分析，缺乏大尺度范围的综合性研究，在旅游城镇化的衡量与统计上也缺乏定量方法的运用，多以定性描述为主，各个学科的学者均从自身专业视角出发，缺乏学科的融合和兼容性的研究。

虽然国外以 Gladstone 为首的学者是从城市分类体系中提出娱乐性城市和休养型城市的概念的，然而与国外研究不同的是，我国学者从一开始就明确了旅游型城镇和景区服务型城镇这样的概念。许多不同学科领域的学者对城镇化的内涵、特征及演化机制与发展规律等方面进行了细致的总结，这使得旅游城镇研究一开始就获得相对独立的地位。国内研究方面存在的不足总结如下：

①理论创新不足，案例研究较多，缺乏普适性的理论总结；

②定性描述多，定量的指标建立有所欠缺。全国缺乏一个定量测度旅游城镇化的普适性体系；

③对旅游与城镇化的关系、特征、模式等方面研究文献很丰富，但却缺乏对现实问题与困境的深入分析。如旅游城镇化中的空间失衡、失地农民的返贫现象、旅游地产的圈地运动、日益严重的生态困局等相关问题以及公共配套服务与基础设施的配备等问题；

④整体研究框架尚未形成，旅游区域的空间技术方面的研究有待加强。

⑤未来研究应该着力于方法创新，结合社会学等相关学科的田野调查方法，加强时空演化方面的研究。

2.3.3 旅游小城镇研究进展

目前国内外对旅游小城镇发展问题的相关研究涵盖了经济、管理、旅游发展等领域。

2.3.3.1 国外研究综述

（1）国外的新型小城镇发展。

在 20 世纪 60 年代，发达国家（美国、日本、英国、法国、德国）都开始了对新型小镇的研究。1968 年美国的《新城镇开发法》制定了新城镇开发标准，20 世纪 80 年代提出了"都市化"村庄的发展策略；德国详细地制定了不同规模城镇的设施配备标准，改善其人口分布状态；日本提出了建立"田园式小城市"

来缓解人口压力。(Aliza Fldscha, 2006)。

同发达国家一样，许多发展中国家在城市化的道路上出现过大城市膨胀和农村凋敝的状况，中小城市和小城镇的发展对摆脱这种困境有一定的积极作用，都大力发展小城镇，发展经济、解决农村问题，并取得了较好的效果。

国外主要从鼓励在小城镇办厂、为人民提供住房和服务等政策促进小城镇的发展，建立了一系列"卫星城"，并取得了良好的效果。如英国、美国、法国、日本在伦敦、纽约、巴黎、东京等大城市周围建立独具特色和功能的"卫星城"。霍华德的"田园城市"是英国伦敦早期新城建设的理论基础，把伦敦的人口疏散到伦敦周边的小城镇以达到控制伦敦中心区的人口的目的，同时促进伦敦周边地区的发展，促进城乡协调发展。法国在1965年开始规划在巴黎周边建立综合性小城镇，这些小城镇具有相对独立性，又与巴黎有便利的交通。瑞典在斯德哥尔摩的周围建立了环境优美、贴合自然的不同等级的小城镇。加拿大在温哥华周围建立了设施功能齐全的"区域城镇中心"。日本横滨港北新城采用城市和乡村相结合布局的方法，达到城乡协调发展（Ballesteros E. R, 2007）。

表2-14 国外新城建设的6类模式

序号	模式	内容	案例
1	田园新城	借助国家立法，推动新城开发公司建设新城	Stevenage（英国），Milton Keynes（英国），Radburn（美国）
2	边缘新城	中心城市功能外溢，大都市边缘建设功能完善的新城镇	Radburn（美国），Columbia（美国）
3	TOD新城	以捷运交通系统导向的新城建设，分散中心城区的居住功能	千叶新城（日本大阪）
4	产业新城	以产业园或工业园为主导	Port Sunlight（英国利物浦），筑波科学城（日本筑波）
5	副中心新城	以边界交通为基础疏导中心城市的部分功能	拉德芳斯（法国巴黎）
6	行政中心新城	零基础起步，建立行政中心的新城区	巴西利亚（巴西），堪培拉（澳大利亚）

(2) 国外旅游小城镇研究。

早期国外旅游型小城镇（Town）没有获得独立的研究地位，主要依附于城市和乡村的各自研究中。直到20世纪70年代，旅游业在城市发展中的地位获得一致认可后，旅游对城市的带动作用凸显，相应地城市成为旅游业的重要承载空间。随后，国外小城镇旅游获得新的发展机会，旅游小城镇随之兴起。由此旅游小城镇的相关研究有了独立的发展。由于大量旅游小城镇的开发建设实践活动，旅游城镇成为日渐主流的发展形态。

国外旅游小城镇的研究最典型的特色是由于国外的城乡建制不同于我国，一般而言国外的探讨均是针对旅游小城镇，而非小城镇，在研究的范畴中有所差异。已有研究多集中在案例提炼上，或者建立理论模型，以案例验证科学性，较好地实现了理论与实践相结合的研究体例。其主要研究内容有：

①社区参与：国外旅游小城镇研究非常关注社区在旅游发展中的地位，虽然大多旅游小城镇的开发源自政府的决策和主导，但在发展中必然需要处理社区的利益分享，实现可持续的人地关系。例如 R. Madrigal 对美国和英国的两个旅游型小城镇进行了比较研究，分析小城镇旅游的开发中当地政府和居民的角色扮演以及他们之间的关系处理。又如 J. Akama & D. Kieti 两位学者对肯尼亚蒙巴萨岛上旅游小镇的研究发现，许多国营性质的旅游项目在实施中由于居民难以受益，开发盲目进行，使得旅游并未发挥出真正的社会经济价值。国外的社区参与研究统一认为社区在旅游小城镇发展中的受益程度应该是当地发展的核心衡量目标之一，而不仅是经济收入和游客数量的统计。促进旅游产业带动整个地方经济的发展，对当地居民的权利保障上也同样发挥着更积极的功效。

②社会、经济效益：对社会与经济效益的分析，多采用田野调查与问卷结合的方式，强调研究方法的科学性。G. Parlett 等学者从旅游投入产出模型上分析了英国爱丁堡这一历史古镇的发展状态，得出城市与旅游的乘数效应，并明确提出了小城镇旅游具有阻止农业衰退和增加城镇收入的作用。澳大利亚、加拿大、新西兰、东欧和太平洋地区在内的许多国家的学者，都认为旅游城镇的发展是推动农村地区经济发展和经济多样化的动力所在。

③旅游规划与发展规划：为了实现旅游小城镇的科学建设，建立起更合理的规划和管理体系，国外研究学者从各自学科专长出发，建立了旅游规划的模型。例如 C. Costa 指出旅游小城镇的多个规划，为了实现一致目标，必须保持一致性和可持续性的意志力；其他学者也纷纷表示旅游规划和当地的发展规划应该相互融合，旅游规划应该服从整体的发展规划，而发展规划更应该突出对旅游的引导和权威性导向，旅游规划实际上是旅游型小城镇规划中的一部分。

④资源的保护和开发的协同：此类研究一般多集中于传统城镇向旅游城镇转

型时期的问题。例如 C. Murphy & E. Boyle 两位学者提出了文化资源型旅游小城镇的发展模型，他们指出当地居民的社会结构关系才是文化旅游发展的源泉，文化的保护与文化的传承都是文化创新的沃土。史密斯（M. K. Smith）通过对英国传统度假型小镇复兴的研究发现了文化旅游的多样性才是小镇经济复苏的基础，并做出了更广泛的文化界定。为了实现经济的复苏，英国的 Melanie Kay Smith 的研究中突出了文化、休闲、零售等行业的新功能，提出将它们融入小城镇的整体规划中，恢复旅游业的主导地位。

2.3.3.2　国内研究综述

（1）我国旅游小城镇发展。

随着现代化、城市化进程的加快，城市居民周边出现最多的是人造的冷冰冰的水泥建筑，阻隔了人与自然的交流、隔绝了人的天性，而且人们的工作压力也需要释放，具有当地特色的、环境优美的小镇恰好能满足寻求宁静探究新奇的心理需求，小城镇的发展适应了经济社会对地域文化的渴求。20世纪90年代以来，随着周庄小镇的开发，乌镇、西塘、南浔等小城镇陆续开始开发。

以江浙地区的古镇示范建设为起点，我国各地纷纷进入了古镇的建设与开发中，甚至许多地方还掀起了一股仿古小镇建设的热潮。据文献可知，我国古镇成为除风景区与都市之外的重要目的地类型（杨程波，2005）。

2006年5月建设部和国家旅游局联合召开"全国旅游小城镇发展工作会"。共同发布了《加强引导创新机制，促进旅游与小城镇协调发展》的文件，其中明确指出旅游小城镇的发展地位和现实功效。

邵琪伟指出旅游小城镇的发展有利于资源、资本和其他生产要素的有效集聚，有利于地区产业的带动和辐射。由于我国旅游资源绝大部分集中分布在乡村和民族地区，以小城镇的空间载体为核心，带动乡村地区和民族地区通过旅游业的发展，发挥其产业功能的提升和地区经济社会转型功效，成为新时代的重要发展路径。

（2）国内旅游小城镇研究进展。

与国外的城镇体制不同，我国城乡体系的建设处于不断完善的进程中，小城镇成为现阶段新型城镇化的主流方向。我国旅游小城镇的研究起步晚、起点高是最典型的特征，与国外研究不同的是，我国从一开始就让旅游小城镇具有独立的研究地位。20世纪80年代开始，随着旅游事业的发展，学者们很快开始了旅游小城镇的研究。到21世纪初，旅游小城镇的研究无论是在数量还是质量上均有显著提升，其中秦学是最早开启旅游小城镇研究理论的学者，他的研究从某种意义上说也完善了旅游理论的研究体系。2005年开始，由于云南省首先实施旅游小城镇战略，一并展开了对小城镇旅游的分类和开发建设路径的研究。之后，由于实践的推动，我国旅游小城镇的研究逐渐蓬勃发展取得可观的成果。概括起来，我国旅游小城镇的研究主要内容有：

①官方政策研究：从根本上说，我国对旅游小城镇的研究开端是政府官方的相关政策推动。原建设部部长汪光焘指出旅游与小城镇的协调发展具有重要意义，"各地都应根据自身的特点和条件，重视旅游特色小城镇的发展"，要"遵循客观规律促进旅游与小城镇健康发展"。国家旅游局原局长邵琪伟指出："发展旅游型小城镇，就是要引导有条件的地区，通过把旅游业和小城镇建设紧密结合起来，发挥旅游的综合促进功能，促进当地经济、社会、文化全面协调发展，率先建设成为社会主义新农村"，"将建设、旅游两方面结合起来，实现优势互补，共同推进旅游型小城镇发展已成为一种必然"。全国特色景观旅游名镇（村）研究中心主任方明强调了旅游小城镇的资源开发、保护和合理利用，以规划为先导，提升旅游小城镇的竞争力。

②发展模式研究：由于我国幅员辽阔、资源特征与历史沿革的差异性较大，因此探究不同地区的特征影响下，旅游小城镇的发展模式差异，成为我国最具代表性的研究热点。不同学者从不同的角度出发，提出了包括资源型、区位型和综合型的驱动力式模式分类、发展机制型的模式分类、资源型的发展模式分类以及根据发展阶段来进行的模式分类。这在本书第五章内有详细的介绍。

③具体的案例研究：我国研究起步晚，绝大多数研究集中在案例分析上，从实践出发，在旅游小城镇具体案例表现出的特性提炼基础上，总结出普适性的相关理论。比如朱燕（2003）通过对重庆两个小城镇的景观构成和特色的分析，提出旅游小城镇的形象建设重点和具体方法。潘斌（2008）通过对云南勐仑的规划具体内容和影响的分析，提出合理的规划在旅游小城镇发展中的重要性。赵小芸（2009）通过对丽江大研古镇的研究，详细地分析了旅游小城镇产业集群的动态演化过程及其内在机理。此外还有很多各地旅游型小城镇的案例研究，为相关领域理论和实践的进一步发展，提供了大量的经验和参照。

④市场与产品开发研究：也有学者专注于旅游小城镇的市场形象定位与产品开发策略的研究。如霍松涛、梁留科运用CIS策略为淇县设计了市场形象；凌日平对山西小城镇的形象进行了研究和定位分析；刘小英等人也发现了市场定位对

产品开发策略的重要意义。中国旅游城镇的发展已经开始注重品牌形象的塑造，旅游产品的开发有了更大的创新和活力。

⑤发展规划的系统阐述：越来越多的学者认识到规划先行是旅游小城镇成功的基础条件。唐鸣镝分析了旅游小城镇发展问题所在，并明确旅游小城镇的保护和建设必须以科学规划以及景观设计为依据。曾博伟从政府政策方面论述了旅游小城镇的发展路径，提出科学发展的相关策略。

2.3.3.3 研究评述

国外对旅游小城镇的研究最初多依附于城市与乡村的各自体系中，20世纪70年代才开始形成独立的研究体系。已有研究主要集中在小城镇的带动作用、旅游小城镇的管理问题、旅游与社区关系等方面的研究。而且表现出交叉学科的研究属性，多与社会学、人类学、经济学等多学科融合（姚士谋 等，2011）。

我国长期以来的二元经济体制，导致早期旅游小城镇的发展和研究，起源于城镇的分类体系中。随着旅游休闲产业的兴起，国内逐渐对旅游小城镇给予特别的关注，并形成了一些成果。不同于国外研究的是，我国从研究初始，旅游小城镇就获得了独立的研究地位。而国内旅游小城镇开发主要集中在历史名城（镇），并从各个方面展开对其的研究工作，具体包括：历史古镇的建筑特色与人文景观；历史古镇的艺术和开发价值；古镇的保护与利用的矛盾和协调等。而对其他类型的小镇研究甚少，导致我国旅游小城镇的整体研究比较薄弱，旅游小城镇的研究全体系尚未建立。

随着最近几年国内特色小镇的大力发展，旅游小城镇再次出现建设热潮，原有研究在分类、评价与发展理论等方面的局限凸显。尤其是缺乏从旅游小城镇的生长空间及相关要素协同的角度的系统研究，孤立地就小镇论小镇，就旅游论旅游，或者仅对旅游与小镇的结合做出阐述，缺少对乡村这一要素的影响和功效的考虑，都不足以对旅游小城镇从生长的空间机理上做出深刻的研究结论。在这样的背景下，对旅游小城镇的研究就更需要有新的视角、新的方法、新的研究体例。

第三章 ATV 新视角：景观、小镇与村落

蒙塔古是一个镇，是村庄让蒙塔古无法成为一座城。

——马萨诸塞州西部谚语（选自《风景与权力》）

旅游小城镇是以独具价值的旅游资源为基础，以休闲产业与服务业为支撑，开发出符合市场需求的旅游服务与产品，并有着较大比例的旅游人口的小城镇。它不是局限于行政上的一个概念，而是一种景区、小镇、乡村（或度假村）相结合的"旅游综合性目的地"。本书研究对象是一种三区合一的综合结构，既有旅游景区，又涵盖了乡村聚落，也包含新型城镇化建设区。淡化了"城"的概念，强化了小镇建设对旅游资源、景区景点的依托以及乡村发展的带动作用。

从这个角度来看，本书需要探讨的旅游小城镇应该突破传统的城乡二元研究体例，应该从"景观吸引物（Attraction，A）、乡村（Village，V）、小镇（Town，T）"的三维视角出发，所以提出基于"ATV"的视角分析现有旅游区域开发中的问题，包括景区、小镇与乡村各自的问题以及景区与小镇、景区与乡村、小镇与乡村之间的关系和相互之间的矛盾，以期指导旅游小城镇地区综合开发，指导政策规划与投资运营，实现旅游产业、乡村复兴与城镇化的综合效应。

ATV 新视角作为本书研究旅游小城镇的切入点，是通过考察旅游小城镇发展中的空间元素及其空间关系，展开对旅游小城镇类型及不同类型地区所采用的不同发展模式的探讨。从这个意义上说，本书对旅游小城镇的所有探讨，包括类型划分、发展模式解析、空间重构管理以及可持续发展的问题对策等，均是基于 ATV 空间协同的理论创新。本章在界定 ATV 的内涵基础上，从空间职能角度出发，探查景点、小镇与乡村在空间上的表征与耦合关系。

3.1 ATV 视角的提出

3.1.1 新视角提出的现实背景

(1) 旅游小城镇迅猛增长期到来。

社会经济的发展特征及时代任务促使"特色小镇建设"进入强效化推进和爆发式增长阶段。我国《国民经济和社会发展第十三个五年规划纲要》提出要发展充满魅力的小城镇。《国务院关于深入推进新型城镇化建设的若干意见》提出发展具有特色优势魅力小镇。国家三部委联合下发的《关于开展特色小城镇培育工作的通知》(建村〔2016〕147号),提出在全国范围内开展特色小城镇培育工作,到2020年争取培育1000个左右各具特色、富有活力的特色小镇。这样的国情政策使得旅游小城镇获得国家新型城镇化的战略层面支持,"特色小镇建设"是国家新农村建设、新型城镇化在新时期、新常态下的"新举措、新模式"。从国家层面到地方政府都相应设立专项建设基金、适当奖励的积极推进与扶持策略,如国家发改委等多部门出台了各类特色小镇建设项目的专项建设基金;财政部门对特色小镇的建设奖励办法;地方也相应出台特色小镇的建设扶持资金,如山东省拨付1.1亿元用于首批特色小镇的创建等。

旅游小城镇,是一种三区合一的综合结构,既是旅游景区,又是休闲消费产业聚集区,还是新农村建设腹地。用三者兼顾的发展视角,可以分析现有旅游区域开发中的问题,包括景区问题、景区与城镇村的关系问题,更可以指导旅游综合发展,指导规划设计与投资运营,实现旅游产业、乡村建设、城镇化的综合效应。

(2) 新农村建设推进,乡村环境更受重视。

当前,新型城镇化加快,新农村建设也得到大力推进,十六届五中全会通过"十一五"规划首次提出了"建设社会主义新农村"的重大历史任务。我国城市—乡村长期以来凸显的二元经济体制致使乡村地区一直处于基础、公共设施高度缺乏的状态。自新农村建设以来,部分村庄被迁移、原有村落破败废弃、乡村出现空壳化,土地资源被闲置;另一部分乡村受到旅游产业的影响,开展旅游活动,或为附近景区提供配套或挖掘资源成为新景区,引发乡村地区旅游投资热,优良的生态环境成为开发商角斗争夺的对象。无论是新农村社区的开发,还是旅游投资商的介入，都使得乡村地区进入新一轮的"圈地运动"。乡村地区缺乏合理的空间管理，旅游地产遍地开花，土地利用粗放无序，配套服务不规范，整体乡村风貌受损及生态环境破坏等问题凸显。

2016年，党中央一号文件强调以"规划引导，以奖代补、财政贴息、设立产业投资基金"等多元方式对乡村旅游与休闲农业大力扶持。再次体现出从政策层面对休闲农业和乡村旅游业发展的重视程度，突出了建设特色风情小镇以强化乡村生态环境和文化遗存的保护，这在以往的乡村建设理念中不曾出现，是政策形势的创新。在实践中建设特色旅游小城镇作为乡村区域开展旅游产业配套服务的核心，既能够丰富乡村旅游的产品类型，还能够最大限度地节约基础服务设施的建设成本，提升土地利用效率，改粗放式土地开发为集约式模式，提升生态环境质量。

旅游小城镇作为农村地区旅游发展的空间解决新途径，改变了乡村—城市的二元机制，需要关注旅游—乡村—小镇这样的三元空间关系。

中共中央国务院：大力发展休闲农业和乡村旅游

依托农村绿水青山、田园风光、乡土文化等资源，大力发展休闲度假、旅游观光、养生养老、创意农业、农耕体验、乡村手工艺等，使之成为繁荣农村、富裕农民的新兴支柱产业。强化规划引导，采取以奖代补、先建后补、财政贴息、设立产业投资基金等方式扶持休闲农业与乡村旅游业发展，着力改善休闲旅游重点村进村道路、宽带、停车场、厕所、垃圾污水处理等基础服务设施。积极扶持农民发展休闲旅游业合作社。引导和支持社会资本开发农民参与度高、受益面广的休闲旅游项目。加强乡村生态环境和文化遗存保护，发展具有历史记忆、地域特点、民族风情的特色小镇，建设一村一品、一村一景、一村一韵的魅力村庄和宜游宜养的森林景区。依据各地具体条件，有规划地开发休闲农庄、乡村酒店、特色民宿、自驾露营、户外运动等乡村休闲度假产品。实施休闲农业和乡村旅游提升工程、振兴中国传统手工艺计划。开展农业文化遗产普查与保护。支持有条件的地方通过盘活农村闲置房屋、集体建设用地、"四荒地"、可用林场和水面等资产资源发展休闲农业和乡村旅游。将休闲农业和乡村旅游项目建设用地纳入土地利用总体规划和年度计划合理安排。

3.1.2 新视角提出的理论前提

(1) 城镇化背景下的新课题。

在快速旅游产业发展与新型城镇化过程中，以保持生态系统的完整性与敏感性为前提，在确保资源环境长久吸引力实现可持续利用的同时，还能满足多元发展需求，提供高品质的游憩空间，已成为当前重要的研究选题。据哈维（David Harvey）的观点"资本自身通过空间延伸来面对变化的经济时，会加剧不平衡的地理发展。"在城镇化扩张过程中怎样看待似乎必然发生的整体性与不平衡发展的局部关系，如何使新生的旅游镇域空间有序延展，发挥更有效的生产和服务功能，创造更优美的游憩和居住环境，并兼顾城乡可持续发展，已经成为新型旅游城镇化未来发展的关键。

随着休闲事业迅速发展，旅游空间管理显得更为迫切，20 世纪 70 年代末美国林务局（USDA Forest Service）邀请科学家 Clark & Stankey（1979）共同合作，提出游憩机会谱系理念（recreation opportunity spectrum，ROS）。其基本假设就是在保证游憩体验质量的基础上通过在不同类型区域设计不同的游憩活动来缓解资源压力，实现可持续利用。随后，ROS 空间思想在世界范围被广泛采纳（Driver，1987），我国研究多应用于小尺度的空间管理上，如水域旅游资源保护，森林公园，生态旅游区（镇）以及游客体验价值评价等方面（钟林生，2000）。与此同时，学者们结合各自学科发展了 ROS 对应用实践的理论指导（刘明丽，2008），VERP、LAC 与 TOS（Tourism Opportunities Spectrum）就是游憩机会理论在旅游开发中对资源空间的重要规划依据和管理模式的创新（钟林生，2010）。

本书旨在研究新型旅游城镇发展区域的空间优化问题，正是对旅游发展要素相对优越的乡村区域的二次开发，这类区域开发建设的重点在于构建现代旅游功能设施与传统乡村聚落景观的协调机制，促进特色城镇旅游与周边乡村景区（点）、休闲农业及乡村接待设施建设有效整合，加强优势生态环境的保护，实现城镇与村落区域整体联动开发。从这个意义来说，本书需要在城镇化背景下，重新思考 ROS 这类空间管理理论的应用更新，那么就需要将城镇作为一个新的要素放入理论体系中，丰富原有的景区、乡村（生态）环境这一空间要素组合。

(2) "三磁铁"（The Three Magnets）理论衍变。

霍华德的"田园城市"思想，并非"Garden City"这个词让人联想到的单纯建设一个花园般的风景优美城市，而是旨在建立一套有着较重的理想主义色彩的、积极的社会变革方案。其核心理念是：促进城乡统筹的社会结构新形态的形成，破除长久以来城乡隔离的社会结构旧形态。《明日的田园城市》（1989）的序言指出"城市和乡村都各有其优缺点，而'城市—乡村'则规避二者的缺陷……城市和乡村必须成婚，这种愉快的结合将迸发出新的希望、新的生活、新的文明……"为了形象地阐明上述观点，他在书中绘制了著名的三磁铁图（图3-1），三块磁铁分别为"城市""乡村""城市—乡村"，三股磁力同时作用于"人民"，指出城乡统筹的空间新抉择。这为当时的城市发展提出了新的思路，人民的选择除了城市与乡村之外，还有一个中间选项，即"Garden City"（田园城市），从其定义上看出，这一思想正好符合了现阶段国家大力倡导的兼具城乡特征的小城镇。

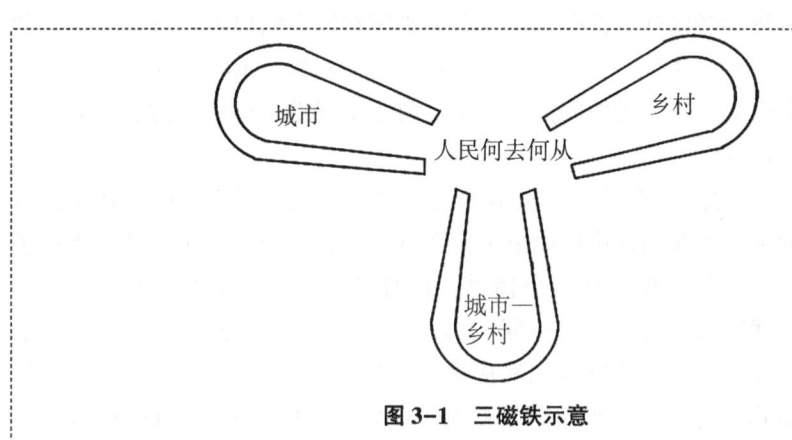

图 3-1 三磁铁示意

中心部分：人民何去何从？

左边的磁铁：城市——远离自然；社会机遇；娱乐场所；远距离上班；高工资；高地租；高物价；就业机会；超时劳动；失业大军；烟雾和缺水；空气污染；天空朦胧；排水昂贵；贫民窟与豪华酒店；群众隔阂；宏伟大厦；街道照明良好。

右边的磁铁：乡村——自然美；苏木、草地、森林；空气清新；地租地；水源充足；阳光明媚；缺乏社会性；工作不足；土地闲置；堤防非法侵入；工资低；缺乏排水设施；缺乏娱乐；没有集体精神；需要改革；住房拥挤；村庄荒芜。

下面的磁铁：城市—乡村——自然美；社会机遇；接近田野和公园；地租低；工资高；有充裕的工作可做；低物价；无繁重劳动；资金周转快；水和空气清新；排水良好；敞亮的住宅和花园；无烟尘；无贫民窟；地方税低；企业有发展余地；自由；合作。

霍华德先生提出的"万能钥匙①"的榫头就表明了城市变革的关键是"新土地上的新城市""城乡一体";万能钥匙的匙把部分是关注了"健康、游憩、教育"三类功能的强化。由此可以看出当时社会学者们已经关注到游憩与城市变革之间的关系了。如今再看依然满足新时代的社会变革需求,也正好为作者基于城乡关系的新视角出发,探索旅游产业与新型城镇化发展之间的新空间、新主张、新路径提供了理论创新的源泉。

正如霍华德所说,"城市—乡村"区域可以把一切最生动的城市生活的优点和活力,愉快美丽的乡村环境和谐地融合在一起。借用他对城乡一体化的观点,本书提出旅游小城镇的建构成为解决旅游城镇化地区空间管制的科学路径。

正如之前分析,考虑到城镇化的新阶段,必须在原有的研究系统中添加新的元素,本书从"景观吸引物(Attraction,简称 A)—小镇(Town,简称 T)—乡村(Village,简称 V)"三类空间的多元关系与协调互动来分析旅游城镇的发展模式与空间优化研究。

本书 ATV 视角的提出除了是对霍华德田园城市理论的创新,更是在全域旅游发展思路指导下,为在当代中国语境下思考城市、自然和人类旅游活动提供了新的机会。既有便捷的城镇生活服务体系,还有乡村优美环境的田园式旅游小镇,作为早期现代以来的"希望的空间",并非"过去"的乌托邦,而是一个永葆初心的改革目标。ATV 的实践应用旨在建立一套完整的空间关怀系统,从自然到人类、从城市到乡村。它促使人们反思现代社会的发展带来的空间异化现象,把人类的进取心和环境的自觉维护置于天平的两端,启发人们重新审视自然界的价值。从这个意义上说,ATV 提出的城市、乡村与旅游三类空间联动视角,并不是片面的孤立的,相反它是互动的联系的整体。

3.2 ATV 内涵解析

ATV 视角是基于旅游城镇化地区现实空间问题的传统理论嬗变与创新,重点考察"景观吸引物(A)、旅游小镇(T,亦指旅游配套服务区)与村落环境(V)"三大空间载体在旅游城镇化进程中的空间异化与空间关联性。ATV 视角关注旅游产业发展与乡村环境要素的转变,从某种意义上说,这三类空间代表了

---

① 霍华德最初打算把他的著作称为《万能钥匙》(*The Master Key*),为此他绘制了一张封面草图,尽管由于书名的变更,这张图当时没有发表,但它却简练地反映了霍华德的主张和抱负。

新型旅游城镇化地区的生产—生活—生态"三生"空间以及由于产业融合演变而来的多种复合型空间，从而将研究重点由传统旅游目的地向旅游新型空间转移，而这类旅游新区的生长多是新型城镇化发展推动乡村（或旧城）聚落的主要转变方向，有着极高的发展前景与研究价值。

3.2.1 景观吸引物（景区或节点）"A"

本研究在界定景观吸引物（A）时，为了避免误区，需要分别从资源观与空间观两个维度进行分析。其中资源观是希望改变传统单体资源研究方法，将旅游小城镇视为一个新兴的旅游整体来看待，以全域旅游理念来指导理解这一独特空间的旅游价值判断；而在本研究中更需要突出空间观的理解，是为了更好地保护乡村环境，防止无节制的土地开发，是为了保护旅游小城镇可持续发展而进行的空间管制和保护方法。

①资源观：旅游属性是旅游小城镇的核心属性，旅游资源是小城镇发展旅游的基础，也是旅游小城镇规划设计的起点和依据，只有更具创新的旅游资源分析视角，才能确保旅游小城镇的科学发展方向。本研究的资源观是基于全域旅游的理论视角，既强调传统景点、景区为旅游小城镇的核心吸引物，也需要从"全"境域角度去建立更全面的资源观。

旅游小城镇的发展往往是由于一个或者多个传统景点（区）的存在而发展起来的，当然随着旅游休闲产业的发展，很多新兴的人造设施也成为新的景观吸引物。除此之外，旅游小城镇的吸引力源于区别于大城市的气质，是让游客身临其境感受到迥异的乡土氛围，并可以全方位亲近身周环境的差异性。这种异质性的旅游体验才是旅游者所追求的核心价值，可以将旅游体验分为表层、中度和深度体验三个层次。其中表层体验依赖于旅游资源的突出特征对视角的冲击，而深度体验则要求与资源环境全方位的亲密接触，而且资源必须具备全面性的特征。故而对旅游小城镇资源的认知上，应该树立起更"全"面的资源观。这里所说的"全"既包含自然资源也包括人文资源，既包括物质性资源也包括非物质性资源，既包括城镇内的旅游资源也包括乡村环境组成部分资源，既包括生产性旅游资源也包括生活性旅游资源。

对于旅游资源的传统认知标准，最权威的依据是《旅游资源分类、调查与评价》（GB/T 18972—2003），根据这一标准，旅游资源均以"单体"的形式存在并可以在区域内进行普查和评价，总共分为8主类、31亚类和155个基本类型。

这种"单体"式的资源标准，在旅游发展初期有着特殊的时代价值，是基于旅游景区观光式发展的需要树立的资源评价体系。当然，随着全域旅游的推进，原有"单体"资源观难以表达旅游资源在新时期下的全面、开放与相互关联的特征。

旅游专家伍延基认为小城镇单体资源统计的方式不合时宜，往往会导致仅着眼于镇域内"盆景"式的资源点状分布的价值空间，困守在资源点的价值开发高地，"只见树木"而忽略了更广阔的资源"森林"。随着休闲经济时代的到来全域旅游发展的推进，基于单体资源孤立评价的旅游发展方式难以满足旅游者全面的、亲密的、深层次旅游体验的需求。从这个角度看，旅游小城镇范围内的一切物质形态、环境氛围以及活动行为都是景观吸引物的组成部分。所以在本研究中，对旅游小城镇资源统计的时候采取了ATV整体统计方法。也就是认为小镇T与乡村V共同组成了景观吸引物的重要内容，甚至从评价角度说，三者在空间内是无法被刻意分割开来的（图3-2）。

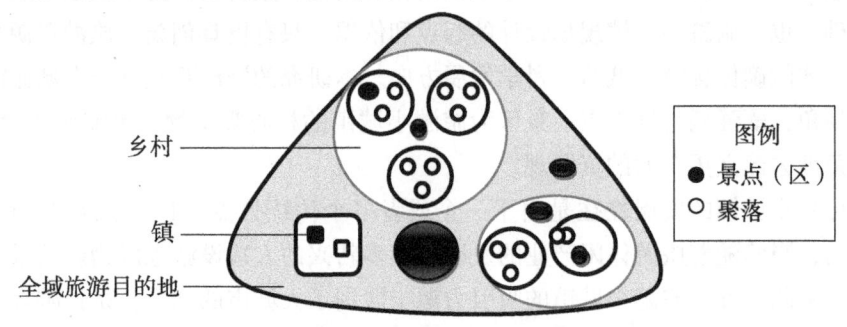

图3-2 旅游小城镇旅游吸引力的集合结构

②空间区隔：本书为了空间研究的需要，在后面的空间职能解说中，会将景观吸引物（A）视为景点（区），是目的地系统的核心节点，用于为游客提供旅游活动的核心地区，是旅游目的地的生产空间。因为在现阶段，我国旅游产业的发展还最大限度依赖于景区的带动，尤其是景区评级体系的考核，正是这一现象的印证，同时也强化了景区在目的地系统的地位。从这个层面上看，本书将A看作景区（点）并视为生产空间，是为了更好地分析它与乡村、城镇之间的互动关系，以及在旅游小城镇的发展中所扮演的角色。这只是为了空间研究的需求，并不代表本研究的资源观。

全域资源观是从开发视角进行的，而空间观是从保护视角进行的，为了更好地保护生态环境，节约服务设施的配套建设开支，突出了景区、景点资源的物质形态。旅游资源以大分散和小集中为其空间特性。从空间观角度出发，A作为景观吸引物是可以从空间中与V、T相分割的，可看成独立存在于乡村聚落与旅游服务区之外的空间实体[①]。

3.2.2 社区小镇（镇区或配套服务区）"T"

社区小镇（服务配套区），是目的地系统的服务核，提供必要的基础条件，包括水电交通等基础设施、卫生教育等公共设施以及与旅游相关的商业服务和政策管理等，是目的地的核心生活空间。然而作为外来游客的重要空间载体，小镇通常自身就存在既有和潜在的吸引物空间，如公园、展览馆、娱乐中心与度假村等场所，它们既是旅游配套的重要组成部分，又身兼重要的旅游产业职能，与生产空间产生重叠。从资源观而言，旅游小镇本身也是吸引物组成部分，然而从空间管理角度来看，小镇的职能更多的是服务社区，以提供旅游配套设施为核心，并承担着乡村居民城镇化的转移安置空间职能。本研究中将小镇视为区域内的生活空间是为了强调该区的人类活动强度最大。

小镇中作为旅游城镇化地区的人类活动高强度承载空间，特有的属性决定其功能形态不同于城市与乡村，其半自然半人工环境赋予小镇以独特属性。无论是开发商整体介入改造或全新再造的小镇，还是由下而上自然生长起来的旅游小镇，必须借助自身拥有的独特旅游资源（产品），实现核心吸引力的创造，进而促进游客的消费聚集，同时带来休闲业态的聚集，并出现休闲产业链的延伸与泛旅游产业聚集。这期间由于度假人口、旅游服务人口、常住人口等规模聚居，会形成住宅、度假、养生养老等地产的复合多元化的居住格局，促进城市基础与公共设施、行政管理配套等的全方位建设，最终建构起城镇化发展的全形态。这一发展过程可概括为"吸引核+集聚核+产业延伸"（图3-3）。

[①] 当然还有特殊的吸引物实体应该加以考虑，比如民俗古村落，古镇等，在后面章节会专门进行分类讨论。

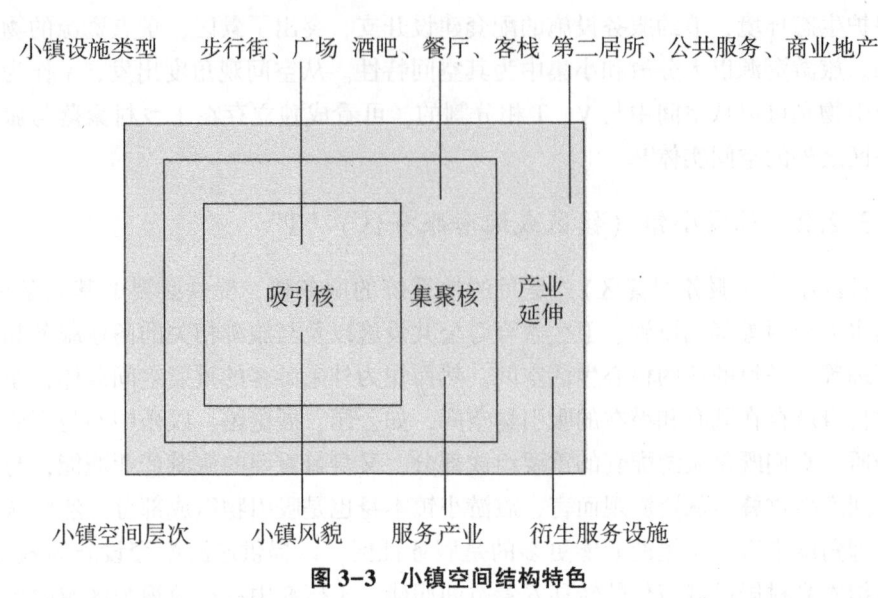

小镇设施类型　步行街、广场　酒吧、餐厅、客栈　第二居所、公共服务、商业地产

```
┌─────────────────────────────────────┐
│                                     │
│    ┌───────────────────────────┐    │
│    │                           │    │
│    │   ┌───────────────┐  ┌─┐  │    │
│    │   │               │  │产│  │    │
│    │   │  吸引核  集聚核 │  │业│  │    │
│    │   │               │  │延│  │    │
│    │   │               │  │伸│  │    │
│    │   └───────────────┘  └─┘  │    │
│    │                           │    │
│    └───────────────────────────┘    │
│                                     │
└─────────────────────────────────────┘
```

小镇空间层次　小镇风貌　服务产业　衍生服务设施

图3-3　小镇空间结构特色

其中吸引核主要是将小镇作为公共空间来看，强化小镇风貌特色，这里借鉴吴必虎对公共滨水游憩空间的 WAVE 模式，从空间功能方面判断吸引核的构成，景观和规划对人的尺度（步行）、人的社会性（可达性）、市场价值（投资可行性）和社会调节（娱乐性）加以综合考虑，见图3-4：

①可步行性（Walkable，W）。

小镇的核心空间要素是必须建设有一条可供游人游憩、购物、社交等活动的步行街，这符合小镇游憩的空间职能属性。步行街也是小镇风貌所在的关键，无论是建筑外形还是氛围打造，甚至是商品内容都是小镇风貌的基调。这也是旅游小镇区别于传统集镇或其他工业型小镇的典型特征。步行街可连接文化广场，共同组成小镇主客共享的公共文娱空间。

②可进入性（Accessible，A）。

小镇作为旅游小城镇的服务核心区，其区位条件和交通情况应是便捷可接近的。包括进出的主要交通方式与旅游道路，入口广场的选址尤为重要，既要考虑安全性与通达性，还要考虑广场的接纳性与开放性。另外，入口通廊作为入口区的第一印象区，有着重要的空间和氛围营造作用，两侧可设置文化雕塑和代表性的标识物，整体氛围的设计还要体现出小镇的风格及主题。

③经济价值性（Valuable，V）。

旅游小镇作为主客共享的新空间，既是乡村聚落转型的本地居民生活空间，也是游客活动的配套服务空间，是一种半自然性质的整体人文生态系统。其功能上更具有多元属性，满足了观光、体验、休闲、度假以及居住多层次需求，小镇也就自然成了投资和贸易的空间载体，所以无论是其集聚核还是衍生服务产业都将对市场直接负责。当然其功能的多元化也是满足游客的多元需求的空间表征。

但是从本研究空间重构的角度出发，小镇被视为综合性的生活空间，此处的"生活"是模糊了生产性指标的行为之后的居民与游客的生产生活一体化。故在本书做空间关系分析的部分，均将小镇视为人类活动强度最高的生活居住和旅游服务配套建设区。

④可体验性（Enjoyable，E）。

小镇的服务产业都最终需要以体验的形式提供给游人，体验空间的塑造是小镇可持续性运营的关键。也是小镇区别于乡村地区的第一假设条件，基于旅游活动二元化体验理论，在乡村中游客追求的是古朴奇特体验，而小镇应该在新奇特的基础上满足游客在生活上的舒适与日常现代体验的需求。小镇在发展中还体现出地域延伸性，人类文化活动能够借助现代化设施与外界自然界发生联系，区域内外的旅游资源均可以得到充分利用，空间上满足旅游体验的可塑性极强。（莫妮卡·卢思戈，2012）以原生性的旅游资源为核心，延伸活动在空间上的复合塑造，可以满足不同的外来游客类型的心理体验需求。

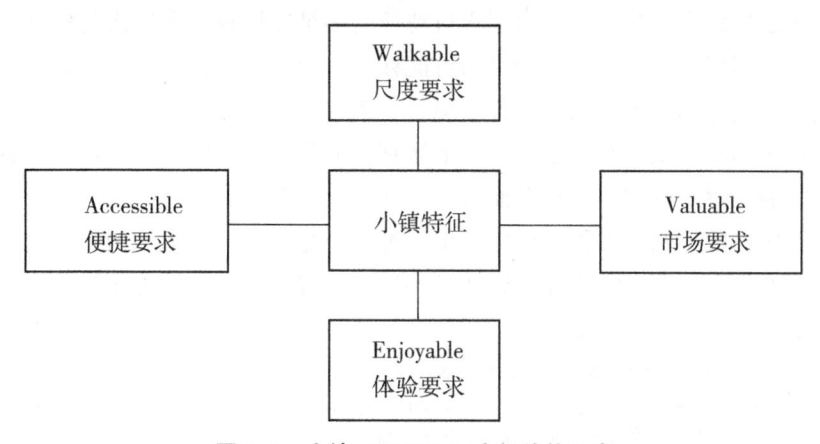

图 3-4　小镇"WAVE"空间价值示意

乡村聚落和旧有集镇聚落在小镇生长过程中担当几乎同等重要的角色，集镇的聚合力量虽然更强，发挥了区域资源的整合效用，但其周边乡村在景观形成和旅游资源发掘中可能发挥更显著的作用，无论是原生性的古镇还是后人建造的新镇，都会带着地域文化的色彩，即便是完全人工建设的西洋小镇，也会多少聚合了地域性的文化要素或者生活印记。

小镇从根本上说，既根源于乡村又区别于乡村，主要表现在以下方面：

①居民多维度。

小镇以其独特的功能属性吸引着多种居民的聚合，最终形成了"原居民+新居民+新客民"多维度的居民属性。其中，原居民主要是原有集镇或者周边村落的旅游生态移民。而新居民主要是指由于小城镇旅游产业的需求而移居于此的外来居民，比如客栈、餐厅等商业空间的经营者与手工艺人等类型的外来人口（顾朝林，1999）。还有一部分人口以短暂旅行、购物、短期创新式的创业者为核心，成为新客民，均以短暂居留为特征。三类人口共同组成了小镇的多维度居民群体。

当然除了这三类居民之外，小镇由于其旅游属性，更是逗留该区域的游客群体的短期生活空间，虽然这种生活具有一定的"戏剧性[①]"，是小镇居民呈现给游客的前台空间里的景区化生活，但不可否认，无数个"反向生活[②]"群体最终也构成了一类新居民的组分。居民的多维性使得旅游小镇有了区别于其他小镇的一大特征。

②空间多层次。

小镇的独特之处还在于，由于人口特征的多维度导致了多层次的空间，一般而言，原有居民与新居民有部分空间可能存在一定的融合，但是与客民之间的空间就更大程度是相互区隔的。这种区隔在古镇等传统小镇空间形态上展示得尤为明显。古镇的新旧城区有着很大的外形区别，但是对于某些人造小镇而言这类空间的区隔表现得不够明显，相对而言，空间融合度较高。

这类区隔的空间很大程度也体现出一种戏剧化的分离，本地居民空间多可看作"景区社会[③]"的后台区域（W.J.T. 米切尔，2014），而游客多半处于前台的

---

① 20世纪中期，社会学家戈夫曼（E. Goffman）提出了著名的"戏剧论"。

② 1992年，英国社会学家约翰·厄里（John Urry）在他的《游客的凝视》（*The Tourist Gaze*）一书中，提出旅游凝视的基本要义之一就是"反向的生活"性。

③ 在《风景与权力》一书中，作者米切尔（W.J.T. Mitchell）总结了景观与权力的各种关系，并认为游客不仅将旅游地与原始、落后等概念联系起来，还希望这些地方能够按照自己的审美和休闲需要进行改造，变成所谓的"景区社会"。

舞台化的空间。前后台的空间关系尤其在传统古村镇的开发中表现明显，在旅游开发初期基本上会出现"舞台化"的一个权力区域，这种被西方学者称为"传统的凝固"（the freezing of traditions）的现象，并不完全是对传统文化有害的。相反，运用得当的前后台空间管理，不仅仅能带来文化景观的高质量体验，也有保护文化原生性的经济功能，无论是以开发为主导的前台区域，还是以保护为主导的后台区域（图3-5），两者从根本是"通过空间布局来规范人们的行为"[①]（玛丽·道格拉斯，2008）。从这一角度而言，小镇的多层次空间区隔正是景观权力得以实施的基本要素。

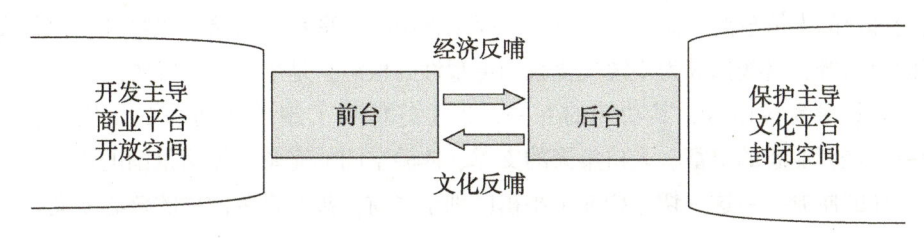

图 3-5 旅游小镇"前台—后台"空间关系示意

③产镇一体化。

因为小镇既区别于城市，又与乡村属性不尽相似。在拥有了丰富的旅游资源与景观优势的同时，基于区位条件，与城市建立更加便捷的联系有着更大的可行性。发展产业才是小镇生存的根本，基于现代服务业的发展而开展的城镇化，更代表了新时期世界发展的潮流，也是成就旅游小镇的产业主流方向。

旅游小镇不仅是要发展休闲服务业为带动的泛旅游产业，更重要的是要创造有价值的独特产品，方是造就城镇发展的核心机理和逻辑。这一核心机理首先是通过核心资源和景观来创造人气，进一步形成休闲产业聚集，以此才能创造出就业，实现人口的集聚与固定居住。产业的发展更会推进土地开发、基础设施完善，以及配套医疗、教育、银行等公共服务，结合产业化进程，形成新型城镇的建设程式。

④职能二元互补。

旅游小镇的最高境界，是让都市人群体验到不一样的生活方式，最终形成所谓的"景区生活"，所以乡土村落才是小镇存活的重要价值与灵魂，与乡村的差

[①] 玛丽·道格拉斯《洁净与危险》（Purity and Danger）一书围绕污秽与传染的观念展开论述从分类的角度阐释了禁忌何以产生，并由此建立了规范社会日常生活的分类体系便于我们清晰地洞察世界。

异补充,与景区(点)的互动搭配,才是小镇的精髓。理想状态的旅游小镇应该是没有大城市的拥堵、雾霾、冷漠、压力与紧张,但要有城市的商业流通与市场活力,要有城市完善的功能设施与文化艺术空间等;拥有乡村的新鲜空气、青山绿水、健康饮食、闲适的慢生活节奏,但不见农村信息的闭塞、生计的艰辛、经济的颓败、文化产品的匮乏等。作为城市与乡村的过渡空间,小镇的特色应该是融合、共享、跨界、互动。

随着国家政策与民间市场的双重热潮,文旅特色小镇建设兴起,与以往不同的是,创意型旅游小镇强调"小空间、大作为"。其中,小空间非常重要,一定不要出现都市的人情疏离,而是接近自然、绿水青山、可享乡土情调、风物怀古以及友好的交情等,这些都成为小镇文化氛围可塑性的根源,是小空间的宜居性特征。

小镇对乡村而言,其功能的互补,也正好体现了旅游活动的二元化体验理论——经营业态的丰富、人口集聚的支撑、体验空间的完备、休闲氛围的可塑,人际交往的便捷——这一切才构成了小镇区别于乡村,甚至是度假村的核心要义。

3.2.3 乡村基底(村落与环境)"V"

乡村是旅游城镇化地区的景观基底,是地方性景观意象的辐射区,与吸引物、小镇共同组成目的地景观系统,是旅游资源表现在人地关系特性上的差异性土壤,也是目的地系统的生态空间。度假时代的到来,模糊了传统景区的概念,以乡村为中心的全境化旅游,使得乡村旅游生产成为可能。本书在研究中为了不同侧重点研究的需要,以 V 分别代表村落点和以村落为核心的周边乡村景观环境。要理解乡村在旅游小城镇地区的权力属性,就需要从两方面来分析:乡村聚落的空间演化与乡村环境的景观权力。

3.2.3.1 乡村聚落的空间演化

V 作为村落点这样的一个角色来看,乡土文化的资源化过程一方面丰富了乡村的经济活动,另一方面也会悄然改变村落面貌。由物质的配置延伸到人群的组合,继而影响社会结构的调整,一个新型的、由旅游经济所潜移默化的"景区社会"正在逐步形成。

村落点在旅游小城镇的生长发展中扮演着非常重要的角色,其空间构成也经历着"物质空间"与"社会空间"两方面的演变转化:

①物质空间:从物质空间结构的演变来看,由于地域发展基础与开发形式的差别,不同属性村落的物质结构演化也经历着不同类型的阶段特征。其共同的特

征表现为物质空间规模的增长与拓展,以及为功能性的服务空间从分散向集中转化。具体形式可分为:

a. 村落—小城镇(图3-6),这种形式是针对那些有着较高旅游开发价值的村落,因为旅游开发公司介入后采取了整体开发而形成的演变状态。以大理市喜洲村为例,其演化是随着旅游公司打造出核心旅游区以及村落入口服务区的建设,村落整体向外围空间出现纵深推移,空间规模剧增。但类似这种大规模的开发,容易导致"超前城镇化"或者"空心镇"的现象,如喜洲村民早已迁至新区居住,而部分新建(或改造)的商业街区目前尚处于闲置状态,尚未有经营活动。

b. 村落—区域村落—小城镇(图3-7),这类演化多是针对临近景区村落。由于景区的旅游开发具有较大的带动作用,逐渐成为该地区的集聚核,吸引着临近村落空间上向景区延伸拓展,往往是几个村落的转移前后进行,形成区域型村落。随着旅游产业的进一步发展,产业集聚力提升,景区作为产业核有着更大的影响力,周边村落逐步形成规模经济的集群,使得区域村落的社会空间形态呈现分异趋势,如湖北省恩施大峡谷周边的沐抚镇营上村、大庙村等多个村落,被大峡谷旅游经济辐射促使沐抚古镇的再次发展,这种发展在空间形态上表现出极强的城镇化状态,但从行政区划和城镇空间管理角度出发,又存在着较大矛盾的地方。

c. 村落—区域村落(图3-8),这种演变是村落的自我生长过程,随着社会经济的发展,村落空间受到用地需求的影响,村落之间的用地拓张加强,表现出连为一片的趋势。然而,由于村落空间极大程度上还是以居民生活服务为主,所以区域村落空间的核心依然是传统的公共空间。如:福建省马洋溪生态旅游区(镇)的后坊村、山重村,旅游开发空间不断扩展,导致村落的边界和过渡区域越来越模糊。这种演变模式很大程度上保持了传统村落属性,在区域村落的形成中,村容村貌得到很大的改善、基础设施得以完善、村民生活的便捷性更高,但由于缺乏产业集聚,村落自身生产能力不足。

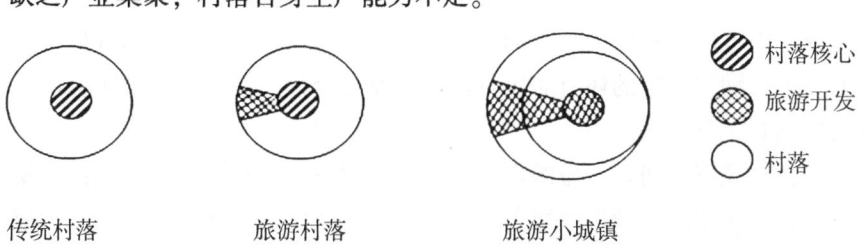

图3-6 传统村落—旅游小城镇演化示意

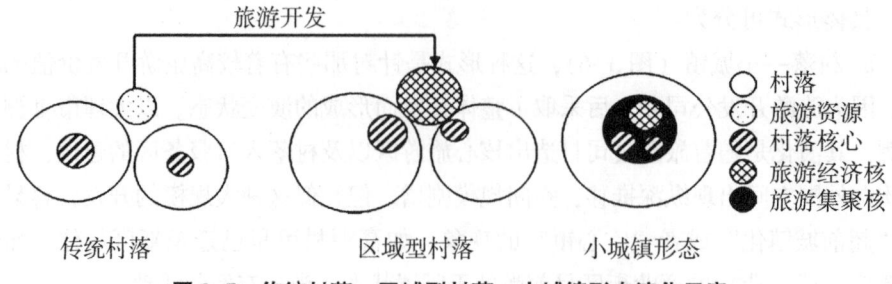

图 3-7 传统村落—区域型村落—小城镇形态演化示意

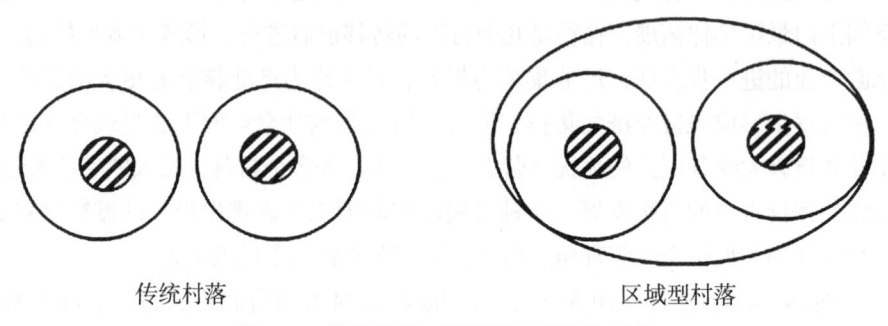

图 3-8 传统村落—区域型村落演化示意

②社会空间：社会空间的演变包括居民演变、产业经济转变、文化方式转变等方面。社会空间从根本上说是由于物质空间出现变化引发的一系列社会格局的更新。

首先，村落向小城镇演化中，由于政府或开发商的介入，出现了居住新区，而新区居民既有随着生产空间的拓张而出现原有居民的移民安置区（图 3-9），比如大峡谷附近的马鞍山小镇，同时也有外地人的第二居所以及部分外来经营者的临时住处。随之发生的还有居民身份与职业的分化，在此过程中还出现了"兼职农民"这样的新身份。

其次，从经济空间看，旅游产业的侵入，使原有乡村第一产业的经济模式发生根本变化，在旅游区域形成服务经济，第三产业得以发展；沿交通线形成通廊服务经济；在居民区点散布置了服务性的商铺。在原有的农田上出现大面积的景观性种植，不仅是为了农作物的产出，更多的是为了满足观赏性的休闲经济发展

图 3-9 农民迁移小镇后的安置新区（案例地：高罗镇）

需要。如福建马洋溪生态旅游区（镇）发展的"桃红李白"景观带以及山重村的油菜花海，都是经济空间的景观化演化（图 3-10）。

图 3-10 乡村出现大面积的景观农业（案例地：马洋溪山重村）

最后，从文化形式看，由于生活方式的变迁，传统的乡村性文化空间开始没落，出现新的满足客主双方共同休闲需求的文化空间，比如具有纪念性的文化走廊、纪念馆、剧院等，现代休闲方式明显增多。同时，旅游活动的介入及现代生活方式的潜移默化，村民休闲活动显著降低，生产性的活动不断增加（如环境维护、纪念品销售等活动）。旅游让村落向小镇演变的进程中，村落的社会空间出现较强分异。旅游服务性的社会空间出现并随之集聚，原有的村民休闲空间有可能转变为游客的游憩空间，旅游景点周边出现服务经济的集聚，为本地村民服务的日常商业经营空间也随之转移（图3-11）。

图3-11 新型村民的经营性空间（案例地：沐抚营上村）

综上，本书将乡村作为村落点加以看待时，主要是针对空间重构中村落点的空间流转方案。空间流转时应该充分考虑实际发展需求和村落情况，分类采用保留、修复、迁并与改造等多种方式，这在第七章会有专门的居民点整理方案陈述。

3.2.3.2 乡村环境的景观权力

景观作为一种权力，既可以推动生产，也可以产生封闭。

V作为ATV视角的重要因素，除了在考虑重构空间时作为传统村落点之外，它更代表了生态脆弱的乡村景观，既为旅游经济提供环境基底，也包括了某些生态环境优良的观赏性空间，与A一起共同组成了旅游小城镇的旅游景观价值。

彭兆荣（2004）提醒人们关注乡村的"家园生态"，甚至将乡村比作遗产，具有文化景观价值，也打上了风险性的烙印。乡村遗产也具备了"家园生态"的景观背景。诚如费孝通在《乡土中国》中所述，村落是中国乡土社会的基本单位构成。是"面对面的社群"，是"生于斯死于斯"的地方，也是"地方知识体系"成就之所。所以本书在全域旅游背景下，将乡村作为景观基底看待，既要承认乡土景观对旅游小城镇成长的现实价值和吸引力，还要将乡村视为景观遗产加以保护。

一旦乡村的空间和景观成为资本，就有可能因为对经济利益的追求，超越了对传统农耕文化所生成的价值观和权力的保护边界。从而使得"脱域（Disembedding）[①]"现象出现，将原有的景观价值从地方语境中抽离出来，打破时空限度进行重新解构，促使乡村景观庸俗化，从而丧失了权力的相对封闭性。在旅游侵入乡村环境的过程中，非常重要的一点是，要重视环境脆弱地区，如生态旅游区（镇）、自然景观优美地区、国家公园等的可持续性和容量的评估。

不过，乡村用旅游的方式来寻求自我发展，虽然一方面看起来可能在"脱域"中迷失了"生态家园"，但是从积极的一面来看则是在乡村景观中加入了一种对现代性的新解构。乡村为旅游小镇的生长提供了地方性的语境，为景观吸引物提供了可持续性的源泉，是整个旅游目的地系统景观权力的"原生的纽带"，是旅游小城镇发展的土壤。

3.3　ATV 资源分类与评价

在旅游资源综合调查基础上对其质量、数量、规模、分布、开发潜力和开发条件进行综合研究和科学论证，从而为区域旅游发展提供科学依据。在上文对A、T、V 内涵单独阐述的基础上，既可以将 ATV 理解为旅游小城镇中不同功能的空间载体也是旅游产业发展的三类景观要因。对这三类要因的分类与价值做出判断，是旅游小城镇科学发展的前提。

旅游资源的分类研究长期分为东西方两种观点。日本旅游资源分类体系与中国相似，多是按照旅游资源属性进行分类。比较具有代表性的观点有：日本学者末武直义（1984）将旅游资源分为自然、人文两大类，观赏、直流、社会、文

---

① GIDDENS A. The consequence of modernity [M]. Stanford：Stanford University Press, 1991：21.

化、产业经济5个中类和108个小类。西方学者对旅游资源的分类则更多考虑了游客的感受以及旅游资源的开发程度。克劳森和尼奇（1966）从资源特征与旅游者的体验角度出发，分为资源基础型、中间型和利用者导向型游憩资源三类。德莱弗（1979）根据旅游资源开发现状将美国的旅游资源分为5类：原始、近原始、乡村、人类集中利用和城市化地区。世界旅游组织将旅游资源分成技术资源类、潜在供给类和现实供给类三大类。

  本研究提出的"ATV"全域资源观强调旅游小城镇的旅游资源是由传统景点资源（A）、小镇（T）及其村落（V）环境基底为核心构成的景观综合体，具有特定的景观形态、内涵与过程。其景观的聚居形态既有分散的传统景点、居民村舍，也涵盖了集中提供生活服务的城镇范畴。ATV视角是基于资源全域性的空间属性，希望突破长久以来国内研究沿袭的点状统计单体资源与其评价方法，从而将旅游资源从点、线、面全方位分析到资源的概念化与抽象化分析，真正实现旅游小城镇的全域资源统计与评价。

表3-1　基于全域观的旅游小城镇ATV资源统计（陶慧，2015）

要因	主类	亚类	基本类型
A类（核心吸引物）	自然旅游资源	地文景观	（1）山地（2）山景（3）奇峰（4）峡谷（5）洞府（6）石林石（7）沙景沙漠（8）火山熔岩（9）蚀余景观（10）洲岛屿礁（11）海岸景观（12）海底地形（13）地质珍迹（14）其他
		水域风光	（1）泉景（2）溪涧（3）江河（4）湖泊（5）潭池（6）瀑布跌水（7）沼泽滩涂（8）海湾海域（9）冰雪冰雕（10）其他
		生物景观	（1）森林（2）草地草原（3）水域（4）牧地（5）珍稀生物（6）植物生态类群（7）动物群栖息地（8）物候季相景观（9）其他
		气候与天象	（1）日月星光（2）虹霞蜃景（3）风雨阴晴（4）气候景象（5）自然声响（6）云雾景观（7）冰雪霜露（8）其他天景
	历史人文旅游资源	宗教	（1）宗教活动（2）宗教场所
		民间习俗	（1）地方风俗与民间礼仪；（2）饮食习惯；（3）特色服饰
		遗迹遗址	（1）文化遗迹（2）历史保护建筑、园林；（3）历史保护街区
		历史人物	（1）历史人物故居或活动场所；（2）历史事件发生地

续表

要因	主类	亚类	基本类型
A类（核心吸引物）	历史人文旅游资源	娱乐设施	（1）主题公园（2）休闲娱乐设施（3）休疗养场所
		教育设施	（1）科研基地（2）博物馆、科技馆
		景观建筑和集会场所	（1）城市标志建筑（2）广场（3）特色建筑
		居住地与社区	（1）特色聚居地（2）特色社区（3）特色街巷
	活动与事件旅游资源	商业活动	（1）商务会议（2）会展活动
		购物	（1）特色产品（2）名品、稀有品（3）贸易发达
		节庆	（1）旅游节、文化节（2）民间节庆（3）民族特色节庆
		事件	（1）博览会、展览会、奥运会（2）体育联赛
T类（城镇基础）	旅游公共服务	旅游公共信息体系	（1）游客中心（2）在线旅游信息服务（3）旅游信息声讯服务（4）公共标识系统
		旅游惠民便民体系	（1）文化教育（2）公共娱乐（休闲）设施（3）公共景观（4）惠民产品（5）优惠政策
	旅游惠民便民体系	旅游安全救助体系	（1）旅游保险（2）医疗保障（3）急救箱（4）救助点（5）安全保障设施（6）安全教育
		旅游交通服务体系	（1）交通节点系统（集散中心、停车场、站点、码头等）（2）交通引导系统（3）自驾游服务系统（4）旅游交通通道系统
		旅游行政服务体系	（1）服务质量监控部门（2）投诉中心（3）行业协会（4）服务培训（5）旅游宣传
	旅游产业体系	第一产业	（1）农业基地（种植、加工、养殖）（2）特色农庄
		第二产业	（1）工业园地参观；（2）特殊制造业；（3）知名企业
		第三产业	（1）游览服务（2）产品贸易（3）餐饮业（4）旅游住宿（5）旅游文娱
	市政基础服务	交通	（1）对外交通网络（道路、铁路、航空等）（2）公共交通组织（线路、站场）（3）步行交通（4）交通设施及管理
		给排水	（1）水源地（2）水厂、泵站（3）输配及管网设施（4）排水泵站、污水处理厂（5）排水管网（6）雨污水综合利用及排放
		防灾	（1）洪灾防御（2）震灾防御（3）防风减灾（4）火灾防御等相关措施（5）消防站

续表

要因	主类	亚类	基本类型
T类（城镇基础）	市政基础服务	环卫	（1）公共厕所（2）垃圾收集点与废物箱（3）垃圾运转站、填埋场及处理厂等
		能源通信	（1）供电设施（变电站、管网、线路）（2）通信（接入、传输网、线路、管网、邮政等）（3）广电（4）供热（5）燃气
V类（乡村环境）	乡村视觉景观	农耕景观	（1）稻田（2）生产设施（3）农场（4）农业技艺
		地域景观	（1）乡村聚落（2）生态（景观）廊道（3）旷野空间
	感知意象景观	环境感知	（1）天空（2）气候（3）水质（4）声光（5）田园底质
		心理感知	（1）居民态度（2）心理安全（3）景观融合

注：本标准依据的现行规范和文件有：《风景名胜区总体规划标准》（GB 50298—2018）；《旅游资源分类、调查与评价》（GB/T 18972—2017）；《国家旅游局办公室关于印发中国旅游公共服务"十二五"专项规划的通知》（旅办发〔2011〕222号）；《镇规划标准》（GB 50188—2007）；《中国森林公园风景资源质量等级评定》（GB/T 18005—1999）；《全国历史文化名镇（名村）评选和评价办法》（讨论稿）及美国的风景资源管理系统等。

在对旅游资源评价的已有研究中，诸多学者致力于旅游资源的综合评价指标体系建立与创新研究。20世纪60—80年代，国外评价研究的多数成果集中于资源物理属性的研究，尤其是单因子评价技术的研究，更是遥遥领先于国内研究（吴必虎，2001）。20世纪80年代以来，由于全球旅游活动的兴起带来了诸如旅游资源受损、被破坏等问题，使得国外出现了多个针对自然风景和海边度假区域的评价体系：欧洲蓝旗、海滨奖、优良海滨指南、哥斯达黎加体系、原格拉摩根体系和现格拉摩根体系等，并且广泛应用于欧美旅游评价与奖励中（Baudy，1982）。

国内关于旅游资源评价内容的研究最具代表性的主要观点有以下3种：孙文昌等（1990）提出旅游资源评价内容包括景象美学特征、环境质量、历史文化价值、环境容量状况、地理位置和可进入性、基础条件及社会经济环境6个方面；陈安泽（1991）提出资源要素、开发条件和开发序位3个方面；邢道隆等（1987）则提出了4类因素：市场、质量、环境和社会经济。此外有学者强调只针对资源本身评价，也有人指出应从旅游者和资源两方面进行双向评价（王良健，2006）。总之，关于旅游资源评价内容至今仍未有统一的观点，这直接影响了旅游小城镇评价指标体系的选取及分类。在评价方法上的研究在我国已有20

多年的历史,其评价方法经历了体验定性评价法,如三三六评价(保继刚,1988)、技术单因子的定量评价法(郭来喜 等,2000)与综合定量建模评价法这3个历程(崔峰 等,2012),研究成果的产出丰富。

本书基于旅游小城镇在资源统计上更凸显了全境域的特征,旅游小城镇的价值评价模型采用双因素评价模型(邓俊国 等,2004),可以克服目前单因子技术评价方法在旅游小城镇中的应用缺陷。将从核心因素与外延因素两个方面理解旅游小城镇的资源价值,在此基础上进行分层,并采用定性与定量相结合的方法,确定旅游综合价值。其中核心价值可以看成小城镇自身拥有的本底价值,分别从资源的美学价值、文化价值、环境质量、科学考察与经济效益这5个因素加以评价;而外延要素则是一种针对资源开发潜力的相对价值评价,旅游小城镇的相对优势可从区位条件、投资环境、规模容量和施工等方面理解;核心价值立足于小城镇自身发展;外延要素则偏重于小城镇旅游开发中的难易程度,两相结合,方可判断旅游小城镇的资源综合价值。据双因素评价方法(图3-12),结合旅游小城镇不同类型拥有的独特资源,评价因子的设置也应该有所差异,诸如度假型旅游小城镇的资源评价应该更看重环境质量的安全、康益与舒适三方面,而传统古

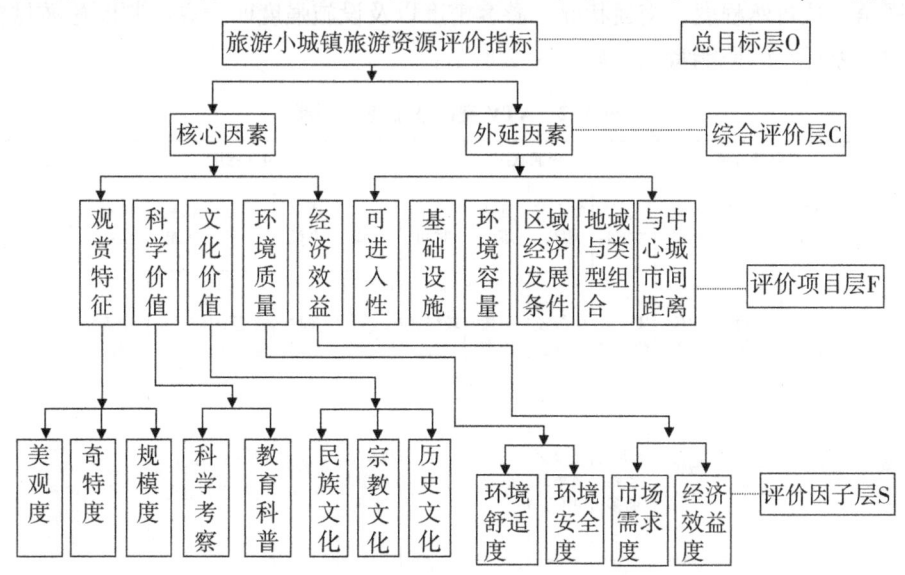

图3-12 旅游小城镇旅游资源评价指标体系

注:权重系数可以采用专家咨询法(Delphi)与层次分析法相结合来确定。因子层的权重根据不同类型相应有所区别(陶慧,2015)。

镇则偏重美学价值、现存规模、环境容量等多因子的评价。

结合已有文献关于旅游资源定量评价的研究和实践的需求，建立一套模糊评价综合模型，将模糊因子数量化（贾哲 等，2008）；利用 AHP 方法确定指标权重；利用向量的乘积，计算出综合评价结果数值；并按照数值的大小进行排列，对结果进行比较（于涛方，2002）。

本书的主旨只是在确定一套基于 ATV 的旅游小城镇资源分类与评价体系，改变传统景点的单体评价观念，因为篇幅关系并没有运用案例来演绎整个评价过程，这一验证过程将会在作者的后续研究中得以体现。

3.4 ATV 空间职能特征

3.4.1 ATV 的空间属性

任何空间单元的发展潜力与职能判断，都会随着产业发展模式、类型和尺度的不同而不同。本书研究的旅游小城镇作为一种小尺度的旅游目的地，基于 ATV 的视角，从自然程度、交通状况、游客密度以及设施强度四个方面判断旅游城镇化地区差异空间职能特征，如表 3-2 所示：

表 3-2 ATV 空间职能特征判断

空间类型 \ 标准	自然程度			交通状况					游客密度				设施强度	
	自然环境状况	人工建设状况	人文环境	道路游径铺装	离干道距离	到达难度	驾车时间	载送方式	道路系统	程度	接触人群	接触机会	规模	程度
游憩型（A）	程度较高	中度改造	比例较大	少量硬质，多数自然铺装	中等或偏远	一般距离	较快速方便	机动和半机动车辆；畜力或人力	乡村公路	密度中等偏高	游客和团队	中等偏高	一般	中等偏高
城镇型（T）	较少，程度低	人工建筑多	城镇社区	水泥铺装路面多	城市交通集散中心	容易	便捷	机动和半机动车辆	高等级公路	游客集中，密度高	团队和居民	高	规模大，满足个体和团队需求	完善
乡村型（V）	绝大部分	不明显人工改造	乡村聚落	自然状态	较远偏僻	困难	通公路部分1.5小时以上	步行	不通公路	游客少	居民	低	数量少	低

从表 3-2 看出，ATV 三类空间属性分属不同层次：

①A 类空间（游憩型）的空间职能在参与度与抗干扰性上处于中等。自然程度上看，由于多数景观吸引物来源于自然界①，所以自然程度很高，为了旅游发展的需要，会对空间的自然属性做出人为的服务改造，有一定程度的人文痕迹，人文气氛较浓；交通的通达情况在三者中属于中等，大部分旅游景点具有一定铺装和道路的改造，车辆具有较好的进入性，承载内部交通工具；A 的游客密度中等偏高，团队游客与散客的接触程度中等；A 类空间的设施建设程度中等，会为了满足旅游需求建造部分接待及观赏辅助设施。

②T 类空间（城镇型）的空间状态抗干扰程度最高，人类活动密度最强。自然程度最低，人工建筑多，并以社区、街区等空间为核心；交通可达性最佳，并通常是整个旅游区的交通集散中心，内外交通工具众多，便捷性好；T 作为配套服务核心区，游客集中，是团队、散客以及新旧居民的高密度活动空间，人类干扰程度最高；作为区域的服务核，T 类空间的设施建设程度最高，人工建造等级高、规模大，抗干扰属性最高。旅游小镇作为一类半自然半人工形态的服务空间系统，兼具自然旷野的优美与都市人为景观的精致，融合城市和乡村两者的基本要素特性，故 T 的空间演变必然需要兼顾乡村、镇区与传统旅游开发中的吸引物三类因素。

③V 类空间（乡村型）表现出生态脆弱性，具有承载力低的空间职能特征。绝大部分区域都是自然原生态的，除少量村落之外，人工改造痕迹不明显，人文气氛中的乡野性表现显著；交通道路处于自然状态，通达性较差，交通工具较少且多为步行区域；游客量较少，居民为主要的人群，人为干扰小；由于乡村空间还包含了绝大部分的生态脆弱区域，如自然水库、湿地、保护区等，所以这类空间的建设程度很低，人工痕迹少，设施设备数量少。

上述三类空间属性，正好对应了游憩机会谱（ROS）的空间管理图谱（Spectrum），不同类型的空间会承担差异性的游客干涉程度（刘明丽 等，2008），乡村、景区与小镇三类空间从原始到现代的空间属性演化，可以承受的空间活动强度变化如图 3-13：

---

① 此处的景观吸引物多指原生态的旅游景区。

▶▶▶ 流动的乡土：景观·小镇·村落

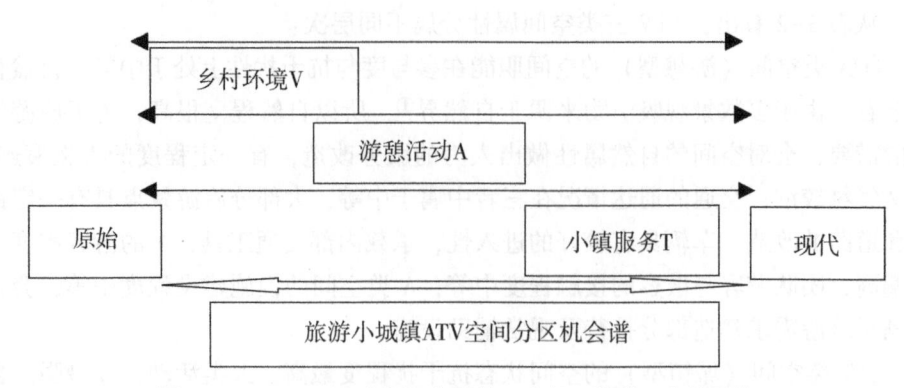

图 3-13　ATV 三大空间机会属性：乡村、游憩、小镇环境

3.4.2　ATV 空间关系

为深入探讨旅游小镇空间组织模式，首先定义不同功能区的空间关系，曾有学者试图将生态学理论引入区域旅游的研究中，认为各类旅游空间之间存在一种类似于自然界中种群生存关系的"生态关系"。张序强 等（2003）通过旅游地之间的空间关系与生物的种群生态关系的类比，将旅游空间关系划分为 4 种类别：竞争类、共生类、偏利共生类、寄生类。本书在界定空间关系时，主要考虑了空间的位置、空间功能以及空间的互动程度等因素，将空间关系分为 3 种（图 3-14）：a 为空间分离模式，即不同功能区在空间上彼此分离，只通过功能相互联系；b 为空间依存模式，即不同功能区在空间上相邻或略有交叉，但彼此仍较为独立；c 为空间融合模式，即不同功能区在空间上深度交叉，融为一体，达到功能和空间的一体化。

①A 与 T 的空间关系。

A 作为旅游小镇的旅游核心节点，旅游核心吸引物的特征在很大程度上决定了旅游小镇（T）的组织模式。依托《旅游资源分类、调查与评价》（GB/T 18972—2017）确定的不同资源类型旅游资源 A 与 T（小镇）的空间关系，如表 3-3 所示。整体而言，自然景观包括地文景观、水域风光、生物景观、天象与气候景观等与旅游小镇（T）多为空间分离或空间依存关系，人文景观如遗址遗迹、建筑与设施等与旅游小镇（T）多为空间依存或空间融合关系，人类活动如人文活动等与旅游小镇（T）则多为空间融合关系。

第三章 ATV新视角：景观、小镇与村落

　　　a. 空间分离　　　　　b. 空间依存（交叉）　　　　c. 空间融合
　　　　　　　　图 3-14　空间关系定义

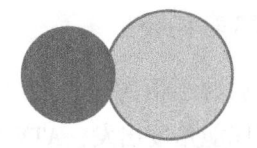

②A与V、T与V的空间关系。

村落（V）作为旅游核心吸引物（A）和旅游小镇（T）的物质供给基地与生态环境保障，其与这两者的空间关系则相对简单。其中，自然景观包括地文景观、水域风光、生物景观、天象与气候景观等与乡村地区（V）多为空间融合或空间依存关系，人文景观如遗址遗迹、建筑与设施、人类活动等与乡村地区（V）多为空间依存关系。旅游小镇（T）与乡村地区（V）则多为空间分离关系。

ATV三者在空间上表现的分离、依存或融合关系并不是一成不变的，随着旅游小城镇地区物质形态、产业模式以及人口的迁移，三类空间的关系也在不断发生变化。如景区依托型小镇的发展，使得附近村落不断被外围服务产业影响，或融入小镇空间或与景区产生空间依存的新关系。如图3-15所示，旅游小镇与景区之间就因为发展阶段不同存在着关系错综复杂的演化过程。正是这种空间关系的演变为理解ATV空间职能特征提供了基础，成为空间职能互动与演化的依据。

　　分离发展阶段　　　　依存失调阶段　　　　融合协调阶段
　　　　　图 3-15　旅游小城镇空间要素变化过程

3.4.3 ATV 空间职能耦合

在旅游城镇化空间，旅游小镇的生长最终是 A、T、V 三类空间不断演化的结果，从三者承担的空间职能角度出发，ATV 的空间性状符合现阶段城镇化发展中出现的"三生"空间管理理念。针对生态、生产与生活进行界定的"三生"空间理念，最早提出是应用于城市规划解决功能空间的区划实践问题。十八届三中全会提出了："建立空间规划体系，划定生产、生活、生态空间开发管制界限，落实用途管制"，从而开启了国家层面对"三生"空间的协调发展要求。实践中也相继在上海、深圳、杭州、广州等城市展开对生态红线划定与产业空间布局等政策改革的规划探索，但迄今国内尚未出现关于"三生"空间界定与划分的标准性文件和研究。

本研究认为，由于旅游业与生态环境一直存在相互依存及胁迫拮抗作用，需要对旅游城镇化地区的空间管理开展专题研究，而 ATV 视角关注的景观吸引物 A、小镇 T 与乡村 V 三类空间正好契合"三生"空间的研究需求。在对 ATV 空间关系的研究中发现，三者间的交叉协同性颇为显著，相对排他又具多元化，共同组成旅游区的生产、生活与生态系统；

图 3-16 表明 ATV 三者在空间上的职能关系：

（1）A 与 T 表现为协同交叉。如传统古镇自身既是景点 A 又承担旅游配套的城镇 T 功能。是典型的 AT 一体式旅游区，而生态旅游区（镇）的 A 是生态抗干扰能力有限的保护区或自然环境，必须依托 T 展开旅游延伸产业达到资源保护与集约利用的目标，A 的丰度与质量直接影响到 T 的布局与特征；T 的形成从根本上说是为了 A 的经济性服务的，所以 T 的生活空间从某种角度上说也承担了 A 的经济辅助性，如休闲娱乐空间中的博物馆、剧院、展览厅、纪念性商店等。

（2）V 与 T 存在交互胁迫。小镇（服务配套区）的建设一方面可以避免乡村环境出现破碎化的开发活动，另一方面也不可避免会产生对乡村社会的冲击现象。而乡村区域的自然与人文特质又会体现在小镇的个性与地域性建设要素中；小镇承担了 V 区域内可能出现的服务设施与人为干扰，为乡村环境的保护贡献力量，而 T 的开发一旦失准，就会导致 V 及周边环境受到损害，从这一角度出发，V 与 T 存在着高度交互胁迫的关系。

（3）A 与 V 存在渗透互补。大多数 A 是依托乡村环境生长起来的，尤其是古村落本身就是景观吸引物 A，生态旅游区（镇）的 A 存在特殊性，但依旧成

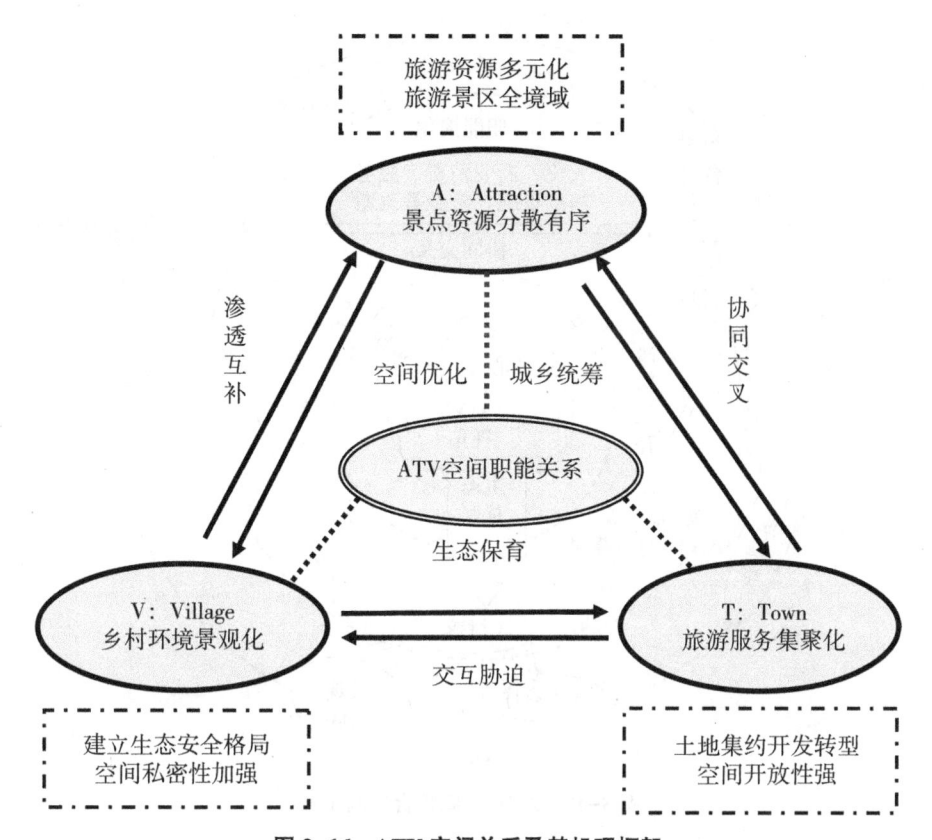

图 3-16 ATV 空间关系及其机理框架

为乡村基地的组成部分；乡村环境一定程度也是 A 的重要因素，提升旅游区的旅游吸引力。尤其是在全域性的旅游时代，乡村大环境已经成为 A 的一种形式。

ATV 职能关系除了内部因为职能差异产生空间关系的互动之外，还会受到外力推动出现三者之间的职能耦合互动。如图 3-17 所示，ATV 空间耦合机制中分为三个层次——核心定位层、中间互动层以及外围干预层。

（1）核心层是以 ATV 为视角的三类空间职能定位，分别为：A 代表了产业的核心区，或者说是旅游经济活动的主体空间；T 代表了生活板块，主要是承担了居住及配套消费行为职能，空间上以不同经济活动的组团形式出现；V 是生态基底，或者说乡村斑块，多以面、廊道、聚落的空间形式存在，也将整体区域生态安全网络的构建作为核心功能。

（2）中间层是 ATV 之间的融合机理，其中 A 与 T 之间主要表现为人流、商

▶▶▶ 流动的乡土：景观·小镇·村落

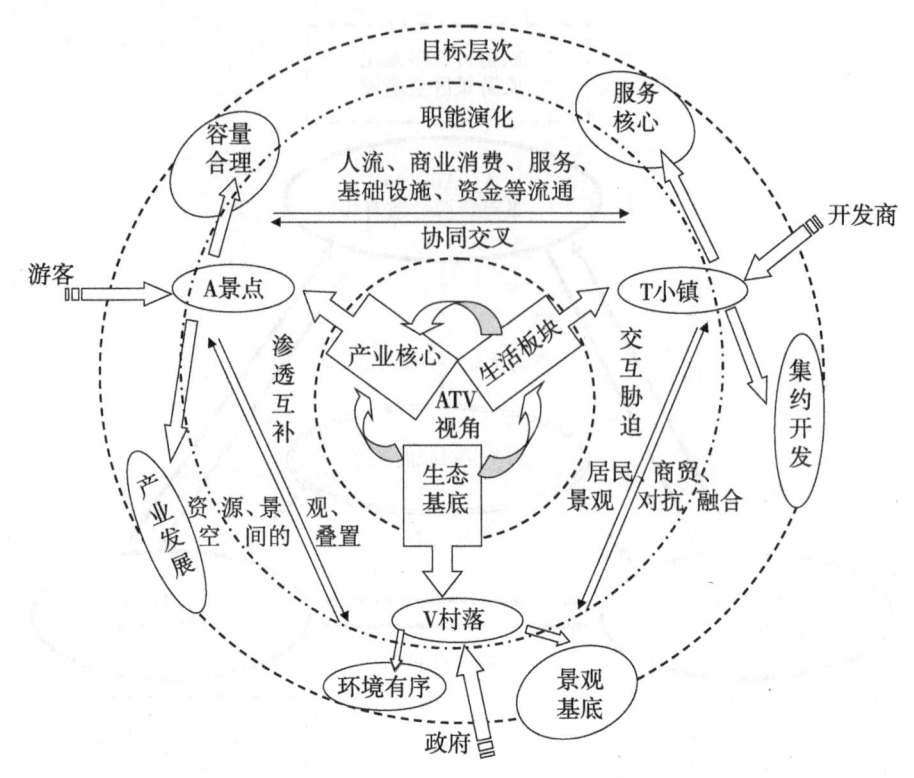

图 3-17 ATV 空间耦合机制示意

业消费、服务、基础设施、资金等由景区向小镇流通，于是出现技术配套设施不断向小镇集中，小镇的服务功能性凸显。而景区的环境容量得以控制，景区的配套服务区不断萎缩，对周边环境品质的提升有很大的帮助。景区的收入部分也分流到小镇的娱乐消费项目，而小镇或配套社区的出现也使得景区有更好的品质提升市场价值。

A 与 V 之间出现资源景观服务在空间上的融合依存关系。主要表现在由于旅游产业发展需要，在空间上出现 A 辐射产生对乡村环境的推拉影响，促使乡村环境尤其是村落点的空间拓展或萎缩。除此之外 A 与 V 融合还表现为核心—辅助的机理以及分流—疏散的机理等。均体现在景区 A 作为核心经济承担空间，对外围的辐射和牵拉力，让乡村承担了部分的辅助性功能，而随着全域旅游的推进，乡村景观更是成为旅游活动的重要疏散区域。

T 与 V 之间主要表现在居民、商贸与景观之间的拮抗和融合机制。两者之间多表现在环境的原生性、设施的现代化程度以及景观的异质性上的拮抗状态，然而两者却在居民的流动、商贸的互通以及景观的协调上处处需要融合。在旅游产业的发展中，广袤的村落空间为旅游活动提供了面性的基质环境，但为了满足游客的服务需求，产业要素要相应地在空间上实现集聚，旅游小镇正好满足了提高服务效率要求的空间载体选择条件。利用小镇完善的服务设施提供更为便捷的服务。而游客在小镇空间上的集聚，对配套服务经济的带动，也刺激了周边乡村的经济复苏。旅游小镇是典型的环境友好式城镇发展模式，可以有效降低工业带动下的乡村经济发展对环境、生态和乡土文化的破坏，使乡村在城镇化过程中得到相对温和的"空间生产"机会。而旅游小镇的地域景观建设符合城乡统筹对新型城镇化路径的基本诉求，以实现乡村发展与环境保护的平衡。

(3) 最外层是 ATV 视角下，空间职能耦合机制下期望实现的三类空间目标：对 A 而言：促进旅游产业发展的同时，保证旅游容量有效控制；对 T 而言：提升服务核心能力的同时，推动土地与基础设施的集约利用；对 V 而言：改善村落环境建设的同时，保护乡村景观基底不被破坏。

(4) ATV 三类空间均受到来自外界的力量干预，使得旅游城镇化进程加快，分别而言：A 主要是来自旅游者的干预，在原生状态下有所改造，或迎合市场需求增设人造景观及设施、开辟新的空间、或人流、物流、资金等转移。在我国景区的开发初始都源于政府政策引导、资金支持与调控管理，从这一角度出发，政府也是非常重要的外来因素。除此，投资商的介入也是景区市场化运营的关键一环；T 多受到开发商的侵入，以住宅、商贸、娱乐等设施的投资建设为中心，当然也包括部分基础、辅助或公共设施的 PPP 项目开发。除开发商之外，小镇及配套社区还会受到政府政策与管理、游客的逗留与消费以及内外居民流动行为的干预，这是区域内人为干扰因素最多、强度最大的空间载体；V 空间主要受到政府行为的干预，其中村落的保护、迁移、修复等行为多受政策引导，当然特殊的古村落也会受到游客、投资商等群体的入侵，不同程度接受到外界的干预。

小 结

作为城乡区域协调共生背景下的旅游小城镇，既是新型城镇化的必然产物也是乡村复苏的最优选择，加之其旅游经济的产业融合属性决定了无论从任何二维角度去研究它都显得不够全面。本章则是为本书的研究奠定一个基调——基于

ATV三者空间职能关系的视角。这一视角从某种意义上说也是霍华德田园城市理论中"三磁铁"思维的现实嬗变,正好符合了新型城镇化政策中的"生产、生活、生态""三生"理念,三者虽然无法——对应"三生"空间,但ATV每个空间均有所偏重,并逐渐演化出"三生"之外的复合型空间类型。在全域化的旅游发展大形势下,ATV的资源观摆脱了原有单体资源调查评价模式,将感知、体验、服务等纳入资源的分类与评价系统中,健全了旅游小城镇的资源评价体系,是科学的全域资源观。

在对ATV的内涵看待上,代表旅游景区(点)的A从全域资源观来看,与V和T多有交叉,但是从空间观理解为景区节点,是为了凸显空间的生产性核心功能。T作为旅游小镇,在本书研究中也可视为旅游配套服务区,与乡村比较而言,符合旅游活动二元化体验理论的特征。V是旅游小城镇的景观基底,从空间管理的角度仅指乡村聚落。三者空间关系表现为分离、依存与融合,并随着旅游小城镇发展阶段不同发生不同的演变。三者空间职能关系表现为A与T之间协同交叉、T与V之间交互胁迫、A与V之间渗透互补。对A而言,通过促进旅游产业发展的同时,保证旅游容量有效控制;对T而言,提升服务核心能力的同时,达到推动土地与基础设施的集约利用目标,在改善村落环境建设的同时,保护乡村景观基底不被破坏。这一目标的实现需要通过内部的机制协调和外部干预力量的统筹规划。

第四章　新乡土：ATV 视角下的旅游小城镇生长机理

> 空间在以往被当作僵死的、刻板的、非辩证的和静止的东西。相反，时间却是丰富的、多产的、有生命力的、辩证的。
>
> ——福柯《地理学问题》

乡土变迁常常通过空间叙事来表达日常生活中的各种社会关系，传统乡村的空间演变，包括生长、拓展、缩减甚至消亡，均体现在对农业经济（农田）的依赖上。随着现代化的持续推进，全球范围内呈现出快速的乡村非农化趋势，相对稳定的乡土社会实现从生产空间到消费空间的嬗变。继文化和旅游产业的切入，乡土社会成为最具争议的"社会矛盾体"，面临资源争夺、资本侵蚀、文化衰退等困境，乡村原有的空间系统被重新分割与整合，历史记忆、文化传统、建筑结构甚至居民自身转变成人们参与或抵制变迁的资本。这一历史进程中，旅游小城镇应运而生，发展中由于基础不同，出现很多不同类型，已有研究从不同角度出发做出不同类型的划分，本书从研究新视角——ATV 空间关系出发，对旅游小城镇进行分类，并提炼出每类小城镇的发展特征。

从 ATV 视角出发进行空间类型划分为后续开展旅游小城镇（新乡土）发展模式的研究提供了基础和依据，每种类型的旅游小城镇及其特征从根本上说都是发展模式的外在表象，所以分类研究是在 ATV 视角下对旅游小城镇研究的起点，这一点尤为重要。以类型梳理为前提，本章内容还进一步确定了旅游小城镇的全要素体系的指标判定，确定了以城镇、产业、乡村为核心，以配套、管理、社区、技术为辅助的七类要素判定指标。基于这一全要素判定体系，以武陵山区旅游小城镇的梳理与统计数据，加以印证，并从空间分布机理上做出深入分析。

4.1 旅游小城镇的分类

4.1.1 传统分类标准

从已有文献总结来看，目前还没有一个统一的旅游小城镇分类标准，大体上可以从景镇空间关系、主导产业类型、发展阶段（时序）、承担的核心功能和发展驱动力等方面来作为标准进行划分，如表4-1所示：

表4-1 旅游小城镇常见类型划分

序号	依据	类型	案例	描述	备注	前人研究
1	空间	包含景区型	平乐镇、洛带镇	城镇	此类分类更多关注空间的生长机制，并着重分析旅游资源对产业空间集聚的作用。也有学者依据核心吸引物与城镇发展关系划分	管晨熹（2010）
		临近景区型	汤口镇、博鳌镇	城镇 景区		
		空间交叉型	戛洒镇	城镇景区		
2	驱动力	资源导向型	兴坪镇	兴坪是漓江沿岸最美古镇	目前此类划分统计最常见，除文中所述，更有政府、市场、资源等多类划分	李柏文（2007）
		区位驱动型	阳山镇	位于无锡西南15 km，受城市经济辐射开展农郊旅游项目		
		产业驱动型	景德镇	依托千年瓷都产业基础和品牌优势，推进资源枯竭城市转型，大力培育陶瓷文化创意产业和生态旅游产业		
		创意驱动型	横店镇	1996年以来，横店集团累计投入40多亿兴建横店影视城，被誉为"东方好莱坞"		

第四章　新乡土：ATV视角下的旅游小城镇生长机理

续表

序号	依据	类型	案例	描述	备注	前人研究
3	产业	资源型	宏村镇	凭借奇特的牛形古村落遗产资源享誉世界	根据资源类型还可细化分类	朱燕（2003）：划分为资源、接待与观光三类
		接待型	台怀镇	作为宗教名山五台山的接待服务区发展起来		
		人居型	朱家角镇	上海四大名镇之一，凭资源打造都市生态人居的新区		
		综合型	雁栖镇	既有雁栖湖旅游区，也承担了部分城市综合服务功能		
4	功能	观光型	黄龙溪镇	历史悠久，先后被评为"中国民间艺术（火龙）之乡""中国环境优美小城镇"	能承载的旅游活动往往是其资源状况和空间、社会服务水平的综合体现	管晨熹（2010）
		休闲型	平乐镇	以"秦汉文化·川西水乡"风情著称，周边景点众多，环境优美，休闲活动丰富		
		度假型	青城山镇	凭"长寿之乡"优势，创建"全国农业旅游示范点"，共建1000多栋别墅小洋楼，集居家旅游度假于一体		
		专项型	横店镇	中国影视主题公园，四大影视基地之一，也是中国唯一一个影视产业试验区，被美国《好莱坞报道》称为"中国好莱坞"		

续表

序号	依据	类型	案例	描述	备注	前人研究
5	阶段	保护提升型	娜允镇	地处西南边陲、历史悠久，是我国仅存的傣族古城，目前有关部门正在将其申报为世界文化遗产	结合生命周期理论划分城镇发展阶段类型	云南省建设厅与旅游局（2009）
		开发建设型	十渡镇	依托地理优势和地质风景资源，新建了系列旅游项目成为北京近郊热门度假小镇		
		新型储备型①	马洋溪	地处长泰县十里村，自2004年成立旅游区以来，陆续进驻以泛华、海西为首的多个旅游开发项目，十里村域逐渐形成新的社区聚落群，成为生长中的服务小镇		

表4-1中的分类依据不尽相同，代表了学者自己的研究视角，相互之间存在交叉重叠的类型，对发展中的任一旅游小城镇而言很可能是多种类型的综合代表。已有研究多从功能、发展阶段、驱动力与主导产业等方面出发进行探索，虽然也有从空间角度出发的，但是只注重思考景区与城镇之间的二维关系，尚未发现有探索景区、城镇与乡村三者关系的研究。作者基于全域资源观，运用ATV理论视角，思考旅游城镇化发展中的空间异化，依据不同初始条件禀赋，考察景点（A）、镇区（T）与乡村环境（V）三者的职能关系与空间关联性，划分出旅游小城镇的不同类型。这正是对城乡关系与产业发展的再思考，也是对霍华德三磁铁理论的新探索。

---

① 新型储备型旅游小城镇是随着旅游产业快速发展促进一些空间相邻村落打破原有行政区划的界限联合成立的旅游开发区，管辖范围内既包括主要的旅游景点，也加快了附属乡村聚落的服务型社区转型，并最终形成产业聚集的旅游镇域。

4.1.2 基于 ATV 视角的旅游小镇分类及特征

如上文所述，ATV 视角是基于城乡统筹的城镇化背景将旅游城镇化地区的核心空间类别作为参考要素，试图从新空间的角度去探索旅游小城镇的各种生长可能性。按照第三章所示，空间关系主要是分离、依存（交叉）与融合，而 ATV 三大空间的职能耦合关系多元化属性显著，以 ATV 空间离合关系为依据，对旅游小城镇进行分类，目前尚属创新。

基于 ATV 视角的旅游小城镇类型划分，是关注景观吸引物构成与城镇的建设依据，使得研究重点出现转移，由传统古镇研究转向旅游新区或者新型创意式旅游小镇，而此类旅游小城镇正是基于新型城镇化背景生长起来的，是我国乡村（或旧城）聚落空间形态的主要转变途径之一，研究价值极高。本研究对旅游小城镇的一切讨论均建立在探究 ATV 三者间的空间互动基础上，所以本书的小城镇分类也是基于 ATV 空间关系的一种创新。以三者空间关系判断为依据，分为"AT 一体、AT 分离、A+T+V 联动与 ATV 再造"四大类，其中 AT 分离又分为先 A 后 T 与先 T 后 A 两小类（陶慧 等，2015），见表 4-2：

表 4-2 基于 ATV 判别分类法

类别	细分类型	ATV 三者关系	空间结构模式	T 的功能	代表	突出特征
AT 一体	古镇型	镇区既是公共服务区又是核心吸引物		人文观光	乌镇	景镇一体
AT 分离	先 A 后 T（景区服务型）	镇区随着核心景区的服务接待功能需要发展		接待休闲	黄山三镇	大景小镇
	先 T 后 A（休闲小镇）	随着城镇休闲产业发展需要，开发周边旅游景区		综合服务	张家界	依镇拓景

续表

类别	细分类型	ATV 三者关系	空间结构模式	T 的功能	代表	突出特征
A+T+V 联动	旅游新区	随着社会经济高速发展，城市休闲空间不断向外围延伸，在旅游要素（区位、环境、资源等）相对优越的乡村区域集中成片组建新的行政管辖体系逐渐改变原有的土地利用特征，形成以休闲经济与兼职农业相结合的、以旅游为主导的产业城乡互动空间		居游度假	马洋溪	境（域）镇联动
ATV 创意再造（旅游综合体）	主题小镇/旅游度假区	具有一个或多个特定主题，以营利为目的，采用现代先进技术和多层次空间活动，集多种娱乐内容、休闲要素和服务设施于一体的现代旅游目的地，是典型的"旅游+地产"的发展模式，发展初期多以营造大型景区为主，待旅游发展成熟，再进行房地产多元开发，是对主题旅游与主题地产的有机结合		专项娱乐	横店	人造小镇

注："●" 代表镇区 T；"▲" 代表吸引物 A；"□" 代表整体环境或村落环境 V；"○" 代表原有村落或居民点；"▷" 代表作用力；"◌" 表示镇区的拓展范围；"←" 代表演变。

如表 4-2 所示，ATV 三要素效益权衡组成的五类旅游小城镇虽各具特质，却有着相同的空间属性：

（1）景观吸引物（A）凸显多元及全境化特征。随着旅游产业转型升级，传统的旅游资源点仅是旅游城镇化发展的充分条件之一。旅游资源逐渐向全境化拓展，新兴资源既包括传统景点景区，也涵盖优良的乡村景观意象、多彩的再生活动（资源）以及丰富的商业服务。传统古镇的吸引物表现在全镇区，而随着现代休闲产业发展需要，古镇周边的乡村区域也逐渐加入旅游发展的空间中；休闲小镇的吸引力表现在小镇的氛围和周边景点的配合，资源逐渐被开发和建造；景区服务型小镇主要是依靠传统景点的发展，并随之开发出更多满足旅游者需求的休闲类项目；旅游新区一般由于生态环境的整体优化促进旅游吸引力的整体提升；主题小镇的吸引物是全区的主题式开发项目。

（2）配套服务向小镇（T）集聚，促使乡村聚落的城镇化演变。作为旅游配套的集聚核，旅游小镇是旅游城镇化的必要条件与发展重心。没有产业集聚的形成，就无法真正推动城镇化的发展。随着旅游业的进一步发展，原有的零散居民点式的配套服务无法满足市场需求，最终会在原有居民点或旅游新区附近形成新的产业聚集区；作为城镇化新途径的旅游小城镇，乡村地区向城镇转化是很重要的空间演变过程，不论是古镇、休闲集聚小镇、景区服务镇、主题创意小镇还是作为旅游新区的小镇，都是这一过程的结果，既是人口的转移、产业的转移还是土地利用形式的转换。乡村有了更多的重构可能性，镇区变成服务经济集聚区。

（3）村落（V）呈现景观意象传统乡村效益向复合化发展。即便没有独一无二的高品级景点[①]，独特的乡村意象成为休闲度假时代的独特环境资源。随着休闲经济的发展，传统的耕种、养殖产业均向休闲农业转型，兼职农业成为当地旅游经济发展的重要方式，优良的乡村环境成为旅游城镇发展的景观背景。这里所述环境景观意象虽然不是一个美丽乡村的唯一重要特征，但在涉及乡村空间尺度、时间和复杂性时，它具有特殊的重要性，为此在将乡村环境作为旅游小城镇的景观基底时，我们不仅视其为自然存在者，而更应将其看作由参与者（居民或游客）可以感受到的各类线索，诸如对形状、色彩、动态或是光线裱花的视觉感受，听觉、嗅觉、触觉、动觉以及对重力场、磁场的感觉。[②]

4.2 不同类型旅游小城镇的特征

4.2.1 古镇型

虽然对传统古镇的研究由来已久，然而通过对已有文献的总结，学者们对古镇尚未形成相对统一的界定和标准。已有文献对于古镇有着诸如"历史城镇、传统聚落、古村落、古镇、ancient town、village、old town、history town"等一系列类似的提法。有研究认为保存较为完整的古建民居、传统生活习俗和生活方式的

---

① 此处所指高品级景点是指按照《旅游规划通则》所示的单体旅游资源评定等级高于 3 级。
② 凯文·林奇《城市意象》（2001）中对景观可读性的探讨。

▶▶▶ 流动的乡土：景观·小镇·村落

古城、古村落、古乡镇，以及风俗奇特、建筑古朴的少数民族村寨均可看作古镇范畴。费孝通先生在《小城镇，大问题》（1983）一文中以江苏省吴江县为例，将小城镇分为五种类型，其中同里镇被归类为水乡游览镇①。以同里镇为代表的古镇在旅游产业初步开发以来很长一段时间都占据了旅游行业的翘楚地位。

本书参照中国历史文化名镇名录，将古镇视为具有历史文化特色的建制镇和一定规模的传统村镇区域，这里不包括规模巨大的历史文化名城（古城）。从这一角度出发，可将古镇定义为："在传统农业社会，以商品交换市场发展起来的，介于城市和乡村之间、充当社会经济纽带的枢纽型聚落"。

中国现存14677个乡和19522个建制镇，其中，拥有百年历史的古村镇超过200个，分布在24个省区市。表4-1列出了中国24个省区市的古镇数量和所占比例。其中浙江省比例最高，而西藏、内蒙古等地数量较少。浙江、四川和江苏的古镇数量名列前三，所占比例分别是17.73%、17.27%和10.45%。

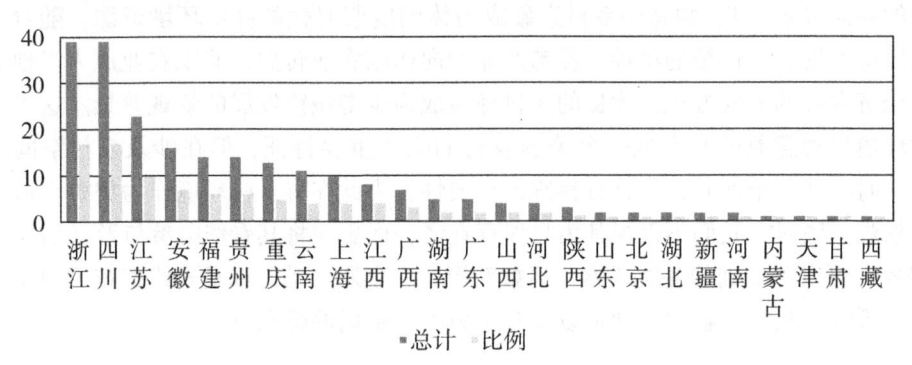

图4-1 旅游传统古镇各省区市分布情况（数据来源：中国古镇网，2018）

古镇型旅游小镇的典型空间特征是AT一体化（景镇一体），即旅游核心景区与古镇核心区重叠，景观空间表现出高度可读性。

古镇的空间功能，相比于其他旅游目的地，表现出本地居民生活空间与外来游客的观光空间的重叠性，古镇原有空间形态所根植的社会人文环境也会随之发

---

① 费孝通先生对同里描述是："同里过去可以说是一个消费、享乐型的小城镇，现在正在改造成为一个水乡景色的游览区，已经成为文化重点保护区之一。""它（同里镇）没有传统的工业。但是它却有优美的园林，有水乡特色的建筑和河道。这是一个前人从经济中选择出来的退休养老的好地方，为什么我们不能把它建设成为一个休养和游览的园林化城镇呢？加拿大有维多利亚城，我们也可以有一个足以同它媲美的同里镇。"

生变化,以旅游凝视者①与开发商为主要的行动者涌入,他们带来一系列延伸的商业实践,使得古镇从"封闭空间"变为"流动空间"进而转化为"社会空间",这期间引发了物质、文化和社会等多元空间的嬗变。被不断生产与重构的古镇空间充盈着异质性及冲突多样的地方表述,既深远,又无所不包,并深刻地影响着古镇及古镇旅游产业的可持续发展,古镇空间的社区生产和空间融合成为学界面临的新课题。(钟士恩 等,2015)

某种角度来看,物质空间逐步景观化,古镇作为本地居民的生活空间被旅游的舞台化改变,在古镇空间演化中,ATV三类空间要素也在不断融合拓展,如表4-3所示:

表4-3 古镇ATV空间特征

空间类型	空间载体	空间功能	典型特征
A	建筑街巷、民间艺术、民风民俗、自然风光	观光、休闲、体验、保护	核心区与镇区重叠、休闲产业的拓展导致空间不断外拓,乡村区域不断被同化
T	民居私宅、街巷弄堂、商铺庙宇、广场会馆等	居住、交流、度假、商贸	镇区作为居住区,本地居民会随着产业发展不断外迁,生活区外迁;原镇区逐渐舞台化;主客关系多元化
V	田园、水道、乡野、廊桥、村庄等	居住、观光、体验、农作	以同心圆的外围圈层形状分布在镇区附近,边缘因产业辐射,不同程度商业化、城镇化

古镇的生长机理源自镇区拥有的核心历史文化遗迹,而一旦为旅游业所利用,在新兴旅游项目的不断建设中,随着投资规模的增大,周边乡村原有破碎空间得以改造,本地居民的迁移力度加大,传统农耕土地被重新开发利用,特别是为了满足城镇产业结构的升级与转型,乡村原有农林地、水域会逐渐向旅游用地转移。一二三产业融合增强,旅游产业链条向下游延伸。核心景区(镇区)逐步向外围扩展,乡村出现由初级的农家乐向民居客栈、民宿、休闲区转变以及度假庄园式等多元化的开发模式,小城镇的用地结构得以彻底更新。

城镇化新格局下,出现了新的人地关系,从根本上影响着古镇用地空间结构的演变。除此之外,在旅游经济效益的驱动下,大批古镇本地居民有了更大热情

---

① 游客凝视(Tourist Gaze)其实是一种隐喻的说法,是将旅游欲求、旅游动机和旅游行为融合并抽象化的结果,代表了旅游者对"地方"的一种作用力。

参与到旅游开发中，原有的古镇社会生产方式加速变革。外来居民源源不断地涌入，更是加剧了镇区土地利用模式的商业化程度。一批本地居民为了获取更私密的生活环境，或许会由核心区外迁至古镇外围区域，使得住宅用地和公共管理型用地增多。可见，古镇的发展机理从根本上是产业由内向外的延伸引发的土地利用方式和空间演化的变革（姜辽，2014）。

发展特征：古镇的核心吸引物是镇区内保存下来的独有古建筑、风物、民俗等资源，产业发展多需要开发复合式休闲产品以及旅游地产项目，以推动城镇化结构形成。新旧空间共享、新旧居民融合、新旧产业协调是古镇发展的关键。周边休闲度假产品的开发是古镇生命力不断更新的新方向。

这类小城镇的城镇发展基础良好；旅游产业基础优良；旅游要素与配套相对完善；社区居民的参与程度和满意度直接决定了古镇的发展状态，是关键性因素；管理与保障制度是古镇未来建设的重点；周边乡村环境与生态系统将成为古镇未来休闲拓展的空间载体，也是创新发展的依托。

4.2.2 AT分离——先A后T型（景区服务型）

先A后T型，也就是由于等级非常高的核心景区辐射周边村落不断转型，以致后续发展成服务型小镇，也可看成大景小镇式的空间状态。景区服务型小城镇生长初期，自身并非拥有核心吸引物，多以"搭便车"式借力旅游景区得以发展。作为景区服务镇，旅游配套收入在当地经济中所占份额较大，甚至旅游业多是景区服务镇的主导产业，从这方面而言，景区服务镇是最具代表性的旅游小城镇。此外，由于中国旅游业最早是从以知名风景区为主体的观光旅游开始发展的，因此依托景区发展的小城镇也在旅游发展中受到较多关注，而早期针对旅游小城镇的研究也以这类小城镇为主。然而，既然景区服务镇源自景区利益的共享，也可能会在成熟期受制于景区发展的影响力。因此，景区服务镇在后期更需要另辟蹊径，推动多元复合型产业的发展。既加强旅游功能的延伸，也需要强化其他经济功能的拓展。生长出自身的个性与气质，在配套服务完善的同时，涉猎相关产业的联动发展，更是这类旅游小城镇的未来发展方向（陈仲伯，1993）。景区服务镇与景区之间关系的不断演化，其实质是景区与小城镇相互影响的过程，目的是实现双方的协同发展。景镇融合还会打破传统景区界限的禁锢，走向全域旅游的华丽蜕变，因而景镇空间关系的融合显得极为重要。

表4-4 景区服务型旅游小镇的空间特征

空间类型	空间载体	空间功能	典型特征
A	核心：景区 辅助：乡野景观、田园风光、小镇民俗	观光、休闲	景观吸引物以主景区带副景点的集群形式存在，景区、镇区与外围乡村共同组建目的地系统，并不断扩大吸引物范围
T	民居、街道、商铺、广场、集市	居住、服务、商贸	镇区既是本地居民居住区，更是服务配套区，部分镇区是周边村落由于产业发展演变过来的服务小镇，与景区存在互补融合的空间关系。公共空间实现主客共享
V	田园、水道、乡野、廊桥、村庄等	居住、观光、体验、农作	乡村景观逐渐成为吸引物补充，村落受产业辐射，出现兼职农业区，提供农副产品，更是景观基底

发展特征：景区服务镇的首要发展任务是景区的旅游集散功能。借力景区的产业辐射，基于景区配套服务产业发展，延伸开发休闲、商贸、旅游地产等项目，形成旅游新格局。

城镇发展基础中等；产业发展基础较好；要素与配套相对完善；乡村环境是景区服务镇的自身吸引物；社区参与度一般较高；管理与保障体系较为成熟；创新技术尚处于弱势。

4.2.3 AT分离——先T后A型（休闲集聚型）

随着休闲经济的发展，很多地区由于城镇经济发展需要，逐步将周边旅游资源挖掘开发出来，为城镇居民及附近城市市民提供观光休闲场所，这种类型多分布于城市近郊区。已有研究表明近郊型小城镇发展模式主要表现出以下类型：一是开发区可以承接要素转移；二是宜居型符合现代人生活品质需求；三是养老型多为缓解城市人口压力；四是休闲游憩空间的外迁。这四种模式恰好印证了城市承担的多种功能。由于城市居民的经济水平不断提升，休闲需求会随之增加，使得休闲游憩功能在城市整体发展中的地位得以提升。休闲功能对于提升城市整体品质、增强城市整体竞争力均表现出极高价值。为符合这样的发展定位，必然需要对区域内或附近空间内的景观吸引物加以利用，鼓励旅游景区的兴起（房国坤 等，2009）。

如张家界地区由于最初的张家界森林公园景区的兴起，城镇的旅游定位得以确定后几年间大力推动周边景区的发展，于是出现黄家寨等多个新兴的景区。同样处于武陵山区的恩施，由于交通限制，经济发展落后，为保护特殊的自然人文环境，近十年开始确立旅游立州，旅游兴镇的政策，于是众多景区沿集镇周边发展起来。

休闲集聚小镇一般要靠休闲项目来提升核心吸引力，这也是游客量的保证，是旅游小镇建设的前提。然而休闲小镇生长的关键点在于休闲产业的聚集，它是泛旅游产业推动下的休闲业态的空间集聚，也是吸引旅游者的关键因素。完善的城市配套体系是旅游小镇生长和建设的必要支撑。周边景点（区）的拓展是休闲小镇空间可持续的要因。

表 4-5 休闲集聚旅游小镇的空间特征

空间类型	空间载体	空间功能	典型特征
A	核心：休闲产品 辅助：景点、乡野景观、田园风光、配套娱乐场馆	观光、体验	景区会随着小镇功能的提升不断增加或外拓
T	民居、街道、商铺、广场、集市	居住、服务、商贸	镇区既是本地居民居住区，更是服务配套区，小镇多位于大中城市郊区
V	田园、水道、乡野、廊桥、村庄等	居住、观光、体验、农作	乡村休闲产业兴起，成为景区的重要补充

发展特征：休闲氛围的营造是休闲型小镇的关键，休闲集聚小镇的空间要点就是休闲产业链的延伸与休闲中心的培育。

城镇基础优越；旅游产业发展基础要求较高；要素与配套较为优良，尤其是休闲项目布局集中；乡村环境较为优良，是休闲拓展的外围区；社区参与度不一定很高，尤其是休闲中心区出现的迁移可能会导致居民的满意度下降，然而主客共享休闲资源的建设模式可能会大大提升满意度；管理体系建立完善；创新技术运用相对成熟。

4.2.4 A+T+V 联动式——生态旅游区（镇）

生态旅游区（镇）是针对和谐生态系统中存在的一些旅游资源，经过人为挖掘开发，连接成风景旅游片区，在保持原有生态景观价值体系不受损害的前提下，为旅游者提供观赏游憩活动的区域。随着休闲度假时代的到来，人们闲暇时

第四章 新乡土：ATV 视角下的旅游小城镇生长机理

间的增多、个人收入的提高，人们会产生更多外出休闲度假的需求，在生态旅游资源丰富的区域，组建生态旅游区（镇）的同时，会伴随生长出以配套服务、娱乐休闲、度假居游为特征的小镇。这类小镇的生长，是基于旅游区（景区）的发展和乡村聚落的地域性景观要素，可以是新兴的人为建造小镇，也可以是由原有的集镇或某些村落迁移演化而来的新镇，有着自己独特的市场价值（刘滨谊，2008）。

如本研究的核心案例——福建马洋溪生态旅游区（镇），20 世纪末发展至今，在旅游景区不断拓展的前提下，投资商不断涌入开始建设配套服务设施、旅游房地产等，从而在原有的十里村范围内出现新社区的集聚，自然而然形成了未来新镇，给团队的规划制订提供了一定的实践基础。

在现阶段我国部分地区的生态旅游区（镇）建设由于开发商的涌入，将核心生态资源作为环境卖点，打着生态度假的旗号，实际上却倾力做房地产开发，后果是严重破坏了当地的生态资源，遍地房产缺乏配套，空镇假镇，千镇一面等现象出现（陶慧 等，2016）。

表 4-6 联动式旅游小镇空间特征

空间类型	空间载体	空间功能	典型特征
A	生态旅游区（镇）（森林公园、自然保护区、度假区等）	观光、科教、探险	景区会随着小镇功能的提升不断增加或外拓
T	服务中心、街道、房屋、社区	度假、休闲、服务、商贸	小镇多是围绕风景优美的生态区新建，承担服务、咨询、度假等功能。新旧居民、游客等共享公共空间
V	田园、水道、乡野、廊桥、村庄等	居住、观光、体验、农作	乡村景观成为区域吸引力的重要组成部分，村落开始出现分异转型

发展特征：生态安全体系的建立与保障，才是生态旅游区（镇）宜居宜游的基础。所谓"大区小镇"空间模式，正是在保护大生态区的前提下，打造一处居游相宜的小镇，这是生态旅游区（镇）的空间保护关键。

对于以生态旅游区（镇）为主导的 ATV 联动式旅游小城镇而言，城镇基础较弱；旅游产业基础较弱；乡村与生态环境优良，是发展起来的主因；要素与配套建设较弱，但是也是这类地区发展的关键；管理与保障体系较为优越，因为是新开发区，投资平台是开发的前提；社区居民的参与度较差，本地居民的生态福利受到侵害，可能会出现生态补偿性的矛盾；创新技术是本区的吸引力之一。

4.2.5 ATV创意再造——主题小镇

人造小镇多以主题式的游乐空间打造为核心，集合多元化的产业要素形成旅游综合体式的小镇空间。后旅游时代的来临一改传统观光旅游主导市场需求的状况。散客化、自助化和休闲偏好成为新的旅游潮流。短时间、近距离的"微度假"逐渐成为都市人旅游的首选，在长三角、珠三角、环渤海等人口密集的地区，为满足现代人"微度假"的需求，建造起一批环境完善、体验优良、要素集聚的人造式旅游小镇（邵琪伟，2006）。其选址和建设考虑以下因素：

①都市圈近郊的区位，具备良好的交通和市场条件；

②优良的景区（游乐园）环境，以某一或某几个主题导入核心产业要素，具备优美的风景和完善的配套；

③复合型的度假体验，具备高品质的休闲度假系统；

④合理化的商业模式，避免走粗放式"圈地卖房"的旧套路。

如浙江金华近郊的花田小镇导入"世界田园"主题，率先开发南部旅游景区，提升环境、完善配套、激活区域。构筑"景区+温泉+酒店+营地+……"的产品结构，打造复合型度假系统，构建"景区门票+商业运营+产权出售+……"的多线程经营模式，降低经营风险。

表4-7 ATV主题小镇空间特征

空间类型	空间载体	空间功能	典型特征
A	人造景区（游乐区）	体验、娱乐、休闲、度假	创意再造，人工痕迹重，功能齐全，与镇区同步发展
T	服务中心、街道、场馆、酒店、社区	度假、休闲、服务、商贸	小镇除居住空间外，更多的是游乐度假性质，是景区的一部分，本地居民较少
V	田园、水道、乡野、廊桥、村庄等	创意小镇的演变载体	村落环境成为主题式景区的物质载体，逐渐演化外迁

发展特征：主题的提炼是创意再造小镇的关键；项目与时更新是小镇长久活

力的基础；配套体系的完善是小镇发展的保障。

城镇基础较好，一般位于交通区位优良的都市附近；旅游产业发展基础较弱，原生资源不够；乡村与生态环境一般对主题小镇的打造没有直接的作用，但也是整体氛围的营造背景；要素与配套是建设的主要内容；管理与保障具有较强的竞争力；与社区的关系视小镇主题再造的方向而定，传统文化性的小镇拥有更为紧密的社区联系；创新技术是主题小镇的核心引力之一。

4.3 基于 ATV 的旅游小城镇构成要素判定

4.3.1 旅游小城镇构成要素

经过统计发现我国 A 级景区中，有超过 40 个运营成熟的旅游小城镇类景区。这些小镇多是古镇型，并依赖于门票作为主要的经济来源，辅助以休闲度假和商业运营支撑整个景区的发展。但最近几年国家鼓励特色小镇发展，旅游小城镇的发展正好符合了我国全域旅游发展的大趋势，旅游小镇的数量将远远超过景区型的小镇数量。所以在研究旅游小城镇的分类之后，本书希望提出一套基于 ATV 视角的旅游小城镇判定的全要素，以此规范实践中旅游小城镇发展方向。作为旅游产业发展的新生力量，旅游小城镇更具"三生"融合的典型特征，也是旅游小城镇在要素梳理中出现困难的原因。如图 4-2 所示，旅游小城镇产业构成是服务业、农业与加工业的高度融合，空间表现出三者相互独立又多元复合的特征；旅游小城镇既需要景区游憩环境的建设，也需要小镇生活保障系统的完善，更离不开乡村生态环境的保育，是三者环境要素的高度优化与协调；除此之外，旅游小城镇的建成离不开社区与政府的参与，还需要管理与技术上的创新。

本书对旅游小城镇的全要素判定是依据国家特色小镇的评定、特色景观旅游名镇（村）评定、中国历史文化名镇（村）评定等以及国内现已出台的地区性（省市）特色旅游小镇评定标准，如海南省发布的特色旅游风情小镇、山东省旅游强乡镇等以及行业或者社会组织认定性的小镇评定，如中国高尔夫产业名镇、最具影响力名镇等方面，并对这些评定标准的方法、流程以及内容等做了深入的梳理，选择性地借鉴其中符合旅游小城镇要素判定的指标。除此之外，本要素指标建立还融合了与行业相关的其他指标，如旅游度假区等级评定、优秀旅游城市

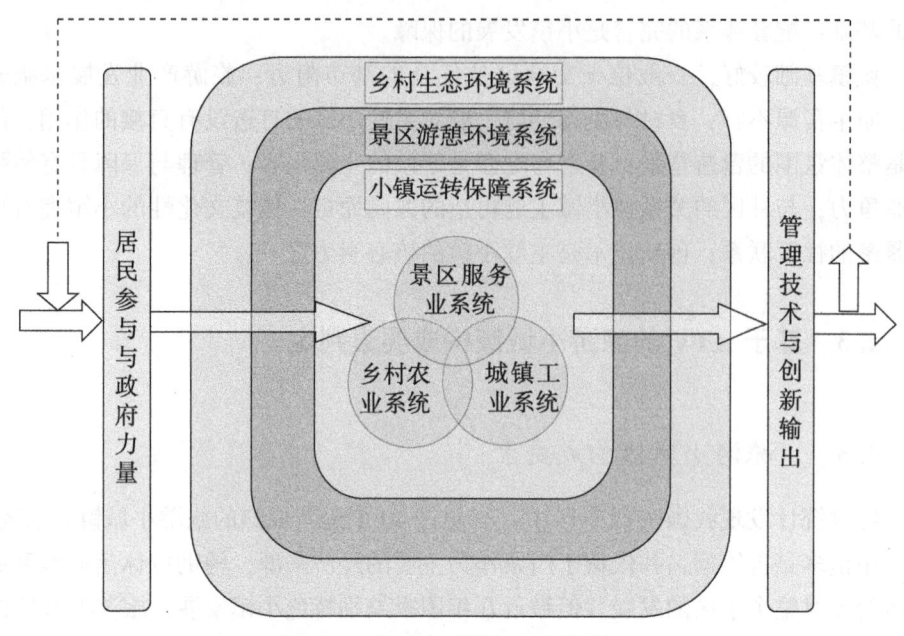

图 4-2　旅游小城镇复合要素体系

评定以及景区质量等级划分、旅游集散中心等级评定等的经验。本书的要素构成结合专家权重的分析，实施计分制。

本研究基于国内外关于旅游小城镇研究现状的整理，对旅游小城镇内涵进行了更新，要素判定指标建立中突破传统建制村镇范畴，体现了就地城镇化的优势，是广义小城镇的概念，小到百千亩规模的村落，大到几十甚至上百平方千米的小城镇。所谓全要素判定体系强调更多的是以休闲核心为增长极的产业要素发展全阶段。既包括要素齐全的旅游综合体、比邻大型景区的服务型综合体以及具有相近风物的特色区域村落集合体（单个乡村不予计数），和旅游产业水平较高的建制镇或建制镇的其中一部分均是该要素判定的对象。

从旅游小城镇概念出发，结合上文对不同类型小城镇的特征分析，本研究确立了"城镇发展基础""旅游产业（景区）发展基础"与"乡村环境与保护"三类核心要素和"配套聚集结构""管理与保障""社区参与与社区带动""技术创新运用"七大项的指标体系，见表 4-8。

第四章 新乡土：ATV视角下的旅游小城镇生长机理

表4-8 旅游小城镇全要素构成判定

主类	评定项目	项目说明	比例（%）
城镇	城镇发展基础		20
	区位条件	与核心景区或城市商圈距离	2
	交通条件	可达性、交通成本控制	4
	公共服务设施	居住商贸医疗卫生文化等设施完整度与千人指标	7
	基础服务设施	水电通信道路给排水等、公交车覆盖率	5
	社会民生	人均可支配收入、社会安定指数、可受教育程度等	2
产业	旅游产业发展状态		22
	年游客接待量	A级景区的游客量	4
	旅游经济效益	年旅游收入，人均产值等	4
	旅游核心景区吸引力（等级）	市场辐射范围	4
	旅游资源要素价值及影响力	游憩价值、丰度、完整性等、知名度与影响力等	4
	休闲项目发展状况	日间活动项目、夜间项目、经营状况、建设面积	3
	适游度	季节性、适游人群	3
乡村	乡村环境与生态保护		20
	人文环境	建筑系统、文化系统、信仰系统	5
	自然环境	地表水、空气、噪声等；乡野景观	5
	可持续发展	文化脆弱区保护程度；利用方式评价与保护制度	5
	生态安全	生态廊道、生态红线以及基本农田保护、村落点的安全性	5
配套	要素集聚结构		12
	内部交通	游线、停车设施、交通工具等	2
	游览设施	游客中心、标识系统、休息设施与无障碍系统等	2
	旅游餐饮	特色餐厅、农家乐等	2
	旅游住宿	民宿、酒店、青年旅社等	2
	旅游购物	纪念品商店、加工与销售数量	2
	游览服务	导游、电信与投诉处理等	2

续表

主类	评定项目	项目说明	比例（%）
管理	管理与保障		12
	综合管理	管理组织与机构，相关规章制度，综合管理体系等	2
	旅游安全与救护	旅游安全机制、旅游医疗服务、救护服务	3
	规划	规划制订、规划落地等	2
	保障体系	投资平台、政策、融资等	2
	旅游卫生	旅游垃圾处理、废物排放、旅游厕所等	3
社区	社区参与程度与社区带动效应		8
	社区参与	本地居民参与旅游程度、本地文化的保护与发展	4
	社区带动	旅游与农业、加工业等融合与带动状况，居民增收状况，居民从事相关产业、社区精神文明改建状况	4
创新	创新应用		6
	节能新技术	新材料、新能源、绿色交通等	2
	智慧旅游	智慧系统、智慧环节、信息技术创新	2
	其他新技术	其他新技术的运用	2
总分		100	

注：针对上述不同类型的旅游小城镇，深入细化编订了不同偏向的评分细则。上述评定因素比例本研究主要采用专家咨询法（德尔菲法）确定。

旅游小城镇全要素判定体系构成立足概念，并从旅游效应、城镇化构建、旅游产业配套等方面出发，既体现宏观目标，也落实微观评定。同时在子项分数判定上，实际操作中各地可根据当地实际情况加以修正。如北上广等地的旅游小镇相较于其他区域而言，整体的区位条件更优越，因此涉及交通、区位等子项的分值比例可以适当控制，不应过高；

作为新型城镇化的重要构成，旅游小城镇的要素构建应体现出对本地经济拉动、就业改善和社区建设的促进作用，所以将"社区参与与社区带动"子项，单独呈现计分。

同时，本体系采取标准分与模糊评价相结合（邓俊国 等，2004），增强了指标体系评价的实操性。另外，在实际操作中根据游客满意度及社区居民满意度调查的情况，还可以采用一票制作为旅游小城镇的判定方法。

当然本书只是根据旅游小城镇具有的共同要点进行界定，具体地区在执行相关判定时，还应该根据当地的经济社会发展实际情况进行修正。尤其是本书尚未对前文所述的五类不同旅游小城镇进行区分，在不同类型小城镇的要素构成判断时必然会有不一样的比分偏重，如古镇类需要对社区参与加重比分，而休闲小镇需强化休闲项目的比例，而服务型小镇对配套要素这块需要更多关注等。由于本研究的重点是在ATV空间机理探讨，所以篇幅所限，并未对分类评定做出细致研究，作者将会在未来的研究中做出努力。

4.3.2 武陵山区旅游小城镇统计实例

武陵山区具有"少"（少数民族聚居）、"边"（边缘或边远地带）、"穷"（经济落后）、"富"（生态文化资源丰富）的突出特点，随着现代化进程的加快，武陵山地区所依附的内外部环境出现嬗变，面临着传承与更新的两难境地。近年来，旅游业在全国范围内的快速发展，也减轻了武陵山区传统工业道路上的困难，为当地城镇化道路提供了生态的多元选择的发展机遇，弥补了单一生计带来的脆弱性危机，成为我国中西部旅游发展的龙头区域、旅游扶贫政策示范区以及重要的经济协作区，当地的旅游小城镇如雨后春笋般地生长起来，资源丰富、类型多样、极具研究价值。

伴随旅游小城镇的建设热潮，也凸显出诸多的问题，步伐过快、摊子过大，对原有稳定的人地系统也会带来冲击，造就新的贫困和生态危机，所以亟须展开对旅游小城镇集中发展区域的深入研究。虽然已有研究层出不穷，但笔者发现由于缺乏统计数据和基于实证调研的系统认识，多数研究主要局限于对单一案例、单一类型的探讨，较少对区域多类型旅游小城镇进行系统研究。同质性的地理空间内不同类型旅游小城镇的发展情况如何？有着怎样的空间布局规律可循？受到何种自然、社会、文化要素的影响和制约？这些问题更值得从整体格局上展开地域性的研究。本书基于国家民委民族问题研究课题，对武陵山片区的旅游小城镇发展路径展开深入调研，获取详细数据，立足区域中观尺度探讨不同类型旅游小城镇的空间格局特征。本书试图结合已有旅游小城镇类型特征的研究成果，展开对空间格局和发展要素相关性探讨，以此推动学界和政策制定部门更全面了解旅游小城镇与地理空间之间的相互关系，从而更好地指导同类型旅游战略协作与经济可持续发展。

▶▶▶ 流动的乡土：景观·小镇·村落

(1) 武陵山概况。

武陵山片区位于我国三大地形阶梯中第一级阶梯向第二级阶梯的过渡带，包括湖北、湖南、重庆、贵州四省市交界地区的71个县（市、区）。其中，湖北11个县市、湖南37个县市区、重庆市7个县区、贵州16个县市（图4-3），国土总面积为17.18万平方公里。区内自然地理环境复杂，多民族文化景观独特，丰富的旅游资源为武陵山片区的旅游业带来极大的开发潜力，并造就了类型多样的旅游小城镇，为武陵山片区新型城镇化提供了良好基础。

本书涉及的武陵山片区行政区划、DEM及交通线路矢量基础数据，来源于全国地理信息资源目录服务系统1:100万基础地理数据库。作者实地调研从2015年4月持续至2017年6月，其间实地走访考察过湖北省恩施州八大县市以及湖南省武陵源县。旅游小城镇数据信息除了实地调研获得，其他通过在图书馆查阅地方志、统计年鉴、各级政府官方网站、旅游局官方网站以及各地政府网络

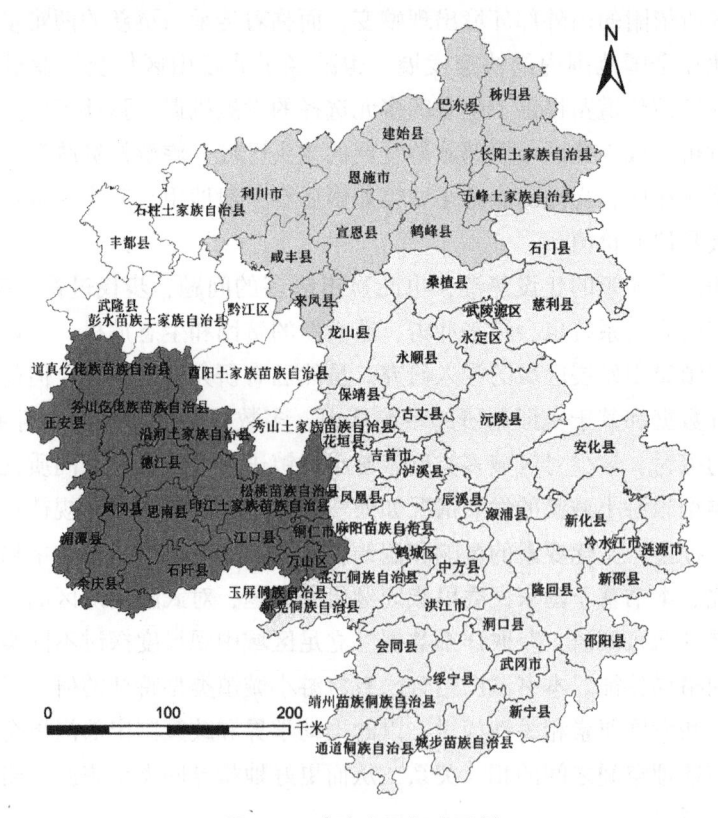

图4-3 武陵山区行政区划

信息公开的网站搜集得到。根据资料筛选整理出的 289 个旅游小城镇,其地理坐标通过 Google Earth Pro 获取。

(2) 旅游小城镇统计。

根据国务院对武陵山区的行政规划,本书统计出武陵山区的小城镇共计 625 个,结合本书对旅游小城镇的界定以及上文制定出的旅游小城镇要素构成的判定标准,通过实地走访、查阅乡镇政府官方信息、互联网文献以及学者们对旅游小城镇的案例研究,从这 71 个县(市、区)中筛选出 289 个旅游小城镇[①]。

结合 ATV 判断分类法(表 4-2),整理出了武陵山片区各个省份的小镇数及其分类。

表 4-9 武陵山区各省市的小城镇分类统计

省(市)	小镇数	分类				
		A	B	C	D	E
湖北省	54	19	22	9	3	1
湖南省	113	27	34	29	17	6
重庆市	43	3	19	13	6	2
贵州省	79	11	25	30	10	3
总计	289	60	100	81	36	12

注:"A"表示传统古镇;"B"表示景区服务型小镇;"C"表示休闲集聚镇;"D"表示生态旅游区(镇);"E"表示主题小镇或旅游度假区。

通过谷歌地图搜索、定位(附录 2),依次得到这 289 个旅游小城镇的经纬度坐标。根据武陵山区旅游小城镇地理坐标,使用 ArcGIS10.3 将其导入武陵山区行政规划图的地理图层,得到武陵山区旅游小城镇的空间分布图(图 4-4)。

---

① 关于武陵山区旅游小城镇的筛选过程,首先是进行全范围的地理乡镇的统计约 625 个,依据走访中收集的各处政府报告、经济产业数据、旅游景区资源数据等相关基础性资料进行初步筛选出 337 个小城镇地区,后对应本书对旅游小城镇研究对象的界定以及排除部分不符合上述旅游小城镇的全要素构成判断标准的地区,如资源较好,但是经济长期落后,交通等基础设施建设严重欠缺的地方现阶段无法展开旅游城镇化进程,最终定性式地判断出 289 个地区。这种判断结果固然不是严肃的定量分析过程,虽然有一定的标准,却由于篇幅不便过于细化展开,因而无可否认,尚存在争议。

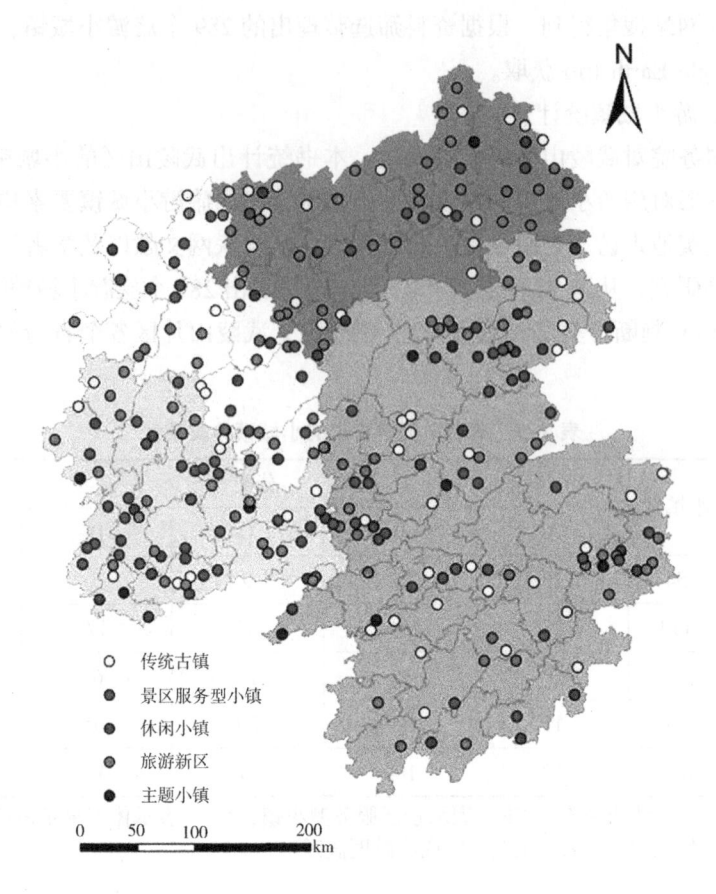

图4-4 武陵山区旅游小城镇的分类空间分布

(3) 研究方法。

本项研究采用ArcGIS10.3空间分析，选取研究模型最邻近点指数、地理集中指数、区位熵对武陵山片区旅游小城镇的空间分布特征进行定量分析。

①最邻近点指数。

从地理空间上来看，旅游小城镇可以抽象为"点"，根据点状要素的空间分布，可以分为集聚型、均匀型和随机型，可用最邻近指数对其进行空间测定。最邻近点指数表示点状事物的空间分布特征，是表示点状事物的相互邻近程度的地理指标[27]。利用ArcGIS10.3的Spatial Statistics Tools中的Average Nearest Neighbor进行运算。其公式为：

第四章 新乡土：ATV 视角下的旅游小城镇生长机理

$$\bar{r}_E = \frac{1}{2\sqrt{n/A}} = \frac{1}{2\sqrt{D}} \qquad (4-1)$$

$$R = \frac{\bar{r}_1}{\bar{r}_E} = 2\sqrt{D}\,\bar{r}_1 \qquad (4-2)$$

式中：$\bar{r}_1$ 为实际最邻近距离；$\bar{r}_E$ 为理论最邻近距离；A 为所选区域面积；n 为测算点数；D 为点密度；最邻近点指数 R 表示为实际最邻近距离与理论最邻近距离之比。当 $R=1$ 时，说明点状分布为随机型；当 $R>1$ 时，点状要素趋于均匀分布；当 $R<1$ 时，点状要素趋于凝聚分布。

②地理集中指数。

地理集中指数[28]是研究旅游小城镇集中程度的指标。用公式表示为：

$$G = 100 \times \sqrt{\sum_{i=1}^{n}\left(\frac{X_i}{T}\right)^2} \qquad (4-3)$$

式中：G 表示旅游小城镇的地理集中指数；X_i 为第 i 个县（市、区）内旅游小城镇的数量；T 为旅游小城镇的总数；n 为县（市、区）总数。G 取值在 0—100，G 值越大，旅游小城镇分布越集中；G 值越小，则分布越分散。

③区位熵。

为进一步考察武陵山片区旅游小城镇的空间分布特征，衡量区位差异，利用区位熵[29]概念分析旅游小城镇分布，其公式为：

$$Q_i = \frac{m_i}{\sum_{i=1}^{n} m_i} \Bigg/ \frac{M_i}{\sum_{i=1}^{n} M_i} \qquad (4-4)$$

式中：m_i 为区域 i 中景区个数；M_i 为该区域内包含的县（市、区）数量；n 表示区域个数；Q_i 为区域 i 内旅游小城镇分布的区位熵，Q_i 大于 1，说明区域 i 内旅游小城镇分布较多，反之较少；Q_i 越大，说明区域 i 内旅游小城镇数量越多，旅游资源开发程度越高。

▶▶▶ 流动的乡土：景观·小镇·村落

（4）分布特征分析。

①旅游小城镇总体分布特征。

通过ArcGIS10.3生成武陵山片区旅游小城镇的县（市、区）域分布图（图4-5），图中颜色越深表示分布的旅游小城镇越多。湖南省旅游小城镇的数量最多，但并不是旅游小城镇分布最集中的地区。虽然贵州省旅游小城镇的总数不及湖南省，但就县（市、区）所拥有的旅游小城镇数量而言，各地区拥有旅游小城镇数量达到5个及以上的共计28个。其中贵州省比例高达32%，湖南、湖北持平占25%，重庆最少只有18%，同时贵州省沿河土家族自治县拥有旅游小城镇数量最多，高达10个。

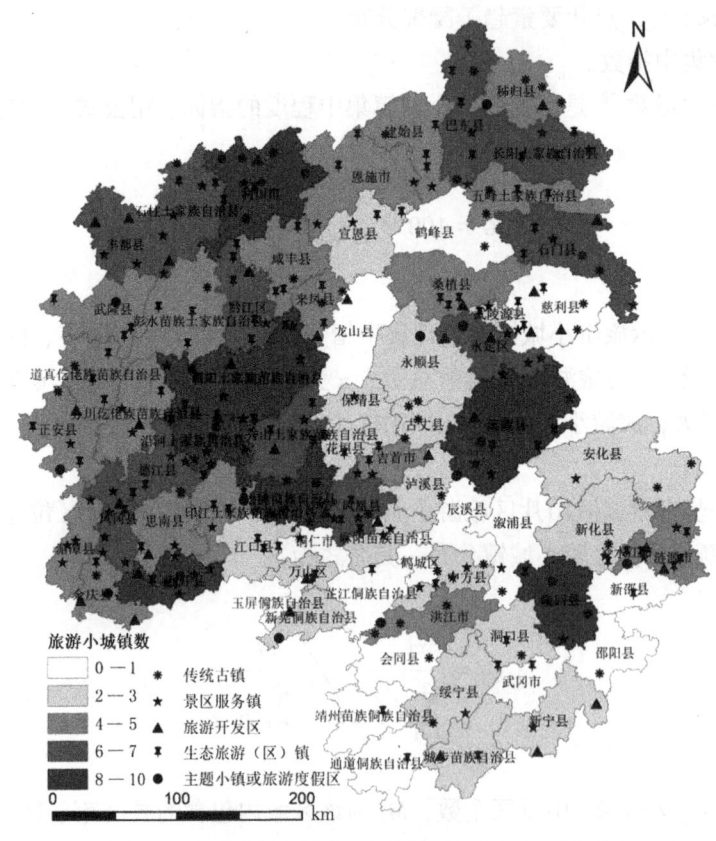

图4-5 武陵山片区旅游小城镇县（市、区）域分布

据本书统计，武陵山片区共有289个旅游小城镇，集中分布于中西部，数量

多且类型丰富。其中湖南省旅游小城镇数量最多，达到113个，占总数比例的39%。其次是贵州、湖北、重庆，旅游小城镇的数量占总数比例分别为27%、19%、15%。

根据区位熵公式计算可知武陵山片区旅游小城镇分布区位熵（表4-10），湖南省的区位熵最高，为1.33，大于1，湖南省旅游小城镇数量多，且开发程度高；湖北、贵州的区位熵持平，分别为0.83和0.82，均低于1，旅游小城镇的数量和开发程度较低；重庆市的区位熵最低仅为0.66，旅游小城镇的数量最少，旅游开发程度最低。就旅游小城镇总量和旅游开发程度而言，贵州省旅游小城镇总量虽然不是最多的，但集聚程度最高，旅游小城镇分布最多的县（市、区）大多集中在贵州。值得注意的是，重庆市旅游小城镇数量最少，各县（市、区）拥有的旅游小城镇数量也较少，但这可能与武陵山片区所辖重庆市地域面积最小有关。

表4-10 武陵山片区旅游小城镇分布区位熵

区域	包含县（区）数量	旅游小城镇数量	比例（%）	区位熵
湖北	11	54	19	0.83
湖南	37	113	39	1.33
贵州	16	79	27	0.82
重庆	7	43	15	0.66
总数	71	289	100	—

②旅游小城镇集聚度分析。

由表4-10可知，旅游小城镇总数$T=289$，县（市、区）总数$n=71$。通过Excel计算，得到武陵山片区旅游小城镇的地理集中指数$G=11.91$。为便于对比研究，假设289个旅游小城镇平均分布在各县（市、区）内，即每个县（市、区）的旅游小城镇数量为289/71=4.07，则地理集中指数$G'=4.07<G$，由此可知，从县（市、区）尺度来看，武陵山片区旅游小城镇的分布较为集中，呈现出一定的地理集中性。

武陵山片区旅游小城镇的空间聚集通过ArcGIS10.3中核密度命令，生成武陵山片区旅游小城镇的核密度分布（图4-6）。整体而言，武陵山片区旅游小城镇的分布形成了3个高密度区、4个较高密度区及1个次级密度区，构成了数量众多的小型聚落。3个高密度区集中分布在贵州省以及贵州与湖南的交界处，是

▶▶▶ 流动的乡土：景观·小镇·村落

整个武陵山片区旅游小城镇分布最密集的区域。4个较高密度区位于重庆与湖北交界处、湖北与湖南交界处以及湖南东南部。1个次级密度区位于湖北东部。这些旅游小城镇集中分布在武陵山片区辖区中的大娄山、武陵山、大巴山附近及山脉延伸区，复杂多样的地质构造为武陵山片区保留了独特的山区风光，相对封闭的地域空间保留了独具特色的民俗文化。

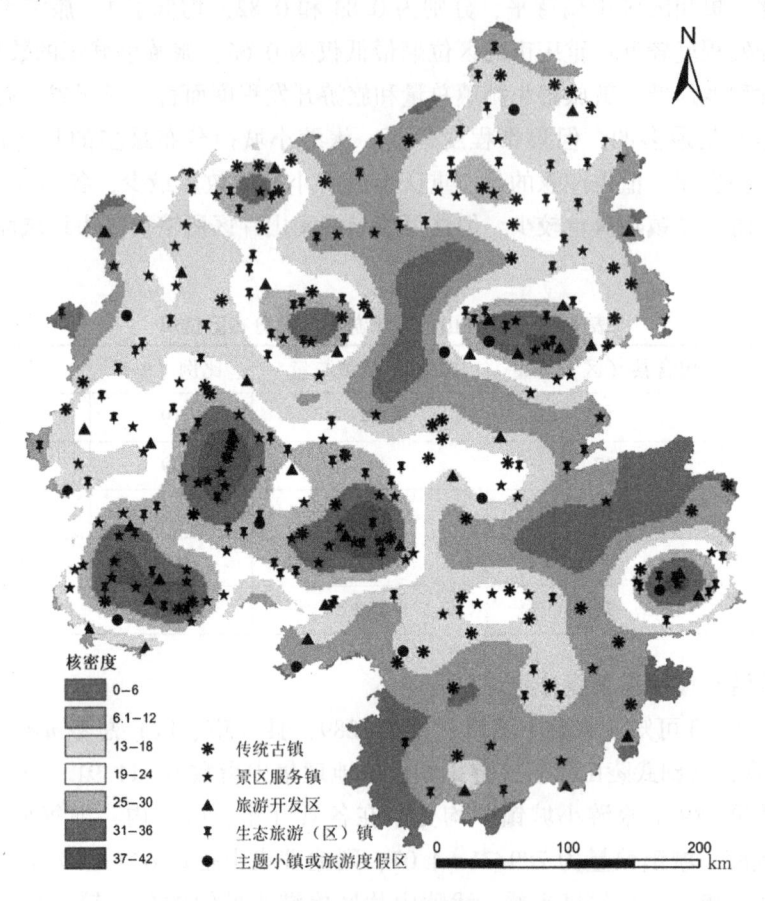

图4-6 武陵山片区旅游小城镇的核密度分布

③旅游小城镇通达性特征。

本书根据县级及以上交通路线作1 km、2 km缓冲区分析，将缓冲区图层与旅游小城镇相交得到不同缓冲区内旅游小城镇的分布情况（图4-7）。根据相交分析可知，有213个旅游小城镇位于1 km缓冲区，256个旅游小城镇位于2 km

缓冲区，近88%的旅游小城镇都位于交通线路1—2 km缓冲区内。目前武陵山片区大多数旅游小城镇的选址交通通达度较好，具有依托交通干线分布的特征，特别在高速公路、机场、铁路交会处是旅游小城镇最为集中的地方。相较而言，交通不便的旅游城镇规模远远小于距离交通干线较近的旅游小城镇，小城镇的集聚度也大大降低。临近交通干线的旅游小城镇，能够方便游客的出行，更加具有竞争力，旅游经济的发展也更迅速，交通的通达度直接影响武陵山片区的客源市场。

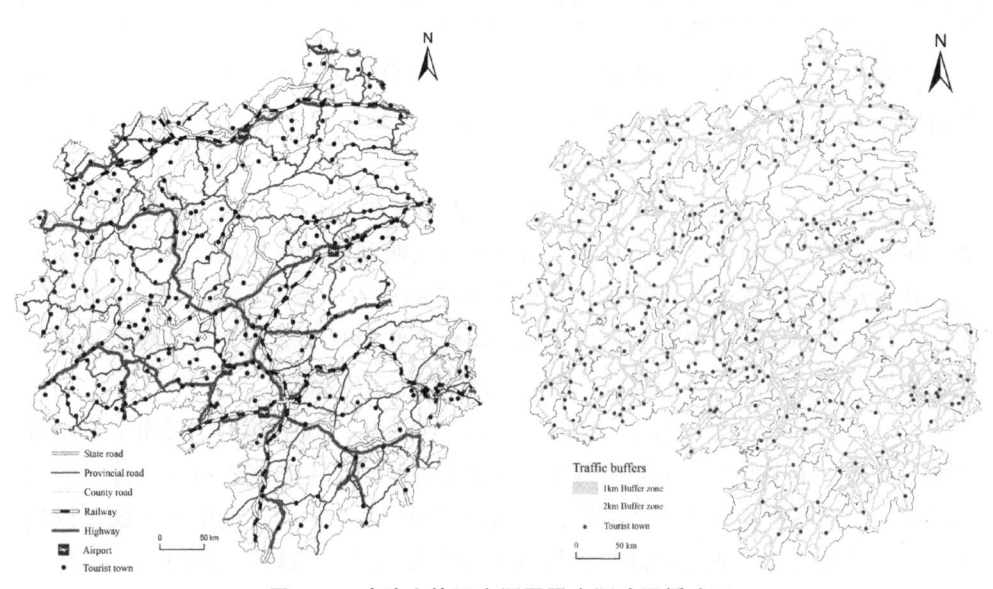

图4-7　武陵山片区交通图及交通路网缓冲区

4.4　不同类型旅游小城镇的分布特征

根据式（4-1）、式（4-2）运算得到不同类型旅游小城镇的最邻近指数，测算旅游小城镇的相互临近程度及其聚集类型，结果如下（表4-11）：

表 4-11　武陵山片区旅游小城镇的最邻近指数

	总数	传统古镇	景区服务镇	旅游开发区	生态旅游（区）镇	主题小镇/旅游度假区
最邻近指数	0.96	0.89	0.93	1.08	0.86	1.73
分布类型	集聚	集聚	集聚	随机	集聚	均匀
小城镇（个）	289	60	81	36	101	11
比例（%）	100	20.76	28.03	12.46	34.95	3.81

武陵山片区不同类型的旅游小城镇的地理空间分布类型不同（图4-8）。传统古镇、景区服务镇、生态旅游（区）镇趋于集聚分布，旅游开发区趋于随机分布，主题小镇或旅游度假区趋于均匀分布。分别来看：

（1）传统古镇占比达20.76%。本书将古镇视为具有历史文化特色的建制镇和一定规模的传统村镇区域，有着丰富的农耕文明和地方性文化资源，在历史上充当社会经济纽带的枢纽型聚落。集中分布于湖南省中西部与湖北省西南地区，主要由于两湖地区历史悠久，长期积累的文化资源相对丰富，尤其是湘西等地的民俗旅游发展由来已久，形成了一批知名度高的旅游名镇。

（2）生态旅游（区）镇占比最高，达到34.95%，其中湖南、贵州生态旅游区数量最多。本书所指的生态旅游区，突破了国家授予生态旅游示范区称号的地域范畴，泛指有着良好的自然生态、自然景观和与之共生的人文生态系统，以旅游产业的发展实现当地（社区）经济水平提升和人文生态环境的保育双重目标，形成可持续发展的旅游区域。在武陵山区，森林公园、自然保护区与文化生态区众多，奠定了生态旅游区的类型发展机会。整体而言生态旅游区集中于各个省（市）的交界处、地形较为复杂的山区，山区地形复杂多样，海拔较高，气候垂直变化明显，自然资源丰富，可转化利用的生态旅游资源多种多样；

（3）旅游开发区占比12.46%。随着我国休闲经济的发展，很多地区逐步将周边旅游资源挖掘开发出来，为城镇居民及附近城市市民提供观光休闲场所，这种类型多分布于城市近郊区。既能够以开发区的形式承接旧城区要素的转移，也能一定程度上缓解城市人口压力、提升休闲游憩空间的宜居度。近年来，随着武陵山区的城市化进程加快，很多区域性中心城市也面临着城市功能的疏散问题，以休闲旅游作为核心功能，建成城乡融合的旅游新区，正好适应市场的需求。从图4-8观察得知，该区域的旅游开发区分布随机，未形成明显的集聚区，多临近城镇中心，主要分布在通达度较高的交通枢纽附近；

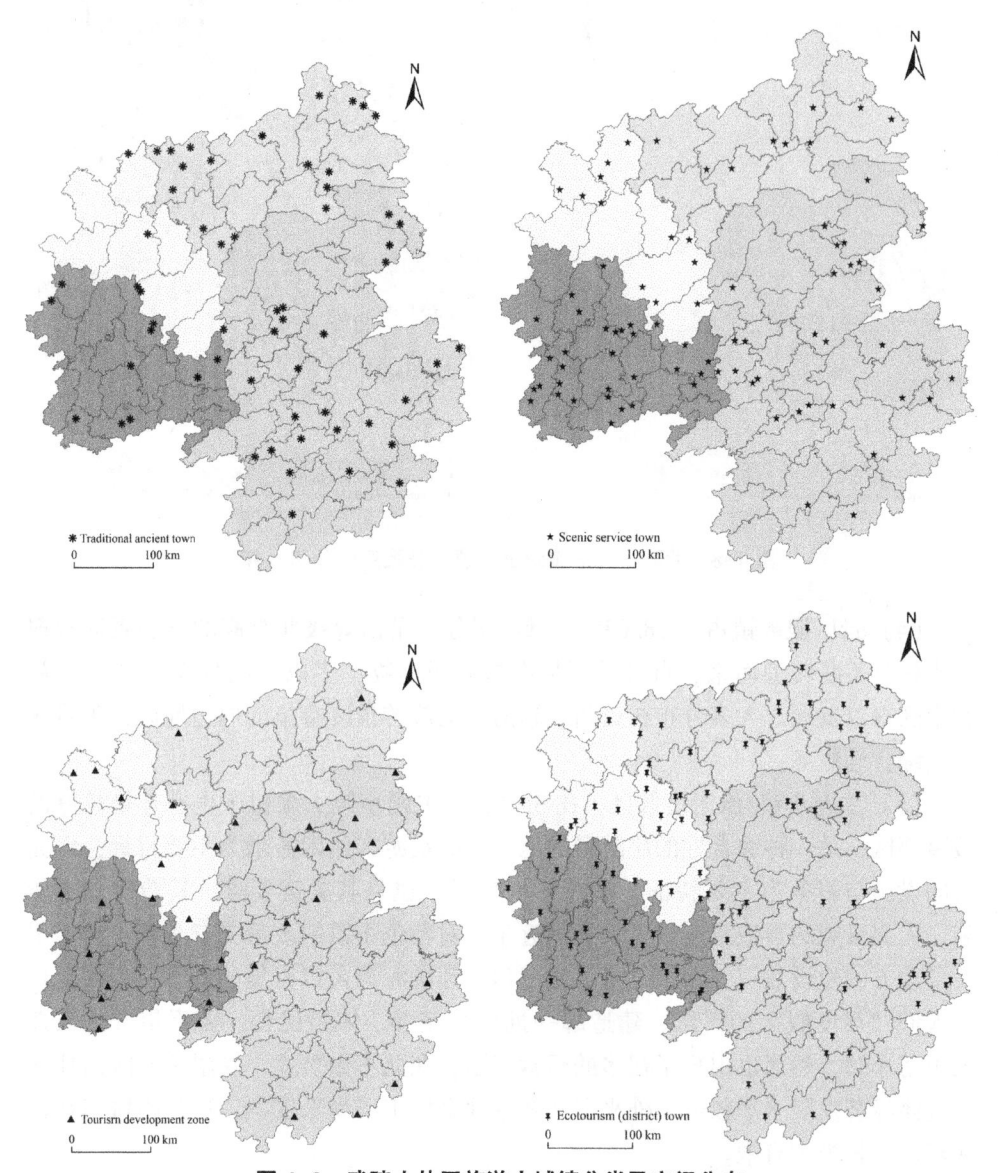

图 4-8 武陵山片区旅游小城镇分类及空间分布

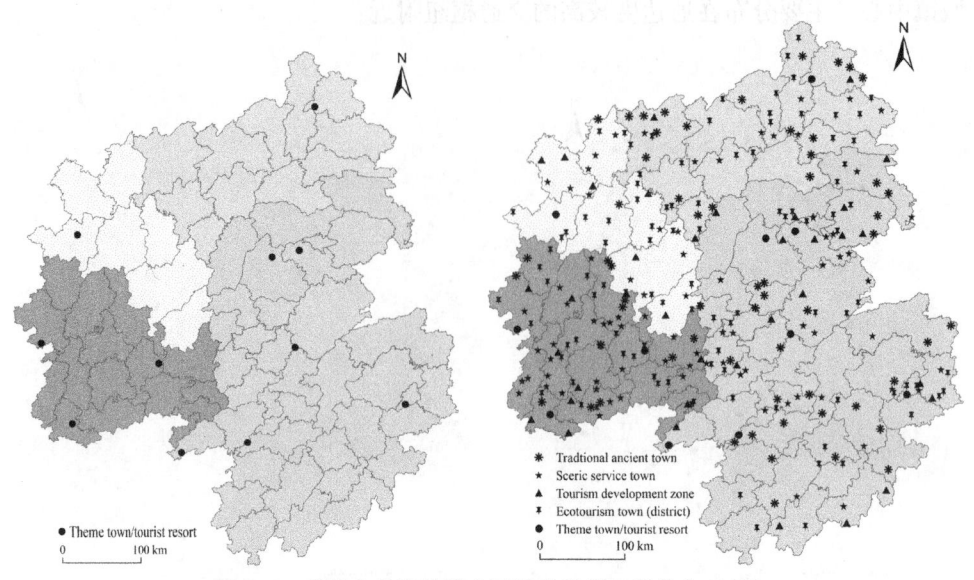

图 4-8　武陵山片区旅游小城镇分类及空间分布（续）

（4）景区服务镇占比 28.03%。景区服务镇是由等级非常高的核心景区辐射周边村落不断转型而来，自身并不拥有核心吸引物，多以"搭便车"式借力旅游景区得以发展。大多分布在贵州、湖南等地旅游景区富集的周边地区，为景区提供综合性服务；

（5）主题小镇/旅游度假区占比 3.81%。主题小镇大多位于生态环境较好的城镇郊区，是一种综合性的旅游目的地，以满足游客休闲需求为主要目标，以完备的设施与服务为主要特征，资源环境与区位也是其关键要素，其造价成本较高，人文景观的再造难度较大。我国近年来对特色小镇的政策支持频频出台，引发了地方的建设热潮，在长三角、珠三角、环渤海等人口密集的都市，为满足现代人们"微度假"的需求，建造起一批环境完善、体验优良、要素集聚的人造式旅游小镇。然而也出现了很多的运营问题，在此不做赘述。受限于武陵山地区的整体经济发展水平较低，外来资本和本地金融市场尚未成熟，这类小城镇在该区建设数量极为有限。

（6）旅游小城镇分布影响因素分析。

决定旅游小城镇空间分布的因素有很多，对旅游景区和旅游城镇的研究发现[30][31]，地理环境不仅是旅游城镇空间选址的基础性因素，同时更是人类生存的基础性活动空间,是决定旅游小城镇空间分布的基础性因素。地形、地势、地质条件决定了交通建设的难易程度,从而决定某一地区的交通通达度。而地理环境中的自然资源组合程度决定了是否能够转换成为旅游资源吸引性以及打造旅游景区的可塑造性,社会经济水平与旅游资源是旅游小城镇空间分布的决定性因素,尤其是交通等基础设施的配套成为一个地区旅游产业发展的关键。当某一小城镇具备了较好的地理环境、可进入性较高的交通条件以及优美的自然风光时,还需要招商引资、财政投入、政策支持为旅游小城镇的建设保驾护航,社区文化的包容度与当地的政策支持是使旅游小城镇在空间分布上呈现差异性的重要因素。在此分析基础上作者构建了影响武陵山片区旅游小城镇空间分布的因素框架（图4-9）。

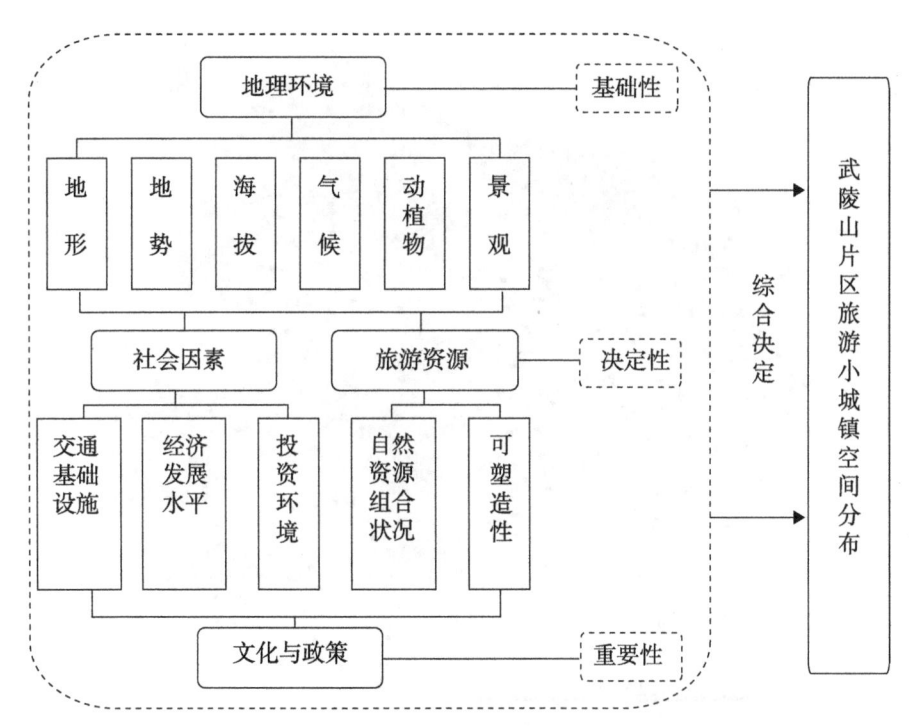

图4-9 旅游小城镇空间分布影响因素框架

①地理环境。

根据武陵山片区旅游小城镇与地形高程叠加的空间分布（图4-10）可知,旅游小城镇大多分布在地势较高、地形复杂的山地丘陵地带。武陵山片区地形复

▶▶▶ 流动的乡土：景观·小镇·村落

杂多样，以山地为主平原为辅，地势由西北和东南向中部降低，山脉大多为东南走向，海拔大多在1500 m以上。东北部有大巴山脉，海拔2000—2500 m，喀斯特地貌发育，高山峻岭、多峡谷，谷坡陡峭。西部及北部有大娄山、武陵山脉，海拔1500—2500 m，多奇峰怪石、溶丘溶洞。中部、东部为洞庭湖平原边缘，地势平坦湖沼广布。南部为雪峰山脉，重峦叠嶂、岭壑交替起伏。多样化的地形条件为武陵山片区提供了丰富的旅游资源。武陵山片区属于亚热带向暖温带过渡型气候，区域内水能资源丰富，水资源蕴藏量大，土地资源复杂多样，矿产资源以及稀有矿品种繁多，为人类居住提供了优越的自然环境，也为旅游小城镇的基础及配套设施建设提供了必备的物质生态资源。由于武陵山片区地形险要，环境相对封闭，在山川旅游资源较好的基础上，民族文化、地方风俗保存较完好。

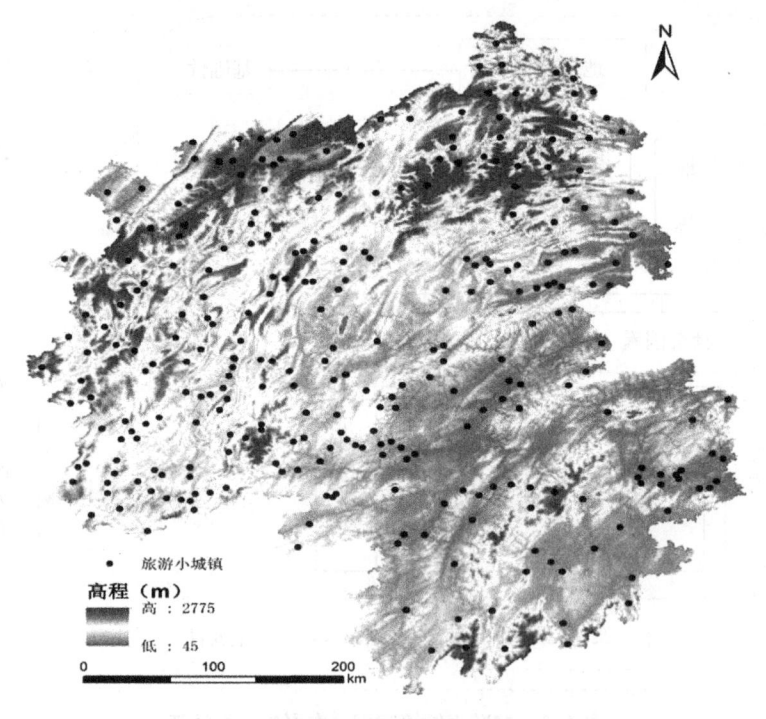

图4-10 武陵山片区旅游小城镇所处地形分布

②社会因素。

武陵山片区位于我国第一级阶梯向第二级阶梯的过渡带，理论上应该是东部与西部、北部与南部经济贸易往来的必经之路，但由于地形局限、四个行政区的相对独立性，很多交通干线在武陵山片区出现了间断。交通运输网络密度低、运输方式单一、道路通达度低、道路等级低、质量差，阻碍了武陵山片区的资源优势转化成经济优势，交通成为遏制武陵山片区经济发展的瓶颈，交通的便捷舒适与否直接影响到旅游者的消费心理与旅游目的地选择[32]。在古代中国，交通方式落后、交通道路等级极低的情况下，传统古镇一般作为古代交通枢纽，是历史上的经济文化政治中心、人类集聚度最高的地方，此类城镇是交通通达度最高的地区，即使在现代大部分的传统古镇依然作为城市规划的中心点。景区服务镇和旅游开发区对交通的要求更为迫切，这类城镇本身的旅游吸引力不大，依托附近的旅游景区，便捷的交通条件能够作为弥补。而生态旅游区和旅游度假区是依托自身的自然资源发展，武陵山片区的旅游资源以山川河流、峡谷风光为主，更注重旅游体验型、探险型的游客受交通阻碍的影响较小。

武陵山片区的经济发展因交通和地形因素受到一定程度的限制，地形平坦地势较低的地区经济较发达。根据各省份统计信息网公布的2017年各县（市、区）GDP，GDP排名前十中有8个县（市、区）属于湖南省，位于武陵山片区地势较低的西南部。而GDP排名靠后的大多数县（市、区）则位于地势崎岖、交通不便的偏远山地。

武陵山片区集革命老区、民族地区和贫困山区于一体，是中国跨省交界面大、少数民族聚集多、贫困人口分布广的集中连片特殊困难地区，资金困难、融资渠道单一使得区域旅游发展建设举步维艰。以恩施市沐抚大峡谷景区为例，由于得到政府支持、外部资金投入，景区内部以及周边小城镇空间布局重构改造升级，使得旅游接待能力提升，每年创收上亿元，并为未来获得更多的旅游投资[33]奠定了基础，投资环境会受到经济的影响不断优化。

③旅游资源因素。

旅游资源在武陵山片区旅游小城镇的空间分布中起决定性的作用。武陵山片区的自然资源丰富，但自然资源并不等于旅游资源，旅游资源是对游客具有吸引力并且能够产生经济效益的资源，通过后期的人为加工，将自然资源转化为旅游资源，能够提高当地的经济收入。旅游小城镇最大的吸引力来自附近的旅游资源，大部分旅游小城镇距离旅游资源较近，旅游资源密集处也是旅游小城镇集聚的地方。其中生态旅游区小城镇的比例最高，此类小城镇的特点是"大景小镇"，镇区随着核心景区的发展，服务接待功能也需要发展。其次景区服务镇的比例较高，此类小城镇就是典型的依托旅游景点而发展，具有综合服务功能，能为游客提供住宿、出行、娱乐等服务。古镇型旅游小城镇属于景镇一体，镇区既是公共服务区又是核心吸引物，在历史上是人类集聚生活的地方，随着社会经济的发展遗留至今，一方面起着传统居民居住地的作用，另一方面也是文化遗产。这三类旅游小城镇是典型的"依景建镇"，依靠附近的生态或文化资源发展旅游业。而旅游开发区和主题小镇、旅游度假区，此类专项娱乐活动的小镇，大部分为人造小镇，需要靠着景镇联动发展，对游客量的需求特别大，小城镇建立在居民、游客高密度区，可以保证游客量、减小风险、节约成本。

④文化与政策因素。

地方文化的包容度和政策支持的灵活性是影响旅游小城镇空间分布的重要因素。民族文化在旅游大背景下不断演化，武陵山片区独特的多民族文化是强大竞争力，为适应现代旅游市场的多样化，需要武陵山区当地居民、政府以及旅游开发者具有文化包容性。为促进民族文化走向市场，要取其精华去其糟粕，与汉族文化求同存异，开拓广阔的旅游市场。

近些年来国家对武陵山片区的政策倾斜、经济支持，使得武陵山片区在旅游开发方面的可支配支出增加。2009年国家发改委颁布成立武陵山经济协作区；2011年国务院批复《武陵山片区区域发展与扶贫攻坚规划（2011—2020年）》；2015年武陵山片区将旅游城镇归为提质升级工程，坚持特色、人本、生态齐头并进，打造具有独特魅力的旅游小城镇。近年来，武陵山片区旅游小城镇的总量逐渐增多、类型不断丰富，旅游方式由传统观光游发展为多形式的观光体验游，旅游形式的丰富促使小城镇的功能转型。

小 结

虽然学者们对旅游小城镇的分类研究众多，但是不同依据的类型划分迥异，本章在ATV视角解析的基础上，根据这一新视角对旅游小城镇做出类型划分。本书基于ATV空间属性的划分当属创新，分为"AT一体式、AT分离式、ATV联动式与ATV创意再造式"四大类，并对应"古镇、景区服务镇、休闲集聚镇、生态旅游区（镇）与主题式小镇"五个细分类型。本书进一步对这五类旅游小城镇特征结合ATV三者属性做出分析，并以此为基础，制定了一套评定旅游小城镇的全要素构成体系。该体系从"城镇发展基础、旅游产业基础、乡村生态环境、要素与配套、社区参与、管理与保障、创新技术"七个方面加以约定，虽然无法细化到结合每个类型给出不一样的要素准则，但是至少给予了旅游小城镇通用性的判断方向，在实践中可以结合实际情况加以修正。本章最后结合作者国家民委的课题对武陵山区旅游小城镇做了统计和类型分布特征的分析，得出旅游小城镇的空间布局以3个集中区由中心向外围扩散，最终延展为相对集中区和扩散过渡区。各类旅游小城镇的分布情况正好印证了实际经济社会发展水平的实际情况。以武陵山片区289个旅游小城镇为研究对象，运用最邻近点指数、地理集中指数、区位熵等数据，对武陵山片区旅游小城镇的空间分布及影响因素进行深入分析，得到以下结论：第一，武陵山片区旅游小城镇集中分布于中西部，各地区所拥有的旅游小城镇数量不同，湖南省旅游小城镇数量最多，旅游开发程度最高。重庆旅游小城镇最少，旅游开发程度最低。第二，总体上旅游小城镇分布较为集中，呈现出一定的地理集中性，并形成了多密度中心以及数量众多的小型聚落。第三，武陵山片区旅游小城镇的交通通达度较好，有88%的旅游小城镇分布在交通路网附近。第四，不同类型的旅游小城镇集聚程度、分布类型各有其特点，传统古镇、景区服务镇、生态旅游（区）镇趋于集聚分布，旅游开发区趋于随机分布，主题小镇或旅游度假区趋于均匀分布。影响武陵山片区旅游小城镇空间分布的原因主要包括地形因素、社会因素、旅游资源因素以及文化与政策因素。地理环境是旅游小城镇空间分布的基础性因素，影响着旅游小城镇的整体空间分布格局；社会因素中包括的交通、经济、投资环境与旅游资源因素是传统小城镇转型为旅游小城镇的决定性因素，在文化与政策的支持下共同作用于旅游小城镇的形成、类型和发展。

　　基于武陵山片区旅游小城镇的空间分布，进行了特征、成因分析，并针对不同旅游小城镇类型分别阐述，但由于武陵山片区地域差异大、跨行政区广，其自然环境、社会文化背景、经济发展现状的差异对旅游小城镇的空间分布特征影响的研究还有深化的空间。在旅游业带动下的城镇化发展日新月异，旅游小城镇的类型也将随之改变，城镇分类会因旅游小城镇的转型和发展需要进一步细化，每个旅游小城镇的发展规划都要因地制宜、因时制宜。深入探究各个省份旅游小城镇的时空分异规律将是本研究继续关注的重点。

第五章 空间权衡与路径分析
——旅游小城镇发展模式的武陵山区个案研究

  本书对新乡土空间（旅游小城镇）的研究是基于 ATV 协同统筹的全新视角，考察"旅游景观（A）、旅游小镇（T，亦指旅游配套服务区）与村落（V）环境"三大空间载体在旅游城镇化进程中的空间异化与关系，从而将研究重点由传统旅游目的地向旅游新区转移，有着极高的研究价值。本章是全书研究的核心，发展模式的提炼是旅游小城镇研究的点睛之笔，既可以体现出旅游小城镇的生长机理，还能探查发展动因和机制，是研究的全面综合性铺陈。

  当然，发展模式又是极为复杂的研究对象，包括生长条件、产业方向、土地开发以及空间演变等方面的要素总结。本书讨论的发展模式是对 ATV 分类法的升华与研究推进，是从 ATV 空间效益权衡（Trade off）的角度出发，通过三者效益组合得到的空间发展基础条件的判断，并与第四章 ATV 分类结果一一对应，针对"古镇、主题小镇、休闲小镇、生态旅游镇与景区服务镇"这五个类型，分别提出"社区营造、ATV 创意再造、休闲集聚、大区小镇与双核驱动"这五种发展模式。结合前文对武陵山区旅游小城镇的梳理与统计，选取其中最具代表性的五个地区，作为国内案例地，展开具体发展路径的分析。

关于案例选取及调研的说明：本章所记 5 个国内小城镇案例，均是从武陵山区的重点区域——湖北恩施地区选取的 5 个各具特色的小镇，由于东西部差异，西部旅游产业虽然基底好，潜力大，发展势头好，但毕竟由于经济基础较弱，发展尚处于起步期。所以这 5 个小镇要么处于建设中期，要么处于生长成型期，远不如国内周庄、乌镇等这些小镇知名，但西部地区近年来由于政策支持、投资环境改善，出现了更具代表性的旅游发展转型空间，因而成为本章的案例素材，更具有实践指导意义。

本次调研时间：集中调研 2015 年 5 月 10 日—2015 年 7 月 30 日。（很多地区属于长期工作接触对象）

5.1 研究依据

5.1.1 已有研究总结

费孝通在《小城镇再探索》中提出"模式"是指在一定地区、一定历史条件下，具有特色的经济发展过程。田明（1999）提出模式实质上属于归纳思维的过程，是不同发展类别和道路的总结。旅游小城镇发展模式是指旅游小城镇在一定基础条件和历史传承下，所独具特色的经济发展进程，是对产业发展路径的抽象性概括，集中体现了区域在一定阶段内发展的主导思想、发展途径和发展方向。

基于一些共性的开发思路和小城镇旅游开发实践，一些学者与管理者对城镇旅游的开发进行了归纳、总结和提升，并形成了一些典型的城镇旅游开发模式，具有普适性和推广价值。从旅游资源配置的角度，叶晓甦（2004）等认为三峡库区小城镇发展必须采取旅游经济整合与城镇建设相结合的经营模式。赵庆海（2002）把城镇旅游开发归纳为 3 种模式：资源型、参与型与接待型开发模式。黄金火 等（2005）构建了一种基于"名气、人气与财气"的旅游城镇持续发展模式。针对云南省提出建设"旅游小镇"的战略构想，杨程波（2005）从游憩产业传导和市场运营的角度将旅游小镇的开发模式分为：资源资本化模式（RCM）、主题性产品模式（TPM）和价值链模式（VIM）。肖洪磊（2014）对中国旅游小城镇开发模式进行了专题研究，分别从产业、功能、资源与区位等视角总结了发展模式。李柏文（2010）认为由于不同的研究视角和标准，对不同城镇开发模式的总结具有多样性和随意性。也有学者通过对个别小城镇的分析，提出了例如"黄山模式""曲阜模式""栾川模式"等，从个别到一般提炼出国内典型的旅游小城镇发展路径（陶慧 等，2015）。

本书发展模式的提出，既源于对已有研究的总结，又区别于传统理论的研究成果，是基于ATV视角的空间职能权衡，在ATV式的旅游小城镇分类基础上，对前文提出的五类旅游小城镇发展模式的内在机理探究。

5.1.2 ATV空间效益权衡

空间权衡（Trade off）关系是指由于资源有限，特定空间属性间相互作用，即提高一种职能优势的同时，另外的职能优势受其影响随之变化。它为新型空间提供一次重构组合的机会，最终目标在于满足需求并实现人类福利，不损害生物多样性和生态系统功能。研究引入空间权衡理念是从空间生产的角度出发，关注ATV空间效益依据下进行的旅游小城镇不同类型划分，以及它们各自的发展模式差别。

A、T、V作为旅游区的三种空间类型，承担着区域差异效益的发展职责，需要权衡三方利益，使得空间效益最大化。本书根据ATV旅游小镇空间分布与职能关系的构成三要素：景观吸引物（A）、城镇基础（T）和村落背景（V），在旅游引导城镇化模型中，综合考虑三者作用力的平衡关系，构建了3个维度、8类空间（图5-1）。

在这个三维的优劣效益权衡的空间中，核心吸引物（A）即旅游资源条件，是旅游引导城镇化发展的基础；城镇基础（T）是小镇综合元素的集合，是小镇的市场和空间基础，包括服务、配套、区位等要素；环境背景（V）即乡村景观和环境友好度，环境友好度包括居民融合、政策保证等。

图5-1的三维空间，分别代表了A、T、V三类要素的优劣势组合。在分析三类空间效益权衡组合之前，需要对三类空间的优劣势判断作一个界定，如图5-2所示是对核心吸引物A的优劣判断标准，由景点等级[①]和资源分布数量（分为五个等级）两个维度来判断得出三个区域，其中浅灰色I区代表资源吸引力相对弱势的状态，诸如尚无高等级旅游资源，资源点级别较低，分布较多，或仅有为数不多的中等级别资源零星分布；灰色II区相对处于中等，有数量较多的中等资

---

① 此处由《旅游资源分类、调查与评价》（GB/T 18972—2017）判定。

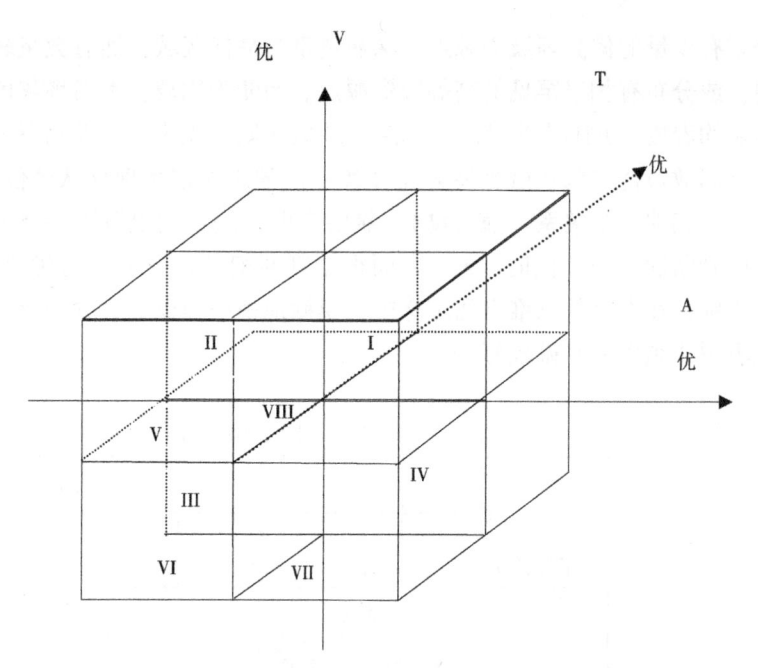

图 5-1 基于"ATV"初始条件的 8 类发展象限

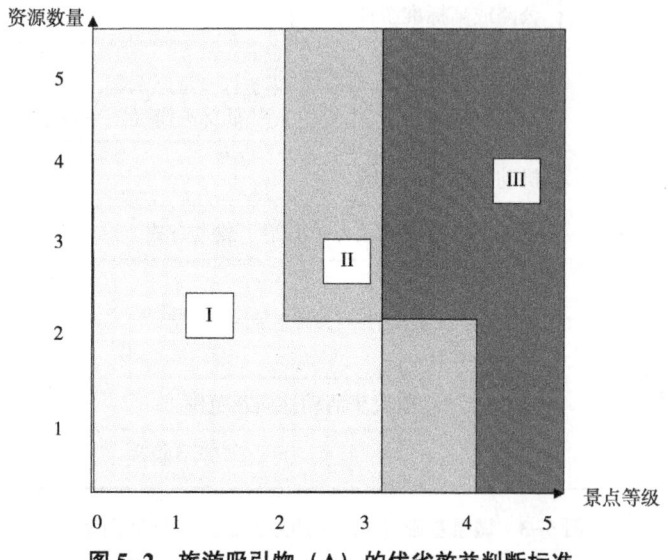

图 5-2 旅游吸引物（A）的优劣效益判断标准

源点或分布有少量的偏高等级资源点；深灰色Ⅲ为最优区域，拥有数量较多的中高级资源，或分布有相当罕见的高等级资源点。为便于比较，本书将灰色Ⅱ或深灰色Ⅲ区域均看成 A 的优势状态，而浅灰色Ⅰ区域则被视为 A 的劣势状态。

小镇空间效益优劣判断借鉴吴必虎（2001）的游憩谱系理念从区位可达性、配套服务、与其他经济关系（兼容度）、旅游产业发展影响以及可接受的干预水平 5 个方面判断优劣势。同时，5 个方面根据判断细分标准划分为优等、中等、劣等 3 个级别，在本书的三维空间选择中，模糊地视中等以上（含中等）为优势状态，或者说小镇发展基础较好。

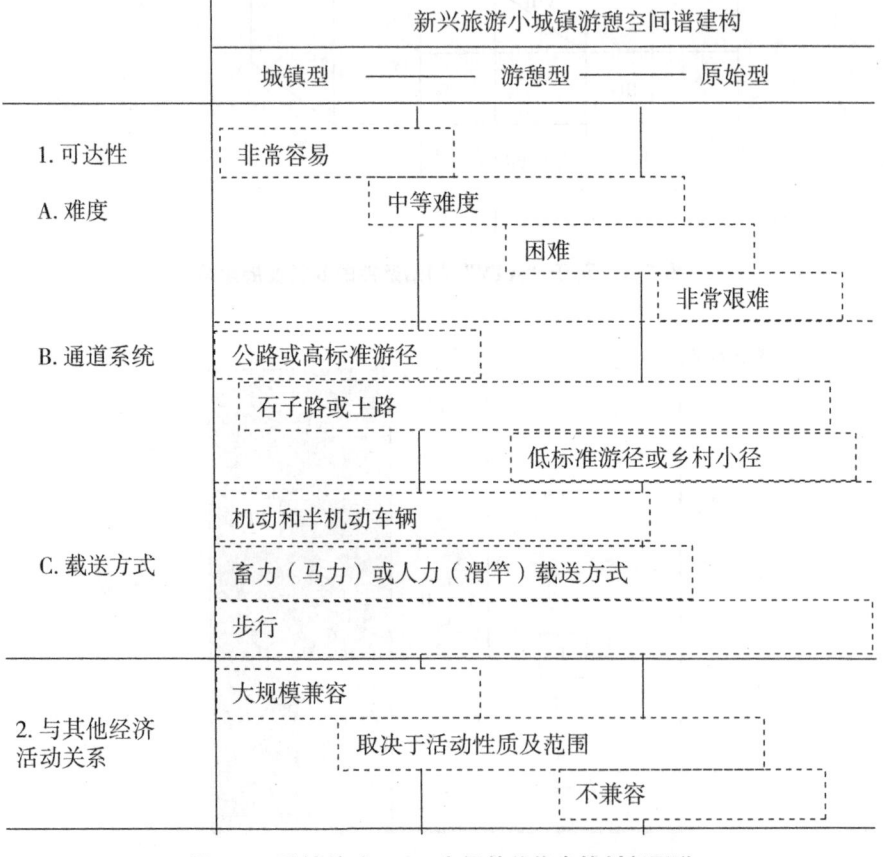

	新兴旅游小城镇游憩空间谱建构		
	城镇型	游憩型	原始型
1.可达性 A.难度	非常容易		
		中等难度	
			困难
			非常艰难
B.通道系统	公路或高标准游径		
		石子路或土路	
			低标准游径或乡村小径
C.载送方式	机动和半机动车辆		
	畜力（马力）或人力（滑竿）载送方式		
	步行		
2.与其他经济活动关系	大规模兼容		
		取决于活动性质及范围	
			不兼容

图 5-3 城镇基础（T）空间效益优劣势判断图谱

第五章 空间权衡与路径分析

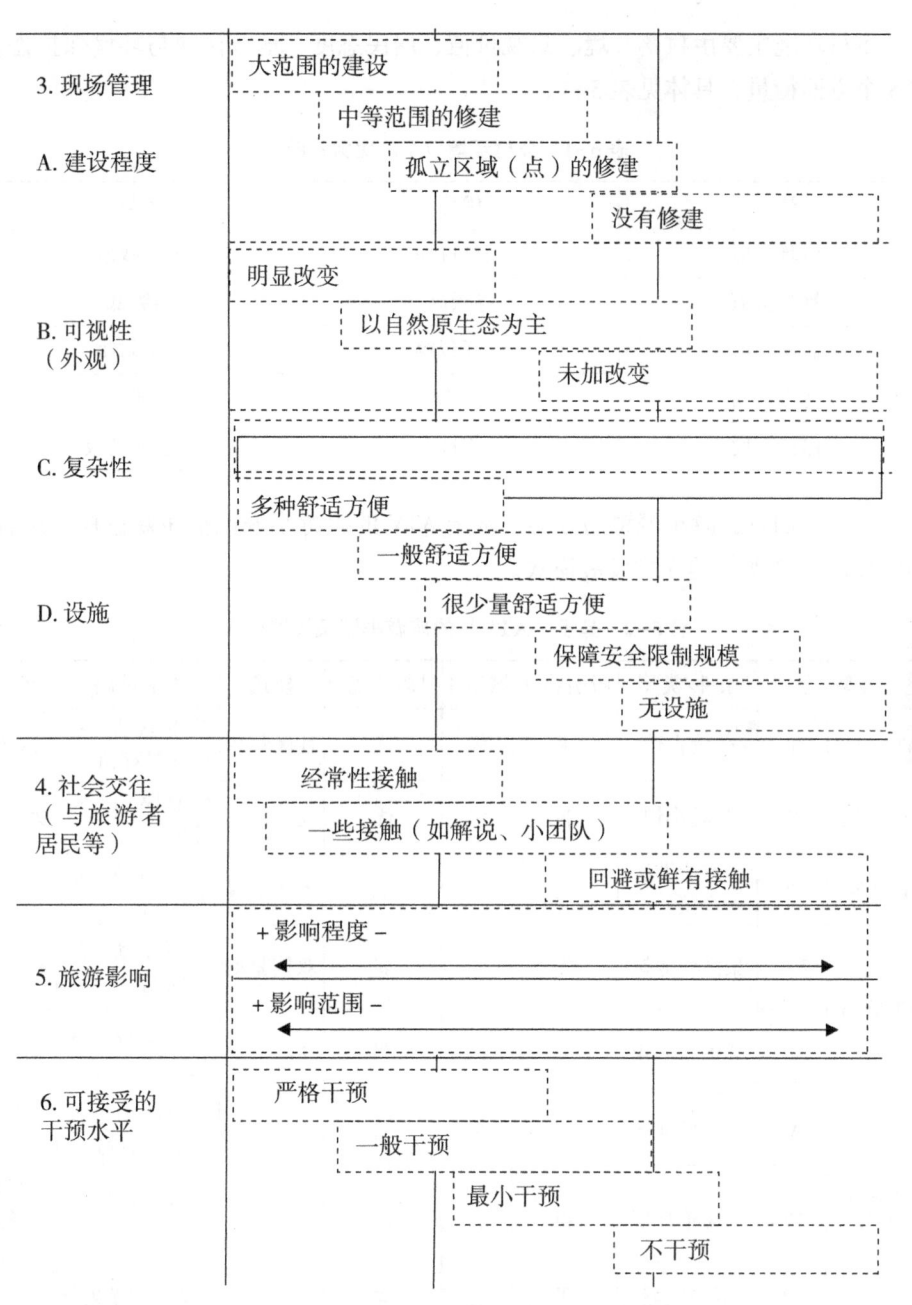

3. 现场管理

A. 建设程度
- 大范围的建设
- 中等范围的修建
- 孤立区域（点）的修建
- 没有修建

B. 可视性（外观）
- 明显改变
- 以自然原生态为主
- 未加改变

C. 复杂性

D. 设施
- 多种舒适方便
- 一般舒适方便
- 很少量舒适方便
- 保障安全限制规模
- 无设施

4. 社会交往（与旅游者居民等）
- 经常性接触
- 一些接触（如解说、小团队）
- 回避或鲜有接触

5. 旅游影响
- ＋影响程度 －
- ＋影响范围 －

6. 可接受的干预水平
- 严格干预
- 一般干预
- 最小干预
- 不干预

图 5-3　城镇基础（T）空间效益优劣势判断图谱（续）

乡村环境主要由村落环境、景观价值、居民态度、地方认同与环境保护态度这5个方面衡量，具体见表5-1。

表5-1 乡村环境（V）优劣判断

类型	优势	劣势
村落环境	完整古朴	破碎败落
景观价值	等级高	等级低
居民态度	友好包容	抗拒封闭
地方认同	强烈	弱
保护态度	积极	一般或消极

结合第四章旅游小城镇的分类，基于ATV的旅游小城镇空间效益权衡组合，得出如表5-2所示的5类发展模式。

表5-2 基于"ATV"的旅游小城镇发展模式

空间类型	象限	条件/类型	吸引物A	城镇T	村落环境V	模式	发展战略	案例
AT一体	I	传统古镇	优	优	优	社区营造	政策驱动，社区场景存留	沐抚
ATV再造	II	主题小镇	弱	优	优	创意再造	创意驱动，特色引领	女儿寨
ATV联动	III	生态旅游区（镇）	优	弱	优	大区小镇	产业驱动，生态优先	马洋溪
AT分离	VII	景区服务镇	优	优	弱	双核驱动	资源驱动，配套优先	平坝营
AT分离	VIII	休闲宜居镇	弱	优	弱	休闲集聚	产业延伸，强化小镇	珠山
不适宜类型	V	房产商业区	弱	优	弱	—	商业活动过强缺少吸引物	
不适宜类型	IV	高胁迫环境	弱	弱	优	—	建立严格保护区	七姊妹自然保护区
不适宜类型	VI	弱势区域	弱	弱	弱	—	不适合旅游发展	

由3类初始条件组合而成的三维图象共有8类发展空间，经分析，提炼出5

类旅游小城镇发展模式，这 5 个象限代表 ATV 优劣组合的空间类型分别为：

第一象限：传统古镇（A↑T↑V↑）。发展模式——社区营造。

传统古镇属于全要素优质空间，代表我国最成功的旅游小镇，一般位于东部地区和中西部省会城市附近，属于"AT 一体"型，如周庄、乌镇等，其开发模式主要为社区政府引导居民共同建设运营，自我开发。由于核心吸引物位于镇区中心，空间重叠性既要求高度保护，又可能出现环境矛盾。新镇区的出现是未来空间优化的趋势。

第二象限：主题小镇/资源再造（A↓T↑V↑）。发展模式——创意再造。

小镇大体基础条件为：环境好、基础优、资源较弱，分布在中国东部地区。主要依赖市场驱动，其弱势在于缺乏优良旅游资源，其发展形式为资源再造的创意型发展，如主题公园等"ATV 创意再造"型；由于缺乏核心吸引物，大多居民点发展为生活社区、商业配套较好的中心集镇，周边乡村环境保存良好，适合开展宜居度假小镇式旅游模式。

第三象限：生态旅游区（镇）/旅游新区（A↑T↓V↑）。发展模式——大区小镇。

"ATV"联动开拓型，分布在少数民族地区或大中城市近郊的旅游资源富集区域，其市场战略基于品牌高度实施营销，同时资源相对丰富，等级较高；尚无城镇建设基础或居民点分散内生力量不足，且部分区域有生态红线控制，原生态乡村环境保存良好。要求在发展旅游产业，完善旅游配套服务的同时还保证乡村环境不被破坏，最佳实现方式就是旅游小镇单核式布局，服务于整体旅游区。

第七象限：景区服务镇（A↑T↓V↓）空间。发展模式——双核驱动。

小镇分布在少数民族地区经济欠发达的旅游城镇，远离省会城市或地州城市的，其旅游资源等级高，旅游开发改善了交通等基础设施，形成了资源驱动下政府主导的旅游品牌推广模式。旅游景区组团式发展，承担着观光、游憩、游乐等活动，周边居民点沿景点分散布局承担配套服务功能，并随着市场不断外扩。由于没有形成集中的旅游配套区，零散布局的外围式拓展导致乡村环境受损。集聚式服务小镇的建设成为区域进一步发展的最优选择。

第八象限：休闲宜居镇（A↑T↑V↓）。发展模式——休闲集聚。

多位于城市郊区或乡村边缘区，前期因景区发展需要，集镇与景点周边服务区不断外扩，随后小镇以休闲集聚产业延伸的模式开发，其旅游项目与配套服务设施的建设，提升了城镇化速度，加快新型镇区拓展，从而导致乡村环境较快消失,体现"景镇扩张"机理。

ATV优劣空间权衡的三维空间中,不适合旅游发展的空间组合是:第四象限(A↓T↓V↑)组合的空间由于乡村环境保存良好,物质基础条件差,短期内鼓励以农业为主要活动空间,或建立起生态管制红线进行严格的控制;第五象限(A↓T↑V↓),缺乏典型的景观吸引物,地产开发与城镇建设活动较强,虽然形成丰富的商业区,却因为空间秩序混乱,导致乡村环境受损严重;第六象限空间(A↓T↓V↓)多属于生态环境和乡村文明遭受一定程度破坏的新农村建设区域,缺乏旅游发展的物质基础条件。这三类地区由于旅游条件差,不适宜旅游引导城镇化,应该选择其他途径作为其城镇化发展方向。不同的要素条件组合,形成了不同的空间状态,对应ATV三要素形成了小镇的发展战略、模式和路径,采取合理的战略、模式和路径方能发挥优势。

5.2 传统古镇:社区营造模式

5.2.1 社区营造内涵

Community,英译即"社区",日译"生命共同体"。德国学者Ferdinand Tonnies在《共同体与社会》(2010)一书中将社区定义为"富有人情味、有着共同价值观念,关系密切的社会生活共同体"。社会学概念中,居民在长期的生活交流中形成社区,即社会生活共同体,居民之间互动产生认同感。

社区营造以社区认同感为前提,居民形成了社区共识,自主开发建设社区,参与地方公共事务,发展社区旅游产业或文化活动,在提升社区文化氛围的同时,也改善了社区的生活空间和生活品质,对于传统古镇来说,当地的文化和产业得以复兴,再现社区活力,这种居民自主参与社区经营的过程,称为社区营造。即运用小镇的基础条件,基于社区共识,以文化精神为主题,通过产业发展和基础条件提升,在烘托氛围的同时,改善当地居民的生活条件,重塑社区活力,最终达到可持续发展。

日本将社区营造过程称为"造町",宫崎清主张从人、文、地、产、景5大方面实施社区营造。"人"指构建社区认同和社区意识,社区共同体的主体;"文"指延续传统文化,包括民间工艺及艺术;"地"指保护式开发建筑;"产"指创新经营特色产业;"景"指改善公共空间和提升景观等。

5.2.2 国外典型案例

国外对于传统古镇、传统村落和传统街区的发展积累了许多的社区营造经验，以日本古川町为代表，古川町位于日本岐阜县北方，飞弹山脉环绕四周，森林覆盖率较高。然而，伴随着当地传统工业发展，特别是林木产业的发展，生态环境受到污染和破坏，当地居民逐步认识到环境破坏的严重性，自动自发地展开保护环境的活动。当地居民自主保护式开发当地环境资源，将文化创意融入社区营造的活动中，成功打造社区，烘托文化底蕴，带动文化创意产业发展，有效促进地方经济的发展。

依靠传统民俗民规，古川町打造社区街道景观，同时保持建筑的传统风格，营造良好的地方文化特色，并制定景观条例和奖励措施，居民参与、社区协作，共同打造营造古川町社区，获得了巨大的成功，1993年获得日本营造大奖。因此，社区营造中，首先确立居民的社区意识，认可当地文化，同时政府引导居民自我保护式开发，促进旅游发展。

中国台湾地区社区营造融合西方"社区复兴"理念与日本的"造町、造村、造街"思路，西方"社区复兴"重在文化的复兴，日本着重于景观的再生产。依托水运交通条件，台湾大溪老街商业鼎盛，但是随着老街失去交通优势，其往日活力不在，因历史发展而传承的文化元素得以保存，规模较大，在当地政府的引导下，居民意识到传统文化和文化古迹是重要资源条件，自发成立街道改造协会，推动社区营造，参与街道景观工程和商业业态振兴。

街道景观工程中，居民推选社区规划团队，其中工程内容包括街道立面牌楼保固、管线地下化、照明系统、骑楼天花板及地砖铺设及街道家具5个部分。在规划方案的统筹下，居民全程参与街道的规划及实施；商业业态振兴中，通过恢复传统街道业态推动经济发展，引导就业，改善居民的生活面貌。目前大溪老街创新经营以木器、豆干等为代表的传统产业，积极开发文化服务及休闲旅游，大溪老街成了一个复古与前卫相融合的社区营造典型景区。

> 20世纪80年代,"社区建设"概念提出,概念以社区服务为核心,致力于社区服务、文化、教育及治安等方面。政府"自上而下"的倡导是社区建设的动力来源,但是,社区建设与社区营造在发展模式方面仍有着很大的区别。中国大陆更流行的提法是"生态博物馆""民族文化生态村"等概念,但这些观点仅处于社区参与理论研究的起步阶段。
>
> 作者在调研中发现,内地的社区营造尚未成为古镇发展的主导模式,但是却或多或少地受到社区营造的影响,尤其是在人文景观的特色再现方面,有着较好的发展基础。

5.2.3 国内案例调研:恩施沐抚古镇

5.2.3.1 沐抚概况

沐抚古镇地处湖北省恩施市西北部,东南距恩施市城区61公里,北距重庆奉节125公里,紧邻5A级景区恩施大峡谷,旅游优势明显。

近十年来,随着旅游业发展,沐抚逐渐成为恩施大峡谷风景区的游客集散地。同时,以"沐抚""木贡""道光水"①等地名由来为脉络的历史文化、以"女儿会""山民歌"、传统节庆等为载体的民族文化和以丰富的生物资源与奇特地质地貌为主的自然文化等都极具旅游吸引力和影响力,2015年沐抚古镇成功申报国家5A级旅游景区。

5.2.3.2 沐抚古镇ATV要素

(1) AT要素。

从ATV分布来看,沐抚古镇属于AT一体分布,具备良好的旅游资源条件和城镇基础。古镇所在集镇现状建设用地规模53.3公顷,现状人口9000人,人均建设用地133.3平方米,现有邮电、通信、医院、学校等公用设施,省道(屯渝公路)从集镇中部穿过。先后获得"十大荆楚最美乡镇""湖北省旅游名镇""湖北省旅游魅力名镇"等称号。

从资源角度来看,沐抚古镇属于武陵山区典型居住古镇,因长期居于峡谷地带,古镇特征文化保留较好,包括传统古民居、古盐道、古集市以及传统文化习俗,属于典型的武陵山土家小镇。发展过程中配套了特色餐饮、文化娱乐等项

---

① 沐抚因沐浴皇恩而得名,历史上深受清朝改土归流政策的影响。

目，自身成为独具特色的景观吸引物，未来将形成区域内重要的旅游发展核。

从空间角度来看，沐抚古镇居于恩施大峡谷风景区中心位置，地理位置优越。从这个角度来看，将沐抚定位为游客集散古镇更为准确，成为游客食宿中心、观光接待中心与商业中心。因此，一方面，发挥恩施大峡谷后方基地和前沿阵地的功能，成为小镇接待中心；另一方面，沐抚古镇在沐抚集镇的基础上，拓展小镇旅游空间和生活空间，完善休闲服务和文化体验，成为旅游增长极。

(2) V要素。

V环境属于乡村环境，包括自然环境和社会环境，该区域是沐抚古镇储备用地范围，承担着发展生态农庄、田园小镇等延伸休闲功能。

自然环境方面，沐抚植被种类繁多，物产丰富，盛产茶叶、葡萄、牡丹、万寿菊、水稻、高山小药材、林果等；沐抚拥有优美的生态环境，境内森林覆盖率达到70%，空气中富含负氧离子，有"天然氧吧"的美誉；沐抚平均海拔1000多米，年平均气温15.5℃，加之峡谷地形优势，凉润的气候特别适合避暑疗养；沐抚乡村空间广阔，拥有丰富的天然矿泉水资源，水质优良，硒元素含量高，是优良的适生区，尤其适合发展庄园式的休闲度假区。

社会环境方面，沐抚下辖5个村落，居民点沿旅游公路带状分布，是巴文化发源地，保存着较为完整的巴盐古道遗迹，历史人文底蕴丰富，少数民族风情浓郁。民居、民风、民俗等共同组成古镇外围的乡土景观。

5.2.3.3 社区营造模式解析

在沐抚建设中，围绕集镇中心的街区风貌和商业业态，政府实施鼓励全民参与的政策，共同提升沐抚集镇。城镇基础（T）不断完善，城镇中的古镇风貌等景观吸引物（A）获得最大限度的保护性开发，街面建筑多是修旧如旧。古镇住宅区域不断向乡村拓展，形成新住宅区（T）。同时，古镇至大峡谷沿线的景观环境（V）得到提升，结合乡村景观，配合古镇的景观风貌，对乡村民居进行统一改造，在城乡接合地带打造新旅游景点和产业园区（A）。

(1) 古镇（AT）营造过程。

①旅游项目变化。

古镇作为景观吸引物，依托小镇既有的公共服务设施，打造沐抚古镇旅游新区，成为新的景观吸引物。实行"旅游化、民族化"改造旧街道屯渝路，打造新街道，形成风情街街区；建设以狮子卯旅游文化广场为核心的旅游娱乐中心；并新建了旅游购物广场等项目。近年来在调动全体沐抚居民参与的基础上，基本实现"村村寨寨是景区、家家户户是宾馆、人人个个做旅游"的"旅游沐抚"发展目标。

②用地变化。

沐抚古镇土地利用的变化主要表现在：建设用地大幅度扩大，镇区面积南北两端延伸，商业用地与旅游建设用地的扩张，公共设施建设增加等。（表5-3；图5-4）。

表5-3 沐抚古镇用地变化情况对比（2009—2015）

	2009年	2015年
建设面积	建设用地为53.3公顷，人均建设用地指标为133.3平方米。其中，居住建筑用地36.1公顷；公共设施用地9.5公顷；道路广场用地5.1公顷	建设用地290.1公顷，人均用地96.7平方米
用地情况	民居分布在屯渝路两侧，布置混乱，居住环境差；商业主要沿公路分布，大部分处于居民楼一层，缺乏农贸市场、旅游商贸设施等	实施功能组团建设。完成镇区生活居住区和镇区广场的建设；将工业项目迁移至北部区域；镇区至大峡谷景区沿线区域打造民俗体验休闲项目；镇区入口区域建设现代化商业与金融等服务设施

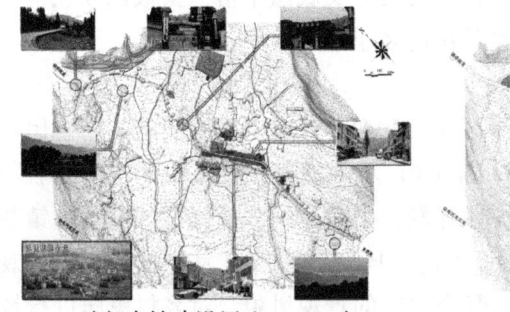

a. 沐抚古镇建设用地（2009年）　　b. 沐抚古镇建设用地现状（2015年）

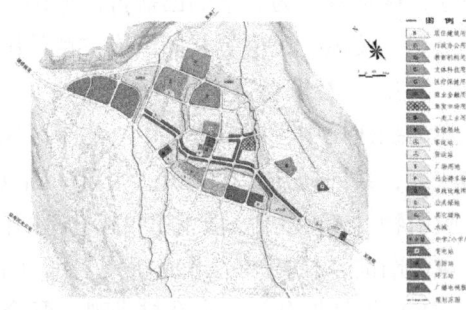

图5-4 沐抚古镇建设用地变化

③人口变化。

近十年来，沐抚古镇依托大峡谷景区的发展，集聚更多人气，在用地结构变化的同时，人口也出现大幅增长，主要是周边村落的生态移民以及外来经营者的进入。

表5-4 沐抚人口结构变化统计

	2009年	2015年	2025年（预计）
集镇人口	集镇人口为4000人左右	集镇人口为1.1万人，其中常住人口为0.9万人	预计集镇人口为2.5万人
办事处人口（常住人口）	2.61万人	2.9万人	3.6万人
城镇化水平	15%	38%	70%

④景观变化。

调查中发现，当地政府和居民共同致力于古镇景观的改造，尤其是民居改造工程，颇见成效。这个过程颇有台湾社区营造的经验，多方参与，政府以政策和资金扶持为主，设计团队驻地调研作业，居民参与方案制定，居民自主实施民居的改造行为，包括古镇到景区（大峡谷）沿线周边村落的环境整理。

表5-5 沐抚古镇景观营造变化

	2009年	2015年
绿地	公共绿地缺乏	绿化覆盖率30%以上，打造"点、线、面"的绿地系统，以城镇出入口绿化作为"点"，开辟游园作为"面"，滨水景观带、标志性景观道作为特色"线"。重点建设滨水绿化带和中心广场，结合中心公园、街头绿地的建设，形成完整的绿地系统
道路	道路为水泥路面，破败不堪，影响通行能力。 以屯渝公路为轴，典型的路边经济发展模式，纵向发展过长	实施亮化、绿化、硬化和净化工程，硬化率达到100%，扩宽街道，成三线一管入地，安装街道路灯； 开发建设新街道，打造特色商品一条街和旅游主题街。 完成屯渝公路部分路段商业网点改造。

▶▶▶ 流动的乡土：景观·小镇·村落

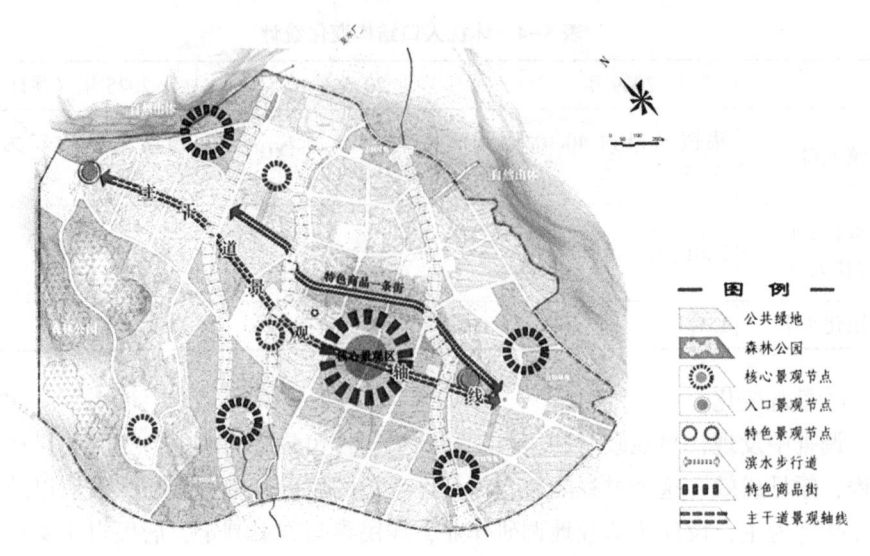

图 5-5 沐抚古镇绿地景观系统布局

古镇民居景观改造方案：对现有建筑的风格元素进行装饰性改造，使之更具景观性；"八字朝门青瓦屋，飞檐翘角转角楼"，既节约又美观和实用，上下一体，浑然一色，就地取材，经过改造后的集镇、周边的村落看上去整齐美观，与周围自然环境更加协调。

表 5-6 沐抚镇民居改造对比

2009 年之前	2015 年
街道破旧、且周围农户无规划乱建现象严重	实施街道民居改造以来，到 2015 年，累计改造民居 1697 户，打造成为具有浓郁民族气息和地域特色的主街道，完善了集镇的旅游功能

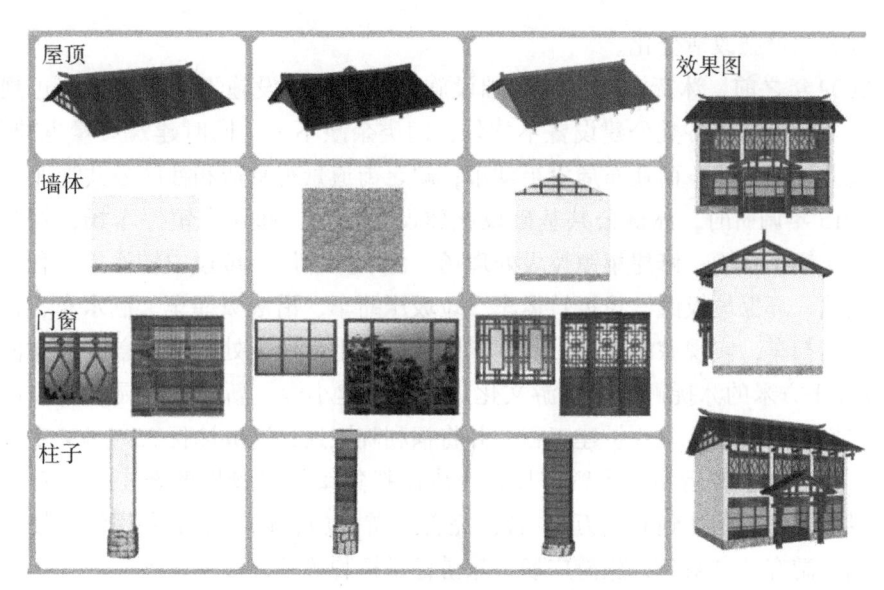

图 5-6　沐抚集镇民居改造方案

集镇的改造采取了设计团队进驻方式，设计人员进入每户做调研，规划设计具体改造方案，同时政府补贴与企业帮扶结合，全体居民参与环境维护，并将街景改进责任承包落实到具体经营户。

图 5-7　沐抚古镇改造前后对比

⑤公共设施改造变化。

2009年之前，沐抚镇的市政基础设施薄弱，交通设施不完善，缺乏正规的客运站及停车场；各类公建设置不均匀，门类余缺不一，同时建筑质量也较差；缺乏公共休闲空间，商业布局沿街就市；缺乏街道景观营造和社区公共管理。

2015年调研时，沐抚公共基础设施建设表现在：修建古镇停车场，停车场可停放车辆110辆；修建集镇垃圾处理场、污水处理厂、垃圾中转站等工程，配备垃圾桶、环保垃圾筐、垃圾转运车、垃圾压缩车、沼液吸粪车、洒水车、自动化路面清扫车，实现旅游通道沿线、景区及集镇生活垃圾处理全覆盖；修建面积约6000平方米的沐抚狮子阡旅游文化广场；迁建小学，新建幼儿园；建设市民休闲广场；启动卫生院改扩建工程，并将福利院搬迁；完成沐抚35/10kV变电站建设工作；修建客运站、集贸市场；完成沐抚集镇供水管网改造工程，新建水厂，供水能力近期达到0.2万吨/日；完善旅游设施，包括旅游专用停车场、旅游公厕、游客信息服务、旅游广场，旅游标示标牌等基础接待设施。

图5-8 沐抚古镇公共服务设施改造状况（医院）

（2）村落（V）营造过程。

沐抚办事处原有景点为大峡谷景区和沐抚古镇，随着大峡谷景区（A）和古镇（T）的发展，两者都逐步向乡村区域拓展。

沐抚乡村区域以保护生态环境为根本，以发展休闲农业和观光、休闲度假旅游为基础，以完善乡村休闲度假功能和休闲项目农业为核心，以旅游带动乡村脱困致富为目标，分期逐步建设成为鄂西生态旅游圈乡村旅游的新亮点，成为恩施大峡谷景区的后方休闲度假驿站。

①建设项目变化。

依托乡村环境，沐抚开发新旅游景点、住宅项目和产业项目，是旅游全域开发和城镇住宅区外迁的结果。乡村区域新开拓的景点包括恩施硒部茶之旅景区、花海生态旅游观光园、滑翔伞训练基地、高台村果树采摘体验园、营上村菊花采摘园、龙池国际休闲旅游度假区、邬家河休闲度假区、大河碥旅游综合体、七渡旅游产业园、小岩阡休闲旅游度假村等项目；住宅项目包括木贡、小岩阡、槽房、金银寨、七渡 5 个新型小区等项目；产业项目包括七渡旅游产业园开发、硒谷山泉矿泉水厂以及经济景观性种植基地若干等。

②产业发展变化。

2005 年以前，沐抚主要产业为烟叶、茶叶、玉米等传统农作物，农民仅靠传统农业获取收入；2005 年之后，恩施大峡谷开始投资建设，围绕大峡谷景区开发，逐渐形成了旅游产业链；2009 年，开始实施产业引导战略，结合打造"仙居恩施"建设八大生态走廊的要求，推动特色产业发展。

表 5-7　沐抚产业发展变化统计

	特色产业基地	农家乐
2012 年	发展茶园 333 公顷、黄金梨 67 公顷、小花椒 67 公顷、小水果 107 公顷、贡米基地 200 公顷、药材基地 133 公顷，蔬菜种植 295 公顷	发展农家乐 35 家，农家旅馆 25 家，其中民宿产业实现收入 150 万元
2013 年	发展茶叶、葡萄、牡丹、油菜、万寿菊、薰衣草等品种基地 680 余公顷	发展农家乐 32 家；发展"仙居人家"民宿 3 户。农家乐及民宿平均为每户带来约 5 万元的年收入
2014 年	茶园 267 公顷、黄金梨 67 公顷、小花椒 67 公顷、桃树 107 公顷、贡米基地 200 公顷、马铃薯 533 公顷、高山反季节蔬菜 160 公顷、油菜 1667 公顷。 农民专业合作社达到 19 家；培植了一批特种养殖和食用菌种植大户	发展农家乐 35 家，民宿产业实现收入 350 万元
2015 年	发展茶叶、葡萄、牡丹、薰衣草等品种共计 1353 公顷，5000 多个农户参与到产业调整中	发展农家乐 33 家，提档升级 15 家，直接带动就业 350 人；民宿产业实现收入 380 万元；大峡谷景区内共建商铺 203 个，均以低价租给景区开发中被征地农户经营
2016 年	农民专业合作社新增 3 家，达到 22 家	累计发展农家乐 150 多家，星级农家乐有 44 家，"仙居人家"民宿 28 家，旅游从业人员约 2000 人，经营者年均纯收入近 13 万元

▶▶▶ 流动的乡土：景观·小镇·村落

景观种植产业的发展，本身也促进了乡村聚落景观的变化，提升古镇外围的可观性，其中花卉景观能够吸引游客，营造市区—大峡谷一线沿旅游公路的景观，同时，茶叶、葡萄等产业富民增收效果明显。

a. 星级农家乐　　b. 葡萄产业园　　c. 茶叶种植园

d. 油菜花种植园　　e. 薰衣草种植园　　f. 牡丹花种植园

图 5-9　沐抚镇周边乡村产业发展

③乡村景观变化。

重点打造"黄鹤楼生态走廊"精品线，主要涉及民居改造工程和庭院绿化工程，融于乡村原生态环境，延续古镇民居特色风格。按照青瓦、白墙、木门窗的风格，凸显土家民俗特色，与古镇内部民居改造既风格统一又突出郊野的庭院景观。注重坡屋顶、飞檐翘角、清水条、石板墙勾缝、门窗油漆改造及庭院亮化、美化、硬化的标准，同时与农家乐、"仙居人家"民宿的发展相结合，实行内外兼修。

表 5-8　沐抚乡村景观社区营造过程

2013 年	对走廊沿线已改造的民居进一步提档升级，完成 406 户的民居"靓化"任务
2014 年	完成 250 户提档升级，其中内部改造动工 200 户；住房难任务 94 户。平整场坝、户间道 300 平方米，建花台 300 米，建场院护栏 290 米，庭园栽树 400 株
2015 年	改造民居 1697 户，规划庭院硬化 15000 平方米。完成岩上、金银寨、七渡等小区水、电、光缆、道路等基础设施建设

a. 民居改造前后对比一

b. 民居改造前后对比二

图5-10 沐抚乡村景观营造中村民住宅的再设计

小 结

在社区营造的具体措施落实上，一方面，基于沐抚古镇 AT 一体，在原有古镇生活空间的基础上，推进全体居民参与社区营造，保留原有城镇风貌和生活状态，改造街道风格，改善和提升基础设施，提高古镇的旅游接待能力。为了提高居民的积极性，实施政府补贴与设计团队入户帮扶的政策，获得几乎全体居民的支持。另一方面，依托大峡谷景区龙头带动作用，积极推动乡村发展，拓展新项目，不断地将乡村区域纳入城镇旅游空间，推动区域内城乡产业结构的转型升级，将乡村的产业和景观引导向旅游产业方面发展。围绕旅游产业，调整农业结构，做到让旅客养眼，让百姓致富；既是一大产业，也是一道风景，鼓励周边村民发展茶叶、葡萄、牡丹、油菜、万寿菊、薰衣草等品种种植1350余公顷，群众积极性高涨，仅油菜种植面积就达453公顷。

随着古镇的变化,集镇区域成为办事处的政治、经济、文化、科技和信息中心。政府实施规划先行,总体把控城镇和乡村空间分布,实施城镇规划改造和乡村产业升级,实现古镇与乡村协同发展。大力开发建设新街,努力构建"沐抚古镇"的城镇化建设新格局。

基于沐抚古镇的案例分析,结合 ATV 空间效益权衡的基础依据（A↑T↑V↑）可以看出,古镇型（AT 一体式）旅游小城镇通常采取的发展策略是政府高度引导,居民参与度高的社区营造模式。突出体现了"政策驱动,社区场景存留"两个特征,由于小镇与景区空间高度重合,产业发展基础良好,在古镇的发展中,尤其需要依靠政策优势刺激居民参与旅游事业的积极性,另一方面,也需要政策去约束开发性活动的展开,以确保社区场景的存留和文化景观的记忆符号恢复,AT 空间的重叠性,导致未来的休闲事业主要依靠周边乡村空间的拓展。所以,古镇社区营造的发展路径,从根本上说是实现社区文化景观重塑的过程,是景观符号、记忆与空间更新的过程。

5.3 主题小镇：ATV 创意再造

5.3.1 创意再造解析

本书基于 ATV 的空间效益权衡组合中旅游资源本底较差（A↓T↑V↑）的基础,提出主题小镇 ATV 创意再造模式,也正好契合国家最新政策[①]。

主题小镇核心吸引力是特色文化或主题差异化的提炼,并通过景观营造强化小镇的个性。最典型的主题小镇多是依托某一类或几类特色资源包装主题,包括温泉小镇、滑雪小镇、童话小镇等。围绕主题文化,突出氛围与环境的整体设计,将建筑、景观、服务设施等要素均融入主题文化中,从而树立起鲜明的主题形象。作为特色小镇的一种代表,在其空间格局与体制构成中,不局限于城镇模式,而侧重主题化空间平台、载体的建设,将主题文化以产业、活动、IP 等多元化的形式展现出来,将文化元素具象化,这是主题小镇成功的关键点;同时也响应了政策上对于特色小镇"非镇非区,并非行政区划单元,也不是产业园区,而是相对独立于市区,有明确产业定位、文化内涵、旅游特色和一定社区功能的

[①] 2016 年 7 月,住房城乡建设部、国家发展改革委、财政部《关于开展特色小镇培育工作的通知》提出特色小镇培育 5 大要求,计划到 2020 年培育 1000 个左右特色小镇。

第五章 空间权衡与路径分析 ◀◀◀

发展空间平台"的官方定义。

主题小镇 ATV 创意再造模式是景区、休闲区、城镇区合成的综合架构。创意再造是指结合区域内现有资源或市场优势，以某一或几个主题元素为核心，以休闲产业、旅游业为支撑，实行旅游产业集聚性开发，提供旅游服务与产品，打造人工建造的旅游目的地，即为创意型主题小镇。

创意型主题小镇，是通过对景观吸引物、镇区与周边环境的整体再造，实现就地城镇化的新态势，也成了旅游开发中一种最具特色的代表。创意主题小镇是大众度假热潮与国家顶层设计碰撞出的火花，依托"吸引核+聚集核+地产延伸体系"的发展架构，故也是主题公园的深化与空间拓展。

5.3.2 国外案例：美国奥兰多迪士尼小镇

5.3.2.1 迪士尼小镇概况

迪士尼小镇（Disney town），旧称布埃纳文图拉湖购物村（Lake Buena Vista Shopping Village），现称 Disney Springs 或 Walt Disney World Resort。是一座华特迪士尼世界度假区中的户外购物、饮食和娱乐设施，与迪斯尼乐园仅一路之隔。小镇位于奥兰多郊区布埃纳文图拉湖，整体置于田园乡村的环境中，小镇包括迪士

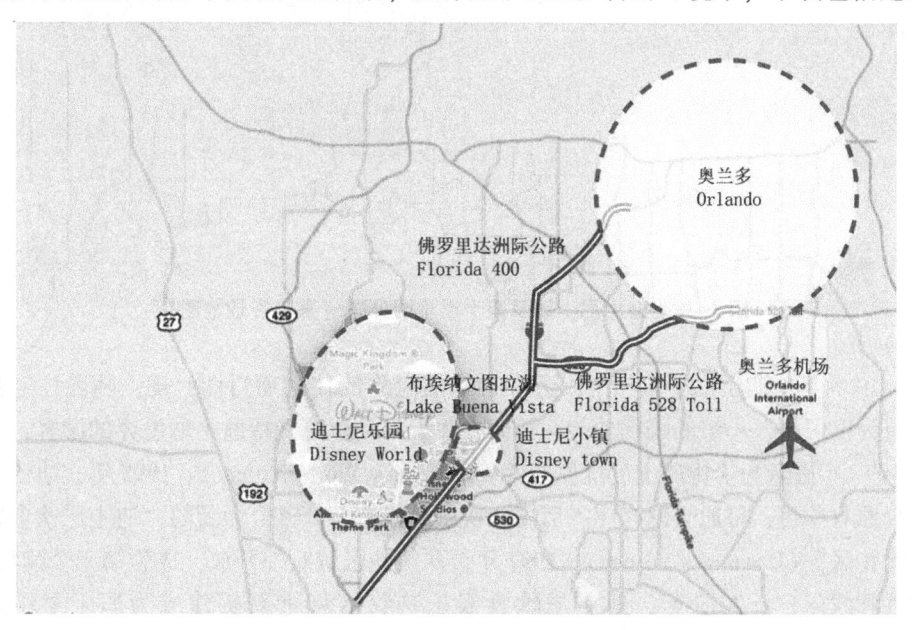

图 5-11 迪士尼小镇地理区位（来自迪士尼官网）

· 151 ·

▶▶▶ 流动的乡土：景观·小镇·村落

尼乐园都位于乡村环境中，并有州际公路连通奥兰多（图5-11）。

5.3.2.2 迪士尼小镇创意主题营造

小镇沿用迪士尼的理念，以"主题公园式"的社区为宗旨，营造一个"重回纯真年代，体验梦想成真"的居住乐园（图5-12）。而在主题特色上，小镇并非盲目地沿用与其仅一路之隔的"迪士尼主题"，而是结合节日主题，每个月举办大小活动，内容形式多样，容纳各种文化，满足不同人群的体验，形成了极具社区和谐感与强调体验活动的主题小镇。

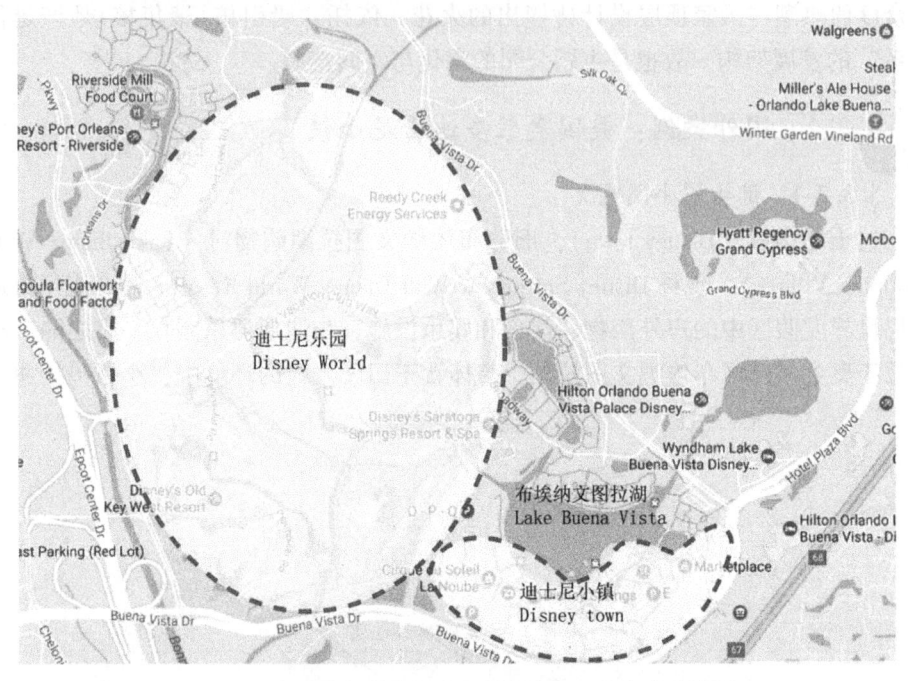

图5-12 迪士尼小镇及迪士尼乐园分布（来自谷歌地图）

1975年，迪士尼小镇为了服务在迪士尼世界的住宅项目而兴建；随着住宅被变更为度假村，小镇的购物功能区转而专注于服务造访华特迪士尼世界的游客，并在1977年更名为华特迪士尼世界村（Walt Disney World Village）；1995年，迪士尼整合原有项目，将迪士尼村庄、市场和快乐岛三个部分整合为新的"迪士尼饮食娱乐购物区"（Downtown Disney）；1997年，西侧的区域对外开放，成为第三个购物、饮食和娱乐区；2013年，迪士尼饮食娱乐购物区将重新扩建成为迪士尼小镇（Disney Springs），以佛罗里达州滨海风情为主题设计的灵感来源。

现在，迪士尼小镇由四大板块组成，包括 Town Center、The Landing、West Side 和 Marketplace。四大板块围绕主题，打造商业步行街、海滨景色和主题餐饮等，拥有超过150家商店、餐馆和娱乐场所。The Landing 板块打造海滨景色和主题餐饮；Town Center 打造天然泉水景观，区域内酒店可以满足购物和餐饮；West Side 内主要提供娱乐活动，同时提供观景台、餐厅、大型商店和娱乐设施；Marketplace 围绕商业步行街，设置许多的观光点、商店和餐厅。

迪士尼小镇延续迪士尼乐园的文化主题，将迪士尼乐园的文化元素融入建筑和活动项目中，同时通过表演活动营造良好的文化氛围，打造具备餐饮、娱乐、购物和住宿等功能于一体的商业街区。迪士尼在世界各地推广的过程中，运用的最典型方式是国际品牌本土化，结合本土文化特色进行主题设计与项目更新。

5.3.3 创意再造：土家女儿寨

5.3.3.1 女儿寨概况

女儿寨旅游风情小镇位于湖北省恩施市营上村马鞍龙区域，距恩施市城区47 km，距沐抚办事处3 km。小镇属于恩施大峡谷5A级景区旅游开发的产业辐射区，毗邻大峡谷景区游客换乘中心。小镇总规划面积39.2公顷，建设用地约24.5公顷，其中游客服务中心占地14.7公顷。现已建成一期酒店群、接待中心、演艺广场、商业街区等项目。

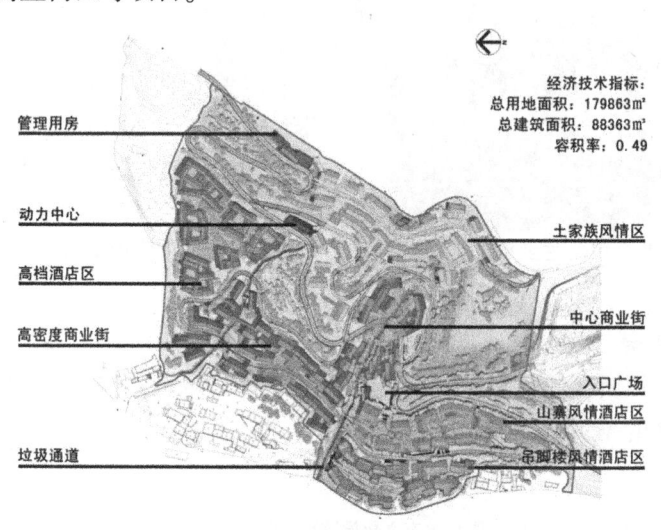

图 5-13 土家女儿寨总平面布局

女儿寨小镇[1]以"女儿会"的节庆文化为主题,建设重点是挖掘土家民族文化,将土苗文化、传统旅游业、现代商业与新农村建设相结合,创意再造具有土苗民风民俗的特色文化旅游小镇,配套恩施大峡谷景区。

5.3.3.2 女儿寨 ATV 要素

(1) AT 要素。

从空间来看,T 是人工景观打造的整体空间,A 是各类主题元素与活动项目,一切在小镇内具有吸引力的资源都划为 A。小镇即景区,是开放式的景区,也是核心吸引物的空间载体。

女儿寨度假酒店是小镇最核心的要素,集休闲、度假、娱乐与购物于一体,既是住宿生活空间,更是景观吸引物载体,于 2014 年开业,是女儿寨小镇的一期,分为四个组团。其中 A、B、D 三个组团主要是酒店客房区,C 组团主要是餐饮、娱乐、会议等项目。A 组团建筑面积约为 7800 平方米;B 组团建筑面积约为 4500 平方米;C 组团建筑面积约为 7500 平方米;D 组团建筑面积约为 7600 平方米。

正如第三章所分析,小镇的核心要素是步行街与商业街区的构建,女儿寨依山而建有两条商业步行街,并随着住宅区与商业区的建成,将连通区域内各处的内街,组成四通八达的街巷网络,达到 WAVE[2] 打造。

a.女儿寨小镇街巷全景　　b.女儿寨小镇商业街与内街结构

图 5-14　女儿寨商业街巷结构

(2) V 要素。

女儿寨小镇所在的营上村马鞍龙区域,属于大峡谷核心区。基于大峡谷资源背景,女儿寨的 V 元素具备较强的吸引力。

---

[1] 女儿寨的投资商为:湖北省鄂西生态文化旅游圈投资有限公司全资子公司恩施旅游集团。
[2] 详见第三章,引用吴必虎的 WAVE 要素打造小镇风貌。

①区域乡村环境。

资源条件方面，女儿寨小镇所在营上村，气候温和，雨量充沛，生态环境多样，土地面积22.93 km²，耕地面积488公顷，林业面积1355公顷。现有总人口6423人，人均纯收入6180元，产业主要以茶叶、畜牧养殖、中草药、林果为主。同时人文底蕴丰富，包括女儿会、土家特色民居等。

基础条件方面，旅游公路沿线旅游标示标牌齐全；村内水、电、路等基本设施均到组到户；垃圾回收及处理已局部落实；有村级卫生室，邮政、电信、通信方便；村内有中心幼儿园、枫香小学。营上村在恩施大峡谷景区的带动下，目前经营有46家农家乐，乡村旅游基础较好。

②女儿寨地理条件。

女儿寨所在地块四面环山，云龙河、清江从境内穿过，两岸为坡地地形，平均海拔1050 m，为典型的喀斯特地貌，兼具山岳胜景和岩溶景观，其中，大峡谷境内山以雄奇险峻著称，水以清幽奇幻显优，处处飞瀑高低悬殊，十里地缝怪石嶙峋，多奇花异草古木苍翠。

地势呈东高、西低，地势为缓斜坡。地貌属鄂西南构造剥蚀中山区极显构造剥蚀地貌景观，岩溶洼地、槽谷、峰丘构成场地的基本地貌单元。

表5-9 女儿寨乡村环境地理要素分析

高程	最高点高程为998 m，最低点高程为872 m
坡度	区域地形坡度较大，地形坡度大于20%的场地面积超过60%，地形坡度小于20%的场地面积不足40%，而适于建设的场地要求地形坡度在20%以内
坡向	西向坡占比最高达30%，其次是西南向坡占10%，其他主要坡向包括北向坡及西北向坡，分别占9%和7%。场地内另有少量平地区域占比不到10%

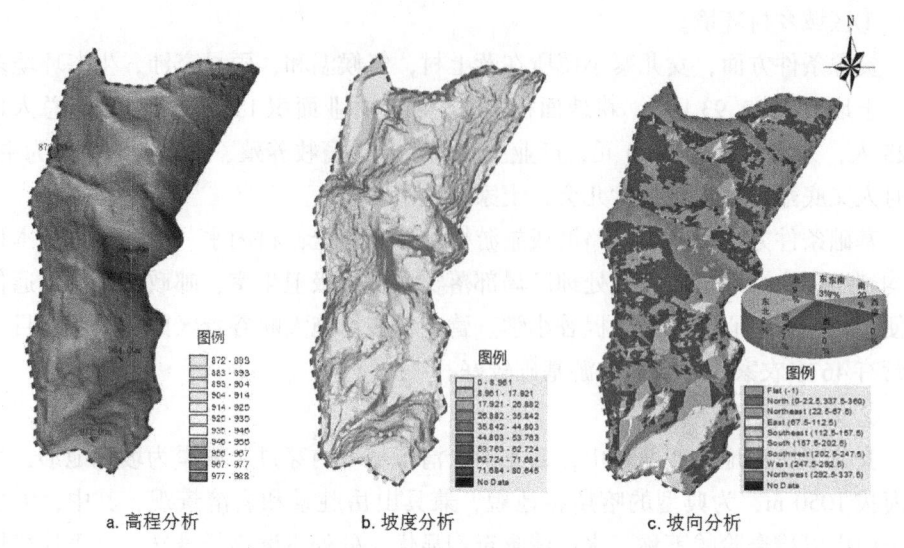

a. 高程分析　　　　　b. 坡度分析　　　　　c. 坡向分析

图 5-15　女儿寨地理环境空间分析

5.3.3.3　女儿寨创意再造

（1）A 变化。

女儿寨小镇建设核心是文化元素与建筑景观的融合所形成的创意项目，作为人工小镇，女儿寨的核心吸引力即是小镇文化脉络提炼后的产品转化。建设进程以主题元素凸显的度假村建设为先导，引导后续创意产业的铺展（表5-10）。

表 5-10　女儿寨建设进程

2012 年	2013 年	2014 年	2015 年
女儿寨旅游小镇的建设被提上议程，整个小镇建设的计划得到迅速推行	投资 7.5 亿元的恩施大峡谷旅游综合服务枢纽二期——女儿寨一期基本完工	女儿寨一期（度假村）开业迎客，市场效应良好	女儿寨建设项目二期工程建设中

区域内的民俗文化遗产土家女儿会，成为小镇创建的文化脉络，女儿寨的生命力源自充分体现土家族人和自然和谐相处的"天人合一"的宇宙观，达到"虽由人作，宛自天开"的效果。同时也顺应当下土家生活的发展，将传统文化融入发展的现代生活当中。从市场条件角度来看，女儿寨紧靠恩施大峡谷景区，有着巨大的客源市场基础，因此，女儿寨的建成不仅是 ATV 创意再造，更是景区服务型小镇。

(2) T 变化。

女儿寨的 T 条件，即是功能分区和基础服务设施的建设所形成的综合性人造小镇。功能分区突出小镇未来的发展规模和方向，基础服务设施建设突出未来旅游发展承担的功能。女儿寨划分为住宿接待区、文化休闲区、养生度假区三个功能区，建设住宿、餐饮、文化体验、购物、娱乐演艺、景观休闲 6 大产品系列，11 大项目组团。

表 5-11　女儿寨小镇产品系列

业态品类	产品细分
餐饮旅游产品	女儿家美食街、嗯噶吧街等
住宿旅游产品	薛家寨、九女闺阁、合院别墅等
娱乐旅游产品	三叠水广场、赛歌台、女儿情剧场、摆手舞广场、女儿会演艺、哭嫁演艺、土家婚礼等
购物旅游产品	背篓情街区、女儿街、西兰卡普步行街等
景观旅游产品	女儿河、天飞河、厚朴街、边边场、当归园、党参园等
文化旅游产品	女儿会博物馆、织绣房、女儿楼、女儿井、青缕路、石磨街、团圆街等

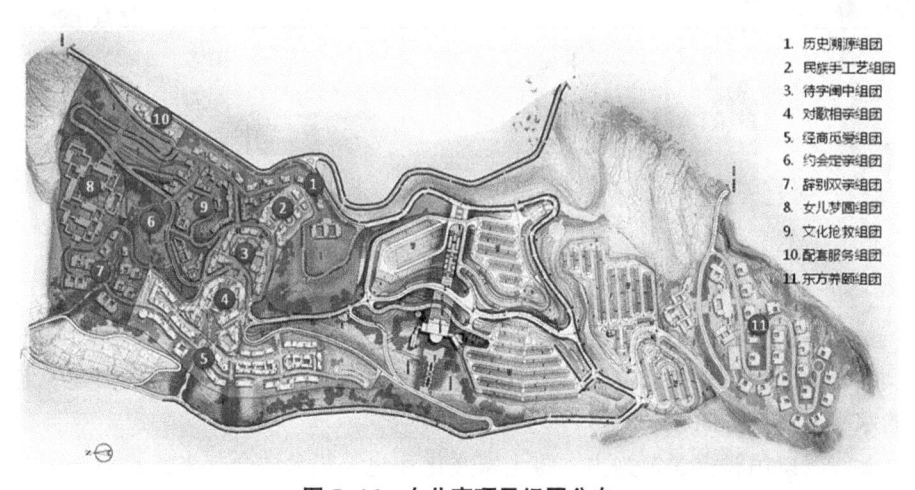

图 5-16　女儿寨项目组团分布

① 建筑再造。

2013 年之前，区域为缓坡地块，仅存留部分散落民居。

▶▶▶ 流动的乡土：景观·小镇·村落

2013年之后，规划建设女儿寨，开发过程中，在对道路、村落进行分析的基础上，对陡坡、冲沟以及树林等地理要素的适宜性进行了分析，如图5-17所示。

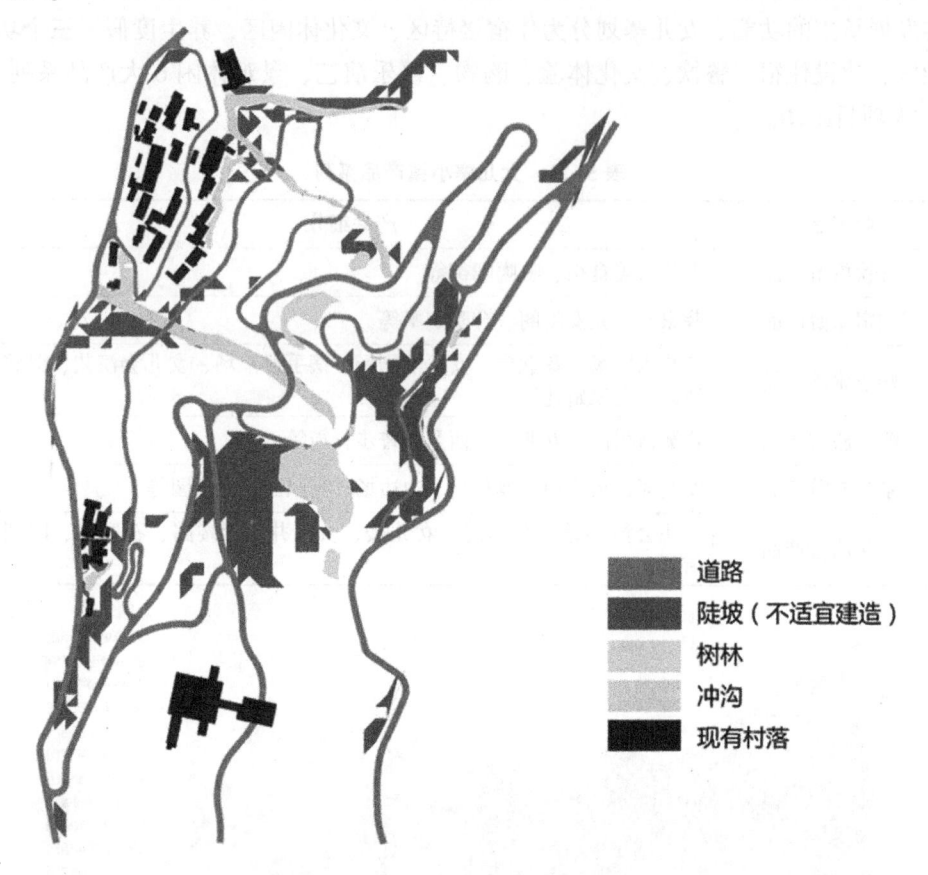

图 5-17　女儿寨建设用地适宜性分析

结合地形特点，女儿寨建筑适宜而建，错落有致，同时吸引游客在建筑与景观的水平和竖直方向移动。

女儿寨以吊脚楼建筑为主，将土家文化和建筑艺术结合起来，是对土家族居住形式发展的新尝试和新方向，突出不同时期不同风格的吊脚楼演进过程。同时设计具有土家族建筑特色的商业空间模式。重点在建筑风格、布局、色调等方面体现当地文化特色。

第五章 空间权衡与路径分析 ◀◀◀

图 5-18 女儿寨依山而建的建筑景观

②景观再造。

2013年之前,马鞍龙地区整体呈现乡村荒地无序景观,部分耕地散落分布。景观基本上处于原生态的峡谷地貌。

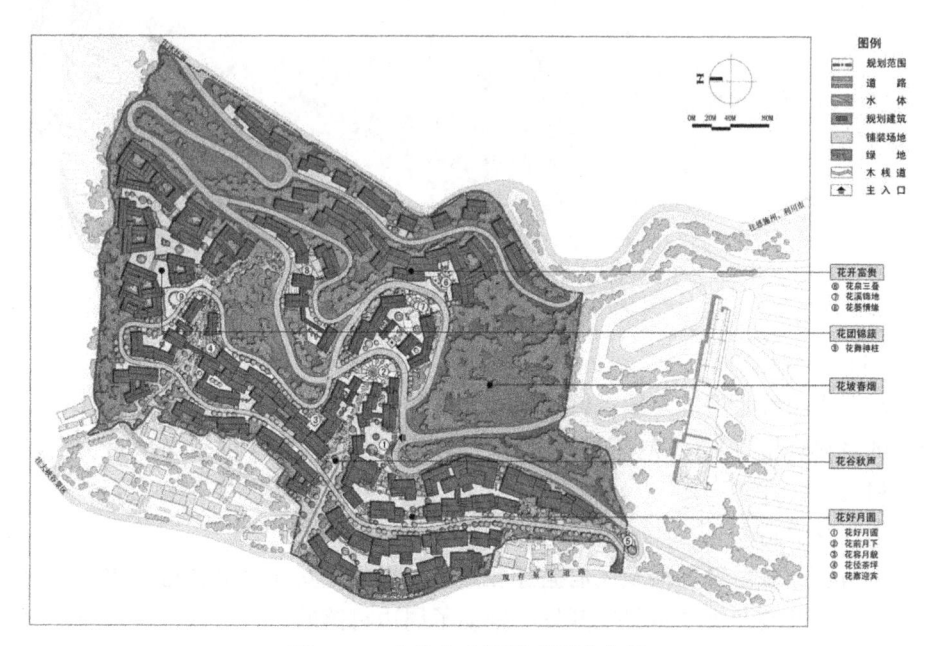

图 5-19 女儿寨小镇景观再造布局

· 159 ·

▶▶▶ 流动的乡土：景观·小镇·村落

2013年之后，小镇以商养景，以点带面，成为区域的开发亮点，逐步打造成为田园小镇，与女儿会文化元素结合，形成景观节点和小景点，重点营造春秋两季的景色，凸显群山披绿、山花烂漫、丹柿红透等土家族特色风情，胜似仙境，打造独具魅力的"仙居"旅游风情小镇。同时，通过现代景观手法提炼土家族生活中的精彩、极富特色和有感染力的元素（民间工艺、民间歌舞、年节习俗等）展现给游客，让游客感受、参与、体验土家族传统文化。

小镇摸索出一条通过项目建设与景观营造保护传统文化的路子，让由于时代发展而备受冲击的土家文化不只是在博物馆才能见到。因此，女儿寨是一座更具活力和开放式的生态博物馆。

③公共设施再造。

依托村落聚居和景区服务，马鞍龙区域逐渐扩充为以女儿寨为核心的城镇。不断完善公共设施，包括营上村污水处理厂、营上村供水管网与集镇并网、营上村旅游商品交易市场、云龙河水上娱乐休闲设施、太阳能路灯、旅游交通候车亭、旅游公厕和旅游客运站等。

图5-20 女儿寨建筑街巷现状

（3）V变化。

随着大峡谷景区的发展，特别是女儿寨项目的开发，旅游产业发展改变了营山村的乡村环境（V），包括村落形态、建筑、产业、公共设施等项目，推动了新农村发展。

①村落再造。

一方面，旅游开发涉及民居搬迁和集聚，形成以女儿寨为核心的聚落点，另一方面，女儿寨及大峡谷景区开发，推动了周边村落的变迁，改变了原有的产业结构，居民的生活方式也随之改变。

表 5-12　女儿寨周边村落演化情况

时间节点	分布	具体情况
2005 年之前	零散式分布	营上村包括马鞍龙区域尚未进行旅游开发，大多数的住宅地都较分散，主要依托于农田，以便于农民从事农业耕作活动
2005—2008 年	条带状分布	大峡谷进行初步的规划与开发，确立马鞍龙为游客服务中心，建立旅游服务的配套设施，开始吸引村民聚集在马鞍龙附近交通要道，村落的形态开始由零散走向集聚
2008—2011 年	团块状分布	随着景区"井喷"式发展，村民在往返大峡谷的交通要道、景区附近开发住宿、餐饮、娱乐等产业，将马鞍龙旅游小镇与村民居住区连成一片，村落整体形态呈团块状分布
2012—2015 年	发散式对外扩张	马鞍龙区域主要是围绕"一个主要点、两个辅助点"展开。一个主要点，即马鞍龙游客中心，承担着食、游、购、行四个旅游要素，是旅游小镇地产的核心区域。两个辅助点指的是"龙船调实景剧场"和"沐抚古镇"，两个辅助点起到分散核心区域的功能，从而避免核心区域用地紧张的状况，同时又能扩大旅游小镇的辐射范围，促进旅游业的经济发展，与当地居民共享收益

②建筑再造。

区域内乡村建筑变化主要反映经济变迁，随着经济条件的改善，民居逐渐向着城镇住宅结构发展，即原有木结构吊脚楼逐渐演变为普通楼房，但风貌上延续原有少数民族风格。

表 5-13　女儿寨村落建筑再造

时间节点	描述
2005 年以前	受到经济条件的影响，村民的改建或者新建住宅数量并不是很大，建筑的形态多以木质吊脚楼为主
2008 年之后	随着旅游开发的不断深入，村民的收入增加，使得营上村改造或者新建民居的现象较为普遍。当地政府按照青瓦、白墙、木门窗等能凸显土家文化特色的总体目标，帮助村民对自己民居进行提档升级，使民居更富土家特色，更加契合大峡谷的形象
2015 年	民居改造基本完成，将公路沿线民居打造成为特色观光走廊，居民自发建设土家族特色的吊脚楼式的农家客栈

③产业变化。

在2005年以前,女儿寨所在的村落村民主要从事农耕活动,主要产物包括玉米、茶叶等,农忙之余到沐抚集镇上赶集,交易农副产品等。2008年之后,随着大峡谷景区逐步开发,一方面,大峡谷带动直接就业,景区直接就业人口从2010年的119人增加为2014年的695人,其中80%以上来自营上村;另一方面,营上村产业发生很大的变化:

a. 随着女儿寨小镇的建设,与景区共建商铺203个,均以低价租给被征地农户经营,商铺年均纯收入达4.5万元;

b. 推动一大批服务产业发展,包括农家乐、民宿等,2015年,新发展农家乐33家,提档升级15家,直接带动就业350人,"仙居人家"民宿实现收入380万元,农民专业合作社达到22家;

c. 发展特色产业基地,包括茶叶200公顷、黄金梨33公顷、薰衣草基地33公顷、葡萄基地67公顷。

小 结

女儿寨属于人工创意再造旅游小镇,基于原有乡村环境,以女儿会节庆文化为主题线索,通过文化元素打造景观,烘托文化氛围,逐步完善集住宿、餐饮、娱乐、购物等功能于一体的小镇,实现ATV一体建设,协调AT与V的发展。

首先,文化创意再造,打造旅游创意小镇。以"女儿会"文化为脉络,构建两条文化主线。两条文化主线是指以女儿会的历史背景形成的虚线和以女儿会文化故事情节形成的实线,对恩施女儿会进行再挖掘,充分放大女儿会的文化内涵。以女儿会的文化特征、故事情节、场景安排和项目布局,使项目规划和空间设置按照两条主线的情节发展和先后顺序安排,把主要的休闲商业活动、文化体验活动贯穿于女儿会的赶集、见面、赶边边会、对歌、许愿、私订终身等情节,通过设置不同场景,丰富和展示项目的文化内涵。除了相亲作为主要文化内涵和表现外,围绕女儿会爱情文化逐步开发了包括相识、相知、相恋、相爱、结婚、重温等与爱情相关的产品系列。

其次,完善综合功能。女儿寨一方面承担大峡谷接待服务功能,完善住宿、餐饮、娱乐功能,承担旅游接待小镇功能;另一方面,开展以旅游为主要产业的小城镇建设,依托营上村公共服务设施,逐步吸引当地居民聚集在小镇,积极参与旅游开发，逐步实现当地产业结构的调整，增加居民收入，最终走上旅游引导城镇化建设的道路。

女儿寨的建设经验印证了作为 A↓T↑V↑ 空间效益权衡的主题小镇采取 ATV 创意再造的发展路径的一般规律，由于这类地区的城镇基础较好，缺乏原生态旅游资源，所以一般会依据周边大环境的地域文化背景选取创意主题，比如女儿寨的土家文化元素提炼，然后借助周边优良的旅游市场基础铺展上下游产业链。ATV 创意再造的核心是主题的提炼，然后是围绕主题展开的相关产业活动创新、旅游配套服务设施的完备以及人气的聚集。这一模式与社区营造的最大区别是市场化的运作手法，政府政策只提供辅助和支持。

5.4 休闲集聚小镇：休闲集聚

5.4.1 休闲集聚解析

休闲小镇的打造模式被认为是大众度假时代下市场、旅游、地产结合的最佳选择，依托自然或人文景观资源等基础条件，形成旅游服务和休闲产业聚集的小镇。同时，休闲小镇以商业街为主要展现形态。

休闲小镇不完全指建制镇，建制镇与非建制镇是指政府主导下的管理机制，规划一个建制镇或规划一个乡、镇或中心镇等均属于城镇体系中的城市结构。

AT 分离模式中，因为 T 的发展壮大，城市经济的快速发展，使市民的休闲需求越来越强烈，于是有了休闲延伸的经济基础，也就是说游客量的保障成为休闲小镇生长的基础，即先 T 后 A，休闲小镇作为新的休闲型景区生长起来。

城郊休闲小镇，更是城市休闲空间的外延。其观光旅游资源一般，等级不高，但是结合城市休闲度假旅游来说，其开发价值较高，对居民的吸引力较大。对于观光资源来说，首要条件是自然赋予，人工无法构造，如黄山、九寨沟等景点，对于休闲度假资源来说，自然条件一般，而后续规划开发建设是重点。因此，城市周边发展城郊休闲小镇具备很好的条件。

城郊休闲小镇受到城市经济的辐射，拥有良好的基础条件和较大的市场需求。同时，受到城市的财政和政策支持，该类型小镇在经济发达地区更多。近年西部地区由于政策支持，城郊休闲小镇正成为新生代的旅游目的地。城镇周边乡村地区的农田、庄园、基地等空间纷纷被开发出来，形成新型的休闲空间，增强旅游小镇的外围吸引环。

休闲小镇是旅游产业聚集推动城镇化的模式，即"旅游引导休闲聚集形成的休闲小镇发展模式"，该模式在空间上突出三个特点：第一，核心吸引中心（A），吸引核不仅是观光旅游资源，同时包括休闲、娱乐、游乐等资源；第二，休闲集聚中心（T），以居住功能为核心、多业态聚集为拓展，让游客留下来，只有留下来才会形成消费；第三，延伸发展空间，休闲产业聚集能够延伸其他泛旅游产业业态，并形成多种消费结构，因此，仅镇区空间是远远不够的，于是外围的乡村地区由于有原来的自然景观、生态环境与农业基础，为延伸产业的发展提供了物质基础。

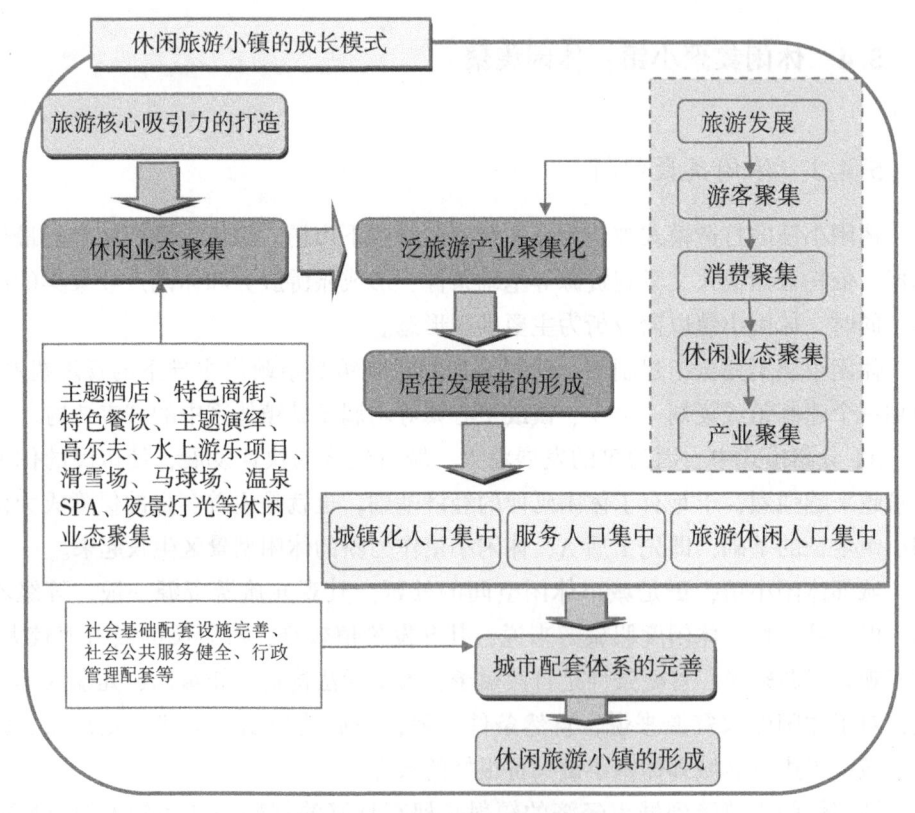

图 5-21 休闲集聚小镇构建模式

突出旅游吸引力，打造吸引核，是休闲小镇开发的前提条件。旅游小镇的发展中，通过旅游产品开发实现小镇核心吸引力的打造，通过吸引力实现游客聚集和消费聚集，促进小镇的泛旅游产业聚集，实现休闲度假人群、旅游服务人群和当地居住人群等聚居，在此基础上，逐步开发实现旅游地产、居住地产等居住设施，并完善与提升小镇的基础设施和社会公共服务设施配套以及行政管理配套等，最终实现城镇化发展结构，周边村落不断调整演化，或搬迁或修葺或以休闲农业开发等形式参与进来。

5.4.2 国外案例：新西兰皇后镇

5.4.2.1 皇后镇概况

皇后镇（Queenstown）位于瓦卡蒂普湖（Lake Wakatipu）北岸，是一个被南阿尔卑斯山包围的美丽小镇，依山傍水，其海拔高度为310 m（图5-23），皇后镇以"新西兰最著名的户外活动天堂"而著称。小镇人口稀少，加上流动人口，其人口总数为20000左右，其中欧美人士约占80%，亚洲人士约占10%，其他种族人士则约占10%。

图5-22 皇后镇及瓦卡蒂普湖（来自皇后镇官网）

5.4.2.2 皇后镇休闲小镇建设

皇后镇坐落于瓦卡蒂普湖最北端，区域内拥有休特弗河与卡瓦罗河，具备良好的水域风光。四周山岳环绕，属于高山区域，冬季拥有良好的滑雪基地，夏季成为登山运动和观光的地点，拥有较优良的基底。皇后镇周边以户外活动为主，开辟了多条旅行线路，包括自驾、自行车等形式（图5-23）。运营活动约220种之多，包括滑雪和滑冰、美酒品尝、水疗、保健、高尔夫、徒步旅行、骑行、空中探险、山岳观光、湖泊探险、钓鱼、生态旅游、体育运动、艺术文化体验等。同时，结合独特的地理环境，依托城郊葡萄种植区，打造了葡萄庄园、休闲农庄等众多休闲度假项目。

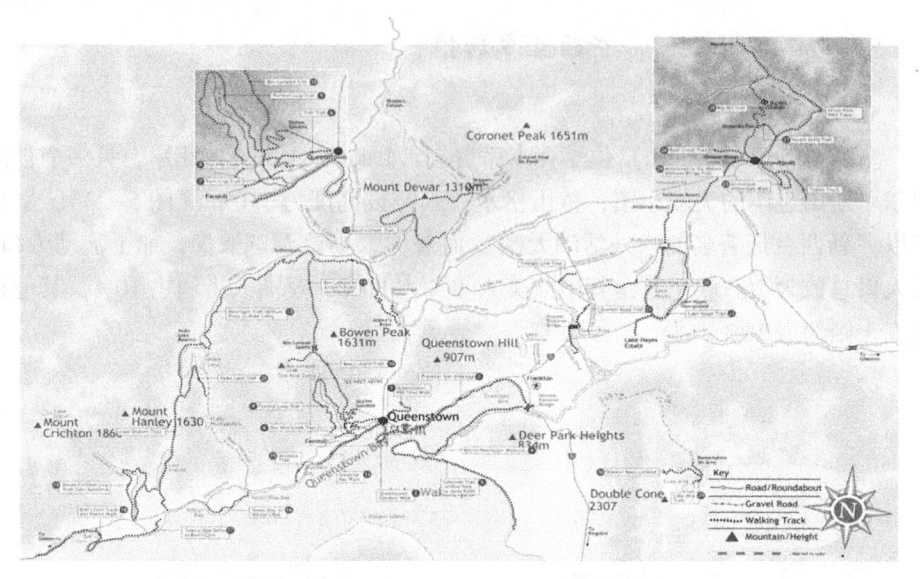

图 5-23　皇后镇旅游路线（来自皇后镇官网）

皇后镇镇区突出休闲服务功能，形成游憩小镇（图5-24），满足住宿、餐饮、购物、娱乐等需求。住宿类型包括酒店、度假村、汽车旅馆、背包客栈、公寓、假日公园、露营地、民居寄宿、度假屋租赁、豪华房屋和公寓租赁等；娱乐场所类型，包括酒吧、夜总会、咖啡馆、餐馆、甜品店等；购物和服务场所类型，包括礼物店、纪念品店、工艺品店、健康美容店、美术馆等。

皇后镇依托良好生态环境——湖泊和山岳，打造水上休闲运动、滑雪、登山等众多项目，吸引了众多户外爱好者。同时，人气的聚集、基础和服务设施的完善，让小镇逐步成为休闲度假中心，旅游和健康运动产业成为小镇的核心产业，加之周边体验项目增加了小镇的休闲空间，丰富了小镇旅游活动，因此"小镇休闲城郊游憩一体"的模式让皇后镇成为休闲小镇的代表。

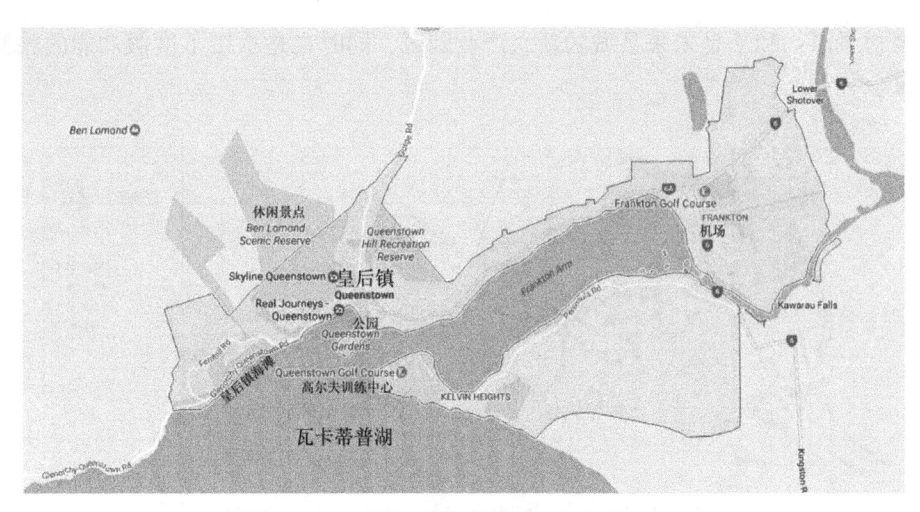

图 5-24 皇后镇镇区范围（来自谷歌地图）

5.4.3 休闲集聚：水城珠山镇

宣恩县城珠山镇作为湖北省恩施旅游目的地中发展较晚的地区，结合区位优势，依托穿城而过的贡水河，全力打造休闲水城，取得显著成效，成为武陵山区最具吸引力的县域小镇。近十年来，随着恩施旅游业整体发展升级，宣恩县域旅游产业开始从城镇向外围景点拓展，开辟出环珠山镇多处新景区，正好契合本书的依镇拓景型休闲小镇的类型。

5.4.3.1 珠山镇概况

珠山镇位于湖北省恩施州宣恩县，是宣恩县政治、经济、文化中心，现辖区面积 161.25 km²，辖 19 个村 4 个居委会，209 国道纵贯全镇，交通便利，区位优越。珠山镇作为县城，以资源加工和旅游服务业为主，通过景观和产业发展，打造民族特色浓郁、人居环境优良的山水城市。

5.4.3.2 珠山镇 ATV 要素

（1）A 条件。

县城旅游空间由珠山休闲小镇空间、椒园乡村游憩空间与和平休闲度假空间三个部分组成。珠山镇是县城所在地，旅游资源较为集中，是休闲小镇的核心区域；椒园镇属于宣恩县城区组团之一，承接县城部分居住和物流功能，也是县城重要的交通枢纽，与珠山镇形成一个整体，成为县城旅游集散中心，同时外围分

▶▶▶ 流动的乡土：景观·小镇·村落

布乡村景点；和平是未来县城的新兴产业园区，同时也是承接了度假功能的旅游分区。

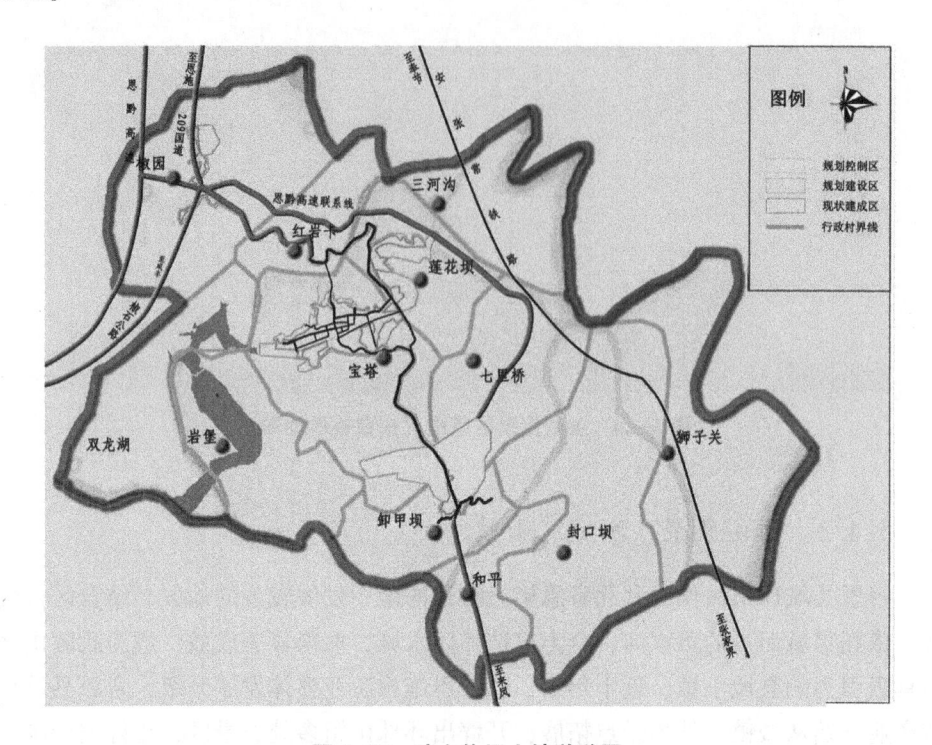

图 5-25　珠山休闲小镇游憩圈

基于宣恩县城休闲游憩圈和恩施州州府"一小时"生活圈，三大旅游空间共同打造游憩旅游区。围绕珠山休闲小镇，区域旅游空间被划分为两大区域：

①内部核心区域：贡水河穿县城而过，上接双龙湖景区，下衔洞坪水库，珠山镇以贡水河为核心，营造休闲镇区，突出水上休闲娱乐主题。同时，县城独占宣恩八景中的三景，具备很强的认知度。

②外围衔接区：县城周边景点，由椒园与和平两大空间组成，包括椒园乡村游憩空间的千户土家、庆阳坝古街、锣圈岩、洗草坝、黄坪和椒园工业园等景点；和平休闲度假空间的狮子关景区、洪家河景区、封口坝农庄、宝塔山公园等。外围衔接区适宜打造县城"景区+乡村旅游"休闲游憩圈，为县城居民提供旅游休闲去处。高速公路的通车，缩短了恩施州州府至珠山水城小镇的距离，能更好地吸引自驾游、周末游、家庭游、乡村游等细分市场客源。

(2) T条件。

珠山镇基于城镇T条件，完善空间服务设施，增加休闲项目，一方面，提升居民生活品质，增加活动空间，另一方面，将珠山镇打造成为水城，成为重要的景观吸引物。因此，从空间和资源角度来看，T与A基本重叠，同时发展过程中，A空间进一步扩大。

珠山镇地处贡水河谷地带，群山连绵于四周，贡水河自西向东流贯城区，自然环境优美，构成了宣恩独特的自然山水格局。北纬30°黄金分割线穿县城而过。

2005年，人口3万人，用地面积2.3 km²。空间采用相对集中、合理分散、有机组合的布局形式，城区规划布局形成"主城区+组团"的结构布局形式。即宣恩城区以主城区、椒园组团、和平组团三区共同发展，三者之间以209国道为交通联系。

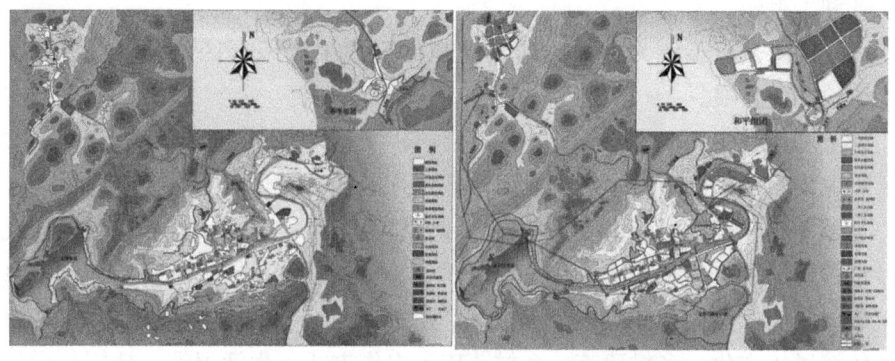

a. 2007年用地布局　　　　　b. 2016年用地布局

图5-26　珠山镇镇区用地布局变化

①主城区：主城区以行政办公、商业服务、文化娱乐、居住及居住配套服务设施为主，集中了大部分县级公共设施，包括城北金融商贸设施和城南的行政办公、文化体育设施。

表5-14　珠山小镇功能分区

分区	功能状态
城北片区	该片区以老城区为依托，功能以商业服务、行政办公、居住为主。城北片区人口规模为2.1万人，用地约121公顷

续表

分区	功能状态
城南片区	该片区位于贡水河以南、209国道以西，人口规模2.0万人，用地约122公顷。以行政办公、商贸金融、体育文化为主，包括行政办公、文化休闲、宾馆酒店等
城东片区	该片区为城市居住新区，人口规模0.8万人，用地约50公顷
莲花坝片区	该片区为主城区工业新区，以工业、仓储为主，人口规模0.1万人，用地58公顷，并配置居住及居住配套设施和公共绿地

②椒园组团。

椒园作为宣恩城区的门户对外展示宣恩形象，其人口规模为0.5万人，用地约55公顷。目前以物流业为主，配置居住、商业等用地。

③和平组团。

和平组团是以工业为主兼具居住功能的现代工业综合区，人口规模1.5万人，用地192公顷。

（3）V条件。

V主要环绕T分布，包括主城区、椒园片区和和平片区，两者交互胁迫。

整体乡村环境是武陵山乡村的一部分，包括山岳、溶洞、产业基地等，代表项目包括珠山镇双龙湖、椒园片区农家田园、黄金梨基地、农家乐基地等。乡村环境聚居着土家族、苗族等多个少数民族，积淀了丰厚的民族文化和地方文化，包括传统民族文化、乡村建筑、乡村节庆、农作方式、生活习惯、趣闻传说等文化内涵。

5.4.3.3 珠山镇休闲集聚

（1）A变化。

珠山镇内部原生旅游景点以贡水河为核心，在营造休闲镇区的同时，也拓展珠山镇外围的景点，形成了县城休闲游憩圈。

景区吸引物实现从无到有。2011年之前，宣恩县没有一家经营性景区或A级景区，2011年以来，宣恩县建立了两家4A级景区，包括国家级自然保护区和国家湿地公园。旅游产业实现了从无到有的跨越式发展，基础设施建设得到明显改善。

①珠山小镇休闲要素集聚。

5年来，围绕贡水河打造休闲娱乐之都，珠山镇打造以本地居民休闲娱乐为

图 5-27　珠山镇外围乡村民俗村寨百家宴（野椒园）

主的项目，包括贡水之滨民族文化浮雕墙、贡水河音乐喷泉、民族风情街、贡水河城区河道亮化、休闲栈道、贡水河湿地公园、环龙洞大坝栈道、休闲凉亭等旅游项目，成为武陵山最大的水上游乐园，最终实现"城在山中、山在林中、水在城中、人在景中"的州府"后花园"。

表 5-15　珠山小镇休闲项目建设

年份	休闲项目营造
2011 年	改造县城，民族风情街基本形成，包括贡水河四级水力自动翻板坝、侗族风雨桥亮化美化、苗族钟楼和民族风情画防护石栏杆
2012 年	围绕贡水河打造了贡水之滨旅游景区，音乐喷泉正式建成开放
2013 年	实施贡水之滨二期工程，举办水上运动会，将贡水河打造成为"不夜河"
2014 年	完善旅游基础设施和配套设施。成功创建星级旅游饭店 2 家——金源国际酒店、新欣大酒店，其中四星级旅游饭店 1 家，三星级旅游饭店 1 家
2015 年	完成游客集散中心生态停车场、信息中心等主体工程，汽车影院、水上乐园已经正式运营

▶▶▶ 流动的乡土：景观·小镇·村落

图 5-28　珠山小镇多彩的水上休闲活动（贡水河）

②外围区域变化。

2011年以来，综合县城周边景点，以农家乐、休闲农业、运动休闲、文化体验等为补充，打造珠山"景区+乡村旅游"休闲游憩圈，为外来游客与本地居民提供游憩休闲去处。

表 5-16　珠山周边休闲景区建设

景区	描述
狮子关景区	依托狮子关电站绝壁及天坑水库，打造观光电梯、水上蹦极、水上高尔夫等游乐项目及滨水休闲度假山庄等项目。建设成以生态旅游为核心品牌，集文化传承、山野运动、滨水娱乐、水电科普、度假养生、商务会议于一体的综合性旅游区
三坝一坪大景区	包括锣圈岩景区、千户土家乡村景区、庆阳坝古街景区、洗草坝景区、黄坪乡村景区等，三坝一坪以"养生""运动""度假"和"民俗"为主题，打造集地质观光、户外活动、民俗体验、生态养生、休闲度假和乡村旅游等功能于一体的武陵山区5A级特色旅游景区、民俗体验旅游园和综合性旅游度假胜地，成为武陵山区休闲旅游的代表
椒园工业园区	依托椒园工业园区10余家生态产品企业，建设生产观光线路、产品展示区、体验区和大型综合销售服务中心，发展工业旅游和商务旅游。现已成为区域城郊观光游览的主要接待区
旅游集散中心	位于恩来、恩黔高速椒园互通附近，建设县旅游集散中心、购物中心，实现全域性直达景区的便捷式换乘旅游商品的随心购，努力将其打造成恩施南线的重要集散地

（2）T变化。

城镇建设围绕珠山镇、椒园与和平三个组团，打造休闲城区。立足把县城打造成独具特色的开放式旅游景区，突出"山水园林、民族风情"两大特色，实现"山水相依、景城一体"目标，完成基础设施建设，深化绿地系统的建设，将珠山镇区建设成民族特色浓厚、环境优美、布局合理的现代风情小镇。从人口规划、公共设施与景观多方面进行了改造，充分推动休闲要素的集聚与休闲景观氛围的升级。

①人口变化。

按照城镇化发展规律和城市规划，县城人口规模不断扩大，未来城镇人口成为休闲小镇的核心因素（表5-17）。

表5-17 珠山镇区人口变化

年份	数量
2006年	城区（主城区、椒园片区、和平片区）实际居住人口为3.5万人
2010年	居住人口达到4.4万人
2015年	居住人口达到7万人

②公共设施变化。

珠山镇围绕宜居宜游的目标，坚持"山水园林城·民族风情园"的发展定位，一方面，推动县城城市建设，不断提升道路、广场、公园、休闲中心等基础设施，另一方面，完善住宿、餐饮等旅游接待设施。实现城市功能的不断完善（表5-18）。

表5-18 珠山镇公共设施建设情况

年份	建设情况
2013年	拓展城市骨架，完善城市功能，提升城市品位，建设生活型、休闲型、观光型城市。以贡水河为主轴，推进县城建设与旅游业发展、民族文化传承相结合，贡水河沿岸打造成为"城市客厅"，包括贡水河亮化一期工程、沿河人行栈道；休闲设施方面，完成民族文化广场、宝塔山生态公园一期工程、莲花坝带状公园一期工程等项目；基础设施方面，完成污水收集管道改造、城区管网改造及道路黑色化二期工程、新客运站等项目；服务设施方面，完成金源四星级酒店建设。启动高速公路县城连接线、沿河路立面整治、老城区拆迁等项目
2014年	城市建设方面，完成拆迁安置小区、物流园、保障房、厂片区改造和4个地产项目；基础设施方面，完成高速公路县城连接线、城市外环线一期、城区垃圾中转、水厂及供水管网等设施；休闲设施方面，打造宝塔山生态公园一期、滨河湿地公园一期、群众文化体育活动中心县教育中心。启动中小河流治理、县民族医院整体搬迁、道路改造、老旧小区和背街小巷环境治理、保障房建设等项目

续表

年份	建设情况
2015年	县城建成区面积扩大2.2倍，城镇化率提高13个百分点。"一主两组团"的县城空间布局初见端倪，编制完成椒园、和平、三河沟控制性规划和城区绿地系统、供排水等专项规划。城市建设方面，"三大片区"旧城改造使"脏乱差"的老城区重新焕发了生机与活力，地产项目实现县城扩区增容；基础设施方面，完成高速公路县城连接线建设、城市道路建设和改造、街面改造一体化、管线入地雨污分流、客运站和停车场等项目；休闲设施方面，新增公共活动面积15000 m^2，包括人民广场、绿道、自行车停靠点、休闲座椅等
2016年	公共服务设施完成县城外环路网建设，修建排污防洪、公共停车场、农贸市场等；城市建设方面，宜居工程改造基本完成，县城的环境得到大的提升；休闲设施方面，贡水河成为独具特色的休闲空间，配合风情街区的建设，城区的休闲产业空间基本建立。目前正建设兴隆老街"城市客厅"、莲花坝风情小镇

③景观变化。

休闲景观氛围的建设重点打造了一核多点三线，核即主城区内以龙洞水库为起点、沿贡水河沿岸形成的贯穿城区的滨河绿地；多点指贡水河两岸分布的多级公共绿地（表5-19）。

表5-19 珠山镇休闲景观建设过程

时间段	景观建设
2009年之前	城区绿地14.5公顷，其中公共绿地5.6公顷，占建设用地的2.2%，人均公共绿地仅1.6 m^2。尚未形成有机的绿地系统，贡水河沿岸的滨水空间未被有效利用，居住区和单位附属绿地的规划和建设严重不足，缺乏体现城市特色的道路、广场、小区绿化，且绿化植物品种单一，季相变化不明显。生产性绿地不足，不能满足城市绿化要求，城市绿化环境意识相对淡薄
2015年	城市绿地1.4万平方米。整个宣恩的主城区经由线性、点状和面状要素的组合，构成了人文、自然生态两条城市景观轴线。其中人文景观轴线为：步行街、滨河广场、文澜桥以及发展大道（暂命名）一线；自然生态景观轴线为：沿贡水河两岸（堤上、堤下）以及沿河南北路、兴隆大道一线

a. 珠山滨水休闲街区　　　　　　b. 珠山镇区景观地标（风雨桥）

图 5-29　珠山镇景观建设分析

（3）V 变化。

周边乡村是小镇休闲产业的辅助部分，在休闲小镇的营造过程中，乡村环境逐步改善，特别是基础条件和乡村景观。以乡村休闲营造为核心，提升了休闲小镇的市场竞争力。

①产业变化。

旅游产业：依托湖光山色的双龙湖农家乐示范带和以田园风光为主打的椒园片区农家乐基地，改变了传统农业结构，形成了乡村旅游产业体系，增加了就业机会，旅游惠民作用日益凸显。

产业基地：打造城郊型产业基地，将原有无序的传统农业规划成为产业基地，随着农业结构的大幅度调整，目前已经形成了以茶叶、高山中药材为优势产业，水果、高山反季节蔬菜、养殖为特色产业的农业生产格局。

②景观变化。

景观工程主要包括民居与道路景观的改造，见表 5-20：

表 5-20　珠山镇乡村景观改造

	原有景观	现状景观	
民居景观	原有建筑结构中外混搭，且风格混乱，乡村人居环境较差，与其形象严重不符	实施飞檐翘角土家民居元素改造，打造成为特色风光线。布局亭、台、楼、阁、廊、榭等景观建筑，以赏景和组景为点，与乡村旅游的自然景观、人文底蕴相协调	
道路景观	道路景观缺少绿化景观	与道路两侧建筑相融合，种植景观树	

小　结

珠山镇属于休闲宜居小镇，一方面，拥有良好的城镇基础，有利于基础服务设施拓展，另一方面，贡水河作为重要的资源依托，成为旅游休闲的开发重点，同时，县城休憩圈积累丰富休闲资源。

在休闲集聚建设过程中，县城以宜居宜游休闲要素配置为核心，其环境改善得到大的提升，强化了交通集散、旅游接待、形象展示、商品展销、休闲文化中心功能。贡水河一带成为独具特色的休闲空间，配合风情街区的建设，城区的休闲产业空间基本建立。

在产业建设过程中，珠山镇转变传统产业，城镇搬迁老工业厂房，由椒园组团和和平组团承担工业和物流功能。同时，主城区围绕现代服务业，服务居民的同时，构建旅游接待服务体系。珠山镇未来将不断完善旅游服务基础设施建设，大力发展"民俗风情游、山水观光游、休闲体验游"，打造武陵山区"休闲娱乐之都"。

珠山镇的发展是基于 A↑T↑V↓ 的空间效益组合权衡，是典型的依靠休闲产业的集聚实现"景镇扩张"的发展模式。由于城镇基础优越，旅游资源的富集度较高，与传统的景区式旅游产业推动相反，这一模式是通过刺激城镇内生的休闲产业带动力，实现周边景区的产业能力提升。这一建设，是主客共享空间的营造过程，更是提升当地居民休闲意识的过程，很多西部旅游城镇化地区在休闲集聚小城镇的建设过程中表现出居民参与的极大热情。

5.5 生态旅游区：大区小镇

5.5.1 大区小镇内涵

"大区小镇"模式以"大景区+休闲小镇"为基本形式。其中大区是指将全域化作为大景区，小镇是指距离大景区较近且拥有地方风情和文化底蕴的小城镇。该模式既强调大景区的建设，也强调小镇的同步发展，利用突出大景区的全域性带动小镇的核心功能建设，提升小镇的旅游发展水平（陈跃中 等，2012）。本书引入"大区小镇"是将大区视为生态旅游区或新型旅游度假区等新区，小镇是为了保护生态脆弱的旅游环境而实施的集中建设区。

大区小镇开发模式下，大区域实现景区全域旅游开发，通过景区项目与乡村旅游，实现区域旅游互补，一方面，大景区在企业和政府的支持下，成为大区旅游的龙头，乡村旅游补充区域旅游，另一方面，小镇承担区域旅游服务功能。

目前，我国出现一批以城乡统筹一体化为目标，在旅游要素（区位、环境、资源等）相对优越的乡村区域（大多位于城市或城市群周边）集中成片组建新的行政管辖体系（开发区、生态区、旅游区等），逐渐改变原有的土地利用特征，形成以休闲经济与兼职农业①相结合的生产空间集约高效、生活空间宜居适度、生态空间和谐发展的以旅游为主导产业的城乡互动空间。这类区域开发潜力很大，吸引了一批投资者的进入，由服务产业的聚集、人群的迁移、配套的完善而带来了旅游小镇的出现，成为新兴的旅游城镇化地区。

生态旅游区的新兴旅游小镇是对旅游发展要素相对优越的乡村区域的二次开发，这类区域开发的重点在于构建现代旅游功能设施与传统乡村聚落景观的协调机制，并促进特色小城镇旅游与周边乡村景区（点）、休闲农业及乡村接待设施建设有效整合，强调在优势生态环境的保护下，城镇与村落区域整体联动开发。

---

① 兼职农业：在经济形态逐步演化进程中，许多农民通过第二职业来增补农地中不断减少的收入。Best. R. H. 1981：Land use and living space, London：Methuen.

5.5.2 国外案例：加拿大班夫镇

5.5.2.1 班夫镇概况

班夫镇（Banff）坐落在班夫国家公园中心，位于卡尔加里市以西约135 km。是公园中最大的城镇和北美古老的小镇之一，是加拿大落基山脉中最受欢迎的观光点，被誉为"落基山脉的灵魂"（图5-30）。班夫国家公园是获评联合国教科文组织世界遗产保护区的景点，游客可通过环境可持续方式进行游览。

小镇人口约1万人，其常住人口被严格控制，目前小镇主要以接待自驾游为主，游客接待数量居加拿大之首，年接待游客约有400万人。

图5-30 班夫镇风光（来自班夫镇官网）

5.5.2.2 班夫镇大区小镇开发

大区，即为班夫国家公园。公园内遍布冰川、冰原、松林和高山等资源，既是旅游观光资源，又是原生态环境。因此，本着保护生态环境的原则，公园整体被划分为绝对保护区、荒野区、观光区、户外娱乐区和旅游城镇（表5-21）。公园内严格控制游客的活动空间，降低游客的旅游活动对公园生态的影响，保护原生态环境，目前主要活动方式有步行、登山、滑雪、自驾游等。

表 5-21 班夫国家公园功能划分

分区	所占比例	特征
绝对保护区	面积约占班夫国家公园的 4%	包含珍贵的自然地貌和濒危的生物资源
荒野区	面积约占班夫国家公园的 93%	陡峭的山坡、冰川和湖泊
观光区	面积约占班夫国家公园的 1%	最低、最丰富的生态区
户外娱乐区	面积约占班夫国家公园的 1%	滑冰场、游泳场以及公路沿线
旅游城镇	面积约占班夫国家公园的 1%	包括小镇及附近的路易斯湖游览中心

小镇，即为班夫镇。小镇群山环绕，环境优美，配套班夫国家公园，小镇既是进入公园的枢纽地带，也是旅游景点。以班夫大街轴线设置旅馆、温泉酒店、酒吧等服务设施，并在商业集中区，面向旅游度假游客设置商业零售店、百货、酒吧、艺术品店以及超市，同时，小镇区域分布有艺术中心、度假别墅、博物馆、文化休闲中心、教堂和旅游服务中心等项目，为游客提供接待服务（图 5-31）。

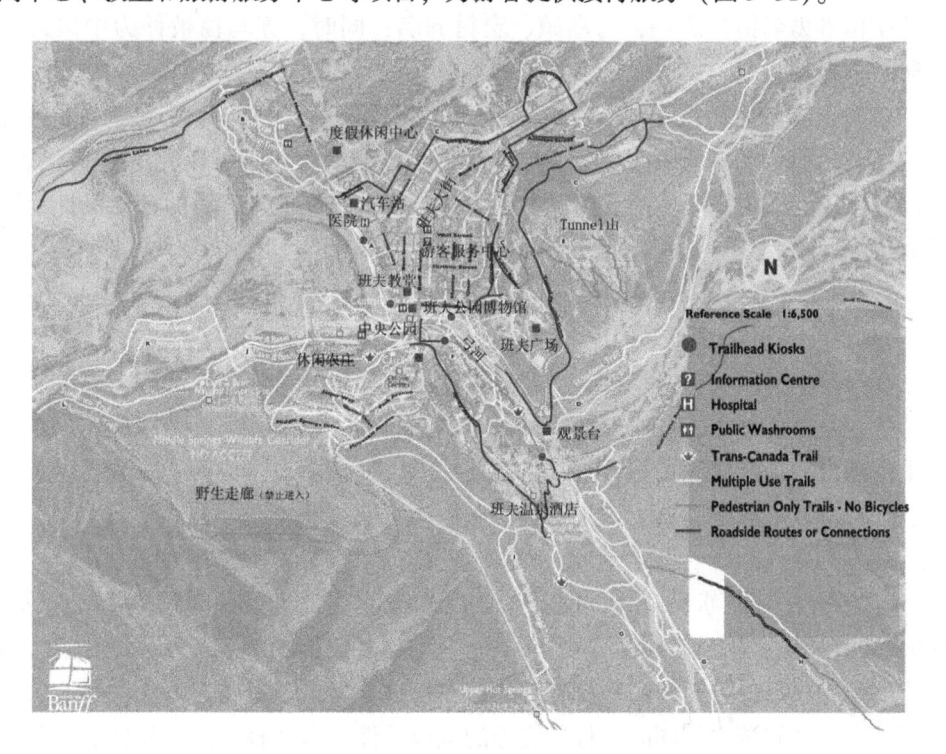

图 5-31 班夫镇要素分布（来自班夫镇官网）

经过发展，班夫镇由服务景区的功能小镇，逐步转变为特色小镇，成为重要的景观吸引物。小镇烘托了典雅和精致的文化氛围，包括街道雕塑、19世纪民居建筑、院落、露台、橱窗等，小镇内分布有弓河瀑布、奇石观景台、微米里翁湖群、卡斯喀池塘（Cascades Ponds）等景点。

班夫镇作为大区小镇开发模式的代表，服务于班夫国家公园的旅游活动，保护式开发生态资源，小镇在保护自然环境方面起到了核心的作用。同时随着休闲度假设施的不断完善，班夫镇由功能小镇逐步发展成为特色小镇。

5.5.3 国内案例：苏马荡度假区

5.5.3.1 苏马荡概况

苏马荡位于湖北省恩施州利川市谋道镇，属于武陵山腹地，距利川市46 km，距重庆市万州区70 km。海拔1500 m左右，年平均气温11.1 ℃，森林覆盖率达70%，被称为中国"最美小地方""森林中的伊甸园"。其中，谋道镇被评为十大"中国魅力名镇"之一，与乌镇、宏村齐名；同时，苏马荡被评为中国最美的居游小城镇。

央视《新城记》报道了苏马荡新型城镇化发展模式，苏马荡还参与了央视财经频道"第四届中国县域经济发展高层论坛"，成为新型城镇化的典型代表。但同时因忽视了生态环境承受的巨大压力，出现了土地扩张背后的社会可持续发展隐患等问题。

5.5.3.2 苏马荡ATV要素

（1）A条件。

苏马荡本身具备峡谷、杜鹃、云海以及高山梯田等景观，保留着土家族原生态特色，是人们休闲、度假、纳凉的绝佳去处。同时，以苏马荡为中心的10余公里范围内，顶级旅游资源云集，包括齐岳山、都亭山、船头寨、鱼木寨、女儿寨、铜锣关、水杉王、百丈沟大峡谷、磁洞沟大峡谷等景点。

（2）T条件。

2009年之前，苏马荡地区仅开发观光景区，无城镇和旅游地产开发；2009—2013年，苏马荡小镇无序开发，苏马荡区块已被103家开发单位分割，形成旅游地产项目，可开发用地零碎。如何在保护苏马荡生态和保障农耕用地的前提下，在拓展旅游项目同时，打造完善的城镇条件，丰富旅游产品和打造旅游产业链成了核心问题。

（3）V 条件。

①文化条件。

苏马荡处于巴楚文化与巴蜀文化的交融地带，土家文化融入当地人的生活中，代代相传，深入血脉。苏马荡周边有大小土家山寨十多个，山寨林立，是典型的土家文化核心区之一。

②乡村环境。

苏马荡气候冬无严寒、夏无酷暑，是盛夏"绝无仅有"的天然空调。以杜鹃为特色，拥有万余亩森林，植被保持了多样性。

③用地条件。

现状用地中，山地面积 89.5%，其中，农林用地占 75.28%；水域面积达 1.07%，呈现点状分布；旅游地产用地占 19.35%。

5.5.3.3 苏马荡小镇 ATV 变化

根据《苏马荡国际旅游度假区概念性规划》确定苏马荡总面积为 809 公顷，达到国家级旅游度假区要求的低限（图 5-32）。区域实施全域旅游规划，将 ATV

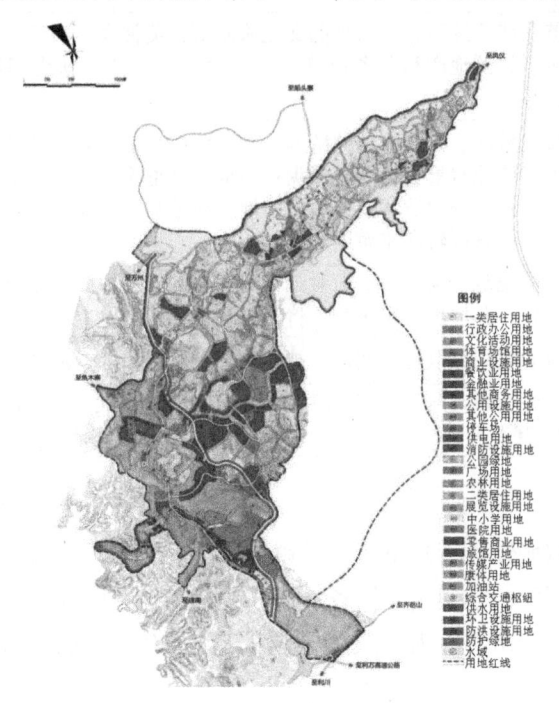

图 5-32 苏马荡用地布局

全域划分为三个功能区，即土家风情度假区、国际风情度假区和生态休闲度假区。土家风情度假区位于谋道镇镇区部分，主要承担服务功能；国际风情度假区位于土家风情度假区东北面，主要承担住宿度假功能；生态休闲度假区位于苏马荡片区，主要承担观光休闲功能。

但在实际建设中，苏马荡由于前期处于开发商混乱介入，缺乏科学导向致使生态环境严重受损，并未真正实现大区小镇的开发模式。后期政府偏重土地财政又加剧了苏马荡的房地产入侵程度，未能实现苏马荡整体环境的保护。

（1）A变化。

2008年以来，苏马荡良好的生态环境和旅游资源吸引了投资商，在经济利益的驱动和市场供求的共同作用下，迅速掀起了开发苏马荡的投资热潮（表5-22）。

表5-22 苏马荡旅游开发过程

时间段	发展过程
2004—2008年	修建森林公园、景区道路和农家乐等设施，成为开放式观光旅游景区
2008—2011年	苏马荡连续举办三届杜鹃文化旅游节，美誉度、知名度大大提升，大量游客、旅游地产和服务设施逐渐集聚。2009年，获得国家AA级旅游景区称号
2009—2011年	吸引重庆、万州等地的游客，苏马荡成为最佳夏日避暑处；部分地产商在苏马荡花费重金，修建楼盘；当地百姓也纷纷拿出宅基地，修房造屋，出租出售给外地游客。投资旅游地产在苏马荡及周边乡村热极一时，使其由单一风景区转向旅游度假区
2011年	政府规范开发行为，面对苏马荡火爆的人气和群众建设的热情，逐步规范开发，并提出全域旅游，将苏马荡周边8个村15 km²纳入开发范畴
2013年	旅游规划得以初步实现，被评为省级生态旅游示范区
2014年	引资3000万元，打造苏马荡生态观光农业园，开业半年内接待游客超过15万人次

（2）T变化。

旅游引导新型城镇化背景下，谋道镇与苏马荡实现一体打造，大区域内推动苏马荡整体旅游开发，小镇承担服务功能，包括谋道镇区和苏马荡度假小镇，从而实现两个小镇人口由2万人发展为常住人口16万人、规划面积由5 km²发展为22 km²。

规划布置各项公共和市政设施，打造一个功能齐全，自然条件优越的生态休闲度假区。规划空间布局结构为"一心、一区、四片","一心"为谋道镇区,是发展核心,"一区"为苏马荡休闲度假区;规划构成"两纵两横"的道路主骨架网络;规划为"两核、两带、多点"的绿地系统结构:水杉公园为重要景观核心,318国道形成重要道路绿化景观带,居住区内部布置街头绿地。

①谋道集镇变化。

服务设施的完善提升了谋道镇区的生活服务便捷性,结合水杉王景点、凤凰老街等资源,规划设计集镇景观,打造主题小镇,并形成土家民族风情街(土家村寨特色)、九曲花街、天街,它们构成了独具土家风格特色的街市。

②苏马荡小镇变化。

苏马荡小镇是旅游引导城镇化的典型代表,依托良好的生态环境,打造旅游地产项目以满足休闲的需要,逐步发展成为初具规模的小城镇。整体发展分为4个阶段(表5-23)。

表5-23 苏马荡小镇发展阶段

发展阶段	变化过程
自发萌芽阶段	2008年开始,依托景区,苏马荡村落开发成为夏季避暑基地,吸引了万州人群,有偿利用当地亲戚的宅基地修建楼房,楼房自留一部分,原宅基居民一部分。此后,逐渐发展为万州人购买苏马荡居民的宅基地自建或联建多层楼房,然后出售给熟人,形成了夏季避暑地产的雏形
市场无序发展阶段	2009年开始,开发商与苏马荡居民私下协商建设小产权房,后续发展为"开发商直接从农民手中购买土地(包括宅基地、林地和耕地),或者农民以土地入股开发度假旅游地产"的现象。2011年底,楼盘面积达到70万平方米。2012年,苏马荡开发进入鼎盛时期,2012年下半年,旅游地产企业入驻大道32家,总投资在50亿元以上。同时,由于缺乏政府宏观管理,市场无序开发问题严重,包括违法开发和建设行为
政府引导深度开发阶段	2013年,政府强力介入解决开发问题,科学编制发展规划,严控违法开发和建设行为,引导苏马荡从无序化发展变为规范开发
旅游小镇形成阶段	苏马荡通过政府规范引导,逐步变为基础设施和服务完善的小城镇。2015年底,建成楼盘63个、面积300万平方米。景观方面,打造了迎宾大道和民族风情街,并完善了公园和小区绿化;基础设施方面,修建了农贸市场、停车场、休闲广场、垃圾填埋场、污水处理厂、自来水厂和变电站,天然气及电视、通信网络实现小镇全覆盖

建设中的突出问题是，苏马荡新开发的旅游社区（房地产）由于基础配套跟不上，销售率虽高达95%，然而入住率很低，长期处于闲置状态，使得小镇人丁稀少。笔者调研期间正处于旅游旺季，本应是进入苏马荡避暑的最佳季节，但却鲜见来客，空荡的街巷与热火朝天的工地建设形成鲜明对比（图5-33）。仅有的两个超市，接待的均是工地务工人员与外来开发商。

a.苏马荡小镇萧条入口　　b.苏马荡地产遍布　　c.苏马荡建设远景

图5-33　苏马荡小镇建设情况

（3）V变化。

①产业变化。

全域旅游开发建设，苏马荡产业结构逐步转变，由传统农业为主转变为以旅游产业为主导的产业体系，改变了当地的经济条件，增加了当地居民的收入，并带动了特色农业的发展，促进了服务业进一步的完善（表5-24）。

表5-24　苏马荡产业变化过程

时间段	产业变化过程
2008年以前	苏马荡依靠打工经济，少量农田耕种，栽种烟叶、玉米、茶叶、药材等作物，经济结构单一薄弱，自我发展的动力孱弱
2008—2012年	随着当地生态文化旅游产业链快速推进，以苏马荡为核心的旅游地产，生态、休闲旅游产业链快速汇集，改变了原有乡村环境
2013—2014年	按照"全域旅游"的发展目标，突出旅游产业的带动作用，依托景区开发，延伸旅游产业链条，推动旅游地产发展，围绕旅游六要素加强配套，壮大服务产业，包括运输、餐饮、住宿等，提升综合效益

②村落结构变化。

苏马荡旅游改变了乡村整体面貌，在推动经济发展、提高当地居民收入和完善基础设施的同时，进一步改变了当地的生活氛围，居民聚居，走上了旅游引导城镇化的道路。共享公共设施，降低了投资成本（表5-25）。

外来游客的涌入，一方面改变了传统生活观念，居民更加注重人居环境，留住游客；另一方面，推动了旅游服务产业的发展，包括住宿、餐饮、娱乐等特色项目。但变化过程中，旅游地产的过度开发，以及其他旅游项目的缺失，增加了苏马荡小镇的市场风险，后期应注重丰富旅游项目，丰富产品层次，进一步扩大旅游效应。

调研中，对当地居民做了深度访谈，发现由于开发无序，存在较大的利益冲突，本地居民由于开发导致的搬迁移民数量较大，多存在失地返贫的现象，对现状不满增高。[①]

表5-25　苏马荡城乡结构变化

	城乡结构
2008年之前	"土路泥房、缺水少电、通信不畅、娶妻困难"。苏马荡的发展一直被固有的"城乡二元结构"割裂开来，和城镇的差距有日益持续扩大的趋势，年人均纯收入不足1800元，8个村1.5万群众中贫困人口达到近万人，贫困发生率极高
2012年之后	旅游开发后，推动了苏马荡城镇化进程： 被征地农民实现"农转非"，推动了当地居民就业，人均可支配收入15600元，是2011年的7倍；吸引大量外来人口就业创业，2015年，实现从业人员3000多人；游客群体变化，2015年，游客达160万人次，避暑人群达到10万人，实现旅游收入3.2亿元；人口聚集让公共服务设施更加便捷，包括休闲、娱乐、城镇设施等

小　结

苏马荡小镇基于良好的乡村环境和旅游资源，吸引游客聚集，引导消费聚集，而后市场发现机遇，开发了高山避暑旅游地产，形成了消费聚集和旅游产业聚集。市场机制引导了苏马荡投资。

苏马荡开发，第一阶段，由贫困山村到无序开发，地产遍地开花，但是，没有实现脱贫，反而破坏了生态环境。第二阶段，面对困境，积极协调市场无序发展问题，实施科学规划，以大区小镇的模式推动全域旅游开发，政府主导基础设

[①] 本书第七章第三节（7.3）针对苏马荡社区参与做了问卷分析。

施建设，完善城镇基本功能，同时，优化并引导市场投资行为，帮助和监督地产商降低交易成本，走出了一条具有特色的新型城镇化道路。

苏马荡小镇整体开发虽未完全体现大区小镇引导下的旅游引导城镇化模式，但却在政府的规范引导下，逐步形成旅游产业聚集，构成区域集群化发展，成为区域增长极。同时，城镇功能体系得到完善，产业体系围绕旅游业优化调整，即在 A 与 V 的基础上，开发新 T，带动 A 集群发展。

在此基础上形成的"大区"体现主题，提供高水平的综合管理，将整个地区作为一个高品质的国际休闲旅游区开发运营；"小镇"提供休闲体验和综合服务，并给休闲聚落提供社区支撑，集中构建精致的休闲集散小镇，成为旅游开发的点睛之作，同时也是实现新型城镇化的途径。

苏马荡是在调研的 5 个旅游小城镇中唯一饱受争议的对象，无论是居民与政府、居民与开发商之间的矛盾，还是苏马荡小镇发展状态体现出的疲软无序等现象无不受人诟病。但是不可就此否认"大区小镇"模式的科学性，这一模式的提出是基于"A↑T↓V↑"的空间效益组合，是空间最大化保护的科学路径。一方面可以规避全面开花式的城镇化建设活动，保护乡村生态环境不受损害，另一方面，可以最大效益地促进小镇的建设，改变原有城镇基础薄弱的现状。大区小镇这一模式正好可以优化如苏马荡这类开发无序地区的未来发展方向，苏马荡最近一年多的发展策略的改变也正好印证了其纠错的能力。

5.6 景区服务镇：双核驱动

5.6.1 双核驱动解析

景区服务型旅游小城镇建设的核心思想是促进旅游景区与小镇的联动发展，实施以景带镇、凭镇促景的发展路径，一方面，合理保护开发旅游景区，另一方面，推动小镇的经济、文化和社会等层面的发展，提升小城镇的质量。

本书提出"双核驱动"的"双核"是指景区为游览核，小镇为服务核，做到两者融合，共同前进。伴随着景区开发，小城镇得到发展，两者相互促进相互作用。任何一方的生长不以损害对方的利益为前提，是一种非零和博弈的发展模式。从景区独大到辐射周边形成集聚小镇，经常是在矛盾中前进，景区与小镇最终达到良好的平衡发展，两者在发展中，实现多方面的良性互动和融合，使得景区与小镇和谐发展。景镇融合的过程更是景区与小城镇不断实现自我价值的过程，是自我定位生长的过程。

景区依靠资源壮大，以观光娱乐为主，小镇则需要依托服务发展，以休闲体验为主，只有两者各自找到准确的市场方向，才能真正做到景镇融合、双核驱动。

政府与市场在其中扮演着重要角色，促使景区与小镇滚动式发展，任何一方的发展都会带动另一方前进，同时，景区服务型小镇的属性多以公共产品形式出现，通过服务设施和产品等形式促进景镇融合。

笔者将双核驱动界定为：景区与小镇在长期的交互发展中，保持了各自的风格和个性，并能够在空间、产业、文化、生态等多个系统中实现两者的共同进步，良性协同，并且在推动对方发展的同时，也保持了自身强劲的生命力。

5.6.2 国外案例：日本箱根小镇

5.6.2.1 箱根概况

箱根（Hakone）位于神奈川县西南部，属于箱根富士伊豆国立公园，距东京 90 km（图 5-34）。箱根是神奈川县西南部的箱根山一带的统称，拥有著名温泉，是知名观光和疗养目的地。

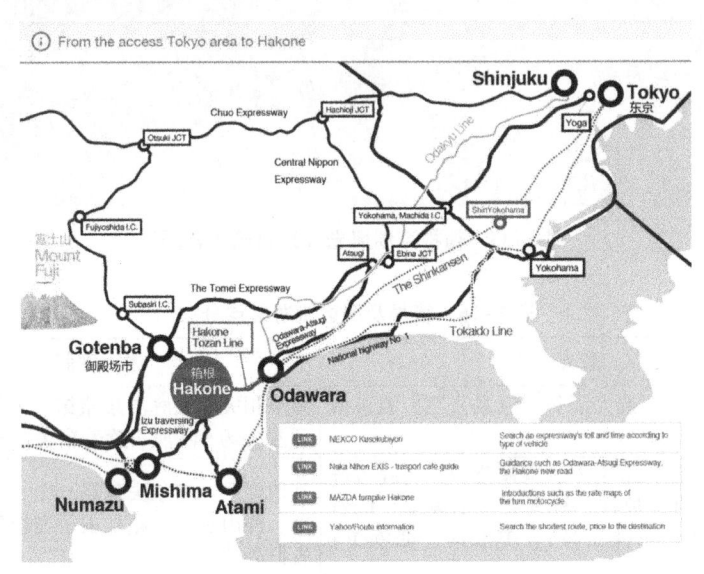

图 5-34 箱根地理区位（来自箱根官网）

5.6.2.2 箱根服务小镇建设

箱根小镇位于箱根富士伊豆国立公园，该公园是日本旅游最美丽的地方，春有樱花夏有水，秋有暖阳冬有雪，湿地公园、湖泊、温泉等环绕，拥有良好的生态环境，构成了核心基底（图5-35）。箱根小镇周围形成了芦湖、大涌谷、富士山等经典旅游线路，涉及多个产品层次，包括大众观光、休闲度假等（表5-26）。同时箱根小镇是旅游集散地，是众多铁路线、缆车线、巴士线的换乘点，结合周边旅游景点，打造了温泉休闲游憩系统，因此，随处可见体现温泉的设施和建筑。

图 5-35　箱根芦湖风光（来自箱根官网）

表 5-26　箱根及周边旅游景点分布

观光	休闲度假
温泉相关：火山遗迹大涌谷、温泉公园、温泉博物馆	温泉相关：家庭温泉旅馆、浴场系列，已开发浴场549所，疗养宿舍326个
其他观光：芦湖、富士山、湿地公园、名胜古迹（箱根佛群、箱根神社、早云寺、千条瀑、仙石原、湿原、九头龙神社等）、美术馆（博物馆）等观光设施33所	其他度假：高尔夫球场6个，有箱根园别墅、神山别墅、箱根王子宾馆等高品质酒店群落

箱根小镇前期发展，主要接待当地游客，并结合温泉产业打造，形成不同类型不同档次的温泉旅馆，包括家庭旅馆、青年旅馆、民宿和高端酒店等，满足各类型游客的需求。随着箱根旅游名气的提升，箱根温泉及温泉旅馆既是小镇服务设施的组成部分，同时也是景观吸引物的一部分。

箱根小镇本身拥有以温泉文化和建筑文化为代表的箱根文化，温泉文化以"箱根十七汤"为代表，包括温泉旅馆、温泉博物馆和温泉民宿等；建筑文化以博物馆、艺术馆、箱根神社、早云寺等景点为代表，营造了良好的文化氛围。特别是小镇以日本小酒馆、特色商店为代表的日式风格乡村民居，更是突出了当地居民生活的休闲性和生活化。

箱根小镇及周边的生态环境成为小镇的发展基础，一方面箱根小镇完善相关配套设施，并服务箱根周边景点，包括富士山、芦湖等景点；另一方面箱根小镇依托温泉资源及建筑文化，开发系列温泉产品，在接待游客的同时，也成为旅游核心吸引物。

5.6.3 国内案例调研——坪坝营服务小镇

5.6.3.1 坪坝营概况

坪坝营镇位于湖北省恩施州咸丰县，是由咸丰县原甲马池镇和杨洞乡合并而组成的新镇，是湖北省生态休闲旅游特色镇，是咸丰县县域副中心城镇，总人口5.65万人。

坪坝营镇镇域面积354 km²，耕地面积3393公顷，高山、二高山占90%，喀斯特地质地貌，平均海拔1100 m，年平均降雨量1000 mm，境内四季分明，小气候特征较为明显。

5.6.3.2 坪坝营服务小镇ATV要素

坪坝营的优势资源是坪坝营森林资源，即吸引物A，城镇T与乡村V要素较弱。近年来，依托坪坝营景区的发展，坪坝营小镇基础条件得到提升，乡村区域也得到发展。

(1) A条件。

坪坝营镇域内的坪坝营4A级旅游景区现有8000公顷原始森林、5333公顷原始次生林和4667公顷人工林，总面积达到154 km²，是湖北省第二大国有林场，为武陵山区最大的原始森林生态群落，森林覆盖率达到96%，是鄂西南的天然氧吧，素有"中国南方大兴安岭"的美称，景区以古、奇、秀、幽、野等景

▶▶▶ 流动的乡土：景观·小镇·村落

致构成浓郁的原始气息为显著特征。

基于良好的生态自然优势和丰富的旅游资源，该镇自2000年起着手景区开发，全力以赴发展壮大旅游产业，现已建成四洞峡、森林观光索道、万亩杜鹃林三大区域景观，旅游接待中心等旅游配套工程日臻完善。2009年12月，坪坝营成功创建为国家4A级景区，成为湖北省鄂西生态文化旅游圈的重要组成部分。2011年，坪坝营景区旅游接待量达到165万人次，实现旅游综合收入14.2亿元。

(2) T条件。

坪坝营镇区自然环境条件良好，已经具备了山、水元素的自然特征（图5-36）。拥有良好的近山、亲水空间，是极具特色的山地城镇。镇区北部区域自然条件良好，地势较为平坦，可拓展用地较大，主干道连接恩黔高速，交通条件良好；镇区东部区域指河流以东的区域，区位条件较好；生态条件较好，景观视野开阔。

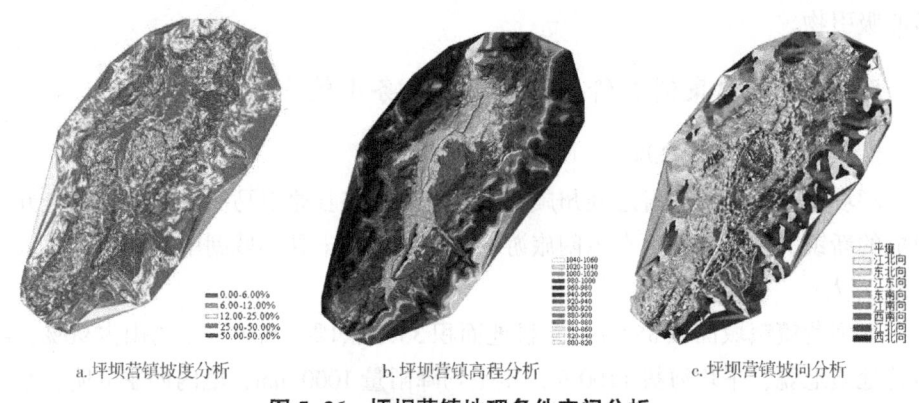

a. 坪坝营镇坡度分析　　b. 坪坝营镇高程分析　　c. 坪坝营镇坡向分析

图5-36　坪坝营镇地理条件空间分析

从县域角度来看，坪坝营镇区是咸丰县县域副中心，以发展生态旅游及化工、建材为主的生态园林宜居小城镇。

从镇域角度来看，坪坝营镇区是镇域政治、经济、文化中心，着重发展特色生态旅游产业及旅游配套服务业，其中云锦大道是目前咸丰县坪坝营镇中心区的主要道路，道路两旁为坪坝营镇主要的商业、服务业及镇区居民生活聚居点；杨洞镇区是镇区副中心，发展农副产业加工、为农业服务的商贸流通服务业；坪坝营、老岩孔、锣鼓坪、筒车坝等村是旅游服务基地，游客集散地；新场村为鄂渝地区贸易物流、生产服务中心；荆竹泉村为旅游服务基地；花台山村等24个一般村为农业生产和村民生活的基本单位。

目前坪坝营镇区公共设施体系尚不完善（表5-27），建设档次与规模满足不了居民的使用要求，布局不均衡，有待进一步充实与完善。

表5-27　坪坝营镇公共服务设施体系建设现状

行政管理	现状行政用地1.02公顷，占城镇建设用地2.76%，人均1.85 m²。主要为镇政府及镇属各机构，用地面积小而分散，且办公环境差
教育机构	坪坝营镇区尚未规划有大型教育机构项目
文体科技	坪坝营镇区文化娱乐设施严重不足，设施内容不全，规模小、起点低、设施周围环境较差，难以满足群众文化娱乐活动的需求
医疗保健	现有医疗卫生用地0.22公顷，占城镇建设用地0.60%，人均0.4 m²。坪坝营镇区现有医疗机构1处，设置在云锦大道上。社区卫生服务站点少，覆盖面不广，发展不平衡，满足不了居民日益增长的高层次医疗保健要求
商业金融用地	现状商业金融用地4.03公顷，占城镇建设用地的10.81%，人均用地7.33 m²。坪坝营镇区商业金融用地过于集中在云锦大道两侧，服务覆盖面不广，居民日常生活不便，且现有的商业中心设施档次低，以临街分散型商业布局为主，缺少集中型商业布局
集贸市场用地	现状买卖活动多集中在云锦大道和十字大街两侧，为自发式的买卖活动，缺乏集中型集贸市场布局

（3）V条件。

自然条件方面，森林覆盖率达到83%，镇区外围的林地面积23139公顷，占总面积的65.7%，植物资源丰富，乔木、灌木、草本、藤本500余种。整体上呈现出群山逶迤、浩瀚苍茫的壮丽景观，是湖北省西南部重要的生态文化旅游目的地。

人文条件方面，坪坝营镇是一个少数民族聚居的乡镇，以土家族、苗族为主的少数民族人口占总人口的74.6%。唢呐、舞狮、草把龙等民间艺术极具特色，以王母洞土家民居群落为代表的土苗特色民居与良好的自然生态相得益彰，使得坪坝营旅游景区公路沿线处处是景。

5.6.3.3　坪坝营服务小镇建设

坪坝营森林公园的开发，吸引了众多的游客，推动了旅游产业发展，改变了传统产业结构，促进了当地经济的发展，促使原有坪坝营小镇逐渐承担景区接待服务功能。同时，政府为了进一步拓宽产业路子，对集镇和乡村区域进行了改造，完善服务配套，力图打造一个服务型小镇。即吸引物A的开发，形成景区，一方面改变了城镇T与乡村V的空间分布，城镇T逐步向景区靠拢并服务于景区，乡村成为城镇T与吸引物A的重要接合地带；另一方面，景区开发，引导市

▶▶▶ 流动的乡土：景观·小镇·村落

场加入城镇 T 的建设中，包括风貌、产业、设施等，促进了城镇发展。

(1) A 变化。

坪坝营旅游从无到有，以历史文化和自然风光为两大特色，打造了人文景区、自然景观和生态农业三个亮点，形成以坪坝营森林公园为龙头，坪坝营镇区、荆竹泉温泉等其他景点为辅的旅游结构体系。重点开发了坪坝营森林公园休闲体验和观光旅游、荆竹泉温泉疗养、燕子坝全国青少年户外运动中心和后家河漂流探险等旅游产品和服务基地（图 5-37）。

图 5-37 坪坝营镇镇域旅游空间结构

坪坝营森林公园景区在开发之前，是万亩原始森林，仅散落分布民居。景区开发之后，原有森林资源得到开发利用，走上了可持续发展的路子，成为生态旅游发展的代表，坪坝营森林公园成为 4A 级景区。

同时，以坪坝营森林公园为核心景区，带动周边一系列景点的拓展，产品系列的丰富提升，旅游影响力的增强，使景区营利能力不断提高，从而实现"双核驱动"中的一核壮大。

（2）T变化。

坪坝营小镇的改建，是为了突出森林公园的服务配套功能，将林场原有周边分散的服务点集中配置在小镇区域，为了强化小镇的驱动力，将原有的甲马池镇和杨洞镇进行合并，扩大集镇的带动能力。同时，加强小镇的商业街区改造，实施民俗性风貌街区的设计，从而推动"双核驱动"的小镇核的壮大。

①空间规划。

坪坝营小镇形成了"一心一带三组团"的空间结构。一心，指镇区中心组团，是坪坝营镇行政办公、高档住宅区、旅游管理、旅游信息咨询、旅游商品集散中心；一带，指沿沉鱼溪（曲江源头）发展带，是镇区的主要生态绿地走廊；三组团，指由自然水体与山体分隔形成的城镇功能组团，包括白果树组团、墨池寺组团及柜子岩组团。其中，白果树组团承担旅游交通服务、滨湖风貌展示、旅游住宿接待功能；墨池寺组团承担旅游休闲疗养、高档住宅功能；柜子岩组团承担旅游住宿接待、商贸物流、高档住宅功能。到 2030 年，镇区人口规模预测为3.0 万人，城镇建设用地面积为 300 公顷，人均建设用地面积为 100 m^2。

②公共设施变化。

随着游客的涌入和当地居民的生活需求，小镇的基础设施得到明显的改善，主要包括环卫、医疗、广场、住宿等设施（表 5-28）。

表 5-28 坪坝营镇区设施建设一览

	2009 年之前	2015 年
环卫设施	仅有简单的垃圾处理系统，无污水处理厂	布置污水处理厂和垃圾转运场；设垃圾收集点和公共厕所
文体科技	电影院；中小学操场等	改建电影院建筑，并新建文化活动中心与青少年活动中心；镇区公园绿地内设小型体育活动场地
医疗卫生	满足基本医疗服务	保留并扩大镇区卫生院用地，扩大医院建设规模
广场及休闲设施	无休闲活动广场	设置 12 处休闲广场，作为居民休闲娱乐场所；新建青老年活动中心；打造滨河步行街

续表

	2009 年之前	2015 年
交通设施	客运站设施较差	新建二级客运站以及配套停车场
旅游服务设施	简单接待住宿设施	打造坪坝营镇旅游接待中心和特色酒店餐饮区；建设特色旅游商品街；云锦大道成为民俗风貌街区
给排水设施	给水设施破旧；排水为自然排放，严重影响环境	新建排水设施，改建给水设施

③景观变化。

坪坝营镇区的景观绿地系统打造成为"一带一环、多楔多园多绿道"的结构模式（表5-29）。控制镇区北出入口、镇区广场、特色商品风情街、滨水休闲步道等景观节点和轴线，营造绿色开敞空间，形成主副轴线、主次门户、绿色界面和景观分区的结构特点。

表 5-29　坪坝营小镇景观绿地系统

结构	分布
一带	建设以沉鱼溪（曲江源头）为主体的一条水系廊道，沿河的两侧建设 10—30 m 宽绿地，局部地段增加活动设施，构成滨水带状公园，突出水系的景观价值与旅游的价值
一环	在镇区结合地形和自然绿化，通过休闲景观步道的建设，形成环状的生态网络结构。打造旅游名镇宜人的步行空间和生态小环境
多楔	以镇区山体绿化为基础，结合水系打造自然廊道，成为楔形绿地，将周边自然环境融入镇区，成为镇区天然氧吧
多园	布置综合性公园，结合沿街、滨江等，打造绿化带和公园绿地
多绿道	沿河道、道路等建设的绿道，发挥绿地的综合效应

实现绿化用地面积为 120.02 公顷，占总建设用地的 40.00%，人均用地面积 40.00 m^2，其中公共绿地面积为 27.85 公顷，占总建设用地面积的 9.28%，人均用地面积 9.28 m^2。

④建筑改造变化。

建筑带以展示坪坝营镇风貌为准则，采用改造、更新传统"底商上住"建筑的方式控制居住密度，疏散居住人口，实施立面整治，并保留旧城街道等公共空间,延续镇区风貌,以步行休闲为主要方式,营造坪坝营旅游商业街(表5-30)。

表5-30 坪坝营街道改造变化

	2012年之前	2012年之后
空间结构	空间界面单调,缺乏变化。沿街建筑多为20世纪90年代初建造的多层住宅,大多为"瓷砖、方盒子"建筑,街道纵、横向空间界面均显单调,缺乏变化	空间富于变化,结合现状建筑特点,兼顾与旧街道及新建滨河步行商业区的协调
风格	风格不统一,不能恰当地体现地域文化,部分临街建筑采用了欧式建筑的处理方式,风格杂乱	统一风格,以土苗吊脚楼建筑元素进行改造,建筑层数为1—5层
建筑屋顶	街道屋顶多为平屋顶,夹杂少量其他形式屋顶,街道风貌的混乱,影响镇区面貌	实施"戴帽"工程,搭建土苗风格坡屋顶和挑檐
建筑外墙	建筑外墙多贴普通面砖,颜色混杂,夹杂少量未贴面砖的砖石房屋,导致立面延续感差,不够协调	色彩以白色为基调,搭配灰色丰富建筑立面,对重点建筑的凸出部分加灰砖贴面,二层以上部分,仿灰砖贴面,强化立面的凹凸变化,形成灰白相间的韵律
门窗	沿街建筑的窗户主要由条形窗与方形窗洞相结合,有少量圆弧形窗,窗框、玻璃颜色不统一	统一灰色木质门窗
临街门面	临街门面简单生硬,缺乏商业氛围;底层商铺与上层居住之间过渡生硬;广告牌布置杂乱、缺乏统一规划;步行环境不佳	规范临街商业业态,沿城镇发展主轴线布置商业、旅馆、信息服务等设施,形成镇区商业服务中心;统一广告牌等,提升小镇形象

图5-38 坪坝营镇街道改造方案

图 5-38　坪坝营镇街道改造方案（续）

⑤道路变化。

现状主街道是以云锦大道为代表的老街和以滨水大道为代表的新街，改造老街，新建步行道，配置绿化、休息座椅、无障碍通道以及垃圾桶和公共厕所等相关设施。云锦大道以改造为主，合理布局相关产业；滨水大道新建土苗风格步行街，沿河岸打造休闲公园、滨水景观和商业店铺等（图5-39）。

（3）V变化。

坪坝营乡村区域的变化主要受到景区和小镇的双重辐射与带动。

①产业发展。

以旅游名镇、风景区的打造为契机，统筹城乡的产业发展。积极发展旅游业，以旅游景区打造为主导，利用农业发展和旅游商贸业的提升，扩大对农村剩余劳动力的吸纳能力。中心镇以及旅游中心区重点发展以旅游业为中心的第三产业，一般村发展生态农业等基础产业。

②环境保护。

乡村区域在保留原生态特质的同时，营造良好的人文景观和新农村环境。实施生态建设保护规划发展战略，具体包括：公路两侧50 m宽的范围内设防护绿化带并明确划定，严格保护现有的林地和河滩地；执行退耕还林还草计划，加强植树造林；划定河流两岸自然岸线10 m宽范围内为禁建区，加强岸边绿化，以美化环境，形成绿色廊道；加强村庄环卫设施建设，修建公厕、垃圾转运站，打造良好的乡村人居环境；对镇域范围内新项目的建设进行环境影响评价。

第五章　空间权衡与路径分析 ◀◀◀

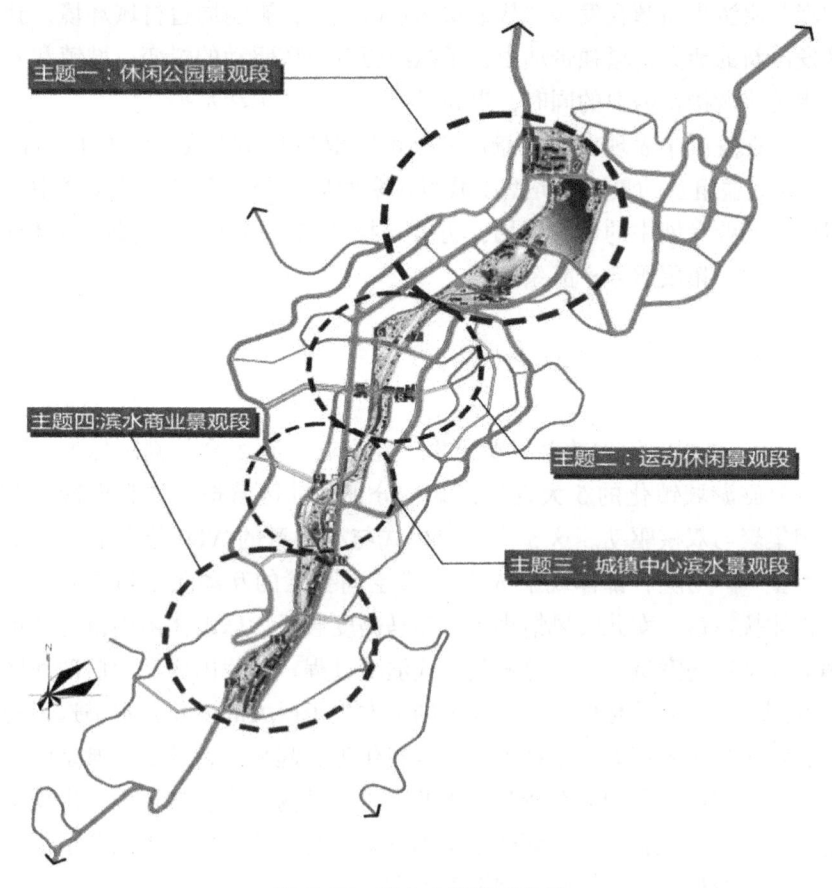

图中标注：
- 主题一：休闲公园景观段
- 主题四：滨水商业景观段
- 主题二：运动休闲景观段
- 主题三：城镇中心滨水景观段

图5-39　滨水大道景观布局

小　结

坪坝营镇依托坪坝营森林公园景区的原生态资源，走上了旅游引导新型城镇化的道路，推动了产业、社区、基础设施的完善，将无形的生态资源转化为市场，市场围绕生态资源，配套基础设施和服务设施，强化坪坝营镇区的旅游宣传窗口作用，将其功能定位为坪坝营旅游风景区的配套服务基地，坪坝营小镇进一步依托基础设施及周边的多个景点，形成了以坪坝营镇为核心的城郊自然文化旅游区，与坪坝营多个项目实现了联动发展。

· 197 ·

坪坝营旅游小城镇在发展中从最初的景区独大，影响周边村域环境，到后来小镇焕发出新的活力，增强带动力，正在经历着双核驱动的蜕变，城镇和乡村建设，在满足旅游接待需要的同时，提高了当地居民的生活水平。

坪坝营在发展中表现出的"景区—小镇"双核驱动模式，代表了"A↑T↓V↓"空间效益组合的景区服务型小城镇未来发展路径。在未来的发展中，既要强化景区在产业发展中的领头作用，更要寻找到如何拓展小镇的旅游延伸产业，提升服务层次，拓展服务产品系列。

总　结

从 ATV 三要素的优劣效益权衡出发，建立起三维组合的判断标准，从而得出符合乡村旅游城镇化的 5 大发展模式，分别是社区营造、创意再造、大区小镇、休闲集聚与双核驱动。这 5 类发展模式与第四章的 ATV 分类下的 5 个旅游小城镇类型一一对应，都体现了 ATV 三类空间要素的互动关系与空间属性。本章分别以沐抚古镇、女儿寨风情小镇、苏马荡度假区、珠山休闲小镇与坪坝营服务小镇为 5 个国内案例点一一分析其模式演变过程。武陵山区作为西部地区，最近几年受到了旅游城镇化的影响，经济结构发生了巨大的变化，本书选定的 5 个小城镇，均是在旅游产业的带动下，逐步转化生长起来的，具备了典型的旅游小城镇的属性，然而发展中问题较为突出的是以苏马荡为代表的地区，出现空间布局杂乱无章、服务设施落后、新建小镇闲置率过高、社区居民满意度很低等一系列问题，为后续研究提供了解决问题的方向。

第六章 流转的边界与重构

我国环境保护部于 2016 年 10 月印发的《全国生态保护"十三五"规划纲要》指出,"要建立生态空间保障体系,加快划定生态保护红线。"以此展开了生态保护红线管控制度的建立和完善。并强调生态承载力的核定与游客数量的控制,以及基础配套设施的合理布局。进而强化生态廊道的建设,降低生态侵害;加强敏感区域的生态恢复和运营期的生态管理。2019 年 5 月中共中央国务院印发《关于建立国土空间规划体系并监督实施的若干意见》,特别将文化保护专项纳入国土空间规划体系,并将其与生态环境保护等专项规划并列,把文物保护利用、文化遗产保护传承与国土空间开发联系起来,实现了从文物资源到历史文化保护空间的视角转变(武廷海,2019)。

针对快速城镇化进程中土地利用形态的变化及其引发的问题,从空间管制的视角寻找相应解决方案,是地理学在实际运用中的探索(刘彦随,2012)。本书研究的根本目的是在梳理出旅游小城镇的分类体系基础上,寻求适合地区条件组合的发展模式和路径,为培育优良的生态环境、创建有效的公共服务体系、搭建完善的旅游发展平台,重构有序的生产、生活和生态新型空间,推进城乡一体化发展提供理论指导与方法创新。其中空间结构的优化研究尤为重要,本书围绕旅游小城镇的所有研究,均是基于 ATV 的空间属性展开的。另一方面,空间结构实际上是发展模式研究的重要组成部分,本章内容甚至可以看成前文研究的专项研究补充。由于在旅游小城镇发展的实践中空间问题尤为凸显,由此引发了经济、社会、生态等多方面的矛盾与冲突,从这个角度上看,旅游小城镇的空间结构重构单独成章,既是对发展模式的研究深化,又是对实际发展中呈现的主要矛盾作出直接回应。

本章试图从定量与定性的双重角度去构建一套针对旅游城镇化地区空间重构的解决方案。其中定量分析是借助 ArcGIS 空间技术完成对 ATV 空间的适宜性评价以此完成ATV三类空间的分区过程。除此，本书根据对各类旅游小城镇的空间演化模式的判断，提出具有普适性价值的ATV空间重构概念模型，以促进优化生产、生活与生态空间的开发管理秩序，实现空间综合效益最大化。新型旅游城镇的空间重构是优化城乡二元结构、推进城乡统筹发展的综合途径，是伴随旅游目的地区域的内生发展需要和外部市场驱动综合效用的根本性革命在空间上的投影。

6.1 相关概念及空间问题

6.1.1 相关概念

（1）边界。

不同空间尺度下，边界的意义和效应存在着不同程度的差异性。主流的边界理论通常将边界看作标志着国家主权的法律界限，或一个国家行使主权的线，一个多世纪以来一直是学术研究的焦点（Glassner，1996）。边界通过一定的法律框架确定和分割不同的政治实体，例如，领土统一、边界清晰、可施加政治权力的、空间范围明确的"民族—国家（nation-state）"是现代性的一个重要特征（Giddens，1990）。

20世纪30年代早期，边界应用到旅游发展的研究中。随后，学者们从跨界旅游合作、跨界旅游冲突与竞争、跨界旅游管理等角度做了详细阐释（杨效忠等，2013）。20世纪90年代中期，Timothy（1995）[1]从边界与旅游关系的视角出发，将边界的旅游地理属性归纳为：旅游吸引力、旅行障碍和旅行中转地带，其研究成果极大地丰富了旅游地理的内涵。

而后，随着边界效应研究的兴起，学者们开始将边界效应的研究思维和方法引入旅游发展研究中，并基于旅游边界的封闭效应分析跨界旅游区一体化问题。在国内，长江三角洲和北部湾旅游区的案例研究表明，旅游边界效应显著存在，

---

[1] LIN G C S, TSE P H M. Flexible Sojourning in the Era of Globalization：Cross-border Population Mobility in the Hong Kong-Guangdong Border Region［J］. International Journal of Urban & Regional Research, 2010，29（4）：867-894.

并在一定程度上影响了旅游一体化进程（靳诚 等，2008[①]；黄爱莲 等，2011）。对于空间边界如何影响空间要素的一体化进程，杨效忠 等（2010）认为，行政边界的层级、地理交通、边界两侧旅游发展水平和成熟度的差异、情感认知等因素决定了空间结构的形状、效度与管理策略。随后，有学者又对交通要素影响下的大别山旅游边界形成与跨界行为进行研究（杨效忠 等，2013），结果发现空间边界对交通基础设施的屏蔽效应显著，而对低等级交通基础设施的屏蔽效应大于高等级交通设施，进而降低了旅游空间要素互动协同的程度。

（2）空间结构。

空间结构（Spatial Structure）是指经济活动（产业、要素等）在地域空间上的投影和反映，是不同功能区的地理位置及其分布特征的组合属性，它既包括用地在空间上呈现的几何形状和功能分区，即空间形态和空间内部结构；也包括在不同地域范围中的地位和作用。而空间内部结构是本书研究的重点，涉及土地利用结构、经济空间结构、社会空间结构、政治空间结构等方面。

长期以来，空间结构占据旅游地理学的研究主导地位，主要体现在两个研究角度：一方面是通过描述旅游流的特征来反映旅游空间结构的变化趋势，这是从需求面出发展开研究；另一方面是通过描绘旅游供给链在空间分布的特征反映出空间结构的变化。虽然国内外的研究众多，但从定义上说尚处于众说纷纭的阶段，未形成统一界定。吴必虎（2001）对旅游空间结构进行了较全面的界定，他认为旅游空间结构是旅游客体的空间集聚程度和状态。卞显红（2004）从城市旅游的发展角度对空间结构进行了探究，具有较强的认可度，认为旅游空间结构是旅游活动和经济客体在地理空间上的反映，是区域旅游发展状态重要"指示器"。

（3）空间管理。

空间管理并非一个很成熟的理论概念，与它近似的一个概念是空间管治。前者侧重自上而下的管理，而后者强调多方参与，特别是自下而上的参与，但其核心都是人为地对自发的市场行为进行干预。使用"空间管理"这个词，代表了地理学者面向社会实践时所具有的一种信仰，即相信基于理论知识的干预手段可以让空间秩序更符合人们的理性需要，从而使空间得到更有效、公平和可持续的利用（刘卫东，2013）。空间管理的内容丰富多彩，对于本书而言，侧重于小尺度范围内的空间分区。正如马斯顿（Marston）所说：特点的地理尺度可以看作

[①] 靳诚，陆玉麒.区域旅游一体化进程中边界效应的定量化研究：以长江三角洲地区入境旅游为例[J].旅游学刊，2008，23（10）：34-39.

"包括空间、地方和环境的复杂混合体的一个关系要素，正是它们的交互作用构成了我们生活和研究的地理"。本书正是希望通过对"景区—小镇—乡村"（ATV）空间属性、区位、尺度以及尺度关系的分析，最终确立三者的发展演变模式，达到建设"生产空间集约高效、生活空间宜居适度、生态空间山清水秀"的目标。

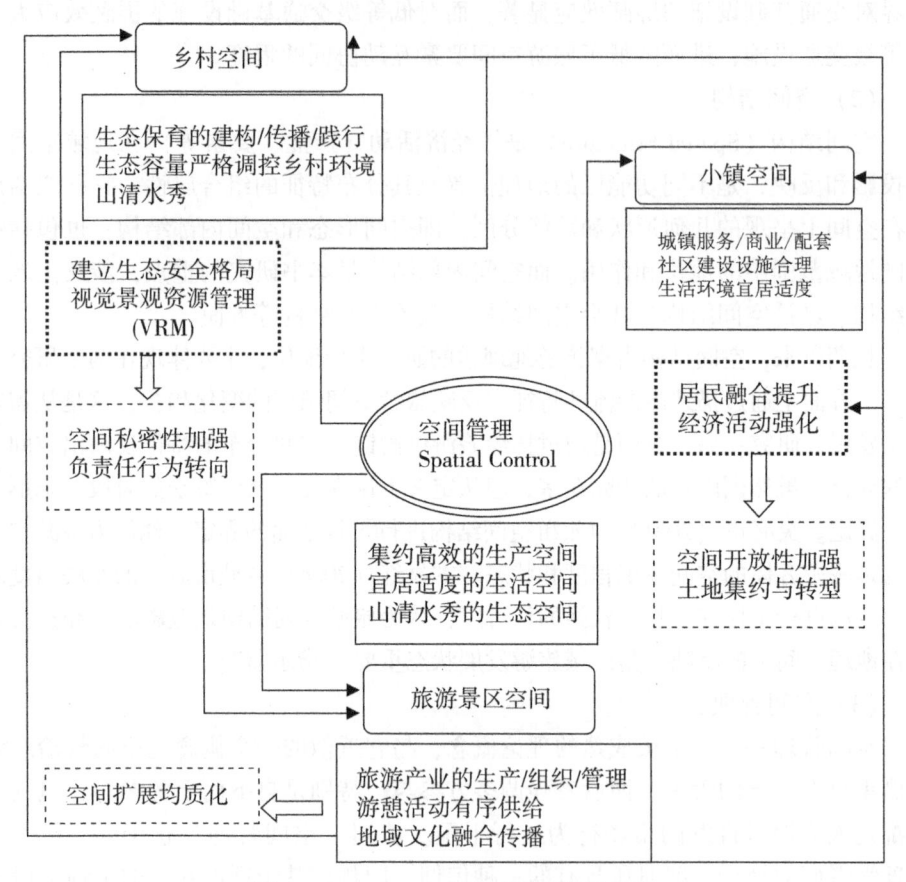

图 6-1　A—T—V 空间管理目标及机理

（4）空间重构。

"重构"寓意重新组合、重新构筑，也是系统科学的一种方法论。是希望通过相关要素的调整达到整体系统架构的合理，它更是一个排异同化的发展过程。是人类活动反映在地理空间的集聚与变化，是人类与地理对话和沟通的过程。空间重构是一定条件下不同构成要素之间的作用和交互，也是时间对各类要素的影响积累。因此，空间重构需要强调的是一个时空连续演化的情况，是人为自我调适的过程。

空间重构既包括物质层面的空间实体内容（如建筑、街道、枢纽点等）的调整，也需要对社会、经济、文化等非物质要素的配置。在厘清物质与非物质要素相互关系的基础上，结合具体时间阶段的要求，使得物质要素与非物质要素之间保持相互协调，对两者之间的异化关系与要素进行调整，促进整个空间系统处于良性运转，以更好地适应社会发展的需要。而且由于时间阶段的不同要求，空间重构需要维持一种相对连续的状态，而非固定的一成不变的组织。（王振波等，2012）

对本书来讲，重构是立足于城镇体系更新背景下，运用 ATV 三者空间效益权衡法则来实施空间重构准则（手法），在不改变城乡空间系统发展内涵的前提下，调整小镇、景点与乡村之间空间系统的结构关系、以适应区域更新的方法论。基本出发点是为了寻求"生产—生活—生态"空间可持续的利用模式。

6.1.2 旅游小城镇现存空间问题

前文分析了旅游小城镇"ATV"三类空间的互动关系，以及由于三者互动发展过程中关系的演变与特征而形成的不同发展模式。无论是原生性的传统小镇、产业带动下由村落演化而来的小镇还是人造的主题小镇，均是伴随着镇区的快速发展与空间规模的拓展而变化的。在三者之间高度关联引发的变化中，由于缺乏科学的空间管理指导，出现了一系列矛盾与问题。

①镇区建设蚕食乡村与景区土地资源。

当旅游产业高速发展带动了 GDP 的快速增长与人口的大量迁入，如果土地价值在城镇空间中表现出一定的差距，旅游小城镇就会进入跨越式的发展状态，在缺乏合理空间规划的情况下，单纯被市场作用力所驱动，小城镇的土地扩张将会呈现出一种非线性的激进现象。

膨胀的用地、人口与资源需求，引发出景区、小镇的建设与生态环境的冲突与矛盾。尤其是景区服务型小镇所依托的景区一般就位于小镇的边缘，当小镇呈现迅猛生长之势，就会对周边的景观资源良好的生态敏感区产生侵害。

调研中坪坝营镇自 2011 年的甲马池镇（集镇原有面积 1.5 km²）快速扩张，2012 年由甲马池与杨洞两个集镇空间联结成立现坪坝营镇，集镇面积达到

$4.2 km^2$，人口由原来的3万，变为4.5万。大规模的镇区拓展，还带来了众多开发商的介入，诸如芭菲小镇等旅游地产项目的建设，加剧蚕食了坪坝营森林公园的景区环境。这样的情况在其他调研地均表现明显。

②忽视景区容量的控制，生产生活方式失调。

旅游小城镇核心吸引物多数是生态环境脆弱的风景区，对它的开发首要要对生态环境的脆弱程度、土地承载力以及环境容量进行评估与预测，并预测开发活动可能造成的破坏程度，对建设用地和人口规模均应予以控制。然而在快速城镇化进程中，受到市场利益的驱动，现代化旅游设施的经济效益被高估，无数宾馆饭店、疗养所、培训中心等被引入景区内部，大量的娱乐性项目的建设不仅降低了区域内的整体景观品质，甚至对景区内部的遗产类资源产生永久性的损坏。

乡村受到景区经济效益的辐射，加入旅游服务产业，乡村原有生产方式改变，也促使过度商业化的乡村景观出现。居民生活空间扩张，新安置社区导致原有乡村人文受到破坏。城镇化过程中，青年人向乡村之外迁移，出现"空心村"等状态。调研中湖北高罗镇辖区的清水塘景区附近的村落点仅剩不到8个老年人留守。

③服务设施分散布局，小镇集聚能力不足。

旅游发展带来周边地区服务配套产业的发展，零散服务区的出现，短期内满足了旅游者的异地反向生活需求，一方面会导致基础配套设施的成本大幅增加，另一方面零散孤立的服务区（度假村）也会割裂旅游者异地人际交往的可能。相应地，小镇就会失去产业与人口的集聚能力。

以坪坝营镇为例，整个森林公园区域布局有大大小小8处服务区，既增添了环境负担，增加了水电通信等基础配套的建设难度和成本，还降低了游客的整体体验。反而导致坪坝营镇镇区缺乏人气，很多商铺的经营出现凋零等困境。

④旅游地产对景观风貌的损害，社区问题凸显。

近年来旅游地产成了新一轮城镇化进程中土地利用的新方式，其典型特征是利用景观资源的优势，产生对土地资源的极大需求，将大量的度假、住宅设施布局于景区及其周边地区，成了开发商的首选。这种景观侵占方式，对当地生态环境造成极大伤害，而农民的土地随之转让，丧失了土地使用权之后，农民的生计难免陷入困难。

调研中苏马荡的社区满意度最低，本地居民多半以低价转让了土地，搬进小镇生活，生存成本增加，土地出让的资金远不足以维持移民后的生活支出，这种补偿之后的居民返贫现象加剧了不平衡。马洋溪生态旅游区（镇）内开发有接近二十个旅游地产，造型各异，各自为政，极大破坏了整体生态景观。建设中也出现了多次居民与开发商的正面冲突事件。

6.2 研究区概况——马洋溪生态旅游区（镇）

> 笔者博士研究生学习期间跟随导师完成了《马洋溪生态旅游区旅游发展总体规划》，对该地的旅游城镇化过程有过较为深入的调研。
>
> 福建马洋溪生态旅游区作为我国新兴的一种旅游发展空间，自生长之初就带着城镇化的典型特征，调研中发现该地出现了诸如房地产过多、乡村景观被"肢解"、生态环境破碎化等空间问题。本书将马洋溪作为我国东部发达地区的新兴旅游小城镇，用来分析这种类型的小城镇在发展中的空间管理问题，希望是对第五章西部武陵山的小城镇发展模式的一种补充。

马洋溪生态旅游区（镇）2004年10月经漳州市人民政府批准成立，位于经济发展水平较高的厦、漳、泉闽南"金三角"的腹地。全区总面积138 km²，下辖十里、旺亭、后坊、山重4个行政村及天成社区，人口1.1万（表6-1）。区内海拔最高965.8 m，最低16.7 m，平均海拔450 m左右，地理地貌相对复杂，属低山丘陵、山峰、台地、阶地、谷地、悬崖等。地质构造属闽浙活动地带，地层单一，岩性复杂，主要地质由中生代侏罗纪火山岩和燕山时期火山岩组成，地质历史时期曾有过强烈的断裂作用，新华夏系构造在境内表现强烈。马洋溪生态旅游区（镇）土地类型多样，山体面积达76%以上。境内主干河流马洋溪，全长30.4 km，河道落差222 m，水流缓急交错，适于漂流及皮划艇运动项目，河流两岸草滩地、村落、生态果园错落分布，风景优美（图6-2）。

▶▶▶ 流动的乡土：景观·小镇·村落

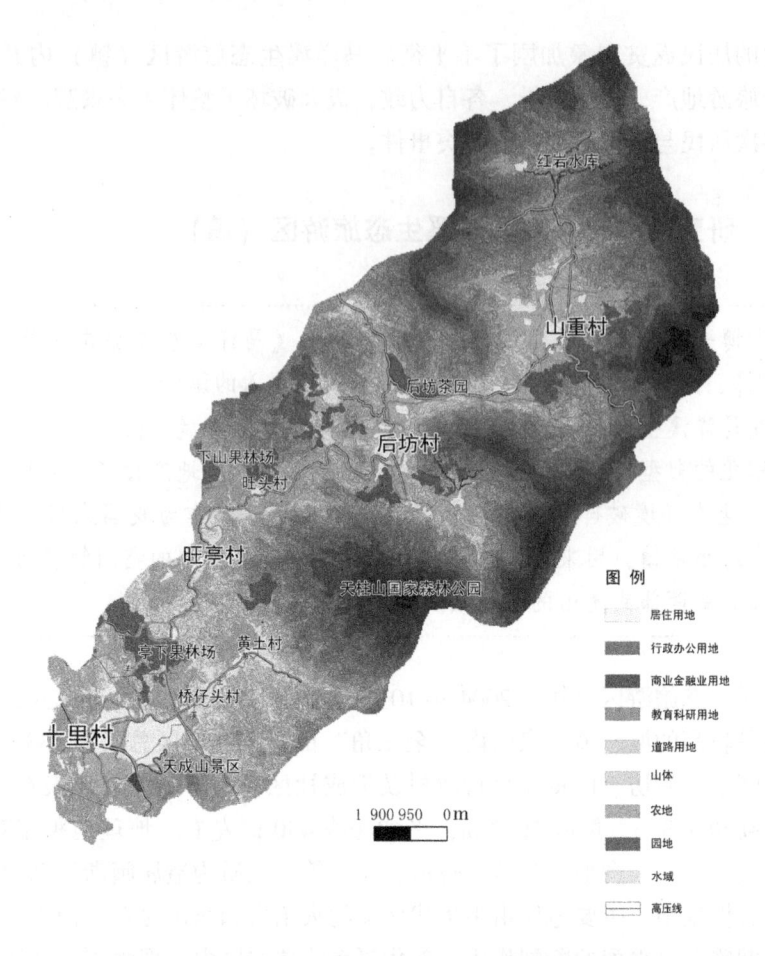

图 6-2 马洋溪生态旅游区（镇）建设用地现状

在 2004 年前，旅游区城市化发展速度缓慢，居民主要从事农业生产。自设立独立旅游区之后，凭借丰富的旅游资源与区位优势，已开发马洋溪漂流、泛华生态博览园、天柱山国家森林公园等 17 项旅游（或地产）项目，初步形成一批特色旅游品牌，年接待游客超 100 万人次，旅游收入 2 亿多元。马洋溪生态旅游区（镇）进入快速旅游城镇化的轨道，但是出现明显的空间无序发展和生态破坏情况。马洋溪公共服务体系尚未建立，旅游配套服务基本处于空白，大量旅游地产遍地渗透，尚未形成旅游产业集聚中心。马洋溪亟须空间重构，进一步明晰生态保护、经济发展与游憩生活的空间范围。

研究采用数据均引自福建省马洋溪法定的调查和统计数据，主要包括近五年统计年鉴、农经报表、自然灾害统计表、马洋溪总体规划（2009—2025年）、地形图（比例尺为1∶10000）、2012年土地利用变更调查数据等。利用ArcGIS10.1从土地利用变更数据中获得土地利用、水域等信息；以地形图为数据来源，建立DEM，栅格大小取30 m×30 m，通过空间分析获取坡度、高程等评价指标信息；自然灾害情况、基本农田保护、交通情况、建成区、地基承载力、自然保护区等信息分别从《长泰县自然灾害统计表》《长泰县地质灾害评估报告》、长泰县基本农田数据库、变更调查遥感影像图以及相关图件资料中获取（陶慧，2016）。

表6-1 马洋溪生态旅游区（镇）村镇规划一览

序号	名称	个数	村（场）名称	职能	人口规模 现状	人口规模 规划
1	中心城区	4	十里	综合	3475	4500
			旺亭	林业、旅游	800	1000
			林果场	林业、旅游	130	200
			亭下林场	林业、旅游	35	100
2	中心村	4	十里马洋	综合	2258	3000
			旺亭亭下	综合	460	700
			后坊水尾坑	综合	700	1000
			山重大社	综合	2500	4500
3	自然村		四个行政村以下的所有自然村	综合	6100	8200
合计					16458	23200

选择福建马洋溪作为研究对象，主要基于以下原因：①关于城镇空间决策已有诸多研究，但是主要集中在传统城镇领域，对于近年来出现的这类新型旅游城镇的区位决策以及空间结构问题，尚未见报道。②马洋溪撤村成区，自2004年发展旅游业以来，全区的公共服务体系尚未建立，旅游配套要素缺位严重，虽然已建成大片旅游地产或景观社区，却未形成集聚产业中心或旅游接待基地，本书需要解决的正是以旅游为导向的新型城镇区域的资源环境保护、游憩产业发展与服务空间组织的最大化决策问题。③马洋溪南部旅游地产集聚区是在都市群休闲度假诱导下成长起来的特色休闲度假型旅游小镇，代表了未来中国旅游业产品升

级的重要方向之一，这种业态在国内具有典型性和代表性，本书的空间重构研究对新型旅游城镇空间序列决策与评价模型的构建进行探索，规范创新与传统业态的空间开发秩序，重建合理的空间开发结构，以期为同类区域发展提供决策参考，具有重要借鉴意义和理论应用价值。

6.3 A、T、V 空间适宜性评价

6.3.1 ATV 评价体系

空间重构的基础是确定不同的空间要素（A、T、V）的适宜性，以评价指标的形式确定不同要素的空间选择依据。影响旅游小城镇空间重构的因素复杂多样，并且各因子之间相互联系、相互影响。指标体系的建立应始终将用地适宜性摆在首位，将自然环境作为空间布局的主要依托，把区域健康发展作为最终目标。

以 ATV 三者关系的视角去考量空间布局的科学性，以 ATV 三类空间开发为依据建立评价因子体系。该方法的核心主旨是希望通过对 ATV 三类空间价值的衡量，构建出一套量化的指标体系，指导 ATV 空间的开发序列。以 ATV 三类空间适宜性[①]评价因子的完整体系为基础，结合 GIS 空间分析技术，重新判断旅游城镇化进程中的 ATV 各空间单元的科学分布机制。并对一些生态敏感区域以空间"红线"的划定为手段，实现人地关系协调与人地系统稳定的保障（图6-3）。对于不易判定的空间类型，可后期结合当地实际发展现状、地区相关规划以及重要的生态空间专题内容等进行微观修正。

---

① 本书第七章第三节（7.3）针对苏马荡社区参与做了问卷分析。

第六章 流转的边界与重构

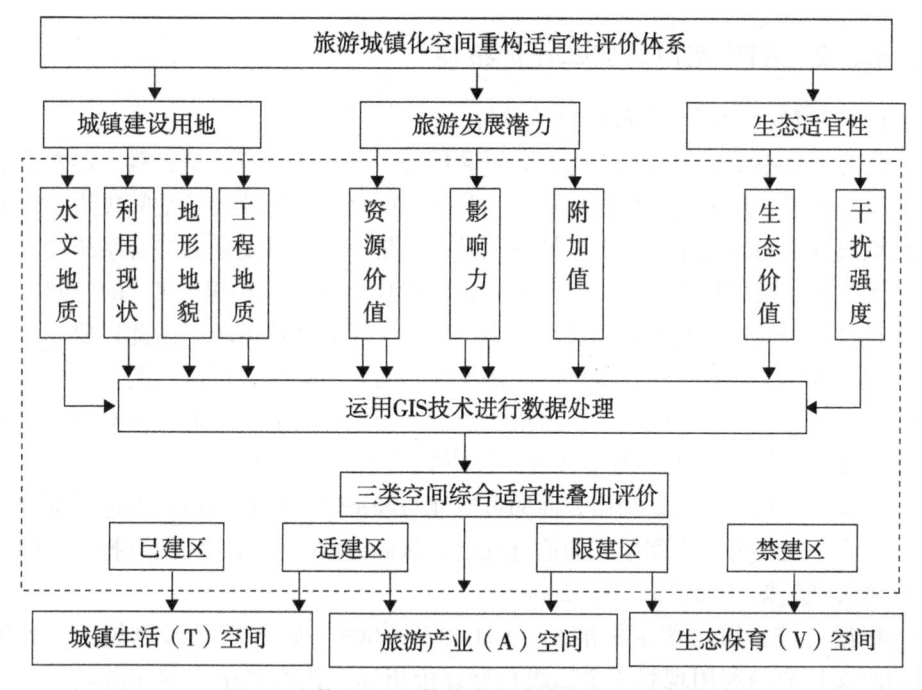

图 6-3 基于 ATV 的旅游小城镇空间分区流程

本书建立的评价指标体系，是基于主导因子功能突出与综合条件分析相结合，并体现出空间属性的差异性与可读性，兼顾现实可操作性等原则[①]，试图从旅游生产空间（A），城镇生活空间（T）与生态保育空间（V）三个方面构建"总目标层、子目标层、因素层、因子层"4个层次的评价体系，分别建立了3、9、24、96个指标（表6-2至表6-4）。

基于 ATV 评价指标体系建立的全过程是基于各个单因子评价，借助于加权评价法求得各因子的评分情况，最后以因子加权叠加的方式求出综合评价结果，以判断空间单元的适宜性。整个评价过程基于 GIS 空间技术可计算的定量分析，结合 AHP 层次分析法对空间配置有着极强的可操作性（陶慧，2016）。

[①] 指标体系需要考虑三大主类因素在下级指标设定时可能会遇到重叠的因子项，采取其中一类指标赋值即可。

6.3.2　ATV空间适宜性评价指标

（1）城镇（生活）空间适宜性评价。

作为旅游小城镇的城镇空间，必须满足游客吃、住、行、游、购、娱六大要素的基本需求，这也是与乡村地区相区分的特征之一，这就要求空间决策首先要满足城镇发展用地的相关需求。城镇建设选址是一个相对复杂的综合系统决策过程，既需考虑空间功能因素，又需考虑技术操作因素，如小镇（T）的空间选址既要符合空间优化的基本原则又需要满足居民生活的便捷需求。因此还要充分借助对包括规模、人口、建设基础与经济发展方向等微观配置机制的衡量，各要素都在不同程度上对小镇选址产生着重要影响。评价行为的实施需要在对当地自然环境、建设条件、土地利用现状等多种资料的收集基础上，依照小镇建设的需要，以及工程技术在土地利用方面的可能性与经济性，对建设适宜性进行综合考量，确定开发行为在空间单元的适宜程度，从而为城镇生活空间的选择与空间组织提供合理依据（刘新卫 等，2008）。

根据《城乡用地评定标准》（CJJ 132—2009）确定出地形地貌、工程地质、水文地质与利用现状4个二级目标评价指标，选取其中主导旅游城镇建设的相关因子。在因素指标确定时，为了实际可操作性，主要是选取了针对城镇建设用地适宜性评价的因素，诸如地形地貌、坡度坡面以及地基承载力等指标（表6-2）。

权重的确定有多种方法，其中层次分析法（AHP）由于其逻辑严密、操作性强、定性与定量相结合的优点得到了广泛的应用。在实际应用中，为使结果更为科学合理，通常需综合多个学者进行综合评价，而学者间的评价通常并不一致，容易导致标度把握不准和丢失部分信息等问题，因而采用熵技术支持下的AHP方法进行综合评价，其计算公式为：

$$\begin{cases} a_j = v_j p_j \Big/ \sum_{j=1}^{n} v_j p_j \\ v_j = d_j \Big/ \sum_{j=1}^{n} d_j \\ d_j = 1 - \lambda_j \\ \lambda_j = -(\ln n)^{-1} \sum_{j=1}^{n} r_{ij} \ln r_{ij} \end{cases} \quad (6-1)$$

式中，a_j 是结合熵技术分析与层次分析法 AHP 的改进求出的指标权重，p_j 为采用 AHP 法求出的指标权重，v_j 为指标的信息权重，λ_j 为指标输出的熵值，r_{ij} 为采用 AHP 法构造的判断矩阵经归一化处理后的标准矩阵值。

熵技术支持下的 AHP 法使得各指标赋权结果信息量增加，可信度提高。采用此方法确定城镇空间适宜性评价指标体系权重值，如表 6-2：

表 6-2　城镇生活空间适宜性评价指标体系

总目标层	二级目标	因素指标分值权重	因子层
城镇建设适宜性指标	地形地貌 0.2332	地貌地形形态（0.0583）	地块基本形态要素：简单；较复杂；复杂；破碎
		地形坡度（0.1399）	考察地形起伏＜10%；10%—20%；20%—30%；＞30%
		地面坡向（0.0350）	考虑到日照、光线等因素：南、东南、西南；东、西；西北、东北；北
	工程地质 0.3049	地基承载力（0.1307）	＜100 kPa；100—180 kPa；180—250 kPa；＞250 kPa
		岩土类型（0.0697）	基岩或卵砾石；硬塑黏性土；砂土；软土
		抗震设防烈度（0.1045）	考察抗地震风险能力；＜Ⅵ度区；Ⅶ、Ⅷ度区；Ⅸ度区；＞Ⅸ度区
	水文地质 0.2153	洪水淹没程度（0.1507）	无洪水淹没；淹没深度或场地标高低于设防潮水位＜1.0 m；1.0—1.5 m；＞1.5 m
		污染风向区位（0.0646）	污染指数与城镇健康：无；低；较高；高
	利用现状 0.2466	土地用途（0.0986）	居民点及工矿、交通用地；荒草地、苇地、滩地、其他用地；耕地、园地、河流、水利设施；林地、湖泊
		交通区位（0.1480）	主要考察距主要干道距离：＜3 km；3—5 km；5—10 km；＞10 km

注：评价级别借鉴国标中的等级划分，评价结果分为 5 级：高度适宜、较高适宜、中度适宜、较低适宜、不适宜。权重 W' 值总和为 1.00。

（2）生态保育空间适宜性评价。

生态环境是新型旅游城镇发展的基础，是新型旅游城镇可持续发展的关键，是达到新型城镇化"望得见山，看得见水，记得住乡愁"要求的物质承载，因而对生态保育适宜性进行评价就变得极为重要。结合生态环境部 2021 年颁布的《规划环境影响评价技术导则　产业园区》（HJ/T 131—2021）并结合地区实际

· 211 ·

情况确定生态保育空间评价指标,一方面主要考虑空间自身的生态价值,另一方面要考虑该区域受干扰的强度。生态价值评价中选取了植被覆盖率、生物多样性以及地表水保护范围3类指标要素;干扰强度确定人口、产业与工程3类因素。利用 AHP 法确定各指标权重(表6-3)。生态保育空间适宜性评价同城镇空间适宜性评价方法一致,见式(6-2)。

表6-3 生态保育空间适宜性评价指标体系

总目标层	二级目标	因素指标	评价因子
生态适宜性指标	生态价值 0.7303	植被覆盖率 (0.2434)	考察植被覆盖面积:>80%;50%—80%;20%—50%;<20%
		生物多样性 (0.3043)	动植物的γ多样性①:>2.0;1.0—2.0;0.5—1.0;0—0.5
		地表水保护范围 (0.1826)	<100 m;100—300 m;300—600 m;>600 m
	干扰强度 0.2697	人口干扰强度 (0.1349)	>100 人/km²;60—100 人/km²;20—60 人/km²;<20 人/km²
		产业干扰强度 (0.0607)	>60%;40%—60%;20%—40%;<20%
		工程干扰强度 (0.0742)	3—4 km;2—3 km;1—2 km;0—1 km

注:生态适宜性越高,越适宜进行生态保育的管制。

ATV 空间适宜性评价指标体系中的因子量化主要涉及4种类型:定量因子标准化、定性因子定量化、功能因子分值化。定量因子标准化主要考虑因子值的频率分布状态,宜采用百分位次法、线性插值法、隶属度函数值法进行计算;定性因子指标值具有模糊性,其定量化采用以模糊数学方法为基础的专家咨询法、集值统计法;功能因子在功能上具有区域性渐变影响作用,如交通可达性、水位影响等,适宜运用时间距离成本等方法进行计算。对各因子进行量化之后将其转化为栅格数据,栅格大小设置为 30 m×30 m,利用加权平均法计算各栅格单元城镇开发适宜性,计算公式如下:

---

① γ多样性,即在单位面积内一系列生境中种的多样性,表示生物群落中的生态地位多样化与基因变异。

$$F_i = \sum_{j=i}^{m} w_j \times e_{ij} \qquad (6-2)$$

式中，F_i 为 i 地块某类型开发适宜性最终得分，得分越高说明越适宜进行此类型开发，w_j 为 j 因子相对最高层目标的权重，e_{ij} 为 i 地块 j 因子的标准化得分，m 代表因子个数。

利用式（6-1）分别计算各栅格单元城镇、生态开发适宜性，为方便进行叠置分析，利用 Natural Breaks 法分为 1、2、3、4、5 五个适宜级别，得到区域城镇、生态开发适宜性结果。

（3）旅游生产空间适宜性评价。

旅游城镇化强调旅游产业是城镇复兴与发展的触发点和主导因素，因此明确旅游产业发展潜力、界定旅游生产空间极为重要（林岚 等，2011）。借鉴《旅游资源分类、调查与评价》（GB/T 18972—2017），确定资源要素价值、资源影响力、附加值 3 个主体评价层，建立新型旅游城镇发展潜力评价体系，并利用 AHP 法确定指标权重。如表 6-4：

表 6-4　旅游发展潜力评价指标体系

总目标层	二级目标	因素指标	评价要素
旅游发展潜力指标	资源要素价值 0.6475	观赏游憩使用价值（0.2266）	考察观赏价值、游憩价值、使用价值
		历史文化科学艺术价值（0.1942）	考察历史价值、文化价值、科学价值、艺术价值
		珍稀奇特程度（0.1133）	考察珍稀物种、景观差异性
		规模、丰度与概率（0.0728）	考察单体规模、体量、结构、疏密度以及活动的周期性
		完整性（0.0405）	考察形态与结构完整度
	资源影响力 0.2662	知名度和影响力（0.1597）	考察旅游景观类型、相对密度、距离、空间分布，形成线形、环形或马蹄形的旅游线排列
		适游期或使用范围（0.1066）	考察社会结构稳定性、居民友好度、文化融合度、社会经济波动的幅度①

---

① 社会经济的波动主要指物价波动、失业率、交通事故与噪声强度等多个涉及本地居民生活质量水平的因素。

续表

总目标层	二级目标	因素指标	评价要素
旅游发展潜力指标	附加值 0.0863	环境保护与环境安全 (0.0863)	考察环境受到污染与安全隐患因素，此处采用逆向给分，污染越高分数越低

注：旅游城镇类型不同，游憩产品必有差异，评价指标在借鉴《旅游资源评价赋分标准表》(2003) 基础上，可结合实际相应调整评价因子，如度假类旅游城镇地区可加入康益、舒适与安全性等相关评价指标[30]。根据单体资源的评价分值，对空间区域内的资源进行分级打分，最终确定 5 个等级。等级越高辐射的潜力范围越大，等级越低的资源体影响力在空间上表现越小。

由于旅游单体大多存在点状、线状分布特点，对它们的开发存在强烈的距离衰减效应，因而对其的评价方法不同于城镇及生态适宜性评价。通过实地调查确定旅游单体资源等级，结合地区实际确定不同等级旅游单体辐射距离，利用 Buffer Wizard 工具确定其影响范围，从而得到区域旅游开发适宜性结果。结合研究区实际情况，确定 1—5 级旅游资源单体辐射距离分别为 100 m、200 m、300 m、500 m、1000 m。

(4) ATV 空间重构叠置分析。

根据上文确定的权重及指标体系，采用加权平均法计算各栅格单元三种利用方式的适宜性，计算公式如下：

$$F_i = \sum_{j=i}^{m} a_j x_i \qquad (6-3)$$

式中，F_i 为 i 栅格单元某一利用方式的适宜性，a_j 为 j 指标在熵技术支持下 AHP 法的权重，x_i 为某一栅格单元指标值。

为使得区域"三生"空间达到最优匹配，将区域栅格单元在城镇空间与生态空间进行分配，达到适宜程度最大化的目标，如式 (6-4) 所示：

$$A = \max\left[\sum_{i=1}^{n} F_i(U) + \sum_{i=1}^{N-n} F_i(E)\right] \qquad (6-4)$$

式中，A 为全区域城镇空间与生态空间达到最优分配，$F_i(U)$ 为 i 地块用于城镇开发适宜性，$F_i(E)$ 为 i 地块用于生态保育适宜性，n 为用于城镇开发栅格单元数目，N 为区域栅格单元总数。

第六章 流转的边界与重构 ◀◀◀

在实际分析中，若 $F_i(U) = F_i(E)$，则可将其划定为弹性用地区，根据区域具体情况合理确定用地方向。由于生态空间是旅游城镇发展的基础及承载，因而将其确定为生态用地，通过以上分析将区域划分为城镇与生态空间。由于景点周边的旅游服务区与城镇空间存在相互融合互补的关系，因而将旅游缓冲区与城镇用地叠加，得到旅游服务区用地。基于以上分析，得到新型旅游城镇"三生"空间格局，完成新型旅游城镇"三生"空间功能分区。

6.3.3 适宜性评价指标案例验证

（1）城镇生活空间。

根据 ATV 空间适宜性评价体系对城镇适宜性指标因子的计算叠加，得到图 6-4，城镇空间适宜度分为 1—5 五个等级。在不考虑其他两类空间用地的基础上，将 Reclassify 结果大于 3（以红色与紫色表示）的区域视为高值区，计算出

图 6-4 马洋溪生态旅游区（镇）城镇生活空间适宜性评价

城镇适宜区比例约为 38.7%。适宜区主要集中在马洋溪南部的十里村，中部区域沿交通干道与原居民点周边延伸出的相对狭长地带，天柱山外围靠近旺亭村的部分谷地也有较破碎的适宜空间。这类破碎地块不适合建设大体量的社区，仅考虑在规划中配合旅游景点的开发布局服务站。

由于区位及资源条件优越，马洋溪生态旅游区（镇）近年来吸引大量旅游（及地产）项目涌入，零散分布于旅游区的南、中、北部各区域，造成资源浪费、公共配套欠缺、生态景观破碎化等各类现实问题。根据 ATV 分区指标的指导，未来城镇中心区应在十里村集中布局，中北部地区除保留原有居民点与景点周边的服务设施外，严格控制地产项目进入，整体构建"大区小镇"的空间格局。

（2）生态保育空间。

分析结果如图 6-5 所示：生态保育适宜度分为 1—5 五个等级，将 Reclassify

图 6-5 马洋溪生态旅游区（镇）生态保育空间适宜性评价

结果大于3（以绿色与蓝色表示）的区域视为高值区，算出适宜区比例约为50.2%。生态保育适宜度高值区集中在中部天柱山、北部林场、红岩水库及马洋溪的中上游区域；南部十里村与北部的山重村仅从单一生态空间分析结果来看是适宜度最差的区域（以红色与紫色表示）。

马洋溪作为新成立的生态旅游区（镇），既是旅游产业发展的新镇域，更是生态保育的重点对象，城镇化进程中必须严格遵循优先发展生态保育空间的宗旨，针对生态保育高适宜度空间部分受干扰的现状，要做好环评工作，开展生态修复，加快植树造林的进程，实施生态移民和退耕还林（还草），将生态破坏降到最低，提高其生态保育功能。

（3）游憩生产空间。

根据马洋溪旅游资源调查与评价结果，得出全区5级资源仅后坊村龙人古琴文化村一处；4级资源有山重古民居、马洋溪漂流、天成山、天柱山四处；1—3

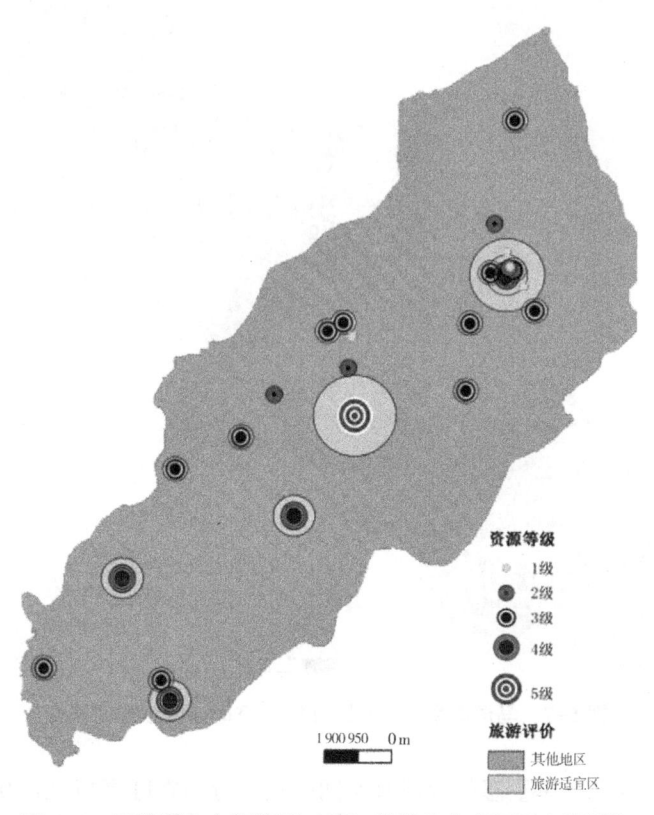

图6-6 马洋溪生态旅游区（镇）旅游生产空间适宜性评价

级资源点较为丰富，全区分散布局（图6-6）。不同等级的资源点的开发潜力大小不同，运用ArcGIS中的Buffer Wizard工具对不同等级资源进行空间分析，得出如图6-6所示旅游适宜区在所有资源单体中的分布，从中可发现后坊与山重两个村庄适宜区范围最大。后坊虽然拥有等级最高的资源单体，但资源密度不如北部山重聚集，从开发规模效益而言，山重是旅游发展的最适宜区；中部天柱山、南部天成山、连氏旅游区由于基础较好，等级较高，也具有较大开发潜力。

（4）综合空间叠合评价。

利用构建的适宜性指标与空间技术分析，得出综合评价结果如图6-7所示：

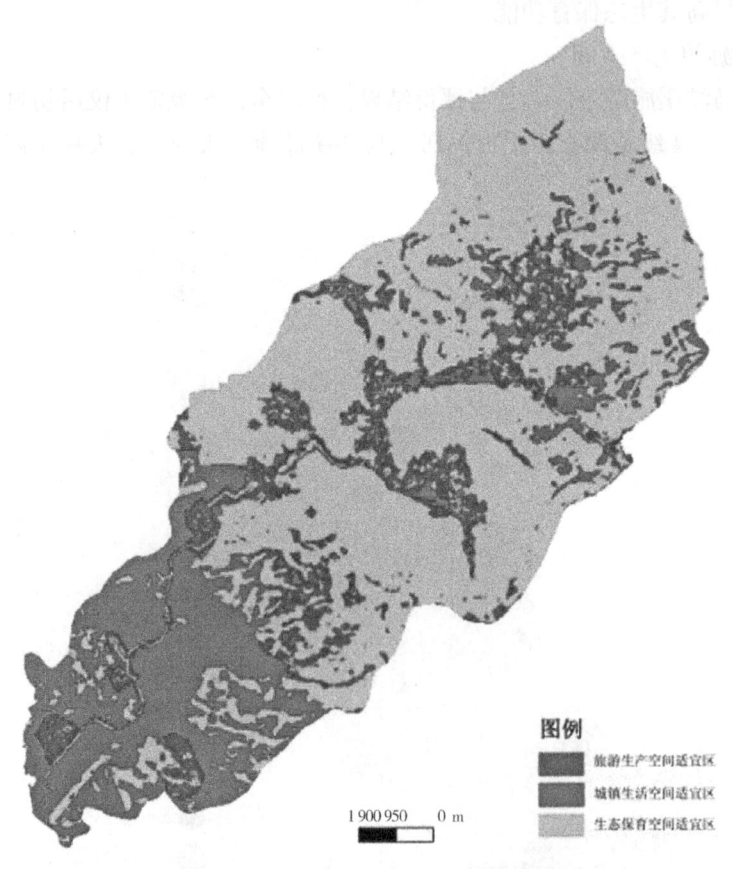

图6-7 马洋溪生态旅游区（镇）空间分区适宜性评价

①绿色代表马洋溪生态保育适宜空间，集中分布在旺亭以北区域，以中东部天柱山与北部林场为核心，空间连续性较高，全区覆盖率达59.6%。根据"三

生"空间重构的内涵界定,旅游城镇化空间管制以生态安全网络构建为目标(蒙莉娜 等,2011),故本书界定凡新型旅游城镇的生态保育空间所占比例不得低于50%;

②城镇生活适宜空间(红色区域)分布于亭下林场以南十里村区域,南部地块高度集中,北部适宜区较为破碎化,共占比例约27.7%。南部集中建设公共服务与集散中心、新旧居民的新型社区以及旅游商贸特色街区。城镇生活区的集中安置,正符合了ATV空间特征中高度现代化机会空间的特征描述,可以最大限度保护生态环境,降低服务设施布局成本,有利于疏散、管理与优化空间资源。南部中心小城镇要设定好城镇增长的边界,以绿化隔离带的形式避免城镇空间无序蔓延;

③旅游生产空间的最终确立,需要考虑景点资源在地理空间上的分异度。对马洋溪旅游适宜空间的叠置,在缓冲分析的基础上结合单体资源的实际情况,得出如图6-7蓝色区域所示,旅游生产空间适宜区随景点位置差异较为分散,所占比例约12.7%。

值得注意的是,由于旅游空间的渗透性较强,生态与城镇空间中均存在为旅游产业发展服务的利益空间,如城镇区虽然是居民点的高度聚集区,也是餐饮、住宿、购物、娱乐的高消费区,绝大多数旅游小镇承担游客服务与旅游集散的功能。生态空间除遵循国家对森林公园与水源保护地等相关限制条件外,还可开展人工痕迹低、私密性(非团体性)强的生态旅游活动,接待负责任游客行为[①]的介入。故虽然纯粹以景点潜力辐射的旅游生产空间仅占总面积的12.7%,但潜在旅游适宜度的高值空间可达30.0%,正好契合生产空间均质拓展、边缘模糊的基本属性。

6.4　ATV空间重构概念模型

6.4.1　旅游小城镇空间演化

空间在各种力量的作用下不断建构、解构、重构,从而具有前所未有的新特性。从ATV视角来关注旅游城镇化地区的空间要素组合,考虑3类空间效应价

---

① 2002年在南非开普敦召开了第一次负责任旅游国际会议,并签署了《在旅游目的地进行负责任旅游的开普敦宣言》。

值高低的演变过程，以建立起对旅游地空间的再认识，这正是空间权衡视角下旅游城镇化地区的空间研究核心（Reynolds et al，2001）。

因此，在旅游城镇化空间利用决策中权衡ATV三类空间效益的组合模式来分析空间演化模式，并以此为基础发掘出不同模式下的共同特性与空间需求，成为空间重构的核心。

表6-5 基于"ATV"空间权衡组合分析

象限	模式	空间演化特性	空间组合演化	适用条件
I	传统古镇	镇区既是商业服务区又是核心吸引物；随着旅游业发展，旧镇区拓展出新镇区，承担新的生活功能；周边乡村聚落点受产业辐射，不断演化，既有外围乡村景观延展，也出现原有村落不断被城镇融并现象		a. 镇区基础好，资源富集；b. 景点丰富集中，资源等级高；c. 乡村属于外围区，环境良好；d. 外来投资高，内生力强
II	主题小镇	以一个或多个特定的主题，以营利为目的，采用现代先进技术和多层次空间活动的设置方式，集多种娱乐内容、休闲要素和服务设施于一体的现代旅游目的地，是典型的旅游加地产模式，在发展初期以营造大型文化旅游景区为主，中后期发展主题旅游与主题地产相结合的综合体		a. 居民点相对集聚或已有快速发展的集镇区；b. 无原生旅游景点，新吸引物空间与镇区重叠；c. 环境基底良好，无生态红线；d. 外来投资高，内生力弱
III	旅游生态区	随着社会经济高速发展，城市休闲空间不断向外围延伸，在旅游要素（区位、环境、资源等）相对优越的乡村区域集中成片组建新的行政管辖体系逐渐改变原有的土地利用特征，形成以休闲经济与兼职农业相结合的以旅游为主导产业的城乡互动空间。乡村聚落点减少，新镇区形成，乡村外围景观基地被保护		a. 乡村地区，无集镇基础，服务设施弱；b. 旅游资源等级高，严格生态红线；c. 居民点零散，乡村景观优美；d. 外来投资高，内生力弱

续表

象限	模式	空间演化特性	空间组合演化	适用条件
VII	景区拓展	高等级景区主导服务空间延展，随着旅游产业升级，村落服务点无法跟进市场需要，在外围乡村区形成专门的旅游小镇		a. 无集镇，服务基础弱；b. 景点资源等级高，配套服务需求强；c. 居民点分散，离景区距离短，环境受损；d. 外来投资低，内生力强
VIII	旅游休闲小镇	一般位于都市边缘区，景区与镇区随着产业发展不断外扩，居民点多次搬迁，出现旅游新镇。景观吸引物随城镇开发不断增强，休闲度假产业集聚新镇区，原有村落融并现象多		a. 城镇化程度高，集镇基础好；b. 资源丰富，等级高；c. 服务开发多，乡村环境弱质；d. 外来投资高，内生力强

注："▲"代表吸引物A；"●"代表镇区T；"▒"代表整体环境或村落环境V；"✿"代表原有村落或居民点；"⟁"代表景区拓展方向；"◯"代表镇区拓展方向；"▭"代表乡村范围拓展；"⇨"代表演变结果。

(1) 传统古镇空间演化。

传统古镇由于建设行为发生年代久远，均受到中国传统文化的影响，包括以前的居住生态观念，除此之外，还受到自然地理因素的限制，原有的街巷或古庄园均关注山水格局的融合，与自然的交流与对话。后期由于旅游开发行为的介入，古镇原有低负荷运转的街巷生态系统不断受到影响和冲击，部分地区甚至遭受更严重的损坏。当然大部分地区力求在发展中处理好利用与保护的关系，结合周边乡村环境的改造和拓展，运用古镇建设中体现出的特有的生态平衡观，基于原有生态环境的基底提升空间景观的层次性。在保护原有古镇生态结构的同时，结合乡村的开发构建新的生态结构系统，所以说合理的空间拓展可以优化景观资源的结构，在利用与保护之间寻求新的平衡点，体现出传统价值的活力与创新力。

古镇在发展中表现出的空间演化规律有：古街区与新的居住区的空间分离，空间上的有机分离是对经济产业与文化交流的促进和保护，形成优势互补。在市场的驱动下，周围乡村区域得到新的发展活力，以达到休闲产业向外围辐射的效果。

将表6-5所示的ATV三要素演化关系纳入以古镇为代表的旅游小城镇的空间发展要素中，传统古镇在旅游发展中空间拓展出现新旧空间，并在外围出现符合休闲经济的乡村休闲区。旅游服务中心将集中在新旧城镇交界处，乡村受到辐射会有一定的迁移演化。

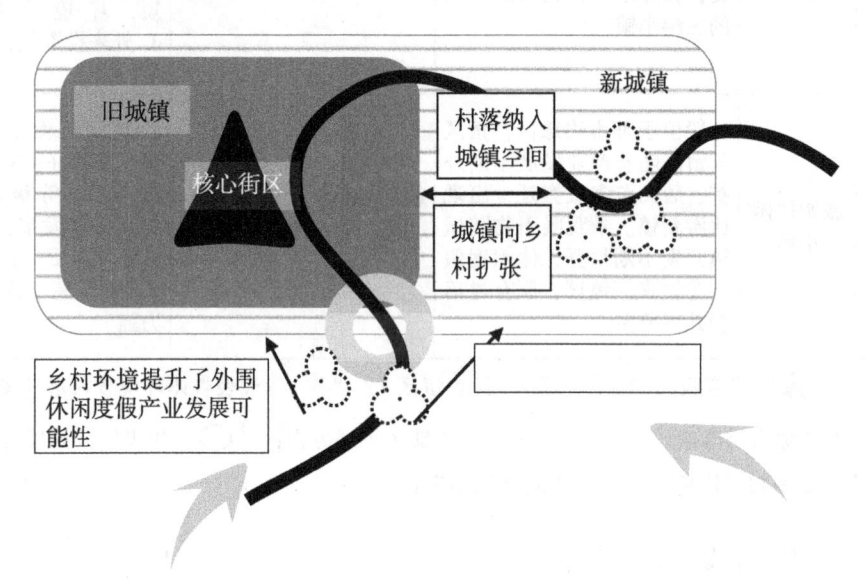

图6-8 传统古镇空间演化

（2）主题小镇空间演化。

主题小镇的建设过程是文化主题以物质形态发展的过程，是以主题化的构造手法，以一个核心主题或者多个主题作为空间元素的源泉，进行的文化多元化整合与氛围营造。所以主题小镇的演化主要是整体空间的改造，一般由于开发商的介入包装提炼，原有社区或景区经过建设演变成新的城镇核心区。旅游服务区也位于城镇中心。周边乡村或社区聚落[1]受到空间拓展辐射，成为新镇区的一部分，外围环境良好。所以说主题小镇是景区、乡村、小镇在原有基础上整体拓展的一个过程。

---

① 部分主题小镇位于城市旧城区，核心区外围有可能只是旧的社区。

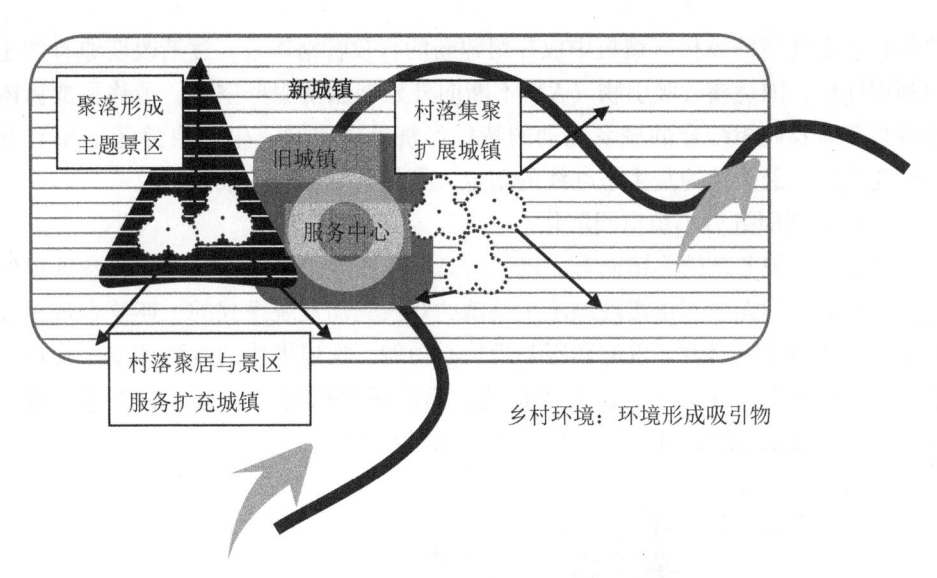

图 6-9　主题小镇空间演化

(3) 生态旅游区 (镇) 空间演化。

生态旅游区 (镇), 对应"ATV 联动式"空间演变模式, 这类新区是随着社会经济高速发展, 城市休闲空间不断向外围延伸, 在旅游要素 (区位、环境、资

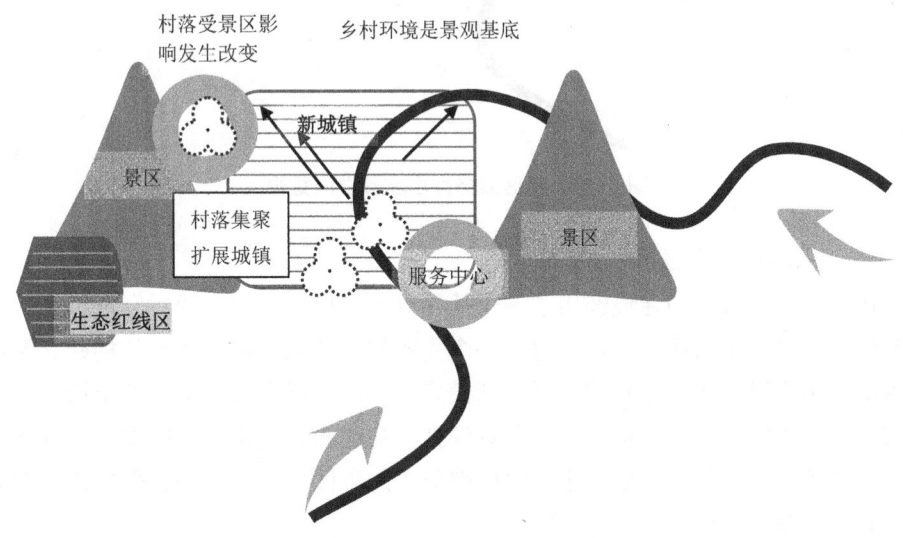

图 6-10　生态旅游区 (镇) (旅游新区) 空间演化

· 223 ·

▶▶▶ 流动的乡土：景观·小镇·村落

源等）相对优越的乡村区域集中成片组建新的行政管辖体系，逐渐改变原有的土地利用性质，围绕核心吸引物（A）不断向外延展旅游服务空间，最终形成休闲旅游与兼职农业相结合的城乡互动的特殊经济地理空间。生态旅游区（镇）在空间变化中，最关键的是生态红线的划定，乡村景观基底的维护。

（4）景区服务型小镇空间演化。

对于景区服务型的小镇而言，仅凭借景区自身旅游发展以及小镇为景区提供的配套服务，是无法真正实现旅游小城镇的双核驱动发展模式的。还要合理提升小镇自身的旅游吸引力，以配套服务为核心功能，构建优质的旅游环境，实现与景区既相互区别又互为补充的发展模式。后续还要依托乡村地区的整体环境改造，达到建设旅游综合性目的地的目的，见图 6-11：

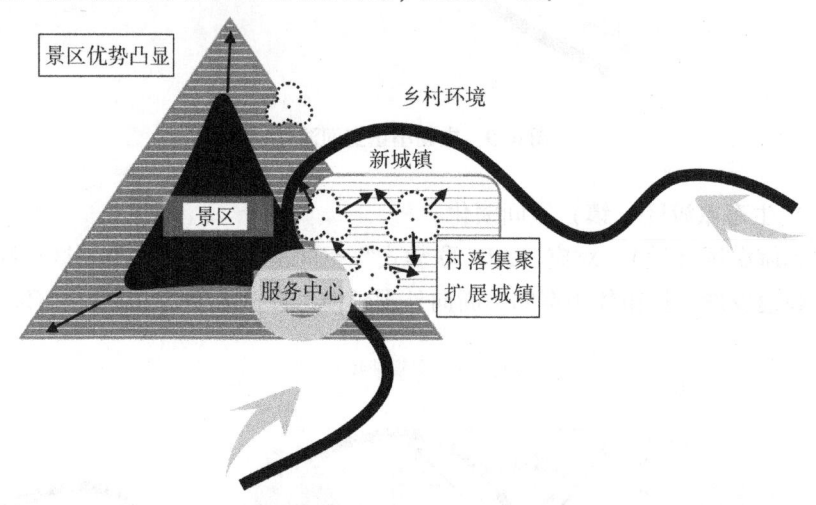

图 6-11 景区服务型小城镇空间重构

（5）休闲集聚小城镇空间演化。

休闲集聚小城镇的建设经历了一个从几百亩的核心休闲空间，发展为有一定服务配套的城市化结构的雏形，直至一个完备的小城镇结构全体系的构建，是小城镇由休闲要素的产业化延伸发展的新模式。其演化进程可表达为三个层面的整体架构：核心休闲景区结构—产业集聚的独立功能板块结构—休闲要素辐射下的城市化整体结构。其中，旅游小城镇内部形成的景区化和休闲业态聚集化是演化的核心，见图 6-12：

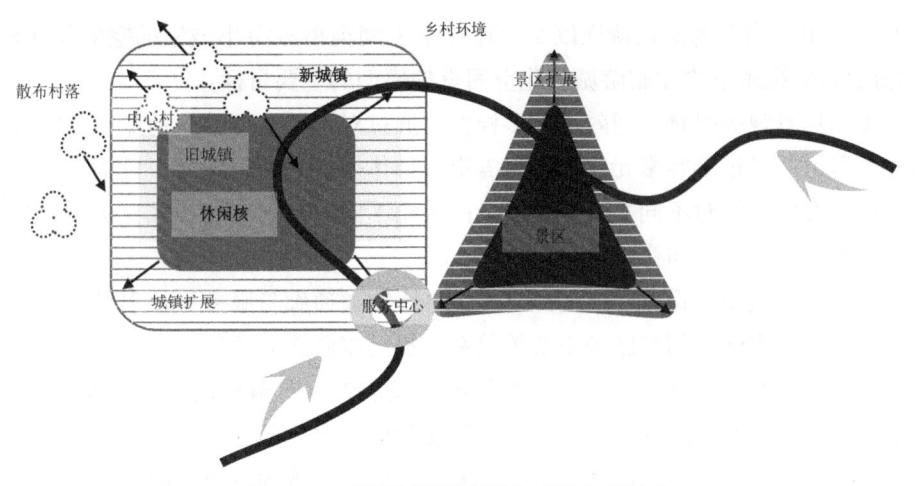

图 6-12 休闲集聚型旅游小城镇空间重构

6.4.2 旅游小城镇空间重构概念模型

针对旅游微观尺度的空间布局，Gunn 先后提出国家公园旅游模型（NPTM）与旅游目的地带（TDZ）概念模型，成为旅游区空间管理的基本理论依据（Dredge D，1999）。国家公园布局模型被看成小尺度旅游空间的布局典范，提出同心圆式的土地利用分区模型，获得国际上的一致认可，加拿大国家历史公园管理部门则是利用 5 类分区的土地空间模式：特别区域、原野游憩区、自然环境区、一般户外游憩区与密集使用服务区；旅游目的地带（TDZ）则将旅游目的地空间看成由吸引物与服务社区两种功能组团和连接两者的交通构成的聚合体；在此基础上，学者们均从不同角度展开了旅游空间布局的有效性研究：如生态旅馆就从城市、乡村以及资源聚集区 3 类对象出发寻求资源保护与生态旅游开发之间的平衡（钟林生 等，2010）；游憩机会谱（ROS）（Butler R W et al，1991）更是加入游客体验为研究新变量，为旅游开发的空间布局提供参考；以"点—轴"理论为基础，汪德根构建了"板块旅游"空间结构模式，为中小尺度旅游要素集群的空间布局提供了理论依据。旅游城镇化地区作为一类新型旅游空间，需要关注的视角除传统的旅游资源、服务社区、通道之外，更需要将正处于变化中的乡村与小镇纳入空间模型的核心要素加以考虑，这符合旅游空间涌现性特征，是空间生产理论研究范式转型的关键。

结合表 3-2 所示的 ATV3 类空间职能的差异性、表 6-5 中旅游城镇化空间的

ATV权衡组合类型的演化特征以及上述5个不同类型旅游小城镇的空间演化图，提炼出ATV视角下构建旅游城镇化空间重构模型的主要目标：

①加强景观吸引物空间效用的多样性。通过对不同类型游憩功能空间的合理分配，尽可能满足游客多元化的游憩需求，如休闲、观光、探险、民俗等。推动全域旅游发展，针对不同类型的旅游景区采用不同的空间布局形式，优质景观资源区域限制商业设施与房地产涉入；

②提高旅游服务设施的空间经济性。基于交通通廊与服务半径引导居民点聚集，以协调好生活空间与服务中心的关系，提高旅游服务的集聚度与社区居民的参与度，降低基础设施和公共服务设施的建设成本，严格控制土地的无序开发，保护生态红线和开敞空间，构建旅游城镇化地区的服务极核；

③确保乡村生态环境的和谐共生。通过对原有村落的分类判断，合理组织乡村环境空间形态：针对视觉破坏显著、位于景区内部或水源地等生态核心区的空心村或衰败村落，应搬迁至旅游小镇；另一类村落是乡村景观基底的重要组成，拥有人文资源或产业优势，应合理修复，科学利用；除村落居民点外的生态景观资源要强化保护与合理开发，严格控制开发商与地产商进入生态景观区域。分类整治，降低能耗，减少环境污染，构建稳定、协调、可持续的乡村生态环境。

正如P. C. Reynolds指出的，旅游空间价值取决于"体验的多样性与地方影响"两者兼顾，从ATV新视角出发，提炼旅游城镇化地区的空间重构模型的核心要义是既要考虑各类空间形态不同利用方式的经济性，又要凸显生长出独立空间的旅游小镇的重要性；既要保证景观吸引物的全域开发，又要保证乡村景观基底不受破坏。充分考虑交通、吸引物与服务设施的层级性和本地居民与外来游客对ATV空间的不同要求，得出如图6-13所示的ATV单核联动式空间重构模型。它以表6-5所示的5类旅游城镇化空间的共同空间演化特征为基础，更在一定程度上为这5类空间提出了普适性的布局机制：

①A、T、V3类空间层层递进承担着差异的旅游活动类型与对应的空间职能，它们之间由4级交通廊道连接成整体的旅游目的地，乡村聚落点与农业用地也同样被赋予旅游价值属性。

②旅游小镇最大限度地承担了人类的活动干扰，容纳人口（常住或流动）容量应该遵守《城市人口规模预测规程》中对人口预测的指导办法，运用资源环境承载力预测法，结合不同旅游区发达程度加以限定，原则上既要保证服务设施的有效供应，还要避免过度拥挤降低整体环境质量。小镇承担了旅游区的商业

服务与加工制造等功能，创造出最大化的经济价值，除此还创造众多的公共活动空间，既服务于本地居民更作为地方文化系统的组成部分吸引外来游客。

③旅游景区很好地实现了旅游容量分类（遗产保护区、依托自然与人文的传统景点、新生旅游景区）控制，也为游客的不同需求提供差异空间。

④对于乡村环境而言，除了充分体现土地、空气、水等景观资源的视觉价值之外，更需要关注不同价值的村落在该区域中的生存状态。传统古村落需要转变为保护区式的旅游景区，而零散分布的居民聚落，尤其是衰败的空心村或影响生态景观环境的村落更适合迁至小镇的旅游产业发展主体之列，充分肯定社区居民的产业贡献，对于部分生态脆弱空间尤其强调生态红线的严格控制。

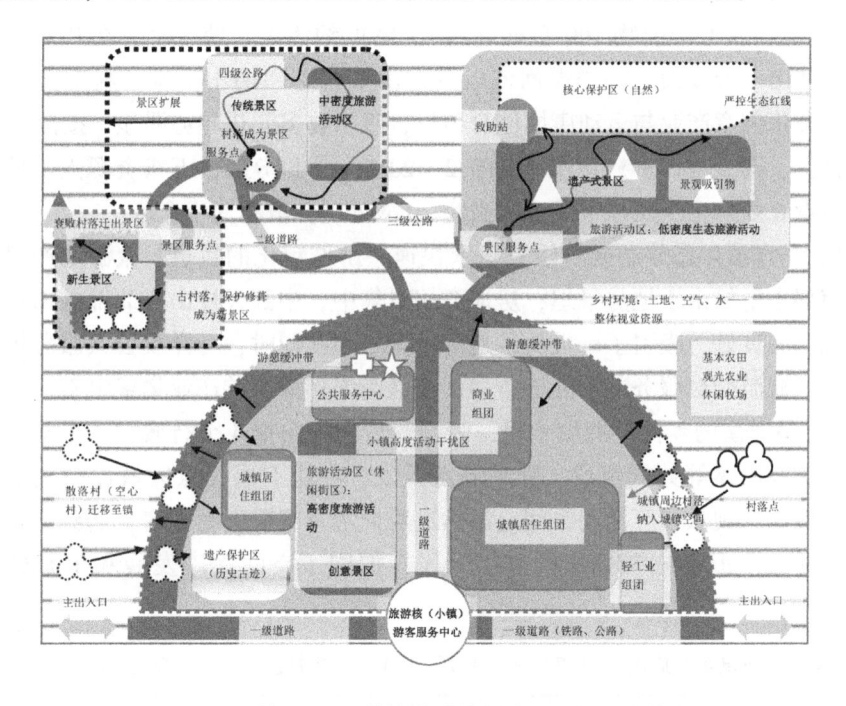

图 6-13 基于 ATV 的旅游城镇化地区空间重构模式

注：乡村聚落点的演变成为空间重构的关键，本模式中将居民点分为保留型与迁移型两类。保留型主要指文化古村落纳入遗产式文化景区范畴、景区周边居民点成为就近服务点、原生态村落成为休闲农业游憩区 3 类；迁移型则是将小镇周边零散居民点、生态脆弱区内居民点等影响整体视觉环境的村落以及空心村搬迁到小镇。小镇可以是新建型也可以由原有集镇、中心村落改造重整，视具体情况而定。

6.4.3 空间重构模型案例演绎——马洋溪生态旅游区（镇）

(1) ATV 视角下的空间现状。

根据第五章所示空间模式适用条件分析，马洋溪属于典型的旅游新区（象限Ⅲ），空间组合现状为 A↑T↓V↑。在 2004 年前，旅游区城市化发展速度缓慢，居民主要从事农业生产，居民点分散无集镇基础。自设立独立旅游区之后，凭借丰富的旅游资源与区位优势，已开发马洋溪漂流、泛华生态博览园、天柱山国家森林公园等 10 多项旅游项目，初步形成一批特色旅游品牌，年接待游客超 100 万人次，旅游收入 2 亿多元（2013 年数据）。

A：旅游核心吸引物 100 多处（种），密度约为 1.4 处/km²。在开发之初主要由天柱山、天成山、马洋溪河流以及古山重村落"两山一水一村"组成，后续加入文化创意产业与运动康体健身项目，吸引物多元化趋势明显。按照《旅游资源分类、调查与评价》（GB/T 18972—2017）评价分级，五级资源点 1 处，四级资源点 6 处，三级及以下等级吸引物 20 多处，分散布局于全区。

T：马洋溪生态旅游区（镇）进入快速旅游城镇化的轨道，旅游地产遍地渗透，南部十里村由于地势平坦，房地产相对集中，中部天柱山与北部的山重村由于景观基底良好，吸引了一批旅游地产投资。与此同时，马洋溪公共服务体系尚未建立，旅游配套服务基本处于空白，全区尚未形成旅游产业集聚中心。

V：马洋溪的乡村环境由十里、旺亭、后坊、山重 4 个行政村、果林场、水库、河流与山体等共同组成。随着旅游开发，在原有居民点区域逐渐兴起农家乐、采摘园、观景带等活动空间。虽然这对周边景观吸引物而言，起到一定的配套服务作用。但是旅游地产的零散开发，加剧了空间无序发展和生态破坏等问题。

表 6-6 马洋溪生态旅游区（镇）核心资源（V）、服务社区（T）与乡村环境（V）情况

主类	名称	性质	项目与功能
A	马洋溪	I	漂流、观光、休闲
	天柱山		观光、娱乐
	天成山		观光、祈福
	龙凤谷		拓展运动、观光休闲
	寻梦谷		观光休闲

第六章　流转的边界与重构

续表

主类	名称	性质	项目与功能
A	古山重民居	II	观光、体验
	中华汉文苑	III	古建筑群、历代书法石刻书画艺术博物馆陶瓷酿酒造纸等文化展示与体验、住宅
	射击射箭基地		比赛训练配套服务与住宅区
	十里蓝山花海		花卉观光、休闲度假
	龙人古琴文化村		书院、大师纪念馆、万台、音乐厅、藏书阁、制琴学坊、演艺学坊、酒店山庄
	格林美提子园		观光、采摘、度假
	联邦调茶局		观光、体验、品茶购物
T	海西国际	IV	体育公园、山地公园、温泉度假村
	天铜山综合度假区		体育公园酒店、温泉度假村、山地养生住宅、湿地景观
	发现之旅生态社区		生态博览园、温泉酒店、天成山旅游区
	原山主人		商业会所、生态住宅
	十里蓝山社区		黄金生态旅游带、休闲度假区、马术俱乐部户外山地休闲及亲水度假
	天柱山旅游度假区	V	休闲、度假、商业
	连氏旅游社区		五星级农家乐、漂流及配套
	天颐桃源	VI	酒店公寓、山居、滨水住宅
	上扬生态园		生态住宅及会所
	海投生态城		研发中心、培训中心及住宅
	亭下生态文明教育基地		生态科普、文化、培训、住宅
	联盛总部决策管理中心		联盛纸业配套住宅会所、总部研发中心
	富甲桃源		生态住宅
V	十里、旺亭、后坊、山重		行政村
	院内、水尾、大社、亭下、桥头仔		自然村

· 229 ·

续表

主类	名称	性质	项目与功能
V	武安、亭下		果林场

注：数据来源于作者参与的横向课题《马洋溪生态旅游区（镇）旅游总体规划》。Ⅰ为自然景区，Ⅱ为人文景区，Ⅲ为人工景区，Ⅳ为综合地产（社区），Ⅴ为旅游地产（社区），Ⅵ为住宅地产。由于马洋溪初期并无集镇基础，表中所列 T 要素均是以城镇开发形式进行的商业投资，如商业地产、旅游地产、住宅地产等，并非严格意义上的旅游服务设施。表中 Ⅴ 仅选取了重要村落。

如图 6-14 所示，马洋溪处于旅游城镇化开发建设初期，缺乏科学空间指导，地产建设全区范围内泛滥开展、生态环境受损严重，具体表现在：旅游区景区粗放建设。该区分布大大小小的房地产项目达到数十处，绝大多数开发均围绕优质景点资源周边延展，尤以天柱山、天成山、寻梦谷附近最为典型，导致优质景点附近的生态环境被严重破坏，尚未形成空间有序的景区组团；建设项目的地产

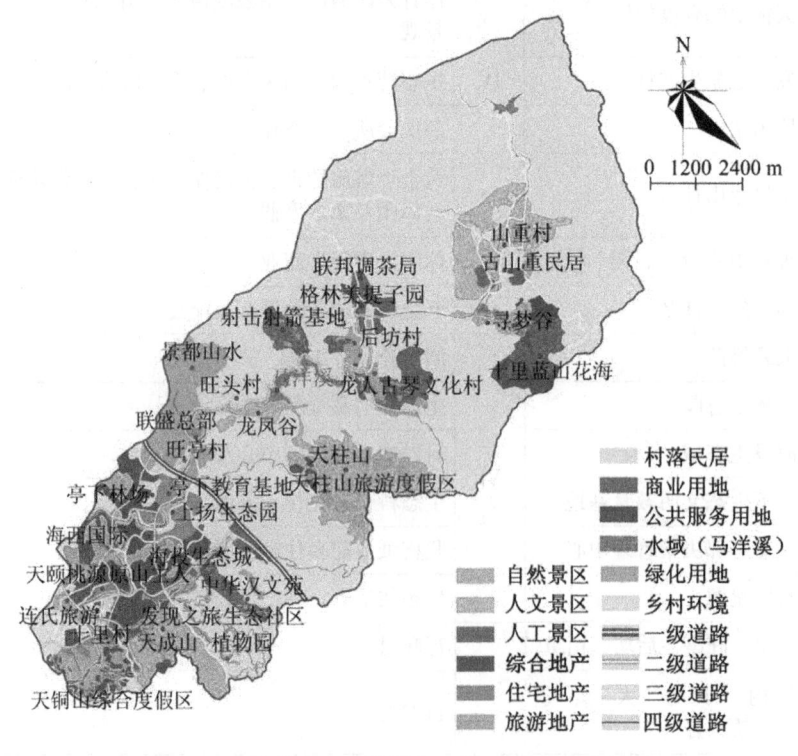

图 6-14 马洋溪生态旅游区（镇）空间现状分析

化，缺少旅游配套与商业服务，更无法形成旅游产业的集聚中心，导致旅游经济无法良性发展；当地居民点分散，外出务工居民人数众多，旅游开发中社区居民的参与度极低。

（2）马洋溪空间重构分析。

作为旅游新区的旅游城镇化新型空间，马洋溪的空间演变会经历如表6-5第Ⅲ象限所示的过程：由原来的景区外围拓展式服务设施布局衍生出小镇式的集聚新空间，以此限制优质景区的建设强度，乡村聚落分类治理。

依据图6-13所示基于ATV视角的旅游城镇化空间重构模式，结合实际区域内的自然保护区限制红线以及其他生态功能区划定等专题内容进行微观修正，马洋溪生态旅游区（镇）最终形成高效集约的单核联动式发展，得出以下空间整治结果：

A：景观吸引物分为三大组团沿马洋溪自北向南分散布局。北部山重组团以山重古村为中心，村落核心区主张纳入修复式设施，控制服务区蔓延，游客数量有一定限制；中部后坊及天柱山区组团，以天柱山森林公园为核心，承担负责任游憩行为，有严格的生态红线，不允许商业设施及高密度的团队活动。后坊区成为中北部山重古村落与天柱山公园的缓冲游憩区，自然程度较低、创意项目及游览设施较多、游客密度较大、游憩方式多元化，服务设施多布局于原有村落处；南部天成山作为等级较高的吸引物与十里小镇内部游憩项目共同组成高密度游憩活动组团，自然程度低、设施丰富、密度大。景观吸引物三组团由不同类型、不同品质的景点资源组成，呈现小集中，大分散的空间格局（图6-15a）。

T：旅游配套服务设施集中布局，加入交通、坡度以及地质灾害等城市建设因素的考虑，马洋溪适合城镇建设的空间集中布局于南部十里村区域，用以承担该区的居民生活、旅游配套服务以及集散中心等功能，是人为活动最频繁、干扰度最强的区域（图6-15b）。

V：区域内大部分空间界定为生态保育空间，正好契合生态旅游区（镇）的定位。对有生态红线要求的景点周边严格控制土地建设用地，如两个林果场、两个水库、一个森林公园等均作为区域生态核心保护区，发挥着生态安全屏障的功能，应该强化生态隔离措施。散落的居民点如旺亭、亭下、院内等居民均迁至十里小镇作为本地居民，参与小镇的商业游憩服务活动，除此之外的乡村区域，进行景观化设计，增添旅游景点的丰度，其中山重古村落既是重要的人文景区，更是乡村生态脆弱区，接纳低密度的遗产式旅游方式（图6-15c）。

▶▶▶ 流动的乡土：景观·小镇·村落

a. A类重构空间　　　　　b. T类重构空间　　　　　c. V类重构空间

图 6-15　马洋溪生态旅游区（镇）ATV 空间重构布局

根据 ATV 单核联动布局模式，马洋溪最终形成以十里小镇为核心的单核联动布局，ATV 三类空间比例为：26.8∶4.9∶68.3。交通体系分为四级。除厦成高速作为外部主入口之外，区域内布局三级交通，包括国道、县道以及景点观光专用道。交通等级与 T、A、V 三类空间呈现出逐步递减的趋势，即小镇的交通等级高，形成便捷的交通网；景点之间有游览专用交通连接，出行较为便利；乡村区域交通等级最低，部分生态核心保护区，仍保留较为原始的自然屏障状态。三类空间重构后空间的叠置效果如图 6-16 所示：

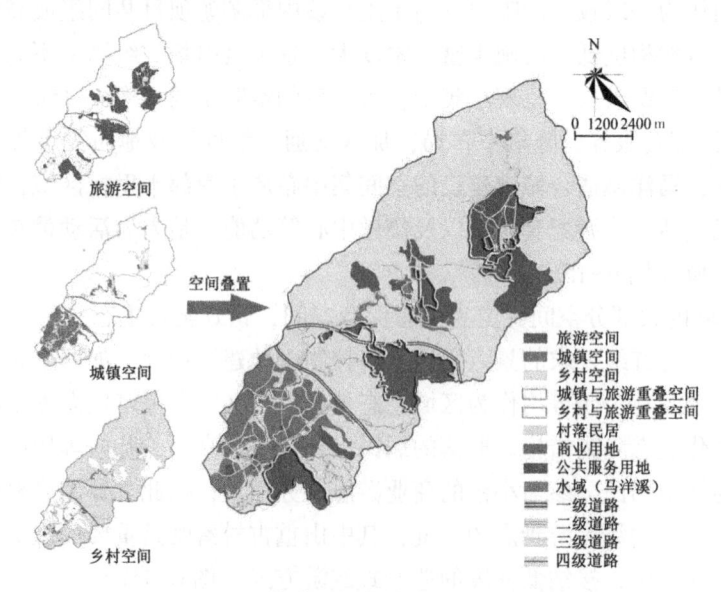

图 6-16　马洋溪生态旅游区（镇）空间重构

总 结

旅游空间组织的研究，长期受到地理学、城市规划、区域经济等学科的重视（谢志华 等，2008）。传统的空间理论或是关注旅游活动与生态环境的协调（崔凤军 等，1997），或是聚焦服务社区与旅游景点的空间关系（郭文，2016），均缺乏对旅游、乡村与城镇三者关系的关注。本书基于ATV的空间理论与实践探索，首次关注旅游景区（A）、乡村环境（V）以及旅游服务区（镇区，T）的空间职能关系，三者之间相互独立又互为依存。本章通过对A、T、V三者空间效益的优劣组合提炼出旅游城镇化的5类空间模式，它们虽存在地理分异现象但却有着相同的空间演化特性：景观吸引物（A）呈现多元化及全境化特征；配套服务向小镇（T）集聚，促使乡村聚落发生城镇化演变；乡村环境（V）凸显景观意象，传统乡村效益向复合化发展。

本章试图利用GIS空间技术与层次分析法，建构一套ATV的空间适宜性评价指标体系，对旅游小城镇的空间分区做出科学判断依据的验证，并在旅游小城镇空间演化的共同特征提炼下，提出旅游城镇化地区的ATV单核联动空间重构模式。这一模式强调空间效用适度集中，发挥产业规模集聚效应，防止分散延展式开发所带来的负面影响，并能有效提升乡村环境质量。A、T、V三类空间层层递进承担着差异的旅游活动类型与对应的空间职能。景观吸引物空间（景区）分类开发，形成低、中、高三个等级的游憩密度区，承担差异性旅游活动类型；旅游服务空间集聚到适合城镇开发建设的地区，最终形成旅游小镇，既为本地居民提供公共服务也为外来游客提供集中的配套服务；乡村聚落分类重构，部分保留修复成为旅游村落、部分迁至小镇成为新型城镇居民。

本章以马洋溪生态旅游区（镇）为例，在分析空间现状问题的基础上，按照ATV单核空间重构模型，构建了全新的空间布局，结果显示ATV三类空间比例为：26.8∶4.9∶68.3。其中景区所占空间呈现小集中大分散的组团式格局，沿马洋溪河流分布南北中三大组团；十里小镇作为旅游区唯一的商业配套核，也是分散居民点整合后的主要生活空间；乡村环境受到最大限度保护，天柱山等生态红线区严格控制。南部亭下、旺亭等居民点迁至十里小镇。北部山重古村落作为民俗遗产景区，科学保护，合理利用。

基于景观吸引物（A）与小镇（服务社区，T）、乡村环境（V）空间交互视

▶▶▶ 流动的乡土：景观·小镇·村落

角的单核联动式空间重构模型虽然对于旅游城镇化地区具有普适性，然而5类不同的空间模式可能会经历不同的空间演变过程，在现实操作中必须依据区域分异的实际状况加以微调。以马洋溪生态旅游区（镇）为例演绎模型的重构过程虽是按图索骥，却仅作为旅游新区一种类型，尚无法证实其他类型空间模式的可行性。未来研究应专注于其他类型的验证，加入更多现实变量的综合分析，这是未来探索新型旅游城镇化空间优化的理论方向与目标。

第七章　景观格式塔与可持续发展

　　景观作为一种权力，既可以推动生产，也可以产生封闭。景观权力的实施总以空间的形式出现，在其中，找到"我们"，或者迷失自己。本书提出 ATV 视角，意图将乡村视为一个完整的由各类空间生产的多个决定性符号杂糅而成的完形体——一个摒弃破碎、忽略细节的——完全的格式塔（Gestalt）[1]，一处被某一具象的景观社会主导，却不简化为这一单个特征的远景。村落、景区与小镇共同作用于乡村生态系统，使人们变得更加亲密，形成更和谐的整体。此处所述景观，既为旅游经济提供环境基底，也包括了某些生态环境优良的观赏性空间，是乡村整体吸引力网络构成。

　　一旦乡村的空间和景观成为资本，就有可能因为对经济利益的追求，超越了对传统农耕文化所生成的价值观和权力的保护边界。从而使得"脱域（Disembedding）[2]"现象出现，将原有的景观价值从地方语境中抽离出来，打破时空限度进行重新解构，促使乡村景观庸俗化，从而丧失了权力的相对封闭性。沭抚下辖5个中心村，几乎无一例外受到大峡谷景区发展后打造的黄鹤楼生态走廊的辐射，为提升整体景观格局，展开了面积不等的耕地美饰。可以说，乡村用旅游的方式来寻求自我发展，虽然一方面看起来可能在"脱域"中迷失了"生态家园"，但是从积极的一面来看则是在乡村景观中加入了一种对现代性的新解构。乡村为旅游小镇的生长提供了地方性的语境，为旅游吸引物提供可持续性的源泉，是整个旅游目的地系统景观权力的"原生的纽带"，是"家园"发展的土壤。

　　旅游小城镇作为产城一体化的典型代表，成为未来旅游投资的热点领域之一。旅游小城镇的开发建设必须以城镇建设和旅游产业发展的双重规范为前提，

---

[1] 格式塔系德文"Gestalt"的音译，主要指完形，即具有不同部分分离特性的有机整体。

[2] Anthony Giddens. The Consequence of Modernity [M] . Stanford：Stanford University Press, 1991：21.

以休闲旅游产业主导城镇发展，以城镇发展促进乡村功能的完善，最终实现产业创新与城乡统筹的系统更新与整合。从这个角度来说，旅游小城镇的生长首先需要符合旅游发展的基本逻辑，其次也要呼应城镇化的发展格局。以 ATV 协同创新视角，探究旅游小城镇的可持续发展，实质上依旧是探讨不同类型旅游小城镇的发展模式的科学路径，是从景区—小镇—乡村三类空间角度出发，寻求空间要素的合理配置与相互关系的协调，也是空间重构的方法落实。

首先需要科学合理地引导景区（A）、小镇（T）、村落（V）三类空间要素的各自成长，其次还应促进三者之间协调与统筹发展。景区方面，重点从保护景区资源环境的角度出发，关注景区边界的限定、景区容量的管理以及旅游服务设施在景区范围内的布局问题。这三个方面，归根结底，是为了提升景区的游憩功能，从而降低景区内部的城镇化建设趋势，以此保护景区资源的可持续发展。

镇区方面，为了在实现小镇综合服务功能的同时，体现出小镇自身的游憩价值，本书分别从休闲业态的配置、公共服务设施的布局出发提出如何提升小镇作为旅游小城镇地区的生活空间与综合配套服务空间的功能。另一方面，也从打造小镇自身吸引力出发，营造小镇的景观风貌。

乡村方面，为了实现旅游小城镇的可持续发展，首先从缓解旅游开发与乡村发展的社会矛盾出发，提升乡村社区参与力；其次立足改善乡村环境角度，进行居民点的分类整治；除此，还应推进乡土景观的尊重和回归。

本章研究基于可持续发展和环境生态学等综合理论以及实践建设经验，本着以促进旅游小城镇 ATV 协同发展为目的，分别从村景、镇景、村镇两两互动角度以及三者互动关联的视角，尝试提出一些缓和社会矛盾，促进景区发展、镇区有序建设以及乡村社区和谐发展的策略。

7.1 景观视角（A）

7.1.1 边界限定

本书研究的旅游小城镇核心吸引物多以景区形式存在，发展中，景区与镇区、景区与村落之间常常表现出用地混杂，相互交织的现象。其一，城镇建设用地的扩张。由于景区发展对相关产业的带动明显，景区内外出现大量的旅游配套建设项目，如宾馆、商店、娱乐设施等。城镇建设用地较大程度地侵害着景区资源环境；其二，景区为了满足市场需求，也会不断向外围拓展服务区，临近村落均会受其辐射，迅速转变社会空间结构。为了更好地保护景区资源可持续利用与乡村环境和谐共生，应在满足景区发展的基础上，结合景区的游憩价值与资源承载力、乡村景源的保护机理以及小城镇建设的目标，在深入调研的基础上，合理取舍与优化调整，以此划定协调景区、镇区和乡村建设发展的空间界线。空间界线的划定不是为了将资源局限化、圈禁化，相反这种思路是出于对资源的永续利用和合理开发的目的，界线的划定并非"门禁式"的设置，而是从空间层次加以分类指导，并实现与周边小镇、乡村的空间功能性协同。

本书给景区划定三条界线是借鉴核心保护区、游憩缓冲区与密集游憩区的理念（Butler，1991），结合实际情况分为：核心区界线、景区界线以及外围区界线三个层次。

（1）核心区界线的划定。

景区的核心区界线范围内应该是囊括了景区最为精华的自然和人文资源，这一地理界线也包括各类型的保护区（生态保护区、自然景观保护区、人文遗迹保护区等），是建设用地涉足的生态红线区域。对这一区域的保护应采取最为严苛的控制措施，以保护为首要目标，严格限制开发行为的进入（保继刚 等，1999）。

一般而言，无论是生态保护区还是自然景观保护区，内部核心资源的物质载体无非是山林、水体、植被、气候等自然地理要素，故而对此类自然型的核心区界线划定，可以从以下方面思考：

①对以山体或岛屿为资源对象的核心区划定界线时，首先需要保持区域内的自然地理地貌的原生态与植被覆盖完整不受损害，具体操作中需要利用 GIS 空间技术手段，对核心区的高程、坡向、坡度以及植被等方面的因素加以分析。景区的核心区划定应满足 DEM 分析结论>30—50 m、坡度值>25%、并且空间内存在极少的居民点及人类活动的干扰，植被覆盖完好（胡海胜，2007）。这类界定需要结合实际加以调整。

②对水库、湖泊与河流等水体资源的核心区域进行界线划定时，应直接将该区域作为敏感景源加以保护，不仅要圈定这种类型的水体、水陆交接区以及生态脆弱地段进入核心区范围，实际管理中，还应包括滨水 50 m 的陆域区域，特殊地段还可结合景观特性加以微观修正（刘年丰 等，2005）。

这两点在第六章对马洋溪生态旅游区（镇）的分区管理中已有展示，尤其是针对马洋溪的红岩水库的界线划定就是严格执行了生态缓冲面的 GIS 空间技术处理。

③对人文遗迹类核心区的界线划定。由于人文遗迹是旅游小城镇历史记忆的物质载体，在划定核心区时，不仅需要考虑区域内本地居民的生产生活特性，原则上需要结合相关区域保护规划，对重点保护区的划定保持一致性。而且应考虑区域内有着较高价值的散列遗迹，结合景源地理空间分布，组团式划定核心区或单独保护起来。

（2）景观界线的划定。

景观用地范围的划定除了根据景源属性一致性、生态环境延续性、地域范围完整性等因素之外，还应从保护与管理的可操作性出发，体现出已有相关规划的界定，如绿地系统规划、近郊用地控制性规划以及基础公共服务设施的建设规划等方面。除此，还需要注意以下 3 点：

①对于景观外围分布的景观价值较高的区域，可以结合景观资源的调查与梳理，纳入景区范围之内，作为后备开发区域，扩大景区用地范围；相反地，对于部分受建设用地布局的损害较深，生态价值下降景观价值难以恢复的地域，结合地理布局特征，考虑将其划为外围缓冲服务区。

②充分利用水系、路网、山体等自然地理标志，强化景观边界的可识别度，以加强对景观区域的保护与管理。

③景观界线的划定也是为了小城镇整体区域的发展，完善基础设施建设布局，最大化地为后续发展预留储备用地。并尽可能避免完整的景观被交通干道分割，保持景观的地理空间完整性。对于无法避免被分割的区域，应强化外部的装饰美化，降低景观受损程度。

（3）外围区界线的划定。

作为景观空间范畴的第一道防线，外围区域的界线尤为重要。这个意义上的界线不仅是门票机制下的隔离，而且是从生态环境保护的角度出发，旨在保护景区外围的景观与环境不受破坏，保持完整的景区生态系统和景观风貌。另一方面作为环境过渡带，也是促进景区与城镇风貌进行协调的一种缓冲。外围区界线一旦被破坏，将威胁到景区以及整个旅游小城镇的生态安全格局。

外围区域的划定，既需要遵照景区界线划定的要求，保证风貌完整和环境的延续性，还要充分考虑景区开发与城镇发展协同的需求。

外围区的划定并不要求等宽的景域环绕，而是在视域分析基础之上，主要为了满足景区的生态保护需求来确定。一般而言，景区外围可遵循视觉中景距离（300—500 m）进行限定，再根据实际的地理状况，进行其宽度的增缩调整（崔凤军，2001）。由于景区外围在空间上大致与邻近村落发生交织，界定时尤其需要考虑到乡村的生长变化以及服务点的延伸区域，以不破坏乡村风貌和基本农田等的功能为基本前提。

7.1.2 容量控制

旅游容量控制一直是学术研究的热点话题，也是旅游管理实践中不容忽视的问题。从ATV角度出发，既要强化景观资源的全域化，也要科学合理地控制景区容量，这是避免景区过度开发的重要途径（明庆忠，1999）。本书强调景区容量的规定，从根本上说，还是为了实现对资源及景区环境的可持续化管理。依据《风景名胜区总体规划标准》（GB/T 50298—2018）的规定，我国常用的对景区容量管理预测的方法主要有卡口法、线路法、面积法与生态容量法。

如瞬时承载力 C_1 计算公式：

$$C_1 = \sum X_i/Y_i \qquad (7-1)$$

式中，

X_i——第 i 观景台/村寨游览路线/徒步道路的长度；

Y_i——第 i 观景台/村寨游览路线/徒步道路基于旅游者体验的基本空间。

日承载力 C_2 计算公式：

$$C_2 = \sum X_i/Y_i \times \text{int}(T/t) = C_1 \times Z \qquad (7-2)$$

式中，

T——该旅游片区每天的有效开放时间；

t——该旅游片区平均游览时间；

Z——该旅游片区的日平均周转率，即 int（T/t）为 T/t 的整数部分值。

不同类型的游览区，生态容量的控制标准是不同的，见表7-1：

表7-1 不同景区土地类型生态容量指标（朱瑞，2006）

用地类型	允许容人量和用地指标	
	（人/公顷）	（m²/人）
针叶林地	2—3	3300—5000
阔叶林地	4—8	1250—2500
森林公园	<15—20	500—>660
疏林草地	20—25	400—500
草地公园	<70	>140
城镇公园	30—200	50—330
专用浴场	<500	>20
浴场水域	1000—2000	10—20
浴场沙滩	1000—2000	5—10

然而仅根据面积或线路对游人数量进行控制，是相对单调的，往往忽视了游客的及时反馈和感受。根据泰维（Tivy，1972）对旅游容量的内涵界定可看出游客的反馈应被看作旅游容量至关重要的因素，这里还应体现出不同游憩类型对容量要求的特殊性。因为不同游憩活动所承担的人均占地是有差异的，结合不同场所进行不同类型的活动综合计算出所需土地面积。当然这类容量计算出现了相对成熟的方法论诸如 LAC（杨锐，2003）与 ROS（刘明丽，2008）。

国外常用照片观察法来测量游客对拥挤程度的包容度，请受访游客通过观察照片对旅游承载力进行评价（黄向 等，2006）。如图7-1所示，选定100 m长度的景观栈道作为照片评定的试验区，分别处于10人、20人、30人、40人与50人的拥挤场所中，随机选定一定比例的游客作为受访者，本研究中选取了湖北恩施的珠山镇城郊湿地公园观景栈道为例，针对这一试验随机访问了80人，超过半数人认为低于40人的游客数是他们接受的拥挤程度。

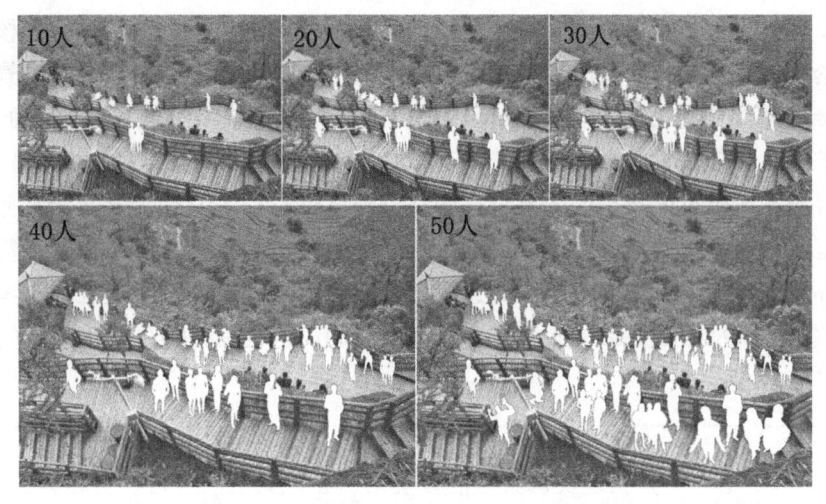

图 7-1 观景台不同游客规模模拟（场景地点：珠山镇湿地公园景观栈道）

旅游小城镇内的景区对承载力的核算更具特殊性，因为这类景区不仅要满足外来游客的游憩需要，还应满足城镇居民的日常休闲需求，承担着城镇郊野公园的重要功能。所以需要对城镇居民和游客的共同活动频次和空间进行管理，以降低对景区产生的破坏。因此本书认为可以借鉴国家公园分区的管理办法，在景区范围内（往往是对景区资源风貌影响较小的地域，可以选择景区外围与镇区交接地带）尝试划定专门的公园地带。

如图 7-1 所示的珠山湿地公园，就是连接珠山镇区与龙洞水库景区之间的滨水山道区域。小镇公园作为景镇空间关联的纽带，对游览规模可不用专门控制。它为周边居民提供了社区福利，也成为生态补偿的一种方式。小镇与景区之间的公园范畴划定不仅能拓展当地居民与外来游客的游憩休闲空间，而且也是一种行之有效的景区资源与生态环境保育措施。

7.1.3 服务设施配置

随着旅游业的城镇化快速发展与同步推进，景区内部由于服务设施的无序布局，城镇化现象日趋严重，尤其是诸如旅游村、度假社区等项目大肆建设，降低或损害了风景区的价值，如张家界武陵源的天子山、黄山北海服务区、泰山的岱顶等，尤其是张家界多次接收到国际监管部门的警告。学术界的质疑从未间断，周兴年 等（2004）以武陵源景区城镇化现象为例，探讨成因与机制，指出对景区的4大危险，并提出6条对策，包括："旅游接待设施的合理布局"，"核心景区内禁止任何过夜接待设施的建设，已有的接待设施应逐步拆除，控制风景区内部的接待设施总量"，"改善风景区内外交通联系，加快游客向风景区外的服务基地扩散，减轻风景区内部压力"等。2006年出台了《风景名胜区条例》以遏制景区服务设施过度布局的现象。这些都反映出核心景区内对旅游配套服务设施的规范建设的需求，建设用地外迁出景区的趋势，一方面是出于保护旅游资源与生态环境的目的，另一方面也为周边区域形成旅游小城镇提供了契机和土壤，以小城镇的模式承担着景区的旅游配套业集中布局，这也是旅游小城镇生长的主要动因之一。

第二十七条 禁止违反风景名胜区规划，在风景名胜区内设立各类开发区和在核心景区内建设宾馆、招待所、培训中心、疗养院以及与风景名胜资源保护无关的其他建筑物；已经建设的，应当按照风景名胜区规划，逐步迁出。

国务院《风景名胜区条例》（2006）

7.1.3.1 服务设施类型

旅游景区服务设施的配置是为满足旅游者游览需求而布局的餐饮、住宿、购物等一系列配套要素，科学合理地配置旅游服务设施的规模是景区服务管理水平的核心标志。其构成见表7-2：

表7-2 旅游服务设施分类

序号	类别	服务设施名称
1	交通运输设施	车行道、停车场、步行道、登山道、桥梁、游览车站及点、游览船及码头、索道及索道站
2	住宿接待设施	旅馆、招待所、寺观客堂、休养所、野营场地、度假村、旅游镇
3	饮食设施	餐馆、饭店、风味小吃店、茶座
4	商业服务设施	旅游日用品、工艺品、纪念品商店、土特产商店、摄影点、照相洗印部
5	文体娱乐设施	影剧院、展览馆、舞厅、游泳池、海水浴场、溜冰场、滑雪场、公园等
6	公共经济行政卫生设施	风景管理局、旅行社、银行、公共厕所、储蓄所、电话支局、邮政所、消防站、派出所、医院、垃圾站等

本书在研究景区服务设施的配置中，主要考虑以住宿、餐饮、购物、娱乐为核心的商业性服务设施在景区内的配置问题。

7.1.3.2 配置规模

景区规模的预测是旅游服务设施配置规模的前提和基础，由于景区类型的差别，所处区域的地理因素差异，其规模大小也各有不同，所以研究配置规模是一个相当复杂的选题。本书仅从对景区服务设施配置的影响因素出发，做出基础性的分析，对相关因素及研究方法做出简单的说明。

根据已有研究得出，自然环境因素、经济社会因素和游客行为模式这三大因素是影响服务设施配置的主要因素（图 7-2）。其中自然因素可认为是技术要因，社会经济因素是经济制约条件，这两大因素是规模配置的基本要素。游客行为预测是希望用动态的视角去思考，将人类的行为模式作为动态因子加以研究，当然这一因素是多变的、规律难寻的。

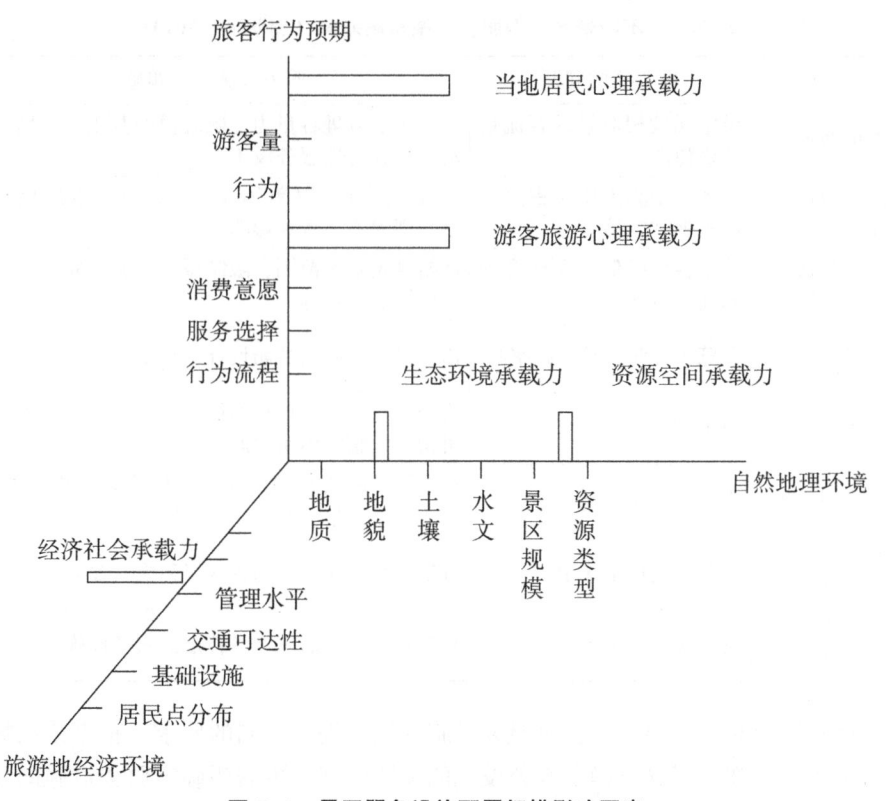

图 7-2　景区服务设施配置规模影响因素

（1）自然地理环境因素：主要包括景区类型、景区规模、景区环境承载力等。由于景区用地的限制及配套服务设施的不可移动性（并非绝对的），因而，大多数研究方法采用了定量模型解决服务设施的规划问题。如最为流行的是床位数优化方法、基于设施布局理论的城市旅游集散中心与旅游景区空间整合模型、城市旅游公共服务设施配置模型以及基于对现有设施服务满意度分析的服务设施改善方法等。然而这些定量方法测算中却忽视了景区自身的个性与时效性，任何模式化的统计方法是无法将不同景区的建设问题考虑进去的，所以在实际操作中应结合不同景区自身的特征进行综合判断。

如表7-3所示是不同资源类型的景区对服务设施配置的策略差异。不同类型的景区由于受到不同地理因素的影响，会表现在地质构造、地形地貌、气候水文环境等方面千差万别的特征，相应地，服务设施的配置也应突出不同策略。除此之外复杂的地理条件对游览设施项目选址建设起着尤为重要的作用。

表7-3 不同景区类型服务设施布局差异（谢明坤，2013）

景区分类	需关注的问题	服务设施配置策略
山岳型景区	设施规模相对景区客流量缺乏弹性	在已确定合理容量为上限规模的基础上，增加活动性、临时性服务设施
湖泊型景区（城市型）	设施易于无形中侵占景区原景观"情境"	融合于所在地区整体规划，将服务设施化整为零，消除不良景观影响
湖泊型景区（独立型）	缺乏容量控制，设施容易渐渐侵占景区	严格规定景区范围，限制服务设施扩张，景区内不应设服务设施
河川峡谷型景区	游览服务时间长，频率高	沿岸游览设施与游船设计应突出多功能
森林型景区	设施霸占景区	将服务设施在所依托的城镇中集中设置，景区中可留少量临时体验空间
海滨型景区	人工化、城市化	严格控制岸线范围，且应注意功能设置的界限，不应超出风景区服务功能范围
石林瀑布型景区	景观特色过于集中	分散客流，在合理的景区半径内布置多个设施
人文遗产型景区	具有某些特定要求	针对具体游览需求增设特定的服务设施

而景区的规模不同，也会对服务设施的配置提出不同的要求。根据景区规模而确定服务设施，不仅要确定服务设施的配置区域，更需要确定服务设施的配置等级。本书借鉴周公宁（1994）将风景区内旅游设施分为四个等级：一级旅游设

施服务中心、二级旅游设施服务中心、三级旅游设施服务站与基本服务点。当然不同等级的服务区，应明确相应的服务设施配置标准，已有的行业标准是《城市旅游集散中心设施与服务》（LB/T 010—2011），虽然针对景区而言不能照搬这一标准，但是在相应的操作中，可以予以借鉴考虑。这里引用周公宁对四类服务区的建议，表7-4是四级服务设施配置标准，表7-5是不同规模景区的服务设施等级配置标准。

表 7-4　四级服务设施属性配置

等级	属性	服务设施
一级服务中心	景区总管理中心，它是旅游旅馆、旅游商品、风景管理、旅游服务的大本营	住宿、饮食、内外交通中转、文体娱乐、游憩、电信、银行、购物商店、医院救助、厕所、环卫安保、行政管理、水电等
二级服务中心	综合地满足游客服务范围内的住、吃、行、游、购等多方面的旅游服务需求，亦兼景区级管理中心	住宿、饮食、购物、游憩、内部交通运输、医疗救助、厕所、治安环卫、电信、水电
三级服务站	以解决景点中游客的饮食、游憩为主，对郊野性风景区，也有少量床位、级别不等的住宿	游憩、拍摄、饮食、纪念品店、厕所、内部交通站、售票管理、环卫、防火保卫、可替代性住宿（少量）
四级服务点	以茶室、露天茶座、方便食品及饮料小卖部为主，兼有小规模的饭馆，供游客休息、咨询	吃、饮、休憩、咨询、纪念品小卖部、流动拍摄点

表 7-5　不同规模景区的服务设施配置差异

景区分类	景区特征	游览服务设施设置	案例	服务设施
特大型景区（500 km²）	独立型，景区范围常跨数县市	景区周边县市均应形成旅游服务圈，分散游客量，景区内可设少量临时住宿	秦岭终南山世界地质公园占地 6030 km²，包括翠华山、南太白、骊山等多个分区。北起周至—临潼，南至分水岭，西接眉县，东至蓝田	一级服务中心、二级服务中心、三级服务中心、四级服务点

续表

景区分类	景区特征	游览服务设施设置	案例	服务设施
大型景区 (101—500 km²)	一般为独立型，也有处于城镇镇域中的	应依托所在区域城镇进行设施布置	福建马洋溪生态旅游区（镇），面积138 km²，将服务设施集中于十里村所在的马洋溪小镇	二级、三级、四级点
中小型景区 (20—100 km²)	多数位于镇域范围中，也有独立型	注意景区周边范围，设施应融入整体建设	利川佛宝山森林公园，紧邻市区利川，总面积44.5 km²，景区外围有服务设施	三级服务中心、四级点
小型景区 (<20 km²)	区域内相互联结	注意边界村落	贡水河湿地公园占地面积仅5.6 km²，景区内基本不需要布置任何商业性服务设施，全部依托外围的城镇供应	四级点

除此之外，服务设施的配置标准归根结底也涉及建设用地的问题（许靖涛，2010），所以可借鉴第六章中的城镇建设适宜性指标因子。包括地质地貌、工程地质与水文地质三大类。在此不一一赘述。

此处仅以坡度作为代表分析对服务设施布局的影响与适宜性评价。一般用坡度来表达某地理要素所位于的面体或线体对于大地水平面形成的倾斜度。坡度会对景区景观质量和游览设施的用地分布、交通道路的选址和建筑物的空间布置等因素产生影响。坡度高低是影响投资建设强度和开发成本的重要因素之一，现依据用地适宜性将坡度分为6个等级，详见表7-6：

表7-6 坡度与服务设施布局的关系

坡度值（%）	对服务设施的影响
<5	建筑、项目与交通线路施工布局不受影响
5—15	对选址和布局有一定影响，可稍加处理
16—30	项目建设与用地受影响较大，需特殊处理
31—45	大型建筑物不适宜布局

第七章 景观格式塔与可持续发展

续表

坡度值（%）	对服务设施的影响
46—55	人工设施不适宜布设
>55	为禁止开发建设用地区

以马洋溪生态旅游区（镇）为例，运用坡度（slope）与坡向这两个指标分析服务设施的配置用地适宜性，坡度也以6个等级分别赋分1、3、5、7、9表现出来，分数越高适宜性越高（图7-3）。

坡向从光照、风向等方面对植物、土壤、小气候环境等因素产生影响，例如阳坡、阴坡和迎风坡、背风坡都会造成日照、降雨、温度、霜冻以及植被分布情况的差异，具体体现在游览设施选址上，需要考虑朝向、节能和视觉景观等方面。如图7-4所示为以马洋溪为例分析的坡向分布情况：

图7-3 马洋溪生态旅游区（镇）坡度对服务设施适宜性评价

▶▶▶ 流动的乡土：景观·小镇·村落

图7-4 马洋溪生态旅游区（镇）坡向对服务设施适宜性评价

（2）经济社会因素：景区作为人与自然互动关联的典型地域空间，随着旅游项目的开发建设、本地居民参与经济活动及旅游者游憩活动的日益增加，景区所面临的经济限制条件也会越来越复杂，开发建设活动与本地居民生活之间的矛盾也日渐突出（宋庶璟 等，1999）。经济社会因素主要包括居民点分布、交通可达性、基础工程或已有建设用地情况以及游人预测规模和容量。其中前三个指标均可运用第六章的指标适宜性评价法测定。

其中居民点的分布主要是考虑服务设施的布局会带来与居民生产生活之间的社会矛盾，给后期的建设管理带来诸多问题。居民点的迁移又会出现更复杂的社会协调问题，包括居民的生活保障、生产能力与就业保障等；交通可达性是服务设施布局考虑成本控制的最基本经济因素。交通可达性所代表的空间阻力大小通常会以时间、距离与费用等指标衡量。一般而言，可达性高的地区游览服务设施的建设成本会更低；

景区的基础设施（包含给排水、环卫、电力通信与防灾等五部分）的分布会直接影响到服务配套设施的空间布局；同时还需要考虑生态容量的高低，这是服务设施布局数量和空间分布的限制性因素。

（3）游客行为预测：上述两大因素多可结合 GIS 空间技术实施适宜性评价结果与定性判断相结合的方法，而这类判断本质上属于静态分析，已有研究成果多集中在上述各因素的探讨中，往往忽视了对游客行为动态模式的分析。当然由于游览行为具有较强的随机、从众、季节等属性，因而针对它的分析显得很困难。游客行为模式的分析是对旅游者从进入景区到离开的全过程周期行为特征的分析。研究可从游客组成模式、游览模式和消费意愿三方面进行。其中组成模式主要包括"旅行团、自驾游与背包客"三类；游览模式主要是考虑游客过夜与否以及在淡旺季的行为差别，这里可以分为"一日游、两日游以及多日游"；消费意愿则表示游客对服务设施需求的不同级别差异，也是游客选择消费场所的基本依据，如客栈还是酒店。

本书通过对武陵山地区多个景区（恩施大峡谷、利川腾龙洞、重庆龙缸地质公园、土司城、坪坝营森林公园）以及附近城镇的市民及游客进行实地调查，归纳出不同组合模式情况下，游客所需设施类型以及消费意愿区间，如表 7-7 所示。表中，□为住宿设施、△为餐饮设施、O 为娱乐场所、⊕为游客中心。

表 7-7　游客消费行为与意愿调查统计

组成模式	一日游 服务组合	消费意愿（元）	两日游 服务组合	消费意愿（元）	多日游 服务组合	消费意愿（元）
旅行团	□△⊕/O⊕	30—150	□△O⊕	158—418	□△O⊕	364—849
自驾游	□△⊕/O⊕	30—260	□△O⊕	218—538	□△O⊕	710—1288
背包游	△⊕/⊕	30—100	□△⊕	178—338	□△⊕/□△O⊕	426—586

除此之外，游客行为预测还受到服务流程的差异影响，如游客的游览流程就会直接影响到服务设施的服务频次以及某一地区的瞬时客流量（谢彦君，2005）。

7.1.3.3　空间分布

在分析旅游景区的服务设施空间布局时，首先会考虑不同的空间布置形式，常见的类型有离散式、分离式与融合式三类。根据服务设施规模的差别选取合适的空间布置形式。如登山步道的景区内，需要每隔 1500 m 的距离布设一个服务点，形式为常设固定摊点（山岳风景区），或推车、肩挑流动货站（平地），这就是典型的离散式布局。分离式的建设模式指的是在景区和已建成地区之外建立的入口服务区。区内主要完成停车、接驳、少量的商业服务等初步接待任务，然后通过换乘、引导或景区内部车辆将游客二次运送到核心区，在景区入口处完成售票、引导、医疗等其他类业务，这种形式多出现在古镇景区，如重庆的西沱古镇。景区服务中心的布局最常采用的是融合式，空间上联结景区与外部的新区，功能上也有融合性。

在对旅馆、餐厅等设施的配置规模控制之后，针对其空间分布与数量的配置方面，在早期已有学者提出"意向分配，实践渐近"的空间分配法则，并提出设施的经营使用每3—5年一个小周期，之后需要逐步调整（周公宁，1993）。具体思路如下：

（1）实地勘察现场，仔细分析各个等级服务中心及核心服务点的空间地理环境。原则上按交通里程布点：景区内约2 km距离设服务点，5 km距离就需要设一般级别的旅游服务中心，10 km以上距离就设较高级旅游服务中心。

（2）基于预测出的环境容量，根据淡旺季的客流量实测值，计算出需要的供水量，并在选择的空间位置进行床位和餐座等数量的分配。这类服务设施可设置50%的永久性建筑，另一半可根据淡旺季进行调节，以临时性建筑为主。经过短期的实践运营分析规模和空间分布的合理性，再行考虑改剩下的50%临时建筑为永久性设施。

（3）实施建筑设计景观化原则。尽量让旅游服务设施的建筑形态成为景区风貌组合的一部分，甚至具有点缀风景的功能。服务设施的规模除了按照预测模式进行定量计算之外，还需要立足环境效益高于一切的原则，努力与周边环境融为一体，不对景区产生生硬破坏。服务设施应"内奢外朴"，集内部的现代功能、外部的景观设计以及自身建设特色为一体。

本书在空间重构章节，对景区的服务设施布局，做了相对模糊的计算，主要运用了核密度（Kernal）函数处理不同等级的景点资源服务空间分布。函数如下：

$$\hat{f}(x) = \frac{1}{nh} \sum_{i=1}^{n} k(\frac{x-x_i}{h}) \qquad (7-3)$$

式中，$\hat{f}(x)$ 为由样本点估计得到的 f 在 x 处的值；$k(\frac{x-x_i}{h})$ 为核函数；h

为带宽；$(x-x_i)$ 为估计点到样本点 x_i 的距离。结合实际案例分析可知，较高等级景点通常比较低等级景点的影响范围更大，辐射距离更远。因而在分析中对五级、四级、三级、二级以下级别的景点分别赋予不同等级的影响范围，得到最终的空间分布（陶慧 等，2017）。如图 7-5 所示是对马洋溪生态旅游区（镇）的服务设施空间分布做的核密度分析，根据资源点的等级做了缓冲计算，得到设施受景点辐射的大小范围（图 7-5）。

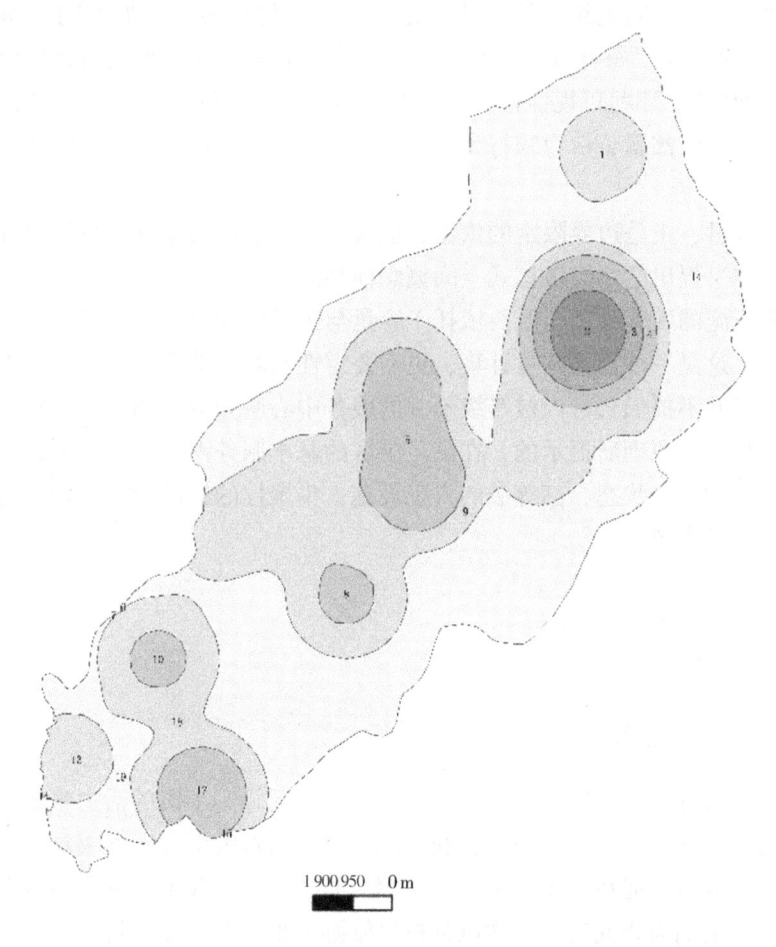

图 7-5　马洋溪生态旅游区（镇）服务设施空间布局核密度分析

然而在实际建设中，往往除了景点资源等级之外，还要考虑服务设施配置的规模影响三类因素，包括自然、社会经济与游客量等，所以在核密度分析的范围内还要做出进一步的叠加分析，在景区容量的限制基础上还要加入对景区类型、设施用地的集约性以及就近合并等定性因子的科学判断，做出服务设施的选址结论。

小　结

从景区视角来看旅游小城镇的可持续发展，主要要控制好三个方面：

边界限定，空间组织的第一步即是划定区域的边界。正如约翰·布林可霍夫·杰克逊所说："每种景观都是空间的组合，既然如此，那它也是边界的组合或边界的网络"。那些可视性强、精心维护的边界，不管是线性的还是包含不同宽度的缓冲区，都属于权力和行为的限定。这正是景区存在小城镇区域内的风景的权力。

景区容量，正是边界限定的依据，也成为人工痕迹的基础。容量管理从根本上印证了本书提出的小镇极核式空间概念模型的价值。

服务设施的配置准则，既要依托于容量与边界的确定，也要符合景区自身拥有的属性，这是一件需要定量计算，更需要定性判断的综合性工作。但需要明确一点，本书并不提倡景区内被等级不一的服务中心所分割，相反更愿意利用游憩机会谱（ROS）原理所揭示的，在满足游客的基本服务需求的基础上最大限度地保护原生态的景观状态，高等级的人工设施，集聚性的经济行为，均安置在现代化程度最高的小镇。

7.2　镇区视角（T）

7.2.1　业态配置

前面已有分析，小镇发展核心是旅游业态的配置。小镇的活力来源于休闲业态的集聚，以此建构出对外来游客和本地居民的消费吸引力。本书试图从三产融合角度考察业态如何在小镇内融合与集聚（图7-6），以沐抚镇和国内多个成功的小镇发展案例为研究对象，尝试分析出旅游小镇的业态配比规律以及核心商业区的建设规律，以期指导现实中旅游小镇的开发与建设。

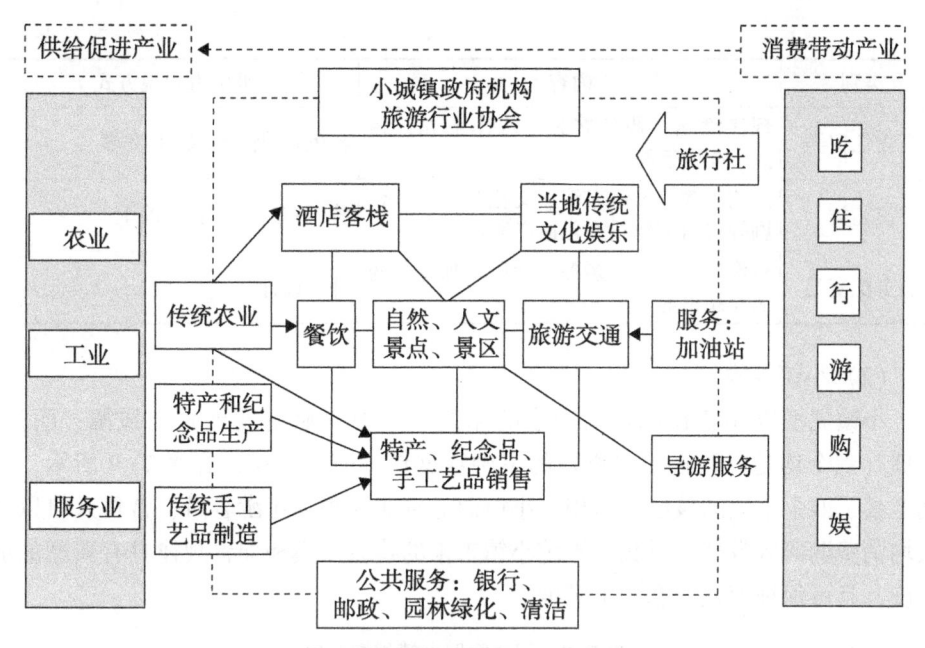

图 7-6　旅游小镇产业集聚示意

（1）休闲业态的类型。

旅游小镇休闲业态的核心服务对象是外来游客，有着区别于普通城镇配置的独有属性。按照旅游产业的六大要素，本书认为主要包括餐饮类、宾馆住宿类、旅游购物类、休闲娱乐类、特色演艺类和生活配套类六大类（表 7-8）。

表 7-8　旅游小镇产业业态分类

类别	内容	吸引力表现方式
旅游购物类	民族服饰、特色配饰、地方特产、工艺品店、书画店、古玩店、草药店、箱包等	装修+商品+服务方式
餐饮类	餐厅、特色茶餐厅、民族餐厅、酒吧、休闲食品店、咖啡厅、茶吧、书吧、水吧、果吧、冷饮店、面包房等	食品+DIY制作，餐饮+景观，餐饮+风物（表演，民俗风情）
休闲娱乐类	民俗活动、影院、KTV、按摩、洗浴、足浴、养生、书店、健身等设施、主题性参与体验活动	创意+主题

· 253 ·

续表

类别	内容	吸引力表现方式
宾馆住宿类	现代酒店、特色客栈、汽车旅馆、树屋、露营区等	特色+主题+建筑+服务等
演艺类	工艺表演、民俗表演、文化演出、舞台剧等（含非物质文化遗产类）	特色+参与、白天+晚上
服务配套类	音像店、银行、票务、诊所、邮政、药店、超市等	外观设计

（2）小镇规模。

小镇规模以作者在武陵山选取的沐抚镇（新兴旅游发展）与凤凰、丽江、大理（三个均是成熟旅游古镇）的案例数据作为研究基础。如表7-9所示，分别考察了四个小镇的核心区面积、小镇商业营业面积、年游容量、常住人口以及人均消费调研等数据，对我国旅游小镇未来的建设规模和配置规律具有典型的适用度，且可保证商业业态的丰满度。

表7-9 四个案例小镇规模对比

小镇	核心区面积（km²）	常住人口（人）	年游客量（万人次）	商业营业面积（m²）	人均消费（元）
凤凰	2.3	1.8万	956.18	3.0万	1470.0
大理	4.0	2.0万	918.17	3.0万	1377.0
丽江	3.8	3.0万	1731.17	1.5万	846.9
沐抚	1.2	0.9万	38.21	约0.8万	—

注：沐抚古镇位于旅游发展起步期的西部山区——恩施，古镇的修复与开发均处于起步期，作为新生小镇与其他市场成熟度高的小镇有一定差距，但正好符合了不同阶段的小镇发展参考需要。

根据表7-9数据可见，旅游小镇核心区（古镇）面积不宜超过3 km²，核心以10000—30000 km²为宜，小镇常住人口1万—2万，处于建设成熟期的小镇年游客量约900万，其中日均游客量不超过3万人，人均消费1000元左右。

旅游小城镇的规模适宜为佳，不宜建设过大。据调研可知，在现有发展水平基础上，大理镇的餐饮与旅馆业生存状态并不理想，由于业态的种类不够丰富，旅游者在此停留时间短、住宿少，如果建设规模继续扩大，无论是市场效益还是古镇环境的维护成本，都无法承受；而作者发现丽江古城后期新建的三条商业

第七章　景观格式塔与可持续发展 ◀◀◀

街，近年来营业率约20%，经营状态欠佳，仅七星街经营状况良好，但是七星街在开发时的定位是为旅游产业服务的商业街，由于市场动力不足，后改为本地居民的商业服务区。而沐抚镇由于所处的区域旅游业发展较晚（2008年开始发展），属于新兴旅游小镇，相关数据仅供参考。

（3）业态配比规律。

根据对国内多个古镇产业发展的数据统计分析①，按照面积核算出理想旅游小镇的业态配比为：餐饮类产业数值比约7%（向上浮动一般不超过3%，最高不超过15%）、宾馆客栈5%（数据与餐饮类有重叠，不予重复计数）、休闲娱乐10%（未来休闲娱乐比例可适度上浮）、旅游商品经营50%（与本地居民服务购物有重复）、服务及配套10%（生活类商业服务）、剩余18个百分点在旅游住宿、购物、休闲娱乐和生活配套之间灵活分配。

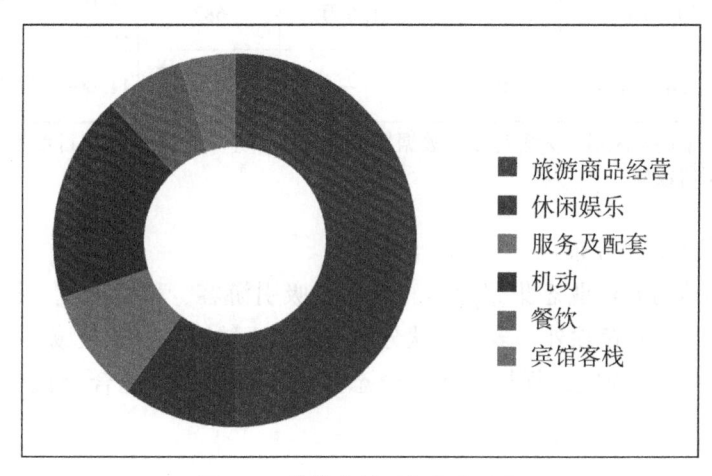

图7-7　旅游小镇理想业态配比

（4）商业（街区）配置规模。

根据调研发现，旅游小镇商业街（多以步行街为主）宽度在3—4 m，这个规模既符合步行街景观构造也更适合商业氛围的营造，不宜过宽。步行街宽度一旦达到10 m，需要通过街心景观、排水沟等辅助设施，增加运营成本，空间利用不够集约。商业街长度约600 m为最佳，符合人体活动的规律，后期如有需

---

① 篇幅有限，大理等地不属于本书调研的核心案例，所采用的数据均以当地的相关报告为依据，所以本书略过对大理、凤凰、丽江多地小镇业态配置的数据分析具体过程。

要,可适当延伸,但总长不宜超过 1500 m。核心商业区商户数量约 500,总面积约 15000 m²,营业总面积约 30000 m²,户均空间 20—25 m²,其中购物类的商业区表现出高度密集特征,户均面积应控制在 10 m²,非密集区商户为 18—25 m²,餐饮类的酒吧、餐厅等空间要求更大,可自行调节,见表 7-10:

表 7-10 旅游小镇商业配置规模案例

旅游小镇	街道长度（m）	街宽（m）	核心商业区面积（m²）	商户个数	户均面积（m²）
凤凰	650	2、1.5	—	513	9.52、20.00、45.36,主力店铺 30.00
大理	1500、1000	10、16、20	2.0 万	574	25.92、25.62、21.13、17.43
丽江	1500、600、200	18、2、4	1.6 万	682	22.65、26.38、52.06、9.72
沐抚	580、360	10、4	—	214（部分还在改建）	11.00—72.80 不等

注:以上案例中凤凰、大理与丽江数据均来自《张家界"十字街"项目市场调研报告》,沐抚镇源自调研数据。

(5) 商业业态分布。

鼓励小镇的商业业态集聚分布,有利于吸引游客、积聚人气、提升消费力度。当然,客栈宾馆除外,多以点状分散布局于小城镇的内外区域。小镇的核心商业街以 1—3 条为宜,规模宜人,业态呈现混合分配,配合小镇整体景观的营造。

7.2.2 公共配套服务

旅游小镇除了需具备丰富的商业业态之外,作为居民与游客的主要聚居地,代表了"三生"空间中的"生活空间",其社会、经济和文化生活需要丰富多样的公共性服务设施予以支持,公共设施种类较多。《镇规划标准》(GB 50188—2007) 规定,公共设施按其使用性质分为行政管理、教育机构、文体科技、医疗保健、商业金融和集贸市场六类。《城市用地分类与规划建设用地标准》(GB 50137—2011) 于 2012 年初颁布,这一国标提出了新的用地分类标准,对我国经历的前三十年城镇发展用地模式进行了修正,其中对公共服务设施的重新细分是最显著的调整之一,分为公益性服务设施和经营性服务设施。旅游小镇除了承担旅游休闲商业性功能之外，更多的是为了使居民（新旧居民、常住或短期逗留均包含在内）的生活便捷而合理、有效地配置公共服务设施，优化旅游小镇的发展环境，促进小镇实现宜居宜游宜业的发展目标。

表 7-11 公共设施项目配置

类别	项目	配置必要性
行政管理	党政、团体机构	△
	法庭	○
	各专项管理机构	△
	居委会	△
教育机构	专科院校	○
	职业学校、成人教育及培训机构	○
	高级中学、初级中学、小学	△
	幼儿园、托儿所	△
文体科技	文化站（室）、青少年及老年之家	△
	体育场馆	△
	科技站	△
	图书馆、展览馆、博物馆	△
	影剧院、游乐健身场	○
	广播电视台（站）	△
医疗保健	计划生育站	△
	防疫站、卫生监督站	△
	医院、卫生院、保健站	△
	休、疗养院	○
	专科诊所	○
商业金融	百货店、食品店、超市	△
	生产资料、建材、日杂商店	△
	粮油店	△

续表

类别	项目	配置必要性
商业金融	药店	△
	燃料店（站）	△
	文化用品店	△
	书店	△
	综合商店	△
	宾馆、饭店	△
	餐饮店、茶馆	△
	理发店、浴室、照相馆	△
	综合服务站	△
	银行、信用卡、保险机构	△
集贸市场	百货市场	△
	蔬菜、果品、副食市场	△
	粮油、土特产、畜禽水产市场	△
	燃料、建材家居、生产资料市场	O
	其他专业市场	O

注：△是必配，O是根据需要可配。

针对小镇的自身特点，通过公共服务设施的优化配置以期达到以下目标：

①留住居民、延续小镇的传统文化景观使命——公共服务设施的健全，实质上是对小镇生活品质的改善，便捷舒适的小镇生活不仅会让本地居民安居乐业，更会产生对新居民的吸引力，也是组成小城镇旅游资源吸引力的一部分，有助于生活空间的营造，以此延续旅游小镇的历史生命和文化景观传统。

②吸引游客、创造旅游小镇的经济效益——公共服务设施既服务于本地居民，更需要面向游客的需求，完善的公共服务会延长游客的逗留时间，提升游客的游览体验，以此强化旅游市场的竞争力，创造出更好的经济效益。

③资源拓展、带动小镇可持续发展——正如前述认为公共服务的建设本身也是资源的构成，尤其是特色建筑设施，如某些小镇的广场和公园，从而推动形成"以资源促收入、以收入促保护、以保护优化资源"的良性循环，实现旅游小镇

全面、健康、平衡与可持续发展。

旅游小镇公共配套设施的建设建议：

（1）合理的空间分离：旅游小镇从功能特性上，是满足多元化的对象需求的生活空间载体，由此公共服务设施的设置也应呈现多元多层次的属性。所以本书认为应将服务于居民与服务于旅游者的公共服务设施进行适当的必要的空间分离，使得使用者在空间上拥有一定的区隔与私密性。对居民而言，生活空间的归属感与私密性是基本要求，而对于游客却更在乎较为单纯的旅游环境，以实现异质文化体验的目的。空间上的合理区隔，有助于兼顾"常态"生活状态与"非常态"经营性状态的运转目的。然而这种分离也不宜过度，因为空间利用率的要求，对基础设施的成本控制，也是小镇建设的初衷，另一方面也要兼顾旅游活动的多元化。

（2）双重标准：由于旅游小镇的公共服务设施的服务对象和服务程度具有双重性，所以在检验相关配置优劣性上，也应根据不同配置目标作出相应区别。一方面要以居民生活便捷为标准衡量公共服务的配套水平，另一方面也要以提升旅游体验为目的，检验服务设施的布局合理性。

（3）景镇一体与村镇一体：为了实现资源合理高效利用，实施"景镇一体"与"村镇统筹"的要素共享建设模式。如坪坝营镇在进行公共服务设施的建设中，以"景镇村一体"为出发点，将镇区与森林公园从空间上视为一个整体统筹分配公共服务资源，避免资源要素的重复建设。另一方面还需要协同村镇之间的设施建设，将有限财力集中在满足最大效益的公共服务建设上，还需要配合政府的调控，整合村镇资源，共同为小镇内部与周边乡村居民服务，实现城乡统筹的布局，也更好地体现为本地居民与外来游客双重服务的目的（艾大宾 等，2004）。

（4）用地指标定量化。公共设施的配套，从根本上也需要解决建设用地的问题，这不仅需要预测用地规模指标，也需要考虑小镇的总体景观布局。除此之外，旅游用地的指标需要政策的革新。

7.2.3 景观风貌

本书提出 ATV 视角，是从霍华德的田园城市理念出发，建立一个被他称为"城乡磁铁"的兼顾城市便捷、高效与乡村优美健康的城乡结合体。其中小镇的景观风貌既需要体现城镇的功能，又需要兼顾周边乡村环境的协调，既是服务性的生活空间构造，也应体现自身景观特色，与资源融为一体。因此，本书依据霍华德的田园城市的空间布局，提出旅游小镇景观建设的"理想空间"模式：

小镇的中心是特色突出的广场或花园，广场四周环形布局公共服务设施（图书馆、剧院、博物馆等），促进公共活动在此空间集聚。广场向四周延伸出放射形的道路，小镇鼓励低密度的用地开发，合理的建设规模（图7-8）。然而小镇具体的建设还要受制于地形地貌、经济发展水平甚至是风俗人情等现实条件。大体上总结为：宜人的空间尺度；以文化广场、城中花园、旅游演艺为核心；公共中心与外围的生活区通常以商业轴来连接；大幅度的景观绿地穿插于小镇之中；步行街区靠近广场与公共中心的节点；拥有特色的滨水景观与周边的休闲空间；小镇外围是围合的乡村景观与合院式的村落。

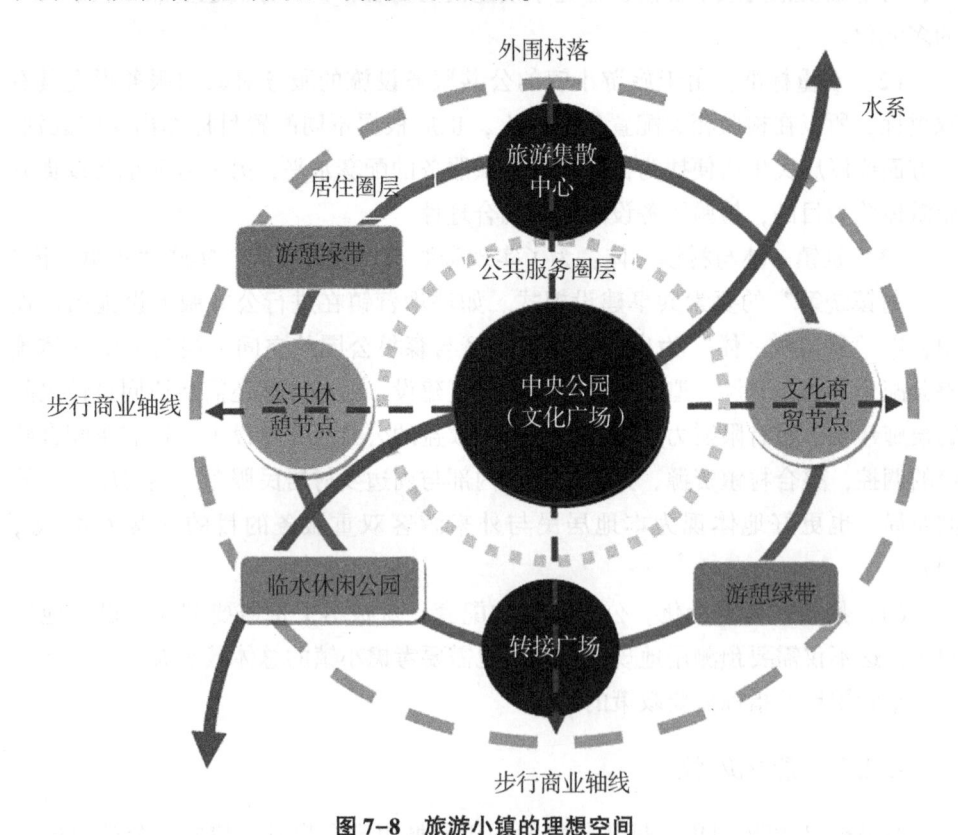

图 7-8 旅游小镇的理想空间

从以上理想模式看出，旅游小镇从景观构造上，首先需要具有步行商业街、主题广场、游憩绿带三大要素。除此小镇入口与夜间灯光美化都应共同组成小镇的景观特色，旅游小镇的理想空间还需要满足外部交通受限的条件，应与传统集镇"一条公路过街穿，来去都是过乡客"的运输式布局有所区别。

本书仅从休闲街区的景观规划要点做分析：

（1）人车分离（分类管制）。休闲街区突出人的活动自由度，保证人在街区的活动安全，不受噪声、车辆与其他要素的干扰等。所以鼓励休闲街区改变传统集镇中街道与交通主干道为一体的状态，实现合理的人车分离建筑布局，按照小镇的交通流量需求，将小镇内部的街道划分为完全步行、半步行以及车行道等类型，对不同类型的街区实施不同的交通管理。

（2）旅居结合（多元空间）。根据街区的不同类型，配置不同的功能设施。多元的空间包括：满足本地居民与游客共同需求的综合性商业服务街区；以居住为主、旅游服务为辅的混住型街区；以游客的长住为主的休闲养生特色街区；分时度假型街区以及普通居住街区。空间既要多层次，也要符合综合利用的原则（张良皋，2002）。

（3）尺度宜人。休闲街区的尺度打造既要满足经营场地的需求，还要符合人们的行为规律。一般街区的宽度在 2—20 m，两侧的建筑有层高的控制，不宜出现高楼大厦，街区的高宽比需要保持在视觉景观的舒适比范畴内。小镇的道路转接合理，密度较高。步行街更应具备怡人的步行尺度，这需要了解人们的疲劳曲线，科学组织空间形态，人的疲劳时间和疲劳程度曲线按照不同人群有不同的规律可循，如青年人的步行速度为 60—70 m/min，半小时内开始产生疲倦感，故应在 800—1200 m 设置街区休息点。合理地设置休息空间，是为了恢复人们的体力，激起他们下一轮的"步行程序"。

（4）精致细节。休闲街区的设计除了突出主题，强化创意，整体风格的景观化打造之外，还需要在细节处结合当地的文化特色，实现精致的文化展销。并在商铺、绿化、铺装、照明等多方面实行细节文化渲染。

▶▶▶ 流动的乡土：景观·小镇·村落

图7-9 旅游小镇休闲街区效果示意（施南古城）

小 结

作为旅游小城镇唯一的集聚空间，小镇的自我维持需要商业业态，更需要公共设施的综合运作。只有完备的物质空间的营造，与乡村进行紧密和经常的联系，才能让这个社区的存在变得更为完善。此外，我们更为关注的环节是，如何打造一个有吸引力的小镇，就好像去创造一个有趣的景区一般，当休闲成为这个小镇以及周边村庄的一种生活常态时，大量游客驻足、游览、体验与分享，小镇最终与乡村、与景区融为一体，呈现出景在镇中、镇景相宜的氛围。因此，旅游小镇的核心关注点，是以景区化的手法表达它的商业性、居住性与公益性。

> 我想到的，必须在任何一个新城中纳入的几个传统特征有：一种自给自足的、独立的大都市模式，一种稳固的、友好的人际关系；对周围乡村环境及其居民的亲密与深切关爱；最后，是对当地历史和纪念物的尊敬和共荣意识。
> ——《发现乡土景观》之乡村的新成分：小镇
> 约翰·布林可霍夫·杰克逊

7.3 村落视角（V）

7.3.1 社区参与力

社区参与力的提出是源自社区参与和社区增权理论的延伸。在旅游研究进程中，社区参与理念一开始来自旅游规划中对于居民参与的强调，即必须在旅游规划过程中纳入当地社区居民对于旅游开发的意见作为参考。在这之后，社区参与理论才慢慢渗透到旅游实践与研究的各个环节，并最后与旅游可持续发展理论相衔接，成为目的地旅游开发所需要遵循的理念与指导思想（蔡禾 等，2003）。社区增权（Community Empowerment）指的是"人们在不受任何行为限制的情况下，从自身利益出发采取行动，进而提高其个人能力的过程"。最早是国外学者Akama（1996）在他针对肯尼亚的生态旅游研究中，首次提出社区居民增权的概念及其必要性。此前，已有不少学者均从不同角度分析了社区权力与旅游发展的相互关系以及社区权力的重要性（陈万灵，2002）。如 Pearce（1996）对社区参与的分析中就提出了权力对决策的决定性影响。正式将增权理论介绍到旅游社区研究中的是 Scheyvens（1999），他认为增权会最终提升社区的活力，降低冲突和矛盾，并提出包含经济、政治、社会、心理4个维度的旅游社区增权理论体系。

其中经济增权强调了旅游给社区带来持续性的经济收益，并让社区居民受益，有平等分享经济收入的权利，并从旅游开发中享受到更为便捷的设施改善；政治增权则强调了旅游产业的介入可提升政治结构的民主性，社区有权参与决策，可以分享政策改革的效益；社会增权表现在旅游业的发展可以提升社区的内聚力，当社区成员为旅游事业的发展一起奋斗时，可以增加交流机会，提高社区的内部均衡度；心理增权则是由于当地资源（自然、人文等）的独特价值得到认可而增强自豪感与自信心，进而促使人们寻求更大的提升空间。本书所指的社区，包括乡村社区也包括小镇的本地居民社区，是旅游发展影响下的传统聚落。从 ATV 视角看旅游小城镇的发展，无论是空间范围、旅游资源还是活动行为，都与社区紧密相关，尤其是乡村聚落一直是旅游小城镇生长影响最大的地理群体。所以要实现旅游小城镇的可持续发展，必须要从社区的角度思考景区、小镇与乡村之间的协同，并在此基础上谋求三者的共同发展。鼓励社区参与到旅游开发过程中应该是旅游社区增权实践应用中的一种战略导向，同时居民良好的参与状况本身也是一种旅游资源,直接影响到旅游地社区的和谐稳定、旅游资源的良性发展以及游客整体旅游体验的提升等,因此对旅游发展过程中社区居民参与水平的评价及其影响因素的研究显得尤为重要(孙九霞 等,2006)。本书就苏马荡旅游度假区在建设过程中,居民权利实施与参与旅游活动的程度、效果与态度做出了调研。

7.3.1.1 社区调研

作者在田野调查中,采取问卷和对话访谈的形式对旅游小城镇发展中社区参与的"量"和"质"的研究,包含参与旅游地开发和旅游利益分享两大方面的行为与过程。本书以苏马荡为例做了社区增权视角下社区参与度的调研,问卷发放130份,回收111份,有效问卷102份,有效率达到91.89%。

苏马荡位于北纬30°,地处长江南岸、武陵山区,平均海拔超过1500 m,气候宜人,原始森林覆盖其间,成为避暑胜地,被媒体誉为"森林中的伊甸园"。自2008年开始,各地开发商自主涌向苏马荡争相瓜分其得天独厚的空间资源,迅速掀起了开发苏马荡的投资热潮。"2008年以前,苏马荡的发展一直被固有的'城乡二元结构'割裂开来,和城镇的差距有日益持续扩大的趋势,年人均纯收入不足1800元,户均存款不足8000元,8个村1.5万群众中贫困人口达到近万人,贫困发生率极高,'土路泥房、缺水少电、通信不畅、娶妻困难'是昔日苏马荡乡村生活的真实写照。"

(部分数据来源于政府报告)

---

(1)调查目的。

为了深入了解苏马荡作为新兴的旅游城镇化地区的旅游开发过程中的社区参与相关情况,对苏马荡社区参与旅游发展的水平进行评价,同时探究社区参与的实际状况以及给当地发展带来的影响,发现社区权利在旅游发展中的实现情况与问题,特开展本次调研。

(2)调查内容。

主要从"规划决策参与""社区受益水平""社区地方认可度"以及"提高社区参与的行动方式"4个维度所对应的43个指标进行调查,通过SPSS数据分析软件评价测算社区参与水平。同时通过观察和访谈,了解目的地社区参与的形式、阶段。

(3) 社区参与旅游发展的问题调查。

通过调查问卷中受访者反馈的相关情况，从不同利益者的角度观察目的地社区参与存在的问题和不足，为提出改善意见和建议提供依据。

(4) 问卷调查的实施。

调查人员及时间：本次调查由作者本人及三位助手共同参加。发放问卷时间是 2015 年 5 月 20 日—25 日。

调查对象：主要是苏马荡旅游区及周边的当地社区居民，在部分问题上对开发商和政府人员进行了座谈。

7.3.1.2 样本分析

(1) 人口统计特征。

本书运用软件 SPSS19.0 分析样本的人口统计特征情况绘制表 7-12。从表 7-12 基本信息统计数据中可以看到，受访群体在性别分布上较均衡，保障了问卷数据的科学性；在年龄分布上，受访者的年龄多处于 21—60 岁，其中 21—30 岁，31—40 岁，41—50 岁三个年龄阶段的人数较多，20 岁以下和 60 岁以上样本数量较少；学历以初高中为主，初中及以下学历人数占总人数超过一半比例，可见被访群体的受教育程度仍处于较低的状态；在是否本地人这一选项上，受访者以本地人居多，符合调查地点的实际情况。

表 7-12 受访者基本人口学信息汇总

调查项目	选项类别	人数（人）	比例（%）	缺失值（人）
性别	男	68	52.31	0
	女	62	47.69	
年龄	20 岁以下	9	6.92	1
	21—30 岁	38	29.23	
	31—40 岁	42	32.31	
	41—50 岁	27	20.77	
	51—60 岁	8	6.15	
	60 岁以上	6	4.62	
受教育程度	初中及以下	73	56.15	0
	高中或中专	38	29.23	

续表

调查项目	选项类别	人数（人）	比例（%）	缺失值（人）
受教育程度	大专或本科	18	13.85	0
	研究生	1	0.77	
是否本地人	是	114	87.69	0
	否	16	12.31	

（2）工作信息情况。

本书运用SPSS19.0分析统计样本的工作基本情况得到表7-13。首先受访居民绝大多数属于中低端收入群体；在工作的旅游关联度上，大部分被访者工作与旅游有联系，占比达63.08%，其中又以从事餐馆、旅馆以及经营土特产、旅游纪念品等的自主经营从业者较多，占到总数的46.34%。

表7-13 调查样本的工作基本信息汇总

调查项目	调查选项	人数（人）	比例（%）	缺失值（人）
月均收入	5000元以下	12	9.23	2
	5001—8000元	34	26.15	
	8001—12000元	58	44.62	
	12000—20000元	16	12.31	
	20000元以上	8	6.15	
旅游关联度	相关	82	63.08	3
	不相关	45	34.62	
工作内容	自主经营	38	46.34	0
	旅游区工地建设	9	10.98	
	服务人员	35	42.68	

（3）问卷问题分析。

采用SPSS19.0统计软件，对问卷（李克特量表）进行描述性统计分析。其中，均值表示的是居民就某一问题选择的总体取向，越接近1，表示越同意，越接近5，表示越不同意，比较数值大小可以一览本地居民对当地旅游业发展若干问题的总体看法；标准差表示调查对象就某一问题选择的差异程度，值越大，表

明在此问题上调查对象意见分歧越大,值越小,意见则越趋于统一。具体结果见表 7-14 至表 7-17:

表 7-14 居民参与旅游决策的程度

	N	均值	标准差
Q9	102	4.1078	1.02355
Q10	102	4.1176	1.00783
Q11	102	3.9804	1.12558
Q12	102	4.2157	0.79138
Q13	102	4.2647	0.71652
Q14	102	3.8922	1.16811
Q15	102	4.1667	0.86840
均值	102	4.1064	

从表 7-14 可知,该部分均值为 4.1064,大于 4(不同意),表明本地居民认为其参与社区旅游发展决策程度较低,尤其是 Q9 和 Q10 是关于是否参与规划的制定与开发方式的决策,均值都高于 4,表示程度低。在关于是否参与了利益分配方案的讨论方面(Q12、Q13),不仅参与程度低,而且调查者的差异性(标准差<1)很低。该项调研表明社区的政治增权较弱。

表 7-15 旅游发展带给社区利益的同意程度

	N	均值	标准差
Q16	102	1.8333	1.03487
Q17	102	2.2549	1.25616
Q18	102	2.7549	1.14698
Q19	102	1.9118	1.14410
Q20	102	3.2549	1.48048
Q21	102	3.3922	1.34354
Q22	102	2.3039	1.27263
Q23	102	3.9216	0.97174

续表

	N	均值	标准差
Q24	102	2.1961	1.32784
Q25	102	2.0686	1.06483
Q26	102	1.9314	0.98764
均值	102	2.5294	

表 7-15 在对社区居民是否在旅游发展中受益的各方面认知调查中，出现较大的差异性（标准差>1），在针对受益的具体方面，一致认同在教育方面，比如语言水平的提升（Q25）、社会交流机会增多（Q23）方面受益较大，在公共设施的改善方面（Q19）也获得较大认可，而在旅游发展的利益分配、特质股份、分红、补偿（Q23）这一点上，认可度最低，说明经济增权程度低，而社会增权程度高。

表 7-16　旅游社区地方认同度

	N	均值	标准差
Q27	102	2.4510	0.97114
Q28	102	1.8137	1.08756
Q29	102	1.2745	0.51042
Q30	102	1.3137	0.68910
Q31	102	2.5000	1.16678
Q32	102	2.9706	1.10315
Q33	102	1.8529	0.92701
Q34	102	2.9020	1.26264
Q35	102	2.5392	1.04048
Q36	102	3.3431	1.09450
Q37	102	2.1667	1.00576
Q38	102	1.5588	0.88523
Q39	102	1.3137	0.62901
Q40	102	1.4020	0.66392

续表

	N	均值	标准差
Q41	102	1.7647	0.86947
Q42	102	2.6471	1.14880
Q43	102	2.2745	0.96633
Q44	102	2.5000	1.08774
均值	102	2.1432	

表7-16是考察社区居民对旅游发展带来的积极影响认同度的调查，总体上看居民对旅游发展的认同度居中等，而在涉及旅游发展中的分配公平性上（Q36）认同度更低，而体现在旅游带来更大的自豪感和地方认同感等问题时（Q28—Q30）认同度偏高，说明该地的旅游社区文化增权程度较高。

表7-17 提高社区参与的方案认可度

	N	均值	标准差
Q45	102	1.0882	0.40057
Q46	102	1.1275	0.43763
Q47	102	1.0686	0.35207
Q48	102	1.1373	0.56357
Q49	102	1.2353	0.66267
Q50	102	1.1471	0.40777
均值	102	1.1340	

表7-17是关于社区居民对提高参与度的决策方案认可度的调查，在本项调研中认可度最高（均值<2），说明社区居民希望从"出台利民政策""提高资金扶持""提供更多的培训和就业""让居民有更多机会参与决策""给居民更多利益共享的分配方案"等方面提升自身参与旅游产业发展的权利。而且每一项问题受到较低差异性的回答（标准差<1）。

（4）社区权利调查总结。

经过问卷分析得知，以苏马荡旅游区为代表的旅游城镇化地区发展中，社区参与权利总体上出现以下问题：

①社区旅游规划和决策参与缺失。

通过对调查问卷中关于社区参与规划决策的相关问项的得分进行综合分析（表7-18）可以发现，苏马荡社区参与旅游发展的过程中，社区在旅游规划和决策方面的参与情况非常不理想。

表7-18　社区参与规划决策权利问项得分描述统计

观测指标	平均值	标准差	最小值	最大值
Q9 参与社区旅游规划意见征询与讨论	4.1078	1.02355	1	5
Q10 参与社区旅游发展战略制定	4.1176	1.00783	1	5
Q11 居民意见采纳程度	3.9804	1.12558	1	5

苏马荡的开发最初是由于邻近重庆（"火炉城市"之一），拥有天然氧吧的森林公园，区位和生态、气候等优势吸引了开发商的涌入，小产权房乱象凸显，后政府很快介入，大量土地被挂牌出售，意在以土地换取西式小镇的建设。而在开发的初期，社区居民自身也倾向于认为旅游开发是政府和专家的事，与自己无关，只要不损害自己利益就行。因为传统思维的局限，居民不会也不敢参与规划决策，政府不愿也不屑于关注社区居民的态度和参与，因此苏马荡正处于生态严重受损、居民怨声载道、公共配套缺失的发展瓶颈，后续社区力量跟进疲软，会加剧苏马荡成为"空心镇"的局面。

②社区旅游发展利益分配不均衡。

在社区旅游发展路径上，苏马荡地区主要是以移民搬迁安置与生态补偿相结合的方式。然而在政府和部分"精英居民"①获利的同时，大部分居民在此过程中受益很少，甚至承担着旅游发展带来的负面效益，社区旅游获益未能得到均衡的分配共享。通过访谈发现，大部分居民搬迁补偿的土地费用甚至根本不够在新镇上安置一套住宅，或所剩无几，后续由于失去土地带来的生活成本剧增加重了居民的心理权利消亡，矛盾锐化。

受访居民对于"您认为当前社区旅游利益分配是公平合理的"这一表述的态度，有51.90%的受访者表示"不同意"或"完全不同意"，另有24.70%的受访者表示中立或未表明态度，调查结果表明苏马荡社区权利在经济增权问题上确实存在较大冲突。

---

① 社区的精英居民特指部分由于特殊才能等受到利益偏重的群体。

第七章　景观格式塔与可持续发展　◀◀◀

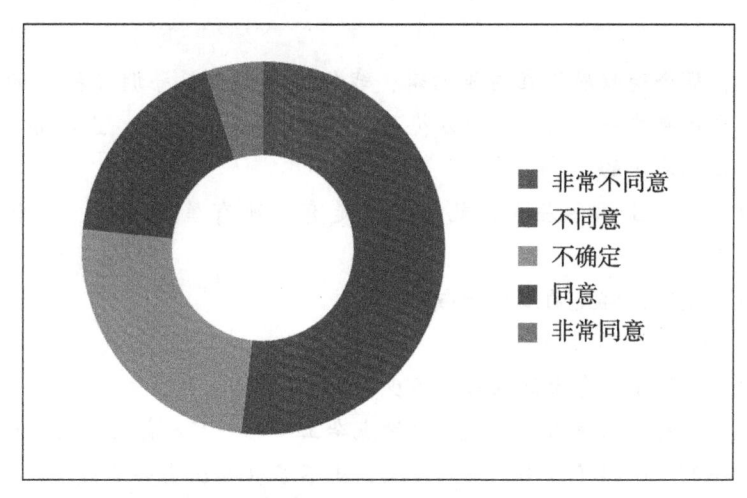

图 7-10　居民对于利益分配公平性的感知构成

③社区与景区矛盾纠纷时有发生。

笔者在苏马荡的问卷调研中和在对坪坝营旅游小镇的居民深度访谈中均了解到在这两个地区均是依靠天然的生态、优良的森林公园开发建设起来的，当地居民与景区之间都曾发生过不同程度的纠纷事件，有的是居民与景区之间关于征地补偿等的利益纠纷，有的则仅是当地居民想要带领自己的亲友免费参观景区受阻，导致的居民与景区管理方之间的冲突等，虽然事件影响不大并且都能很快平息，但从这些事件中折射出的是社区旅游发展过程中缺乏合理有效的对话机制、景区发展过程中对本地居民的权益照顾有疏忽、社区居民参与旅游发展的自主意识有待增强等问题，如果不加以重视，寻求协调矛盾解决纠纷的长效机制，长此下去必然会引发当地居民对旅游的厌恶情绪和对游客的反感，影响游客旅游体验，进而阻碍社区旅游的可持续发展。

访谈录音对话转抄（内容有截取）

访员：你们是从燕子坝搬到老孔岩的吧？他们有补偿钱是吧？
居民：一亩地两万两千八，我们大概十一亩地。
访员：主要是通过土地全部卖给他们芭菲小镇那一带？
居民：是啊。
访员：你们现在修的房子的地原来是你们家自己的吗？

· 271 ·

居民：那个是政府买在这里的嘛，我们上面那个屋脊调（换）的这屋脊嘛……这个屋脊才一百四十个平方花了一万八千多，一万九。上面那个屋脊还是按揭一亩土地卖的。

访员：就是上面的屋子，就是原来是有土地有屋子对吧，两个合起来卖的？

访员：是啊，都是两万八一亩？

……

访员：您家里一年大概收入是多少？一个家里。

居民：没有什么收入，就是这里做点杂工……一家人都在家里玩呐，这个老年人，还有个小孩子读书，真的是怎么走不了（指出去务工）。

访员：噢，那一年大概收入多少，一万以下啦？

居民：没有，真有一万块钱就好咯……

就是这个房子，卖了上面土地和那个房子卖掉嘛，卖掉了修这个房子嘛，什么都没有啊。

居民：就是补了一点钱，我跟你说，就是补一点点钱，现在把房子修了是不是，房子修了什么没有了嘛，以前上面我们都有房子，房子里还可以种一点菜啊种点土豆啊种点什么可以吃的，现在什么都没有了，吃什么都要买啊……

访员：现在旅游的人不少，你们能不能免费进景区（指坪坝营森林公园）啊？

居民：不行。

访谈录音编号：PHDH013

访谈地：坪坝营小镇一栋民居门口

时间：2015年5月24日

访员：吴炳先　　　　受访者：女性，四十多岁，隐去姓名

7.3.1.3　社区参与力的提升

社区参与力的提升根本上是参与能力的提升问题，结合上述对苏马荡旅游区的社区参与的调研分析，社区权利提升需要解决两方面核心问题：

一是如何规避社区权利主体之间的对立与冲突，如当地居民与开发商之间、居民与政府之间的矛盾（卢松 等，2008）。

二是解决社区权利主体的参与困境问题（费孝通，2010）。困境可以是外部环境带来的，也可能是自身能力的限制。

针对以上两个方面，可以从外部环境的改善和村落内部提升入手分析提升社区参与力的路径：

一是从外部环境的视角，首先要完善国家土地政策，其次要借助政府权力的引导，即构建落实村落公共权利的机制，促成民主自治的条件，村民要参与旅游产业的发展，需要保障其公共权利的实现，具体的操作办法为乡村的基层政策变革（辜胜阻，2000）。如旅游征地政策，不仅要从上而下，也要自下而上地实施，强调村落的基层管理权力，这是社区政治增权与经济增权的关键所在。

二是改善村落参与力低下的内生力。激发改进社区参与旅游事业的社会资本，提升村民的社区原生记忆，以此促进社区凝聚力和向心力的形成以及村民自觉参与能力的改善。要实施社区记忆场景重现，社会资本进入的同时需要强化村民自身参与的能力，包括语言、沟通、技能等方面。这里实施内部增权最有效的手段是采用旅游合作社模式（焦华富，2006），配合社区帮扶对策，可以有效提升经济权利、文化权利与心理权利。

7.3.2 居民点空间整理

乡村地区开展旅游以来，有关于居民点的整治一直是乡村建设与发展领域研究的关注点（龙花楼，2012）。已有研究多落脚于实践案例的规划方案研究，关于问题的解决与对策的反思。主要从实例出发提出规划方案，进行问题和对策反思；也有文献深入分析居民点整治的影响因素和解决路径；除了从促进社会经济变革的角度出发之外，部分研究着力于乡土景观的保护与延续。本书对旅游小城镇的研究，是基于乡村背景，将小城镇视为乡村的新成分。在调研中，发现几乎所有小城镇都是生长于乡村居民点聚集之上的新空间。所以要研究乡村—小镇—景区三者空间的秩序重构就不得不追究居民点的空间整理。

本书根据案例区调研的实际情况，发现居民点的变迁受到两方面影响：一是区域内的景区景点的经济辐射，或景区的空间拓展，会引起居民点的空间变换。新兴旅游空间也在不断侵蚀既有农业空间，形成新旅游产业空间集聚，部分居民点聚落逐步消亡、衰落。二是由于居民点或周边区域有大片的建设用地，因为生态资源被开发商掠夺，而导致居民点土地直接成为流转的对象，进而被粗糙式地拆除（曹海林，2005）。前一种是景区的边界因为市场行为而模糊化，后一种属于城镇化扩张中房地产对生态/乡村环境的侵害。

调研中，往往是传统风景区更容易出现第一种情况，如坪坝营景区，原本是一个林场，内部多处村落聚集，后因为旅游开发，政府行为组织了两次搬迁，外围设置了新的安置点，但由于服务产业的延伸，风景区出现无边界的商业摊点、旅店以及纪念品销售店，当然这正好符合了约翰·杰克逊所定义的第三类景观①。而新兴的风景区更容易受到第二种情况影响，也就是投资商看中景区附近乡村的环境，而开发旅游地产、度假房产，产生大量的分时居所。无论是东部沿海地区的马洋溪，还是西部武陵山区的苏马荡，都是这类代表。居民点被迫迁移。笔者统计了多处居民点的迁移情况，见表7-19：

表7-19 居民点（苏马荡、坪坝营）土地流转情况调研统计

地名	耕地流转情况			房屋拆迁
苏马荡	2012年	2013年	2014年	2010年
	2万—3.5万/亩	5.5万/亩	7.3万—10万/亩	100 m² 置换 60 m² 楼房，搬入翰林云海小区（调研5户）
坪坝营	2012年	2013年	2014年	2013年
	1.53万/亩	2.26万/亩	—	老孔岩搬入燕子坝（现芭菲小镇），搬迁22户。征用补偿：瓦房280元/m²，平房600元/m²；另一批搬迁至现坪坝营镇的集体安置房。政府购买土地140元/m²

注：笔者调研中多采用直接和农户交谈所得数据

根据第六章中空间重构的概念模型，将旅游小城镇中乡村居民点分为4种整理模式（张占录 等，2005）：

（1）空间扩建模式。这种模式主要是针对分布在城镇郊区的居民点，它们拥有便捷的交通与区位优势，产业与市场基础良好，经济发展水平较高，有着较为完善的基础和公共服务。由于乡村功能的提升，乡村空间不断外拓，从而具备了农村城镇化推进的现实条件。城镇化的扩建是这类居民点改造的最好选择，其中需要考虑到新建居民点的空间适宜性，新建居民点是对周边原有居民点的整治

---

① 约翰·布林可霍夫·杰克逊将景观分为三种，第一种是传统的乡野景观，第二种是政治景观，为权力而产生的建设遗迹，第三类是因为人类活动而产生的新景观要素，这里看作自然出现的人类生产性要素。

与集中布局,为旅游小镇的发展创造空间。如马洋溪的十里村,符合旅游小镇的选址需求,居民点统一安置,服从旅游服务产业的发展空间。

(2) 农村居民点拆并模式。以下农村居民点可以进行拆除合并:①位于小镇规划建成区内的聚落,如恩施女儿寨在建设之初就对七里坪部分居民点进行了拆除。②农村居民点凋败显著,现存住户3户以下的自然村,这也符合旅游目的地空间内的"空心村"的重要管理方法。③位于生态敏感核心区内的居民点。如自然/文化遗产保护区、森林公园的核心区等,如坪坝营林场原有居民点均统一搬迁至外围服务区。④居住环境恶劣的居民点。如部分居民点位于地质灾害频发或易发地、水利交通等基础设施落后区,由于基础设施的改善成本较高,居住适宜性较差,从长远发展角度出发,建议由政府出面集中予以异地迁移,整体搬迁到发展适宜的居民点或城镇区内,也可选择适宜性较好的地区独立成新村。对拆并之后的地区要鼓励复垦还林,改善生态环境。恩施大峡谷的马鞍龙村就属于居民点的拆并模式。

(3) 自然村缩减迁并模式。在部分山区,由于地理空间的条件限制,部分零散布局的居民点加剧了乡村基础配套设施的建设难度,造成土地资源的极大浪费,并影响整体区域的经济与社会发展水平。改建中应该变分散为集中,既提高耕地面积产出能力,也对基础与公共设施的集约配套提供良好的条件。将分散的自然村进行缩减,可以迁移至适宜性条件更好的中心村。

(4) 居民点修复改造模式。对现有居民点的布局合理性进行评价,对于自然条件良好、区位优势明显以及基础和公共服务配套较为优越的区域,由于自身具备了良好的旅游发展潜力。甚至布局居民点本身具有乡土景观价值,但由于城镇化水平提高,年轻人进城务工导致大量空间被闲置,这类村落改造潜力大,可以景观修复(聚落景观营造、房屋民居改造、景观性种植等)、产业配套等方式,依托政府为主导力量进行旧村改造为主和新村扩建为辅的居民点整治。这样更具经济性和可行性(赵中枢,2012)。如沐抚古镇附近的营上村,经过景观和产业的双重驱动,已成为黄鹤楼生态走廊上最亮丽的风景线,更拓展了丰富多彩的旅游服务空间。

7.3.3 重回乡土景观

> 乡土景观的形象是普通人的形象：艰苦、渴望、互让、互爱，它是美的景观。
>
> ——John Brinckerhoff Jackson

基于 ATV 视角的旅游小城镇区域内的景观，也可从杰克逊的"三类景观"的理念加以阐释。其中第一类景观是传统的乡土景观，包括传统村落、农田、民居、水域、山林、菜园、道路、庙宇、桥梁，甚至还包括墓园等。这类景观是千百年来农业文明的结晶，安全、丰产且美丽，是广大社会"草根"的归属与认同基础，也是和谐社会的根基。具有机动性和嬗变性特点，无休止地耐心地适应环境；第二类景观被看作政治景观，有着深刻的政治意义，如封建时代的京杭大运河、万里长城、奢华的帝王陵墓、遍布全国的道路邮驿系统、儒家文庙等，当代的城市景观大道、纪念性广场、行政中心和广场、展示型的文化中心，甚至大学城等，具有明显的可视性，尺度恢宏而呆板，彰显权力。我们大多数文化遗产景区均是景观二的一类。景观三，是当代社会出现的新景观要素：社区公园、加油站、街头小吃摊、城中村繁华的街道、杂乱的农贸市场、并不整齐划一的都市菜园等，既有景观一的机动性、适应性和短暂性的偏好，也有景观二的稳定性与既定性特征（俞孔坚，2015）。

在城镇化的进程中，当千篇一律的村镇布局和建筑模式布局于广大城市与乡村（新农村社区）时，中华民族几千年来适应自然而形成的充满诗意的传统乡土景观（景观一）正逐渐消逝，化作历史。而随处可见的景观大道、罗马柱廊、大广场、大草坪、行政中心，继承了中国古代封建时代大一统政治景观，或延续着西方巴洛克式的恢宏的帝国政治景观，既不能满足生活的普通功能需求，又不能彰显民族性的历史文化特征，虽然具有强烈的视觉冲击，有明确的边界和体型，尺度恢宏，却脱离了普通人的需求，无助于认同和归属感的产生；与此同时，形成过程中的新乡土景观，诸如街头小吃摊点、社区中的菜园、热闹的城中村等，需要通过合理的规划，使其与原有景观和谐地融为一体。

本书在此强调的景观是属于乡村的，是"乡土的"。通常意味着农家、自产和传统，更是旅游凝视者所追求的异质体验。这里将乡土景观的构建分为：聚落景观、居民景观与土地利用三方面。其中，聚落景观是由村落空间拥有的各种房屋建筑以及农作物集合而成的景观围合体，包括社区民居、公共建筑群、厂房、院落等；民居景观是特指村落区域居民所属的房屋景观体，既包括住宅区的内景、外观形态，也包括住宅的结构和功能等要素；土地利用景观则包括乡村区域内的不同功能用地所形成的景观，包含农业、工业、旅游、绿化、公共服务设施等多种类型的土地利用形态，及其构成的景观要素。

表 7-20　乡土景观的基本构成

景观分类	聚落景观	民居景观	土地利用
基本属性	村落房屋、建筑、院落以及农作物集合	社区居民房屋建筑景观及其结构功能	不同类型土地及其要素
具体内容	民居、农田、公共建筑、厂房、设施、种植物	居民住宅外景、内设等	工业用地、农业用地、旅游用地等
旅游指代	"小桥流水人家"乡村围合区 乡村公共空间分享	飞檐翘角、干栏式、吊脚楼 民俗建筑及内饰	景观性种植（花海、果园）服务设施用地

作者认为乡土景观的回归是通过空间演化、外部环境作用改变景观的起点状态，从遗传到变异再到回归的过程；最终表现出的这种乡土景观及其构成中，政治景观的空间痕迹很大程度应该不复存在①，或完全不存在。如图 7-11 所示：

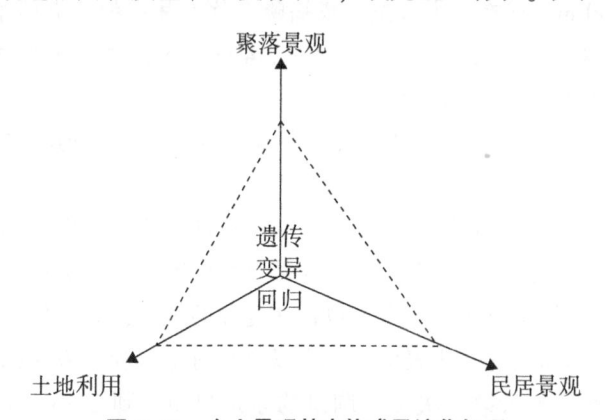

图 7-11　乡土景观基本构成及演化机理

---

① 杰克逊认为政治景观的典型特征：边界的可视性和神圣性，纪念性建筑物和放射状道路的重要性，地位与围合的空间密切相关，是为了以空间结构推行或保护土地上的统一秩序。

①乡土景观的遗传。按照地理要素的经济演化理论，正如具有遗传基因的生物体表现出的特征一样，乡土景观的三个构成（聚落、民居、土地）在不断的演变过程中也具有遗传性的表征，而乡土景观的遗传基因实际上是乡村聚落所代代相袭的文化基因的传承，如特殊区域的乡土民居的建设风格的继承、相对稳定的空间分布等。乡土景观的突出特征应该是田野的集合、是围合的村庄，是人烟稀少的小岛或者代代相传的耕地，"不是浮躁不安和寻求改善的表现，而是无休止地、耐心地适应环境"。当然，并不是说乡土景观的遗传是不变，而是保持连续性的符号，给乡土景观以鲜活的集体记忆。如在武陵山土家族村落调研时，我们发现即使是最不起眼的一丛竹林，也能给乡土景观带来美丽和尊严，是土家村落的民俗基因。

> 小溪胡氏源于安徽和州（今和县），洪武二年（1369）征苗留居湖南芷江，融入侗族。其第六代祖胡文隆约于清雍乾年间"避苗乱"移居恩施屯堡乡鸭松溪，生三子，胡枝砚、胡枝秀、胡枝英。三弟兄一起来到盛家坝，胡枝秀落户石门坝，胡枝英落户秀溪塘，胡枝砚落户小溪，至今已有十三辈人，近三百年历史。
>
> 小溪胡家大院群落坐落于小溪河中段，由上坝、中坝、下坝三个大院落和河沙坝、梁子上下河、茶园堡、三丘田等三五户的小院组成，以小溪河连接，每隔500—1000 m，就有一个大院子或掩映在竹木林中的三五间吊脚木楼。如串珠相连，星星点缀。共有胡姓100余户，400余人，占小溪组总人口的90%以上，其余还有少量周、邹、罗姓等人家。
>
> ——笔者调研恩施小溪民俗村　2013年4月13日记

②乡土景观的变异。正因为生物具有变异特性，才会产生新的性状，最后才能形成新的物种，从这个意义上说，变异甚至在生物演化的历程中具有更巨大的意义。就乡土景观的构成要素而言，也存在变异的现象，如时代发展和经济产业冲击下的建筑形态和聚落文化表象的改变以及乡村土地利用方法的转变等。上述的小溪村自2008年笔者第一次参与调研的原始封闭，到2013年的半开放状态，到2016年夏笔者再次因私驾车前往，无论是从建筑外观、整体空间格局、交通道路甚至是居民的身份都发生了巨大的"变异"。

2016年8月20日再次来到小溪，自旅游公路转进村落入口设有一栋二层楼的游客服务中心，车道已经完全穿过小溪的上中下游。于记忆中，前几次调研均是必须从村口的县道步行至谷口，穿过一座木质的风雨桥，直通胡家大院的门口。如今的胡家大院所在的道路两侧全是应季性经营的旅游接待民宿，中午随便进入一家客栈点上特色私房菜，接待我们的却是一位外地口音的女性，她热情又熟练地介绍着饮食菜品，并告诉我们，她虽是外地人，却是本地媳妇，从河南远嫁而来，旺季生意兴隆会让娘家人一起经营客栈。

这种变异令人唏嘘，显然无法武断地判断其优劣性。一方面，它带来了乡村经济的复苏，也带回了熟悉的邻里人群（2008—2012年的多次调研中，大院里几乎只有为数不多的老人和孩子），甚至某种程度上还是文化复兴的表征——作为游客身份参与其间，有了更多享受乡村乐趣的机会。另一方面，聚落的更新、房屋的改造以及土地覆盖了更现代化的水泥，被硬化的乡土空间里，有了更多的可视化边界，也赋予了不同空间的使用权边界。变异的是乡土景观视野，更是我们与自然环境的私密关系。

③乡土景观的回归。在乡土景观的演化过程中，也同样会受到自然界物竞天择、适者生存的竞争机制的影响，市场进化会决定乡村聚落的景观演化趋势。正如市场的力量巨大，以至贵州屯堡①被"重新发现"之后，被冠以各种足以将其孤立化、特殊化的名号如"汉人文化孤岛""戏剧活化石""明朝遗风""六百年古韵"，区域村落骤然间获得了旅游发展的巨大潜力，许多村落整个被卷裹进了旅游事务之中。为满足旅游经济开发的需要，传统的意识场所、家族宅院、信仰空间被肢解为可重新配置的资源。空间和景观成为资本，对于其经济利益的追求，已经超越了"对传统屯田农耕文化所生成的价值观和意义传承"的遗产保护理念。很多乡村因为与景区空间相邻，更是进行着"模仿现代性"的行为，简单地复制着自己的文化，以服务的形式提供新的旅游产品。

当然，乡村用旅游的方式发展自己，虽然一方面看起来是在模仿中迷失了自己，但是从积极的一面来看则是在村民心中加入了一种对现代性的新理解（葛荣玲，2014）。所以，从这个意义上谈论乡土景观的回归，不仅是聚落景观的保护、居民建筑的修复，更是土地利用方式的空间保护。将那些有可能被房地产开发商们肢解的乡村土地，重新定义，用景观性的种植、田园式的装点，来描绘乡土记忆的文化底图。例如2013年，笔者在福建马洋溪生态旅游区（镇）调研中清晰地发现，马洋溪既遍布粗暴掠夺式的房地产开发项目，也有温和保守的"桃红梨

---

① 屯堡作为地名，经常出现在西南少数民族山区，恩施大峡谷附近也有一个名叫屯堡的小乡镇，同样经历着旅游带来的巨大变革。

白"景观种植林,甚至保留了大片的油菜地,曲径通幽的林间小道,清澈欢快的溪流,卵石垒造的古老民居,好一派乡土人情。这样商业化的侵入与乡土气息的争夺,从未停息,而对于普通的村民而言,他们也应拥有享受现代设施的权利,所以此时我提出回归乡土,并非抗拒甚至消灭现代性,而是提供一种更谦卑、更包容、更公平的方式去理解乡土景观,一种因为旅游嬗变的新乡土景观(如乡村民宿、洋家乐等)。在传统乡土景观中,在新乡土景观的孕育和体验中,找回对土地和"地方"的归属与认同,找到属于我们每个人的幸福。

> 20世纪60年代末,W. H. 怀特通过他的观察发现,开发商似乎总是把他们已经摧毁的有吸引力的特征放在他们开发项目名称前,接下来才是住宅项目本身(如"果园峡谷小区","山胡桃林庄园")。这类住宅项目地名上的东西其实早已不存在了,甚至于可以追溯到20世纪20年代。S. 刘易斯在那个年代曾经这样描述房地产开发的一般方式:"当乔治·巴比特开发黄莺峡谷时,他烫平葱绿的树林,吸干湿润的草地,把那里变成没有峡谷也没有黄莺的晒焦了的平地,然后,埋没完整的下水系统。"
>
> ——《国外乡村设计》兰德尔·阿伦特

小 结

从乡村视角来看旅游小城镇的可持续发展,需要我们用偏于保守的方式认知乡村在旅游区域中的作用,当然不是寄希望于乡村社区的永恒性,而是保证社区拥有持续合意的权力结构,居民生活有增权的可能,能有效表达他们的愿景和对地方的认同。居民点得以合理地延续或迁并,无论是否存在聚落的重构,它们都代表着持续性、社区认同、与过去和未来的联系。乡土景观的回归最终可以抵消盲从的开发造成的投机性损害、风化的破碎性和对过去的健忘性。以聚落景观的营造、民居景观的重塑以及土地利用方式的包容,从起点到变异直至回归,让我们仍然相信圣·托马斯所曾信仰之事:只有当某种景观记录了历史,并赋予了我们在这个星球上的短暂生命历程以意义和尊严时,这种景观才是完整的、宜居的。

> 如果人类一代又一代地长期生长在相同的贫瘠土壤中，他们的生机将不会比马铃薯更旺盛。因而只要我的孩子们的命运能由我来掌握，他们就一定要有别的出生地，使他们的根深深扎入陌生的大地。
>
> ——N. 霍索恩：《绯红的信》（1850）

7.4 空间秩序反思

当乡村空间变迁效用的评估涉及现代化消费模式——旅游实践，包括了被人工景观改造后的乡村、集镇与被移动、行为、叙事和符号激活的风景[1]，会发生怎样的理想秩序重建尝试呢？

近十年来，基于基本农田、传统村落和生态环境等保护政策的颁布及落实，以及农业生产的需要，政府部门在村镇建设、土地审批等方面进行严格管控，乡村的无序发展情况虽一度得以控制，然而实践中暴露出乡村空间更多严峻问题，包括公司化的乡村改造（旅游地产的变形记），引发了村民土地使用权的丧失以及乡土文化的流转；"空心村"式的衰落，空间资源的闲置以及地方文化的剥落；村落的地方特色危机，安置小区式的现代化改造并非唯一的合理方式，尚存在争议。传统村落在此期间受到了一定影响，由于概念的流变、价值的重构以及多元化利益群体的介入，让传统村落的保护一度陷入"空壳化""遗产化"与"特色危机"等困境，对村落主体及非物质文化资源的忽略与大规模商品化生产的操作方式，更对地方社群造成了一定限制。

由破碎化空间侵占或无计划性的变迁带来的后果，促使我们重审人类追求进步所需承担的代价，正如爱德华·萨义德所说，在美学的真空环境中无法思考风景的政治学[2]，政治必须与诸如形式、影响和感觉，以及文化形态等问题进行复杂而辩证的协商。简言之，我们应该把正在经历变迁的乡村当作一件正在创作的艺术品，要思考如何想象这片土地的整体景象，该为它吟诵什么样的地理诗以治愈、修复、统一、了解和纪念地方，乡村复合空间何以拥有自己的完形视角，乡村景观以何种方式回望观者。

---

[1] 米歇尔·德·赛图（Michel de Certeau），《日常生活的实践》（The Practice of Everyday Life），伯克利：1984：117.

[2] 西奥多·阿多诺：《美学理论》（Aesthetic Theory），C. 伦哈特译. 伦敦：1984：105.

福柯说，空间是各种社群生活的基本要素，也是权利实施的基本要素。讨论乡村空间变迁，是在城镇化对传统文明的冲击之下，寻求社会秩序和权利在空间上的有机投射。从 ATV 视角关注乡村旅游地区的空间要素演化，建立起对旅游地空间的整体价值再现，这正是格式塔美学所提倡的——旅游城镇化地区的空间研究核心——整体乡村空间秩序。

7.5 ATV 协同优化

7.5.1 ATV 协同策略

7.5.1.1 景村协同优化

景区的发展，会让乡村地区的政治、经济、文化甚至是风俗习惯均带有越来越强烈的旅游产业化的属性。这使得乡村出现了咨询、加工与服务体验的各种新型产业形态。景区与乡村这种产业趋同，使得部分旅游小城镇地区空间上出现混乱状况。所以景村之间的优化，重要的就是解决好用地边界和产业互补的问题。《风景名胜区规划规范》规定，"在与村镇规划和城市规划相互协调的基础上，对现有的居民点提出整改要求；将农村居民点区分为缩小型、搬迁型、聚居型和控制型等 4 种主要类型，并进行控制其建设管理措施和规模布局"。这为乡村与景区之间最大冲突的解决提供了政策依据。

风景用地与村庄建设用地相协调。这不仅需要从政策上满足旅游发展用地的需求、保护基本农田的发展需求，此外，还应该控制景区内的居民点数量及其人口数，以免出现人口的增长加剧与景区争夺有限土地等资源的矛盾。当然，作为景区内的居民点，更需要对其建筑风格和体量进行协调化的规范，尽量与周边环境保持和谐共生。不仅要考虑建筑单体的体量（层高、占地等）与造型，还应该思考建筑组群的空间组合与形态特征，不对环境产生违和的破坏。景村共生不仅要依靠规划，还需要村民的自觉意识与景区的共享管理。具体表现在以下方面：

（1）景区对乡村（社区）的要求。

①保护与缓冲。景区的发展是以相对有限的景观资源为基础的，其美学、文化与科学价值是根本吸引力，但由于资源所处区域周边乡村社区对景区有着过度索取的偏向，其行为模式可能会对周边自然环境造成不可逆的破坏，就会降低景区的资源价值。故而应尽可能消除景区周边乡村社区对资源环境的破坏和侵占，

同时规划好景区的边界和缓冲带，从外围空间的过渡开始，维护好景区的环境保护。所以需要消除风景区周边居民点各种破坏风景区环境质量的可能性，同时，作为保护风景区的缓冲带，阻挠区域外层对风景区的破坏（李佳，2009）。

②服务与供给。本书倡导的景区边界另一个层面是为了将服务设施从景区内部进行迁移，不鼓励景区内部大量布局旅游设施与项目，所以周边乡村居民点应成为景区的第一道服务基地，虽然不如旅游小镇的服务水平和层次高，但是既可以缓解景区的环境压力，也可以满足游客的服务就近需求。鼓励村民参与旅游供给活动，也有利于缓解村景之间的利益分配矛盾，推进乡村参与旅游开发的利益共享。

③创造新的旅游空间。景区资源空间毕竟有限，可以承担的开发强度和环境容量，都决定了景区空间的拓展需求。而从资源角度而言，景区与周边乡村从资源类型上看，也可成为互补关系。根据乡村的资源特色，周边乡村聚落可以依据景区空间拓展需求，转变为休闲农庄、特色民宿以及民俗村庄等。配合景区的发展，既可以增强景区的市场竞争力，也可以提升旅游者的旅游体验，推动地区的可持续发展。

（2）乡村对景区的要求。

①构建旅游目的地。旅游目的地的建立有利于乡村经济的改善，景区的发展可引领乡村服务配套产业的发展，并解决乡村就业，通过旅游人流确保住宿、餐饮、商贸等产业的市场规模。旅游目的地的构建在促进资金、信息与人口的流动之外，还会促进内外文化和价值观念的交流，从而推动乡村的现代文明转变。从旅游系统论的角度出发，乡村应抱着开放的接纳的姿态，支持景区的建设。

②创造就业机会。首先，景区运营、维护与新建项目均可促进当地居民的就业提升；其次，景区带动一二三产业的融合以及配套要素的需求，也是就业增加的机会。这几乎是乡村对景区最大的依赖要因。

③效益共享机制。乡村与景区矛盾的核心源自资源的不可再生与环境独特性创造的经济效益的争夺，其解决的根本途径是建立起效益共享机制以及给予乡村一定的生态补偿。鼓励乡村在景区的发展过程中获得进步，无论是经济上的带动，还是文化上的参与，都是乡村与景区和谐相处的途径。

由于景区与乡村之间在地理空间上的依赖关系，景区发展的环境基因正好是乡村居民生产生活的土壤；相应地，乡村氛围又是景区人文环境得以可持续发展的核心构成。因此，景村之间互为基础相互制约又彼此需求，如果双方仅从自身立场寻求发展，两者很可能陷入"囚徒困境"的争夺中，任何一方的优势会以牺牲对方为前提，久而久之，也会伤害自己的发展。ATV协同视角是强调通过景区的建设和合理保护，有效实现地方经济社会的综合效益，既致富于民又提升景区品位，由此实现经济格局的升级，实现景村的非零和博弈。景村协同双赢，必须通过推动"土地、利益、民生"三方面的改进，实现"景村共栖"生长状态（梁艺桦 等，2006）。处理景区与乡村的问题需要着重解决土地、居民和景区的格局分配：

"土地"——土地资源的公平分配，用地矛盾的协调，土地结构的调整。乡村与景区和谐发展的关键是土地资源分配与利用模式的调整。应从政策层面强化乡村与景区的用地关系，明确权利与义务，减少因为土地关系造成的纠纷，并建立起良好的旅游用地补偿机制。

"利益"——利益分享机制的公平与合理是实现双赢的前提。这与土地政策的改革一脉相承，不仅要考虑景区与乡村，还需要将所有旅游发展的参与方都作为利益共享方加以对待，主动协调各方利益冲突，构建公平和公开的利益分享机制。如旅游景区与周边乡村建立起相互合作的旅游合作社的形式，就是利益分享机制在合作平台的实现。

"民生"——以就业促素质的提升，建立本土文化的自信。树立起乡村居民才是景区建设与发展的中坚力量的观念，不仅需要首先解决居民的就业，提升居民的服务技能与知识水平，还需要通过景区促进民间工艺与文化的传承与保护。乡村文化自信的建立不仅是改善民生的途径，也丰富了当地的文化精神生活，更是景区主题层次的提升，增添了新的旅游亮点，最终实现景村同创，共栖共生。

7.5.1.2 景镇协同优化

旅游小镇是基于景区资源特色与乡村地域特色生长起来的特殊地理空间。小镇除了作为景区的配套服务要素集聚体之外，还需要开拓自身的人文个性，形成与景区资源互补的优质旅游环境，既服务于景区又区别于景区。小镇与景区之间的协同，主要体现在空间功能与景观风貌的差异多样与互补共建。

（1）营造景镇全域旅游环境。

景镇之间的景观风貌要体现出差别，是为了更好地提升全域旅游资源的吸引力，延长游客的逗留时间。两者之间又要达到整体协调，体现出共同的景观肌理与地域特色，以实现景观全域化。

景镇全域旅游环境的建设重在景观资源的共轭性开发方面，景观共轭性的实质是多样性景观在区域空间内的统一（罗·范·奥尔斯，2012），共轭的实质是区域内的生态系统要素虽然处于矛盾的对立面，却能表现出相辅相成，共生协同。它是衡量一定范畴内的景观要素组合水平高低的标准，旅游小城镇景观共轭性的建设目标是要在镇景两者之间建立起资源吸引力的叠加，并通过对游客进行疏导实现双方的协调共进。

除此，景镇之间的风貌协调，也是全域旅游环境建设的重要环节，景区的山水格局是特色小镇风貌建设的依据和条件。相应地，小镇特色风情又会丰富景区的资源体系。构建景镇交融的全域性景观风貌，既会对景区资源与生态环境形成保护屏障，也是捍卫小镇乃至整个镇域生态安全格局的手段，由此促进全域旅游的发展，带来旅游小城镇的经济、社会与环境等综合效益的提升。

（2）旅游服务设施的空间优化。

长期以来，景区依靠资源富集，吸引旅游者在景区内部开展各类游憩活动，也同时提供"吃住行游购娱"等多种服务要素的空间配置。这种景区综合性功能空间的运行虽然在提高游客的消费水平，为景区营利方面显示出积极作用，另一方面却又无形中造成景区环境的负担，在无法科学地按照景区容量的预测进行设施与经济活动的管理时，盲目进行旅游配套要素的开发，只会在利益诱导下对景区整体环境造成商业化、现代化与地产化的威胁。

所以，本书基于ATV协同的视角，提出旅游配套要素集中向小镇空间布局，景区及周边缓冲地带仅提供少量的基础性的服务功能与人工游憩设施。这一目标的实现，既需要对景区的空间环境与边界进行良好的管制，也需要加强小镇的基础公共设施的完备程度，为小镇提供"吃住行游购娱"的服务活动打下基础。在保护景区资源环境敏感性的前提下，最大限度地发挥景区经济辐射作用，并加强景镇之间的交通便捷性，带动镇区经济、社会、文化效应的综合提升，这正是本书第六章提出的ATV单核空间重构模式的核心要义。

（3）改善景镇之间的交通联系。

要推动景区的配套服务功能外移至小镇，首先需要满足游客便捷的运输需求，可在最短时间最小花费的状态下，自由往来于景区与小镇。所以需建设旅游小城镇全域完善的道路结构与高效的景镇通廊，以缩短游客的"通勤"时间。景镇亲密的互动关系，是建立在合理科学的交通服务体系的配置之上的，是保护景区、促进镇区发展的重要前提。

7.5.1.3 村镇协同优化

旅游小镇是植根于乡村的现代化聚集综合体,在旅游小城镇区域要实现可持续发展,首先要实现乡村—城镇的协同优化。现阶段由于城镇化的快速推动,大部分地区都出现了"新农村"的乡村人居环境建设误区。主要表现在由政府主导的乡村社区过度集聚现象,为实现土地利用的高度集约目标,由基层政府引导大量自然村落迁移合并,并对相关社区的空间进行重塑,形成如城市化的现代住宅小区式的"新农村"。根本原因是快速城镇化对建设发展用地的大量需求以及多年来政府高度依赖土地财政的现象。短期来看这种方式可以尽快实现城乡基础、公共服务设施的均等、公平与现代化,但这种新村建造模式不利于千百年来乡土文化基因的传递,也对乡土景观价值产生了一定影响。

> 集聚型的新村社区本质上不过是一场与乡村发展关联度较低的城市化"盛宴",农民由此得到的可持续收益十分有限:多数农户需要自我补贴部分开支才能入住新建房屋,并在失去土地的基础上收获低标准的社保;而且以老年、妇幼为核心的弱势群体,并不能通过新村社区的建立获取更深的关怀与安全感,甚至伴随土地流转,原生乡村的就业反而降低更快,有着沦为产业"空心村"的趋势。更严重的是,由于原生性的乡土秩序消失,乡土景观被毁,不仅是对原有产业延续的阻碍,更是对未来增收渠道的隔绝。

旅游小城镇的出现,应是对这样的乡村个性毁灭之下的城乡统一现象的一种抗拒,乡村—小镇之间需要实现的协同优化是城乡统筹下的有机更新,具体而言应该实现:"乡土秩序维护+现代化功能植入+产业村镇互补+景观差异培育"。

(1)乡土秩序维护:村镇统筹的基础是乡土秩序的尊重与捍卫,是努力延续独特的乡村文脉和对逐渐受损的乡村肌理进行修复、保护与再培育。实现空间格局、建筑肌理等方面的再平衡(单德启,2004)。根据乡村聚落与小镇的距离,分别采取"规制整理"与"低度干预"两种策略:

近郊乡村:因为紧挨小镇,可通过规制整理乡村环境,实现城镇化的空间延展,受城镇辐射迁并一体,并配合休闲产业的更新。

中远郊乡村:原生环境保持良好,建议实行"低度干预"的措施,充分保护原生和谐的村落空间格局,尽量保留原生民居单元的个体差异与整体亲近的特征,尽可能还原农宅布局、规模、体量上的微观个性,以实现乡土文化景观的多元与统一。将低度干预比作"微创手术",是希望所有对乡村的干涉应尽量"隐身",不要去创造一个全新的宏观的村域体系,仅是对原有宏观系统的微调与改善。即使必须有改造,也应是局部的,被有效限制的,以贴近村域千百年自然生长而成的特征。此时的小镇应是乡村面域里的产业高级集聚的现代综合人居聚落,即使是新建旅游小镇,都最终是为了实现乡土特色文化的传播与重塑,用优美环境与慢生活的气息构筑乡村人居环境在小镇上的体验差异。同时,乡村有机秩序的维护还表现在小镇功能的完善,以此缓解乡村空间承载建设活动的压力,仅需要对乡村社区进行微景观的整治,改善我国乡村由经济差距造成的固有的环境脏乱落后的现象。

(2) 现代化功能植入:在不破坏乡村原有人居环境秩序与乡土景观价值的前提下,巧妙植入基础公共服务设施以及对家庭原生空间设施的改造。对于本地居民而言,要保障其享受现代城镇文明与便利性设施功能的权利,也是缓解镇村矛盾的基础。同时改进后的功能设备完善的乡村,对于外来游客而言拥有更大的吸引力,这也是提升乡村文明的自信与文化传播的机会。其中,基础设施主要是交通结构、电力与用水的改善,尤其是在家庭生活空间需要对厨房、卫生间、卧室以及附属的污水处理和排放等方面着重强化舒适性与现代便利性;公共服务方面强调享受平等的医疗、社区、养老、教育与商业等内容。一方面要让小镇完全拥有现代功能的设施和环境,另一方面要让乡村景观秩序不被破坏,让村民也拥有现代化的效益分享权利,从内部设施和基础条件方面实施"微创性"的改造与配置。

对于旅游小城镇而言,乡土秩序的维护与现代功能的植入不是矛盾的两种方式,而是秉承了兼容的传承与科学的发展观点对待乡村与城镇,能够促进旅游小城镇不同空间功能区的差异与多元。原有秩序的尊重与捍卫是为了激发城乡差异优势,功能的现代化改造是为了规避乡村劣势,两相结合,以促进新型城乡统筹关系的建立。

(3) 产业村镇互动:随着城镇中产阶层迅速兴起,出现的逆城市化现象也刺激了乡村出现新的产业空间。旅游小城镇的发展,要求乡村作为景区的休闲拓展和服务体验的补充生产空间,也促进生态-生产复合空间的出现;另一方面,小镇作为商业集聚空间,要求的是紧凑、乖巧、精致。这也需要乡村作为外围郊野游憩空间成为活动延伸区域,从根本上说也是生活-生态复合空间出现的机会,能够吸引城镇居民进入、逗留与消费,实现乡村增收,有助于挽救衰败的乡村经济。例如调研中的珠山镇，作为休闲宜居小镇，周边的高罗乡在景观公路两侧建立了面积达467公顷的白柚种植基地，并成功引入企业进行白柚产业化加工，将高罗白柚打造为国家知名产品，就是乡镇产业帮扶的典型代表。

（4）景观差异培育：与小镇景观迥异的是，延续乡土景观的独特价值，保持原生性的农村传统营建规制，维护自然环境的生态安全格局是乡村吸引力的源泉。乡村空间为自然山水、植被以及大片农田所占据，其间清新的空气、静谧的环境以及低密度的建筑与人口构成了慢生活体系区别于城镇的基因，乡村肌理看似分散凌乱，却柔韧有序、和谐多样，并承载着质朴人群与土地、庄稼和自然界的独特相处方式的农耕文明。小镇景观以闲适、紧凑、繁华、热闹与密切的交往为主要表征，与乡村现代功能发挥着辅助补充作用不一样。是因为小镇以灯火、广场、商业等现代功能性景观为主，辅助融合周边区域的风物情怀。它虽然强调地域文化的融合，却以提供丰富的物质生活条件为主要目标，与乡村有着迥异的空间建设蓝图。只有差异性的景观培育，才能满足不同的需求，进而生出获得更大收益的可能性。

7.5.2 ATV 协同优化演进

旅游小城镇 ATV 协同优化的变革，是加快乡村生态文明建设和推进乡村新型城镇化进程的重要途径。上文分别对 A、T、V 三方面在旅游小城镇优化发展中突出要点做出分析，如景区中必须注意边界管理与服务设施布局，这直接影响到周边村落的空间聚落范围与小镇的服务集聚问题，正是由于景区的内控，才有了外部互动因素（乡村与小镇）的协同策略。所以，本小节继续从三者协同优化的角度提出建议，以期在重构旅游小城镇地区科学发展过程中，获得更具实际意义的理论指导。

为实现旅游小城镇的可持续发展目标，首先需要保障的是乡村原生环境不被破坏，这是实现当地人口、资源与环境协同共生的基础，所以在谈论旅游小城镇的三要素协同优化时，就要考虑如何使传统乡村聚落更好转化、演变，并保持各要素的统筹协调。通过对五类不同发展模式的旅游小城镇案例研究（第五章5.2—5.6)，ATV 在协同发展中表现出独特的布局、经济、功能等方面的转变，不存在一种标准的协同设计方案。然而，大部分地区不加批判地遵循着既定的变化规律，表现在：①传统聚落消亡重生过程剧烈变化，景区边缘村落的内化、消失，中心村落的拓展、强化，功能上体现出更大的生产—生活—生态的融合度；

②科学观的空间思维促使生态环境由碎片化不断重新整合，村落居民的迁移促使更有向心力的生活空间出现；③在旅游产业的发展过程中，生活空间也会承担生产性任务，生态空间也被动地具备生产能力，从而逐步地生产化，形成所谓的"复合型生产-生活空间"和"复合型生产-生态空间"。④传统村落聚落演化要实现的终极空间优化目标是，生产方式与生产力协调有序的空间聚落重构，在乡村旅游区域实现宜居宜游宜业的现代综合性旅游小镇（图7-12）（席建超 等，2016）。

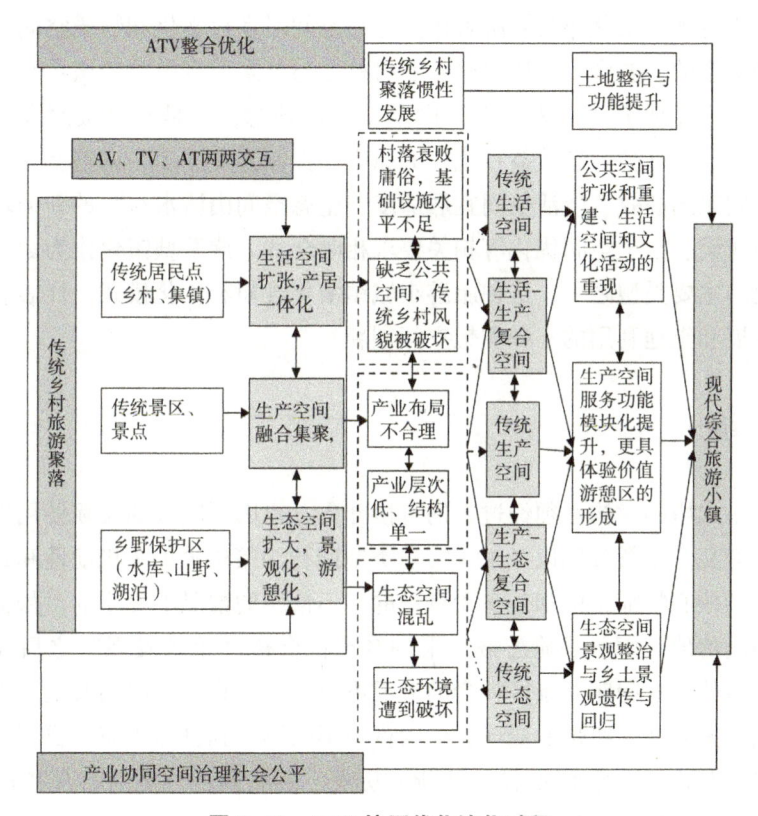

图 7-12 ATV 协同优化演化过程

复合型空间的出现，是产业升级与空间功能提升的表现，也是经济行为参与的各类主体趋利避害的路径选择，是在快速城镇化进程中的乡村重构表现形式，其中土地利用方式的剧烈转变是乡村空间重构的典型表征。所谓优化，落实在操作层面，是土地利用方式的科学化、合理化。从这个意义上看 ATV 协同优化，表现为通过景区的资源等级提升,刺激旅游消费的需求,带动乡村与小镇的空间创造力,从而形成旅游与农业、工业的产业融合与集聚。在使当地居民空间功能完备的同时,引领外来游客的空间消费,以产业集聚为起点促进人口的聚集,并完善区域内的基础与公共服务设施,实现就地城镇化。所以说,ATV 优化的进程,实质上就是城镇化科学推进的结果,是景区的合理保护与开发、乡村的延续与发展、小镇的生长与强大,更是 ATV 两两互动与螺旋式上升,是三者协同发展而实现空间功能复合的结果。

鉴于旅游乡村聚落作为旅游者休闲游憩空间对乡村文化和物质空间的特殊要求,这种新型的、融合了本地居民、乡村社区与外来游客需求的城乡复合聚落的可持续发展,体现了"以人为本"的基本发展理念,也是与"按照人口资源环境相均衡、经济社会生态效益相统一的原则,控制开发强度,调整空间结构,促进生产空间集约高效、生活空间宜居适度、生态空间山清水秀"的新型城镇化和生态文明建设、国土空间优化等相关要求相吻合的。旅游城镇化作为驱动我国新型城镇化的主要类型之一,这种旅游小城镇演化规律和优化模式,代表着未来乡村转型发展和土地利用的一种理想空间创新。

总 结

景观格式塔的建构必须经过人的直接介入,也因不同人的实际使用而产生不同的实际意义。本章分别以"ATV"三类空间行为策略论证了机动性和嬗变性是乡土社会的核心特征,但却是在无意识的、不情愿的情况下发生的。如何促进整体化的空间价值重塑,是旅游嵌入下的乡土社会被"重新发现"之后需要摸索与积极应对的核心问题。景区社会的形成不仅带来了物理空间的改变,更带来了社会空间、家园文化纽带的变迁。新的秩序不仅影响到自然生态,更影响到每个主体的日常与内心。它预示着一种新的历史、一种新的、更有责任感的社会秩序,最后,才是新的"地方"。

新乡土可持续发展是一个整体系统优化的问题,既需要解决要素的各自发展,更需要讲究要素之间的相互协调。本书从 ATV 视角出发研究旅游小城镇的发展,需要突出 ATV 三要素的优化关键点。景区边界是景区与乡村和小镇之间空间协调的基础,也是环境容量控制的依据,服务设施的配置需要在实现游憩价值的同时保证生态环境的最优;小镇需要关注休闲业态与公共配套服务的配置以及小镇风貌的打造,这是旅游小镇发展的主要矛盾,更是建立旅游小镇理想空间模式的基础和依据;乡村要素中面临的最大问题是有关社区参与和社区增权、居民点的合理整理以及乡土景观的回归问题。社区参与度较低是现有新型旅游小城镇地区面临的最大困境,居民点的分类整理对乡村生态环境的保护有着极为重要的作用,而乡土景观的回归更是对乡村肌理的认同和尊重。ATV两两协同,创造出ATV的生产-生活-生态的复合型空间,促进旅游城镇化地区的产业升级与空间功能提升,这是乡村经济转型中参与经济行为的各类主体趋利避害的最佳路径选择。

第八章 结论与未来展望

无论是历史、当下，甚或未来，乡村都是中国社会的最具想象力和生命力的空间。乡村振兴的过程，是促进城乡地域融合、系统升级和城乡经济、社会、文化可持续发展的过程，是充分尊重不同要素的价值立场和价值诉求的过程。乡村图景的改变，聚焦于村落和旅游相关要素的空间投影所发生的更迭中，即本书基于乡村旅游空间理论与实践探索，首次关注了旅游景区（A）、村落（V）以及旅游服务区（小镇，T）的空间职能关系，通过对 A、T、V 三者空间变迁特征探索，发现它们虽存在地理分异现象但却有着相同的空间演化趋势：景观吸引物（A）呈现多元化及全境化特征；配套服务向小镇（T）集聚，促使乡村聚落的城镇化演变；村落（V）凸显景观意象，传统乡村效益向复合化发展。

乡土空间在与现代性文化的交汇融合中走向分化和多元化。本书建构"ATV"三要素的协同框架，为解释当前中国乡村旅游空间的现实、问题和趋势提供了一种客观中性和建设性的分析框架，既要区别对待每一种新旧交织的空间元素的多元产出，又要摆脱长期以来"剥夺式积累"（accumulation by dispossession）的乡村（城镇化）空间旧秩序。是在尊重现代产业发展需求和乡村进步的基础上，最大限度地保护原生环境和地方秩序，是基于人性关照下的文化权力黏合和空间权力重置，更是从地理学、人类学和旅游学等多学科角度出发，寻找乡村重构的视角创新。

8.1 研究结论

8.1.1 构建了 ATV 研究新视角

流动的乡土从空间上看，需要厘清现代化中的景观、小镇与村落的关系。它不是一个行政上的概念，而是一种景区、休闲产业聚集区与乡村环境三区合一的架构。确立基于核心吸引物（Attraction，A）—小镇（Town，T）—乡村环境（Village，V）的理论视角，是从全域旅游的理论出发，分析现有旅游区域发展中的问题，包括景区问题、景区与镇村的关系问题、乡村破碎化与空心化的问题、房地产粗暴掠夺的问题等。ATV 视角可以指导旅游产业转型，打造生态宜居环境、实现城乡统筹和谐发展与绿色集约转型。

ATV 理论是霍华德田园城市"三磁铁"理念结合传统空间管理理念的嬗变，是"生产—生活—生态"理念的现实创新。在全域旅游发展背景下，ATV 的资源观摆脱了原有单体资源调查评价模式，将感知、体验、服务等纳入分类评价系统内，丰富了旅游小城镇的资源体系，是全方位的科学资源观。

ATV 三者空间关系表现为分离、依存与融合，并随着旅游小城镇发展阶段不同发生不同的演变。AT 之间协同交叉、TV 之间交互胁迫、AV 之间渗透互补，三者间存在多元复杂的耦合关系。对 A 而言，以期通过促进旅游产业发展的同时，保证旅游容量有效控制；对 T 而言提升服务核心能力的同时，达到推动土地与基础设施集约利用的目标；对 V 而言，在改善村落环境建设的同时，保护乡村景观基底不被破坏。这一目标的实现需要通过内部的机制协调和外部干预力量的统筹规划。ATV 理论视角的提出，为旅游小城镇的深化研究奠定了基础。

8.1.2 ATV 视角下的空间类型及特征分析

已有研究对旅游小城镇的分类研究众多，不同依据的类型划分迥异。本书基于 ATV 空间关系的划分当属创新，分为"AT 一体式、AT 分离式（先 A 后 T、先 T 后 A）、ATV 联动式与 ATV 创意再造式"四大类，并对应"古镇、景区服务镇、休闲集聚镇、生态旅游区（镇）与主题式小镇"五个细分类型。从 ATV 三者不同属性出发，对这五类旅游小城镇特征做出分析，并以此为基础，制定了一套判定旅游小城镇的全要素构成体系。该体系从"城镇发展基础、旅游产业基础、乡村生态环境、要素与配套、社区参与、管理与保障、创新技术"七个方面加以约定，虽然无法细化到结合每个类型给出不一样的判断准则，但是至少给予了旅游小城镇通用性的判断方向，在实践中可以结合实际情况加以修正。本书结合 ATV 分类方法与全要素构成判断，梳理出武陵山区的 289 个旅游小城镇，探查旅游小城镇在该地区的空间分布特征与发展方向，是研究理论延伸至实践中的验证过程。

8.1.3 提出五类旅游小城镇发展模式及案例演绎

本书界定ATV要素的效益内涵分别是：旅游景区（A）作为旅游资源条件，由资源等级与资源数量限定，是区域发展的先决条件；小镇基础（T）是由小镇的区位、服务、配套等综合因素构成，决定了小镇的市场发展潜力和空间优势；乡村环境（V）不仅指代乡村聚落的景观价值，更代表了区域生态网络的友好度，也包括投资环境、居民融合、政策支持等要素，是旅游小城镇发展路径形成的制度与环境保障。由ATV三者的效益权衡组合而成一个三维空间，得出8个象限。其中5个符合旅游城镇化空间属性的象限，分别代表了5类不同的发展模式：社区营造、创意再造、双核驱动、休闲集聚与大区小镇。这五种模式一一对应确立的5个旅游小城镇细分类型。结合武陵山的案例地调研，找出最具代表性的沐抚古镇、女儿寨小镇、坪坝营镇、珠山镇和苏马荡旅游区等地作为5类发展模式的剖析对象，围绕资源、产业、乡村以及用地等多要素的演化展开深入分析，为同类型旅游小城镇发展提供了借鉴经验。

8.1.4 以定量与定性结合的方法构建ATV空间重构模型

本书构建一套针对旅游小城镇的"ATV"空间分区适宜性评价指标体系，包括旅游产业空间适宜性、城镇建设空间适宜性以及生态保育空间适宜性3个大类和96个评价因子指标。运用层次分析法与ArcGIS空间分析技术，验证了ATV适宜性分区的空间管理方法的科学性。

结合ATV三类空间职能差异与旅游城镇化空间的共同特征，提出旅游小城镇的ATV单核联动空间重构概念模型。这一模型是对适宜性分区模式空间要素的概念性提升，从操作层面更强调空间效用适度集中，发挥产业规模集聚效应，防止分散延展式开发所带来的负面影响，并能有效提升乡村环境质量。

本书以东部地区案例代表——马洋溪生态旅游区（镇）为例，在分析空间现状问题的基础上，按照ATV空间适宜性评价指标体系与ATV单核空间重构概念模型，实现了全新的空间重构演绎。其中景区所占空间呈现小集中大分散的组团式格局，沿马洋溪分布南北中三大组团；十里小镇作为旅游区唯一的商业配套核，也是分散居民点整合后的核心生活空间；乡村环境受到最大限度保护，天柱山、红岩水库等生态红线区受严格控制。南部亭下、旺亭等居民点迁至十里小镇。北部山重古村落作为民俗遗产景区，科学保护，合理利用。

8.1.5 构建新乡土可持续优化发展策略

本书分别从景观—小镇—村落（ATV）三方面提出旅游小城镇优化策略，重点分析发展中可能涉及的矛盾和关键点。景观方面关注景观的边界限定、景区容量的控制与服务设施的科学配置三方面；小镇主要探讨包括业态配置、景观营造与公共配套设施三类问题，以期实现旅游小镇的科学发展；村落旨在关注社区权利与公平、居民点的空间管理以及乡土景观的回归。归根结底，这三方面关键策略分析仍然是空间管理的问题，是人地关系的问题，更是发展模式可持续性优化亟须关注的问题。通过推动景镇之间、景村之间、村镇之间的两两优化，创造出ATV的生产-生活-生态的复合型空间，促进旅游城镇化地区的产业升级与空间功能提升，这是乡村经济转型中参与经济行为的各类主体趋利避害的最佳路径选择，以此为基础，基于旅游产业促进城乡统筹发展。

8.2 研究创新点

（1）内涵新解，研究视角与理论创新。

新乡土研究处于学术界前沿，研究价值虽高，但现有研究基础薄弱。本书以"景观吸引物（A）—小镇（T）—村落（V）"三者协同的全新视角诠释旅游小城镇的概念、内涵与空间范畴。首创性提出基于"ATV"的旅游小城镇分类、特征与评价体系，在此基础上得出不同类型小城镇的发展模式。并首次关注旅游小城镇的空间演化与管制问题，构建了一套新型旅游小城镇空间分区适宜性指标体系与ATV单核空间重构概念模型，以此规范空间构造的有序合理性。

（2）实证着手，研究方法创新。

本研究并未局限于某一个旅游小城镇的案例演绎，而是结合工作实践与课题研究，选取了东部的福建马洋溪生态旅游区（镇）与西部武陵山经济协作区的多个具有典型特征的小城镇作为调研对象，结合不同类型特征与发展模式，展开深入分析，信手拈来又重点突出，案例丰富且极具代表性。在本书的分析中，根据需要既有对案例地定性的分析与描述，也有GIS空间技术与SPSS统计定量方法的结合。

（3）问题导向，研究价值创新。

系统梳理旅游小城镇发展中的问题，力求从城乡统筹的角度探求以下问题的解决方案：旅游小城镇的要素构成、类型划分、发展模式、空间管理等问题。尤其针对实践发展中凸显出的空间问题以及引发的社会矛盾，构建空间适宜性评价体系与单核重构概念模型，指导旅游小城镇空间决策与管治。并从 ATV 三者协同发展的角度出发，分别对景观、小镇、村落三者提出发展要点，进而从景村、景镇、村镇两两互动和三者优化的角度，提出可持续发展对策，对旅游小城镇的发展进行动态监控、预警和科学调控。

8.3 不足与建议

本书虽然首次提出基于景观吸引物（A）与小镇（或服务社区，T）、村落（V）空间交互的旅游小城镇研究视角，并以此为基础对旅游小城镇分类、资源类型、发展模式以及空间重构和优化发展做出了全面的研究，但是本书尚存在一些不足，需要后续研究跟进，相关问题及建议如下：

（1）旅游小城镇 ATV 资源分类与评价的量化研究。第三章从全域视角出发，将旅游小城镇资源按照 ATV 三个主类进行分类，虽然突破传统的单体资源评价的限制，但是也缺乏定量演绎的过程，未来需要以本书调研中选定的旅游小城镇案例为对象，进行评价过程的演绎研究。

（2）旅游小城镇判定全要素的操作性验证。第四章虽然提出了一套旅游小城镇的判定要素，但是由于数据有限，本书并未对此展开验证。由此也留下后续研究的方向：针对本书总结的五类旅游小城镇特征，依据旅游小城镇判定做出不同类型的修正与验证研究。

（3）旅游小城镇空间管理的动态修正。本书提出 ATV 单核空间重构模型，然而 ATV 不同效益组合的 5 类空间模式应具备不同的经营管理目标，在现实操作中必须依据实际状况加以调整。随着新型城镇化发展不断转型与空间重构的逐步推进，势必对空间利用与整治提出新的要求，因此，需要注重空间重构的区域性和阶段性，因地制宜开展区域空间改造工程技术与模式的创新研究，以及对重构的空间动态监控、预警和科学调控的系统研究。

（4）配套机制的创新与政策支持。研究提出的 ATV 旅游小城镇协同优化策略，是对城乡统筹的新型城镇化政策的新诠释。它能否为旅游小城镇的可持续发展搭建好平台，关键在于这些地区土地整治相关的政策机制与模式的创新。主要涉及土地流转与产业配套的机制创新、产城互动的社会经济结构转型、居民融合度提升以及乡村景观资源可视化管理，是未来探索新型旅游城镇化空间优化的理论方向与目标。

（5）全国旅游小城镇大数据的统计。按照本书构建的 ATV 分类视角，仅对武陵山区的局部地区做了初步统计。由于数据不足，未能对全国旅游小城镇做出系统梳理与量化统计，成为本书的最大遗憾。未来希望以研究所界定的旅游小城镇分类与要素判定，完成全国旅游小城镇的梳理工作，并以此为基础得出全国旅游小城镇的空间分布与地理特征。

参考文献

[1] 埃比尼泽·霍华德. 明日的田园城市 [M]. 金经元, 译. 北京：商务印书馆, 2000.

[2] 艾大宾, 马晓玲. 中国乡村社会空间的形成与演化 [J]. 人文地理, 2004 (5)：55-59.

[3] 保继刚, 楚义芳. 旅游地理学 [M]. 修订版. 北京：高等教育出版社, 1999.

[4] 保继刚. 旅游资源定量评价初探 [J]. 干旱区地理, 1988 (3)：60-63.

[5] 包亚明. 现代性与空间的生产 [M]. 上海：上海教育出版社, 2003.

[6] 蔡禾. 城市社会学——理论与视野 [M]. 广州：中山大学出版社, 2003.

[7] 蔡建明, 郭华, 汪德根. 国外弹性城市研究述评 [J]. 地理科学进展, 2012, 31 (10)：1245-1255.

[8] 曹海林. 乡村社会变迁中的村落公共空间——以苏北窑村为例考察村庄秩序重构的一项经验研究 [J]. 中国农村观察, 2005 (6)：61-73.

[9] 陈安泽, 卢云亭. 旅游地学概论 [M]. 北京：北京大学出版社, 1991.

[10] 陈万灵. 农村社区变迁——一个理论框架及其实证考察 [M]. 北京：中国经济出版社, 2002.

[11] 陈跃中, 张毅, 唐艳红. 风景旅游区规划设计新模式——"大区小镇"呀诺达热带雨林生态旅游区 [J]. 中国园林, 2012, 28 (3)：49-53.

[12] 陈仲伯, 沈道义. 小城镇带动区域经济发展战略研究——以湖南省为例 [J]. 经济地理, 1999 (3)：25-31.

[13] 程春满, 王如松. 城市化取向：从产业理念转向生态思维 [J]. 城市

发展研究，1998（5）：15-19，64.

[14] 中华人民共和国住房和城乡建设部. 城市用地分类与规划建设用地标准：GB 50137—2011［S］. 北京：中国建筑工业出版社，2011.

[15] 楚义芳. 旅游的空间组织研究［D］. 南开大学，1989.

[16] 崔峰，丁凤芹，何杨，等. 城市公园游憩资源非使用价值评估——以南京市玄武湖公园为例［J］. 资源科学，2012，34（10）：1988-1996.

[17] 崔凤军. 风景旅游区的保护与管理［M］. 北京：中国旅游出版社，2001.

[18] 崔凤军，杨永慎. 泰山旅游环境承载力及其时空分异特征与利用强度研究［J］. 地理研究，1997（4）：48-56.

[19] 戴均良，高晓路，杜守帅. 城镇化进程中的空间扩张和土地利用控制［J］. 地理研究，2010，29（10）：1822-1832.

[20] 邓俊国，李加林，王占利，等. 旅游资源多级模糊综合评价探讨——以河北省涞源县为例［J］. 资源科学，2004（1）：76-82.

[21] 樊杰，王海. 西藏人口发展的空间解析与可持续城镇化探讨［J］. 地理科学，2005，25（4）：3-10.

[22] 方创琳，鲍超. 黑河流域水-生态-经济发展耦合模型及应用［J］. 地理学报，2004（5）：781-790.

[23] 房国坤，王咏，姚士谋. 快速城市化时期城市形态及其动力机制研究［J］. 人文地理，2009，24（2）：40-43，124.

[24] 斐迪南·滕尼斯. 共同体与社会：纯粹社会学的基本概念［M］. 林荣远，译. 北京：北京大学出版社，2010.

[25] 费孝通. 乡土中国［M］. 上海：上海人民出版社，2013.

[26] 费孝通. 中国城镇化道路［M］. 呼和浩特：内蒙古人民出版社，2010.

[27] 费孝通. 中国城乡发展的道路［J］. 中国乡镇企业，2001（8）：69-71.

[28] 费正清. 伟大的中国革命：1800—1985年［M］. 刘尊棋，译. 北京：世界知识出版社，2000.

[29] 中华人民共和国住房和城乡建设部. 风景名胜区总体规划标准：GB/T 50298—2018［S］. 北京：中国建筑工业出版社，2019.

[30] 葛敬炳，陆林，凌善金. 丽江市旅游城市化特征及机理分析［J］. 地

理科学, 2009, 29 (1): 134-140.

[31] 葛荣玲. 景观的生产: 一个西南屯堡村落旅游开发的十年 [M]. 北京: 北京大学出版社, 2014.

[32] 龚晨曦. 粘聚和连续性: 城市历史景观有形元素及相关议题 [D]. 清华大学, 2011.

[33] 辜胜阻, 李永周. 我国农村城镇化的战略方向 [J]. 中国农村经济, 2000 (6): 14-18.

[34] 顾朝林, 甄峰, 张京祥. 集聚与扩散——城市空间结构新论 [M]. 南京: 东南大学出版社, 2000.

[35] 顾朝林, 蔡建明, 张伟, 等. 中国大中城市流动人口迁移规律研究 [J]. 地理学报, 1999 (3): 14-22.

[36] 国家民委政策研究室.《武陵山片区区域发展与扶贫攻坚规划 (2011—2020 年)》节录 [J]. 民族论坛, 2012 (15): 8-10.

[37] 管晨熹. 旅游小城镇空间拓展规律研究——以成都为例 [D]. 西南交通大学, 2011.

[38] 郭来喜, 吴必虎, 刘锋, 等. 中国旅游资源分类系统与类型评价 [J]. 地理学报, 2000 (3): 294-301.

[39] 郭荣朝. 城镇化研究综述 [J]. 绥化师专学报, 2004 (1): 23-26.

[40] 郭文. 空间的生产与分析: 旅游空间实践和研究的新视角 [J]. 旅游学刊, 2016, 31 (8): 29-39.

[41] 韩锋. 探索前行中的文化景观 [J]. 中国园林, 2012, 28 (5): 5-9.

[42] 韩非, 蔡建明. 我国半城市化地区乡村聚落的形态演变与重建 [J]. 地理研究, 2011, 30 (7): 1271-1284.

[43] 何春阳, 史培军, 陈晋, 等. 北京地区城市化过程与机制研究 [J]. 地理学报, 2002 (3): 363-371.

[44] 侯兵, 黄震方, 陈肖静, 等. 文化旅游区域协同发展的空间认知分异——以南京都市圈为例 [J]. 旅游学刊, 2013, 28 (2): 102-110.

[45] 胡海胜. 山地景区生态足迹分析——以庐山为例 [J]. 长江流域资源与环境. 2007 (6): 814-820.

[46] 胡智超, 龙花楼. 中国新农村建设的制约因素及国际经验借鉴 [J]. 地理科学进展, 2011, 30 (8): 1028-1036.

[47] H. 孟德拉斯. 农民的终结 [M]. 李培林, 译. 北京: 社会科学文献出版社, 2005.

[48] 黄金火, 马晓龙. 资源型城镇旅游发展模式与对策研究 [J]. 西北大学学报 (自然科学版), 2005 (6): 811-814.

[49] 黄泰, 张捷, 解杼, 等. 基于区域城市体系的旅游地域系统空间组织研究——以江苏为例 [J]. 人文地理, 2003 (2): 49-54.

[50] 黄树强, 曾梓益. 中国城市化进程滞后的原因——从企业、家庭的角度分析 [J]. 农村经济, 1997 (6): 15-17.

[51] 黄向, 保继刚, 沃尔·杰弗里. 中国生态旅游机会图谱 (CECOS) 的构建 [J]. 地理科学, 2006 (5): 5629-5634.

[52] 黄宗智. 华北的小农经济和社会变迁 [M]. 北京: 中华书局, 1986.

[53] 霍晓卫. 聚落遗产的 "活态" 与真实性 [J]. 世界遗产, 2014 (5): 29.

[54] 黄震方, 吴江, 侯国林. 关于旅游城市化问题的初步探讨——以长江三角洲都市连绵区为例 [J]. 长江流域资源与环境, 2000 (2): 160-165.

[55] 罗兹曼. 中国的现代化 [M]. 陶骅, 等译. 上海: 上海人民出版社, 1989.

[56] 贾哲, 秦安臣, 康晓梅, 等. 森林生态旅游资源定量评价的研究——以狼牙山国家森林公园为例 [J]. 中国生态农业学报, 2008 (3): 747-753.

[57] 姜辽. 旅游发展背景下周庄古镇社会空间变迁研究 [D]. 安徽师范大学, 2014.

[58] 焦华富, 丁娟, 李俊峰. 旅游城镇化的居民感知研究——以九华山为例 [J]. 地理科学, 2006 (5): 5635-5640.

[59] 景峰. 联合国教科文组织《关于保护城市历史景观的建议》(稿) 及其意义 [J]. 中国园林, 2008 (3): 77-81.

[60] 中华人民共和国旅游局. 景区最大承载量核定导则: LB/T 034—2014 [S/OL]. zwgk.mct.gov.cn/zfxxgkml/hybz/202012/W020201224609913112937.pdf.

[61] 凯文·林奇. 城市意象 [M]. 方益萍, 何晓军, 译. 北京: 华夏出版社, 2001.

[62] 兰德尔·阿伦特. 国外乡村设计 [M]. 叶齐茂, 倪晓晖, 译. 北京: 中国建筑工业出版社, 2010.

[63] 李柏文,彭仑. 勐库镇云南"三区一线"城镇化解析 [J]. 小城镇建设,2004 (7): 34-35.

[64] 李佳. 扶贫旅游理论与实践 [M]. 北京: 首都经济贸易大学出版社,2010.

[65] 李强. 旅游城镇化发展模式与机制研究 [D]. 东北师范大学,2013.

[66] 李贻鸿. 观光事业: 发展·容量·饱和 [M]. 台北: 淑馨出版社,1986.

[67] 李宗尧. 农村土地整理的模式与对策研究——以山东省临沂市为例 [J]. 农村经济,2002 (7): 26-27.

[68] 粟路军,奉亚卓. 区域旅游协同发展及其理论依据与研究意义 [J]. 资源开发与市场,2007 (3): 278-280.

[69] 梁艺桦,杨新军,马晓龙. 旅游业发展影响因子灰色关联分析 [J]. 人文地理,2006 (2): 37-40,44.

[70] 林岚,杨蕾蕾,戴学军,等. 旅游目的地系统空间结构耦合与优化研究——以福建省为例 [J]. 人文地理,2011,26 (4): 140-146,98.

[71] 林毅夫. 中国的城市发展与农村现代化 [J]. 北京大学学报(哲学社会科学版),2002 (4): 12-15.

[72] 刘滨谊,王玲. 建设慢节奏、生态化的风景地区旅游小城镇——以华阴市为例 [J]. 中国园林,2008 (11): 11-16.

[73] 刘春腊,刘沛林. 北京山区沟域经济建设背景下的古村落保护与开发研究 [J]. 经济地理,2011,31 (11): 1923-1929.

[74] 刘明丽. 河流游憩机会谱研究——以北京妫河为例 [D]. 北京林业大学,2008.

[75] 刘明丽,张玉钧. 游憩机会谱(ROS)在游憩资源管理中的应用 [J]. 世界林业研究,2008 (3): 28-33.

[76] 刘年丰,姚瑞珍,刘锐,等. 基于EFA的旅游景区生态承载力及可持续发展 [J]. 环境科学与技术,2005 (5): 95-97,121.

[77] 刘盛和. 北京城市边缘区土地利用变化的空间分析 [C] //中国地理学会. 土地覆被变化及其环境效应学术会议论文集. 北京: 中国地理学会,2002: 177-188.

[78] 刘卫东,等. 经济地理学思维 [M]. 北京: 科学出版社,2013.

[79] 刘新卫, 张定祥, 陈百明. 快速城镇化过程中的中国城镇土地利用特征 [J]. 地理学报, 2008 (3): 301-310.

[80] 刘彦随, 杨忍. 中国县域城镇化的空间特征与形成机理 [J]. 地理学报, 2012, 67 (8): 1011-1020.

[81] 刘云静. 黄山地域特色城镇化的动力机制与空间模式研究 [D]. 安徽建筑工业学院, 2010.

[82] 龙花楼. 论土地整治与乡村空间重构 [J]. 地理学报, 2013, 68 (8): 1019-1028.

[83] 龙花楼. 中国乡村转型发展与土地利用 [M]. 北京: 科学出版社, 2012.

[84] 卢松, 张捷, 李东和, 等. 旅游地居民对旅游影响感知和态度的比较: 以西递景区与九寨沟景区为例 [J]. 地理学报, 2008 (6): 646-656.

[85] 陆大道, 姚士谋, 李国平, 等. 基于我国国情的城镇化过程综合分析 [J]. 经济地理, 2007 (6): 883-887.

[86] 陆大道, 郭来喜. 地理学的研究核心——人地关系地域系统——论吴传钧院士的地理学思想与学术贡献 [J]. 地理学报, 1998 (2): 3-11.

[87] 陆林, 鲍捷, 凌善金, 等. 桂林-漓江-阳朔旅游地系统空间演化模式及机制研究 [J]. 地理科学, 2012, 32 (9): 1066-1074.

[88] 陆林. 旅游城市化: 旅游研究的重要课题 [J]. 旅游学刊, 2005 (4): 10.

[89] 罗·范·奥尔斯. 城市历史景观的概念及其与文化景观的联系 [J]. 韩锋, 王溪, 译. 中国园林, 2012, 28 (5): 16-18.

[90] 罗良伟. 基于城镇化C模式的凉山彝区旅游城镇发展研究 [J]. 贵州民族研究, 2013, 34 (2): 101-103.

[91] 中华人民共和国质量监督检验检疫总局. 旅游规划通则: GB/T 18971—2003 [S]. 北京: 中国标准出版社, 2003.

[92] 马晓冬, 马荣华, 徐建刚. 基于ESDA-GIS的城镇群体空间结构 [J]. 地理学报, 2004 (6): 1048-1057.

[93] 玛丽·道格拉斯. 洁净与危险 [M]. 黄剑波, 卢忱, 柳博赟, 译. 北京: 民族出版社, 2008.

[94] 蒙莉娜, 郑新奇, 赵璐, 等. 基于生态位适宜度模型的土地利用功能

分区[J].农业工程学报,2011,27(3):282-287.

[95] 明庆忠,李宏,王斌.试论旅游环境容量的新概念体系[J].云南师范大学学报(自然科学版),1999(5):52-57.

[96] 莫妮卡·卢思戈.文化景观之热点议题[J].韩锋,李辰,译注.中国园林,2012,28(5):10-15.

[97] 末武直义.观光事业论[M].东京:法律文化社,1984.

[98] 宁登.21世纪中国城市化机制研究[J].城市规划汇刊,2000(3):41-46,55-80.

[99] 潘斌.旅游小城镇规划研究——以云南勐仑旅游小城镇规划为例[D].同济大学,2008.

[100] 彭利国,周琼媛.三十古城上演重建风,"名城"称号骑虎难下[N].南方周末,2012-11-15.

[101] 彭兆荣.旅游人类学视野下的"乡村旅游"[J].广西民族学院学报(哲学社会科学版),2005(4):2-7.

[102] 卞显红,王苏洁.旅游目的地空间规划布局研究[J].江南大学学报(人文社会科学版),2004(1):61-65.

[103] 阮仪三.刹住重建、新建古建筑之风[J].城市规划通讯,2002(20):2.

[104] 单德启.中国传统民居图说——徽州篇[M].北京:清华大学出版社,1998.

[105] 单德启.从传统民居到地区建筑——单德启建筑学术论文自选集[M].北京:中国建材工业出版社,2004.

[106] 邵琪伟.推动全国旅游小城镇健康发展——在全国旅游小城镇发展工作会议上的讲话[J].小城镇建设,2006(7):17-20.

[107] 国家旅游局、国家发展和改革委员会课题组.中国旅游就业目标体系与战略措施研究[M].北京:中国旅游出版社,2004.

[108] 史蒂夫·史密斯.旅游产业及旅游卫星账户[J].赵丽霞,编译.中国统计,2003(7):13-14.

[109] 宋书巧,张建勇,屠爽爽.广西乡村旅游研究[M].北京:中国环境科学出版社,2010.

[110] 宋庶璟,刘德良.公园与游憩空间之设计[M].台北:地景企业公

司出版部（发行），1989.

[111] 宋涛，蔡建明，倪攀，等．城市新陈代谢研究综述及展望［J］．地理科学进展，2013，32（11）：1650-1661.

[112] 孙九霞，保继刚．从缺失到凸显：社区参与旅游发展研究脉络［J］．旅游学刊，2006（7）：63-68.

[113] 孙伟，陈雯．市域空间开发适宜性分区与布局引导研究——以宁波市为例［J］．自然资源学报，2009，24（3）：402-413.

[114] 孙文昌．长白山区域旅游资源开发的几个问题［J］．自然资源学报，1990（3）：211-217.

[115] 孙燕．世界遗产框架下城市历史景观的概念和保护方法［D］．清华大学，2013.

[116] 唐洁．民族地区旅游发展与城镇化建设的互动研究——以凤凰县为例［D］．中南民族大学，2012.

[117] 陶慧，刘家明，朱鹤，等．基于A-T-R的旅游小城镇分类、评价与发展模式研究［J］．地理科学，2015，35（5）：529-536.

[118] 陶慧，刘家明．地质公园硬质景观设计的地域性理念与实践——以新疆温宿地质公园的标志碑设计为例［J］．地理研究，2014，33（9）：1758-1767.

[119] 陶慧，刘家明，罗奎，等．基于三生空间理念的旅游城镇化地区空间分区研究——以马洋溪生态旅游区为例［J］．人文地理，2016，31（2）：153-160.

[120] 陶永勇．新农村建设背景下的小城镇建设［M］．北京：新华出版社，2007.

[121] 田明，向开学．景观生态思想在湘西州城镇规划建设中的应用［J］．中国园艺文摘，2009，25（8）：83-85.

[122] 田密，闵庆文，陶慧，等．农业文化遗产地旅游研究进展与展望［J］．Journal of resources and ecology，2014，5（4）：381-389.

[123] 汪德根，陆林，陈田，等．呼伦贝尔—阿尔山旅游区空间组织［J］．地理研究，2006（1）：161-170.

[124] 王良健．现行旅游资源评价体系的改进与方法创新［J］．旅游学刊，2006（2）：12.

[125] 王磊，田大江，陶慧，等．银川国家湿地公园生态旅游发展模式研

究［J］. 生态科学, 2016, 35（3）: 153-160.

［126］王润, 刘家明, 陈田, 等. 北京市郊区游憩空间分布规律［J］. 地理学报, 2010, 65（6）: 745-754.

［127］王云才, 郭焕成. 鲁西平原可持续农村经济发展的驱动力与对策初探——东昌府区典型案例研究［J］. 地理科学进展, 2000（2）: 155-161.

［128］王兆峰, 余含. 张家界旅游产业发展与小城镇建设耦合发展研究［J］. 经济地理, 2012, 32（7）: 165-171.

［129］王振波, 方创琳, 徐建刚, 等. 淮河流域空间开发区划研究［J］. 地理研究, 2012, 31（8）: 1387-1398.

［130］王振亮. 试论小城镇的建设与乡镇工业化的发展［J］. 城市规划汇刊, 1999（1）: 7-10, 80.

［131］王作安. 城乡边缘区促成与西部城市化空间发展模式研究［M］. 上海: 上海三联书店, 2005.

［132］温铁军. 中国农村基本经济制度研究: "三农"问题的世纪反思［M］. 北京: 中国经济出版社, 2000.

［133］魏小安. 中国休闲经济［M］. 北京: 社会科学文献出版社, 2005.

［134］米切尔. 风景与权力［M］. 杨丽, 万信琼, 译. 南京: 译林出版社, 2014.

［135］吴必虎. 旅游研究与旅游发展［M］. 天津: 南开大学出版社, 2009.

［136］吴必虎. 区域旅游规划原理［M］. 北京: 中国旅游出版社, 2001.

［137］艾伯特·H. 古德. 国家公园游憩设计［M］. 吴承照, 等译. 北京: 中国建筑工业出版社, 2003.

［138］伍延基. 当前国内旅游学术研究中的两个误区［J］. 旅游学刊, 2005（5）: 9-10.

［139］席建超, 赵美风, 葛全胜. 旅游地乡村聚落用地格局演变的微尺度分析——河北野三坡旅游区苟各庄村的案例实证［J］. 地理学报, 2011, 66（12）: 1707-1717.

［140］席建超, 王首琨, 张瑞英. 旅游乡村聚落"生产-生活-生态"空间重构与优化——河北野三坡旅游区苟各庄村的案例实证［J］. 自然资源学报, 2016, 31（3）: 425-435.

[141] 向宝惠, 柴江豪, 唐承财. 武夷山三姑旅游城镇空间结构演化过程及其调控策略 [J]. 生态经济, 2009 (10): 79-81, 94.

[142] 肖洪磊. 我国旅游小镇开发演变模式研究 [J]. 前沿, 2014 (Z3): 115-117.

[143] 肖随丽, 贾黎明, 汪平, 等. 北京城郊山地森林游憩机会谱构建 [J]. 地理科学进展, 2011, 30 (6): 746-752.

[144] 邢道隆, 王玫. 关于旅游资源评价的几个基本问题 [J]. 旅游学刊, 1987 (3): 38-43.

[145] 谢彦君. 旅游体验——旅游世界的硬核 [J]. 桂林旅游高等专科学校学报, 2005 (6): 5-9.

[146] 谢志华, 吴必虎. 中国资源型景区旅游空间结构研究 [J]. 地理科学, 2008, 28 (6): 748-753.

[147] 谢朝武. 基于环城旅游带开发的小城镇建设研究 [J]. 北京第二外国语学院学报, 2004 (5): 20-24.

[148] 谢明坤. GIS支持下的风景名胜区游览设施用地适宜性评价研究 [D]. 湖南农业大学, 2013.

[149] 熊建新, 陈端吕, 谢雪梅. 基于状态空间法的洞庭湖区生态承载力综合评价研究 [J]. 经济地理, 2012, 32 (11): 138-142.

[150] 熊宁, 曾尊固. 农村城镇化与农业产业化——两种透致性制度创新和变迁及其协同效应 [J]. 城市规划, 1999 (3): 15-17, 63.

[151] 薛凤旋, 杨春. 外资: 发展中国家城市化的新动力——珠江三角洲个案研究 [J]. 地理学报, 1997 (3): 3-16.

[152] 薛力, 吴明伟. 江苏省乡村人聚环境建设的空间分异及其对策探讨 [J]. 城市规划汇刊, 2001 (1): 41-45, 80.

[153] 许学强, 薛凤旋, 阎小培. 中国乡村——城市转型与协调发展 [M]. 北京: 科学出版社, 1998.

[154] 许学强, 周一星, 宁越敏. 城市地理学 [M]. 北京: 高等教育出版社, 1997.

[155] 许靖涛. "魅力网" 概念下的景区边缘旅游服务型城镇规划方法探讨 [D]. 重庆大学, 2010.

[156] 杨保军. 如何才能"望得见山水, 记得住乡愁" [J]. 求是, 2014

(11):36-38.

[157] 杨程波.旅游小镇策划[N].中国旅游报,2005-11-28(14).

[158] 杨建强,朱永贵,宋文鹏,等.基于生境质量和生态响应的莱州湾生态环境质量评价[J].生态学报,2014,34(1):105-114.

[159] 杨锐.LAC理论:解决风景区资源保护与旅游利用矛盾的新思路[J].中国园林,2003(3):19-21.

[160] 杨兴柱.城市旅游流构成要素与基本特征[J].旅游论坛,2013,6(5):7-12.

[161] 杨懿,李柏文,班璇,等.我国少数民族地区旅游城镇发展研究[J].生态经济,2010(2):105-108.

[162] 杨云彦,陈浩,陈金永.乡村工业嬗变与"自下而上"城镇化[J].广东社会科学,2000(1):107-113.

[163] 姚士谋,陆大道,王聪,等.中国城镇化需要综合性的科学思维——探索适应中国国情的城镇化方式[J].地理研究,2011,30(11):1947-1955.

[164] 叶晓甦,吴书霞,胡丽.三峡库区小城镇建设与旅游产业要协同发展[J].城乡建设,2004(12):42-44.

[165] 于涛方,顾朝林,徐逸伦,等.吉林省旅游资源评价与分析研究[J].自然资源学报,2002(2):198-202.

[166] 郁建兴,周建民,等.统筹城乡发展与地方政府[M].北京:经济科学出版社,2006.

[167] 约翰·布林克霍夫·杰克逊.发现乡土景观[M].俞孔坚,陈义勇,等译.北京:商务印书馆,2015.

[168] 云南省旅游局.云南省乡村旅游规划[M].昆明:云南大学出版社,2009.

[169] 袁中金,杨朝辉.中国小城镇经济发展的地区差异研究[J].经济地理,2004(3):361-363,369.

[170] 袁中金.中国小城镇发展战略[M].南京:东南大学出版社,2007.

[171] 曾博伟.旅游小城镇:城镇化新选择[M].北京:中国旅游出版社,2010.

[172] 张国强,贾建中.风景规划——《风景名胜区规划规范》实施手册

[M]．北京：中国建筑工业出版社，2003．

[173] 张桦．宁镇扬历史文化名城与旅游发展关系探析［J］．东南大学学报（哲学社会科学版），2012，14（S3）：98-102．

[174] 张捷．区域民俗文化旅游资源的定量评价研究——九寨沟藏族民俗文化与江苏吴文化民俗旅游资源比较研究之二［J］．人文地理，1998（1）：62-66．

[175] 张良皋．匠学七说［M］．北京：中国建筑工业出版社，2002．

[176] 张仁寿，李红．温州模式研究［M］．北京：中国社会科学出版社，1990．

[177] 张骁鸣．旅游环境容量研究：从理论框架到管理工具［J］．资源科学，2004（4）：78-88．

[178] 张小林．乡村空间系统及其演变研究：以苏南为例［M］．南京：南京师范大学出版社，1999．

[179] 张序强，董雪旺，李华．旅游地间生态关系分析［J］．人文地理，2003（1）：14-18．

[180] 张占录，杨庆媛．北京市顺义区农村居民点整理的推动力分析［J］．农业工程学报，2005（11）：57-61．

[181] 赵庆海．小城镇的旅游开发［J］．泰安教育学院学报岱宗学刊，2002（3）：86-87．

[182] 赵小芸．国内外旅游小城镇研究综述［J］．上海经济研究，2009（8）：114-119．

[183] 赵越．旅游型小城镇规划设计研究［D］．广州大学，2013．

[184] 赵中枢．再议历史文化街区保护［J］．小城镇建设，2012（11）：31-34．

[185] 郑弘毅．农村城市化研究［M］．南京：南京大学出版社，1998．

[186] 郑荣宝，刘毅华，董玉祥，等．基于主体功能区划的广州市土地资源安全评价［J］．地理学报，2009，64（6）：654-664．

[187] 郑勇军，董希望．中国农村工业化模式比较与政策选择研讨会综述［J］．经济研究，1997（7）：68-71．

[188] 中华人民共和国建设部．镇规划标准：GB 50188—2007［S］．北京：中国建筑工业出版社，2007．

[189] 中华人民共和国林业部. 森林公园总体设计规范: LY/T 5132—1995 [S]. 北京: 中国标准出版社, 2005.

[190] 左大康. 现代地理学辞典 [M]. 北京: 商务印书馆, 1990.

[191] 钟林生, 宋增文. 游客生态旅游认知及其对环境管理措施的态度——以井冈山风景区为例 [J]. 地理研究, 2010, 29 (10): 1814-1821.

[192] 钟林生, 肖笃宁. 生态旅游及其规划与管理研究综述 [J]. 生态学报, 2000 (5): 841-848.

[193] 钟家雨. 旅游业与城镇化协同发展研究 [D]. 中南大学, 2014.

[194] 钟士恩, 章锦河, 孙晋坤. 基于遗产保护与旅游发展综合评价的古镇型旅游目的地差异化发展路径研究——以江苏省为例 [J]. 地理研究, 2015, 34 (7): 1380-1393.

[195] 钟永德. 户外游憩机会供给与管理——李健译作《户外游憩——自然资源游憩机会的供给与管理》评介 [J]. 旅游学刊, 2012, 27 (10): 110-111.

[196] 周公宁. 风景区旅游规模预测与旅游设施规模的控制 [J]. 建筑学报, 1993 (5): 44-48.

[197] 周公宁. 我国风景名胜区内旅游设施功能布局初探 [J]. 中国园林, 1994 (1): 53-58.

[198] 周年兴, 俞孔坚. 风景区的城市化及其对策研究——以武陵源为例 [J]. 城市规划汇刊, 2004 (1): 57-61, 96.

[199] 朱新山. 乡村社会结构变动与组织重构 [M]. 上海: 上海大学出版社, 2004.

[200] 朱燕. 旅游型小城镇形象的规划设计研究——以重庆市域的旅游型小城镇为例 [D]. 重庆大学, 2003.

[201] 朱鹤, 刘家明, 陶慧, 等. 北京城市休闲商务区的时空分布特征与成因 [J]. 地理学报, 2015, 70 (8): 1215-1228.

[202] 朱鹤, 刘家明, 陶慧, 等. 基于网络信息的北京市旅游资源吸引力评价及空间分析 [J]. 自然资源学报, 2015, 30 (12): 2081-2094.

[203] 朱瑞. 风景名胜区游览服务设施规划与设计研究 [D]. 华中科技大学, 2006.

[204] ARCHER B, FLETCHER J. The ecnomic impact of tourism in the Seychelles [J]. Annals of tourism research, 1996, 23 (1): 32-47.

[205] AKAMA J S, KIETI D. Tourism and socio-economic development in developing countries: a case study of Mombasa resort in Kenya [J]. Journal of sustainable tourism, 2007, 15 (6): 735-748.

[206] AKAMA J. Western environmental values and nature-based tourism in Kenya [J]. Tourism management, 1996, 17 (8): 567-574.

[207] FLEISCHER A, TCHETCHIK A. Does rural tourism benefit from agriculture? [J]. Tourism management, 2005, 26 (4): 493-501.

[208] ALLEN L R, HAFER H R. LONG P T, et al. Rural residents, attitudes toward recreation and tourism development [J]. Journal of travel research, 1993, 31 (4): 27-33.

[209] BALLESTEROS E R, RAMIREZ M H. Identity and community: reflections on the development of mining heritage tourism in Southern Spain [J]. Tourism management, 2006, 28: 667-687.

[210] BAUDY B M. New concepts in planning for tourism and recreation [J]. Tourism management, 1982, 3 (4): 308-313.

[211] BELL P A, FISHER J D, BAUM A, et al. Environmental psychology [M]. 5th ed. Philadelphia: Holt, Rinehart, Winston, Inc, 1990: 279-321.

[212] BOUDEVILLE J R. Problems of regional economic planning [D]. Edinburgh University, 1966.

[213] BRIASSUOLIS H. Methodologiea issuses tourism input-output analysis [J]. Annals of tourism research, 1991, 18: 485-495.

[214] BROWN D M, REEDER R A. Farm based tourism: a statistical profile [R]. A Report from the Economic Research Service, 2007. 2.

[215] BUCKLEY R, OLLENBURG C, ZHONG L. Cultural landscape in Mongolian tourism [J]. Annual of tourism research, 2008, 35 (1): 47-61.

[216] BUTLER R W. Tourism, environment, and sustainable development [J]. Environmental conservation, 1991, 18 (3): 201-209.

[217] BUTLER R W, WALDBROOK L A. A new planning tool: the tourism opportunity spectrum [J]. Journal of tourism studies, 1991, 2 (1): 1-14.

[218] BYRD, ERICK TILGHMAN, Jr. An analysis of variables that influence stakeholder participation and support for sustainable tourism development in rural north

Carolina [D]. North Carolina state university, 2003.

[219] CAFFYN A, LUTZ J. Developing the heritage tourism product in multi-ethnic cities [J]. Tourism management, 1999, 20 (2): 213-221.

[220] CARPIO C E, WOHLGENANT M K, BOONSAENG T. The demand for agritourism in the United States [J]. Australian journal of agricultural economics, 2006, 50 (1): 2.

[221] CASE A C, Spatial patterns in household demand [J]. Econometrica, 1991, 59: 953-965.

[222] CHANG T C, SIMON M. Urban heritage tourism: the global-local nexus [J]. Annals of tourism research, 1996, 23 (2): 284-305.

[223] CLARK R N, STANKEY G H. The recreation opportunity spectrum: a framework for planning, management and research [R]. USA: USDA pacific northweat forest and range experiment station, 1979: 32.

[224] CLARE A G, TURGUT V. Monograph tourism planning: basic concepts cases [M]. New York: Routledge, 2002.

[225] CLAWSON M, KNETSTH J L. Economics of outdoor recreation [M]. Washington D C: Published for the future by Jones Hopkins press, 1966.

[226] CLIFF A D, ORD J K. Evaluating the percentage points of a spatial auto-correlation coefficient [J]. Geographical analysis, 1971, 3 (1): 51-62.

[227] CLIVE POULTNEY, ANNA SPENCELEY. Practical strategies for pro-poor tourism: wilderness safaris South Africa: Rocktail Bay and Ndumu Lodge [Z]. PPT Working Paper No.1, 2001.

[228] COSTA C. An emerging tourism planning paradigm? a comparative analysis between town and tourism planning [J]. International journal of tourism research, 2001, 3: 425-441.

[229] BUHALIS D D. Maketing the competitive destination of the future [J]. Tourism tribune, 2000, 21 (1): 97-116.

[230] DREDGE D. Destination place planning and design [J]. Annals of tourism research, 1999, 26 (4): 772-791.

[231] DRIVER B L, et al. The ROS planning system: evolution, basic concepts, and researeh needed [J]. Leisure sciences, 1987, 9 (3): 201-212.

[232] FRNAK M G, ROBERT G. Integrated quality managment of tourist destinations [J]. Tourism management, 2008, 6 (1).

[233] GETZ D. Models in tourism planning towards integration of theory and practice [J]. Tourism management, 1986, 7 (1): 21-32.

[234] G J ASHWORTH, J E TUNBRIDGE. The tourist-historic city [M]. Pergamon: Amsterdam, 2000.

[235] GLADSTONE D L. Tourism urbanization in the United States [J]. Urban affairs review, 1998, 33 (1): 3-27.

[236] GOULD W T S. Rural-urban interaction in the third world [D]. University of Livepool, 1985.

[237] JACOBS J. The economy of cities [M]. New York: Random House, 1969.

[238] JOHNSEN S. The redefinition of family farming: agricultural restructuring and farm adjustment in Waihemo, New Zealand [J]. Journal of rural studies, 2004, 20 (4): 419-432.

[239] JOSEPH E. Enclave tourism and its socio-economic impacts in the Okavango Delta, Botswana [J]. Tourism management, 2005 (26): 157-172.

[240] KREHA M. System for the relationship of symbiosis between tourism and agriculture in Hinterland, the German Alps [J]. Science reports of the institute of geosciences university of Tsukuba, 2002 (23).

[241] LISA M C. Ecotourism in rural developing cominimities [J]. Annals of tourism research, 1999, 26 (3): 534-553.

[242] LISLE S, MITCHELL, PETER E, MURPHY. Geography and tourism [J]. Annals of tourism research, 1991 (18): 1.

[243] MARSHALL A. Principles of economics [M]. London: Macmillan, 1890.

[244] MARY CAWLEY, DESMOND A G. Intergrated rural tourism: concepts and practice [J]. Annals of tourism research, 2008 (2): 316-337.

[245] MULLINES P. Tourism urbanization [J]. International journal of urban and regional research, 1991, 15 (3): 326-342.

[246] MURPHY C, BOYLE E. Testing a conceptual model of cultural tourism development in the post-industrial city: a case study of Glasgow [J]. Tourism and

hospitality research, 2006, 6 (2).

[247] NELSON P B. Rural restructuring in the American west: land use, family and class discourses [J]. Journal of rural studies, 2001, 17 (4): 395-407.

[248] OIGENBLICK L, KIRSCHENBAUM A. Tourism and immigration: alternative approaches [J]. Annals of tourism research, 2002, 29 (4): 1086-1100.

[249] PARLETT G, FLETCHER J, COOPER C. The impact of tourism on the old town of Edinburgh [J]. Tourism management, 1995, 16 (5): 355-360.

[250] PEARCE P, MOSCARDO G, ROSS G. Tourism community relationships [M]. New York: Pergomon, 1996.

[251] REYNOLDS P C, BRAITHWAITE D. Towards a conceptual framework for wildlife tourism [J]. Tourism management, 2001, 22 (1): 31-42.

[252] REICHEL A, LOWENGART O, MILMAN A. Rural tourism in Israel: service quality and orientation [J]. Tourism management, 1999, 21 (8): 58-62.

[253] ROGER CLARK, GEORGE STANKEY. The recreation opportunity spectrum: a framework for planning, management and research [M]. Pacific northwest forest and range experiment station: US. Department of Agriculture Forest Service, 1979.

[254] SCHEYVENS R. Ecotourism and the empowerment of local communities [J]. Tourism management, 1999 (20): 388-396.

[255] SCLIEYVENS R. Tourism and poverty alleviation in Fiji: comparing the impacts of small – and large – scale tourism enterprises [J]. Journal of sustainable tourism, 2012, 20 (3): 417-436.

[256] SMITH M K. Seeing a new side to seasides: culturally regenerating the English seaside town [J]. International journal of tourism research, 2004, 6: 17-28.

[257] SNYDER K A. Tourism in Maasai communities: a chance to improvelive lihoods? [J]. Journal of sustainable tourism, 2011, 19 (8): 935-951.

[258] STEQHEN F. Tourism, the poor and other stakeholders: asian experience [J]. ODI fair trade in tourism paper, London: ODI, 2000.

[259] TAO HUI, LIU JIAMING, DENG YU, et al. TSOS model and space partition of tourism urbanization area—a case of the Mayangxi ecotourism area, Fujian province, China [J]. Journal of mountain science, 2017, 14 (3): 595-608.

[260] TIVY J. The concept and determination of carrying capacity of recreational

land in the use [Z]. CCS occasional paper, Perth: Countryside Commission for Scotland, 1972.

[261] VANESSA S. Ecotourism in the last indigenous Caribbean community [J]. Annals of tourism research, 2000 (2): 520-523.

[262] VON HAAREN C. Landscape planning facing the challenge of the development of cultural landscapes [J]. Landscape and urban planning, 2002, 60 (2): 73-80.

[263] WALL G, WRIGHT C. The environmental impact of outdoor recreation [D]. University of Waterloo, 1977.

[264] WILLIAMS A, HALL C. Tourism and migration: new relationships between production and consumption [J]. Tourism geographies, 2000, 2 (1): 5-27.

[265] WOODS M. Rural geography: processes, responses and experiences in rural restructuring [M]. London: Sage, 2005.

[266] XAVIER CATTARINICH. Pro-poor tourism initiatives in developing countries: analysis of secondary case studies [Z]. No. 8, 2001.

附 录

附录1 旅游发展（旅游城镇化）中社区参与情况调查问卷

尊敬的先生/女士：

您好！为促进武陵山区旅游产业以及乡镇可持续发展，中国科学院地理科学与资源研究所课题组设计了这份调查问卷。调研所有结果仅用于科学研究，您的个人信息我们将严格保密。真诚感谢您的大力支持和参与，并祝您生活愉快！

一、关于您的基本信息，请您在相应的选项序号例如"①"上打"√"。

Q1. **您的性别：**①男　　②女

Q2. **您的年龄：**①20岁以下　②21—30岁　③31—40岁　④41—50岁　⑤51—60岁　⑥60岁以上

Q3. **您的学历：**①初中及以下　②高中/中专　③大专　④本科　⑤硕士及以上

Q4. **您是否本地人：**①是　②否

二、关于您参与社区旅游发展的情况

1. 关于您的工作情况

Q5A. **您从事的工作与旅游相关吗：**①相关　②不相关（选此答案者可以不

回答 (Q5B)

  Q5B. **您从事的工作是**：①自主经营（餐馆、旅馆、农家乐、贩卖土特产和旅游纪念品）

    ②担任景区服务人员（导游、司机、保洁、服务员等）

    ③建设施工人员

  Q5C. **您家庭的年收入（元）**：①＜50000　②50000—80000　③80000—120000　④120000—200000　⑤＞200000

2. 关于旅游发展带来居住空间变化

Q6A. 是否因为旅游开发项目有过搬迁	①是　②否（选此答案者可以不回答 Q6B 与 Q6C）
Q6B. 搬迁的时间：	Q6C. 搬迁的地点：
Q7A. 是否得到生态移民补偿	①是　②否（选此答案者可以不回答 Q7B 与 Q7C）
Q7B. 补偿方式：	Q7C. 补偿数量：
Q8A. 是否有过土地的转让	①是　②否（选此答案者可以不回答 Q8B 与 Q8C）
Q8B. 转让的时间：	Q8C. 转让的方式：

  3. 关于您参与××旅游发展决策情况的一些说法，您同意这些说法吗？请在您的选项下面打"√"。（1＝非常同意　2＝同意　3＝不确定　4＝不同意　5＝非常不同意）

说法＼判断	1	2	3	4	5
Q9. 您参与了旅游开发和规划的讨论					
Q10. 您参与了旅游开发方式和方向的制订					
Q11. 您参与了旅游开发过程的管理和监督					
Q12. 您参与了旅游利益分配方案的讨论					
Q13. 您参与了旅游利益分配方案的制订					
Q14. 您为旅游发展提了意见和建议					
Q15. 您提的意见被采纳了					

4. 关于××（或您所在村镇）旅游发展给您和社区带来利益情况的一些说法，请在您的选项下面打"√"。(1=非常同意 2=同意 3=不确定 4=不同意 5=非常不同意)

选项＼判断	1	2	3	4	5
Q16. 发展旅游使你们的生活环境更好更方便了					
Q17. 旅游资源和环境得到了保护和改善					
Q18. 发展旅游使你们的地方传统和习俗等受到重视和保护					
Q19. 发展旅游让公共设施（道路、交通、电网等）得到了改善					
Q20. 旅游收入是您家的主要收入来源					
Q21. 您得到了旅游服务技能培训					
Q22. 您获得了更多工作机会和长期就业保障					
Q23. 您获得了旅游利益分配（例如分红、持股、补贴、生态补偿等）					
Q24. 您可以免费游览当地的旅游景点					
Q25. 学习了普通话，甚至英语，整体素质得到提高					
Q26A. 与外界多了交流和联系，增长了见识					

三、关于您对××旅游发展的看法,请在您的选项下面打"√"。
（1=非常同意　2=同意　3=不确定　4=不同意　5=非常不同意）

选项 \ 判断	1	2	3	4	5
Q26B. 地方习俗和传统很有特色					
Q27. 旅游资源丰富,您为此感到很自豪					
Q28. 当地居民很热情,大家相处很愉快					
Q29. 您喜欢这里,不愿离开这个地方					
Q30. 政府出台政策、法规支持居民参与旅游					
Q31. 政府为自主经营旅游项目的居民提供了资金扶持和保障					
Q32. 政府在旅游发展过程中起决定作用					
Q33. 政府在旅游开发过程中重视居民意见					
Q34. 当地的旅游发展水平较高					
Q35. 当地的旅游利益分配公平					
Q36. 旅游景区与居民关系融洽					
Q37. 您对当地旅游发展的前景有信心					
Q38. 您支持当地的旅游发展					
Q39. 愿意参与当地旅游发展					
Q40. 您认为旅游发展不仅能带来经济利益,还能带来环境和社会文化利益					
Q41. 您满意目前当地的旅游开发程度					
Q42. 您满意当前的旅游开发模式（旅游开发由谁主导？政府、旅游公司还是村委和居民）					
Q43. 您满意政府和旅游企业在旅游开发和经营中的做法					
Q44. 您觉得旅游开发给自己带来了更明显的幸福感					

四、您对旅游发展中如何提高社区居民参与程度的一些说法的同意程度。请在您的选项下面打"√"。如果您还有其他建议，请您将其写在后面的空栏中。(1＝非常同意　2＝同意　3＝不确定　4＝不同意　5＝非常不同意)

说法＼判断	1	2	3	4	5
Q45. 政府出台更多的惠民、利民政策					
Q46. 政府提供资金扶持（扶贫基金、无息或低息贷款）					
Q47. 多给居民提供旅游培训和就业机会					
Q48. 在旅游发展过程中多征求和采纳百姓的意见					
Q49. 改变开发模式，让居民参与决策					
Q50. 旅游利益可以多分给居民一些（如持股、分红、补贴、生态补偿等）					

其他建议：

非常感谢您的支持！

附录2 其他大型旅游项目调查问卷

2014年马洋溪调查问卷　　　　　　　　　　　问卷编码：_____

　　　　乡镇、村：_____

　　　　宾馆名称：_____

　　　　电话号码：_____

时间：_____　　　　访谈员：_____

旅游项目	开发时间	完工时间	开发商	投入资金	项目规划方	原用地类型

附录3 武陵山区旅游小城镇及地理坐标

序号	小镇名	分类	省（市）	纬度	经度
1	茅坪镇	A	湖北	30.822735°N	110.973377°E
2	屈原镇	A	湖北	30.930628°N	110.835784°E
3	归州镇	A	湖北	30.980159°N	110.716877°E
4	磨坪乡	E	湖北	30.808613°N	110.440352°E
5	九畹溪镇	D	湖北	30.807857°N	110.840439°E
6	龙舟坪镇	C	湖北	30.496125°N	111.166833°E
7	资丘镇	B	湖北	30.433804°N	110.690433°E
8	贺家坪镇	C	湖北	30.612561°N	110.838058°E
9	高家堰镇	B	湖北	30.609589°N	111.061723°E
10	鸭子口乡	B	湖北	30.445288°N	110.941285°E
11	渔峡口镇	C	湖北	30.251877°N	110.301131°E
12	五峰镇	B	湖北	30.204169°N	110.659583°E
13	长乐坪镇	B	湖北	30.177222°N	110.879068°E
14	采花乡	A	湖北	30.211776°N	110.455626°E
15	湾潭镇	A	湖北	30.044267°N	110.434651°E
16	渔洋关镇	A	湖北	30.044267°N	110.434651°E
17	红土乡	C	湖北	30.270176°N	109.918141°E
18	屯堡乡	B	湖北	30.377218°N	109.382403°E
19	太阳河乡	B	湖北	30.595188°N	109.518837°E
20	盛家坝乡	C	湖北	29.977032°N	109.227457°E

续表

序号	小镇名	分类	省（市）	纬度	经度
21	谋道镇	A	湖北	30.436686°N	108.694962°E
22	汪营镇	C	湖北	30.265327°N	108.705238°E
23	团堡镇	A	湖北	30.331788°N	109.142742°E
24	柏杨坝镇	A	湖北	30.472272°N	108.915537°E
25	福宝山生态综合开发区	B	湖北	30.221991°N	108.782592°E
26	南坪乡	D	湖北	30.425418°N	108.804352°E
27	凉雾乡	A	湖北	30.267513°N	108.830187°E
28	建南镇	A	湖北	30.432835°N	108.543333°E
29	忠路镇	A	湖北	30.017047°N	108.719724°E
30	业州镇	A	湖北	30.600517°N	109.717764°E
31	高坪镇	B	湖北	30.656118°N	110.072461°E
32	景阳镇	B	湖北	30.363122°N	110.012428°E
33	官店镇	C	湖北	30.237699°N	110.047129°E
34	花坪镇	B	湖北	30.452013°N	110.007413°E
35	信陵镇	A	湖北	31.040682°N	110.347617°E
36	沿渡河镇	B	湖北	31.217375°N	110.306616°E
37	官渡口镇	B	湖北	31.031831°N	110.193867°E
38	绿葱坡镇	B	湖北	30.813272°N	110.255997°E
39	野三关镇	C	湖北	30.612486°N	110.329892°E
40	水布垭镇	B	湖北	30.448541°N	110.335264°E
41	金果坪乡	A	湖北	30.288914°N	110.224578°E
42	珠山镇	C	湖北	29.989158°N	109.484831°E

续表

序号	小镇名	分类	省（市）	纬度	经度
43	长潭河侗族乡	B	湖北	30.030188°N	109.657252°E
44	椿木营乡	B	湖北	30.053178°N	109.831766°E
45	甲马池镇	B	湖北	29.511827°N	108.986899°E
46	丁寨乡	A	湖北	29.595779°N	109.058049°E
47	黄金洞乡	B	湖北	29.948677°N	109.088095°E
48	大路坝区	B	湖北	29.496125°N	108.933162°E
49	翔凤镇	A	湖北	29.506189°N	109.409906°E
50	百福司镇	D	湖北	29.197624°N	109.227593°E
51	漫水乡	B	湖北	29.275193°N	109.276362°E
52	旧司镇	A	湖北	29.426525°N	109.259901°E
53	革勒车镇	B	湖北	29.537791°N	109.264296°E
54	走马镇	A	湖北	29.817335°N	110.423047°E
55	严塘镇	B	湖南	27.390187°N	111.484021°E
56	塘田市镇	A	湖南	26.839314°N	111.239011°E
57	金石桥镇	C	湖南	27.577581°N	110.542056°E
58	司门前镇	A	湖南	27.484319°N	110.900029°E
59	滩头镇	A	湖南	27.256162°N	111.156383°E
60	岩口镇	C	湖南	27.650557°N	111.560857°E
61	虎形山瑶族乡	B	湖南	27.539734°N	110.707706°E
62	三阁司镇	C	湖南	27.080232°N	110.980651°E
63	罗洪乡	A	湖南	27.555068°N	110.082912°E
64	南岳庙镇	D	湖南	28.368995°N	110.021095°E

续表

序号	小镇名	分类	省（市）	纬度	经度
65	高沙镇	A	湖南	26.965601°N	110.683663°E
66	罗溪瑶族乡	B	湖南	27.060321°N	110.575845°E
67	红岩镇	B	湖南	26.887428°N	110.514628°E
68	在市苗族乡	A	湖南	26.497626°N	110.051589°E
69	关峡苗族乡	C	湖南	26.567297°N	110.282257°E
70	一渡水镇	D	湖南	26.631376°N	111.216667°E
71	水庙镇	C	湖南	26.467133°N	110.767205°E
72	崀山镇	D	湖南	26.297237°N	110.797937°E
73	长安营乡	D	湖南	26.268892°N	110.102874°E
74	白毛坪乡	B	湖南	26.257167°N	110.371021°E
75	荆竹铺镇	B	湖南	26.889516°N	110.761236°E
76	蒙泉镇	C	湖南	29.410201°N	111.485506°E
77	皂市镇	A	湖南	29.649563°N	111.241602°E
78	维新镇	A	湖南	29.754486°N	111.119572°E
79	壶瓶山镇	B	湖南	29.935086°N	110.783847°E
80	罗坪乡	B	湖南	29.754041°N	110.703735°E
81	子良乡	D	湖南	30.003847°N	111.224572°E
82	所街乡	C	湖南	29.871622°N	110.911044°E
83	零阳镇	A	湖南	29.420262°N	111.127538°E
84	溪口镇	D	湖南	29.224231°N	110.754846°E
85	象市镇	B	湖南	29.520046°N	110.844519°E
86	江垭镇	D	湖南	29.508032°N	110.776642°E

续表

序号	小镇名	分类	省（市）	纬度	经度
87	龙潭河镇	A	湖南	29.235797°N	111.083598°E
88	金坪乡	D	湖南	29.241298°N	110.969173°E
89	三官寺土家族乡	B	湖南	29.423386°N	110.662034°E
90	许家坊土家族乡	C	湖南	29.236985°N	110.662633°E
91	阳和土家族乡	B	湖南	29.258778°N	110.704844°E
92	瑞塔铺镇	D	湖南	29.411777°N	110.265931°E
93	管池坪镇	B	湖南	29.400068°N	110.165819°E
94	打鼓泉乡	B	湖南	29.452396°N	110.106942°E
95	刘家坪白族乡	B	湖南	29.452966°N	110.240093°E
96	天子山镇	C	湖南	29.403903°N	110.453197°E
97	中湖乡	B	湖南	29.356799°N	110.387133°E
98	沅古坪镇	C	湖南	29.008818°N	110.733813°E
99	王家坪镇	C	湖南	29.037905°N	110.826321°E
100	沙堤乡	D	湖南	29.184379°N	110.467396°E
101	合作桥乡	C	湖南	29.211331°N	110.586117°E
102	罗水乡	E	湖南	29.263292°N	110.268145°E
103	罗塔坪乡	D	湖南	29.181201°N	110.138103°E
104	梅城镇	A	湖南	28.133946°N	111.656406°E
105	大福镇	A	湖南	28.302846°N	111.900561°E
106	南金乡	C	湖南	28.199824°N	111.072424°E
107	中方镇	C	湖南	27.445829°N	109.954862°E
108	铜湾镇	C	湖南	27.583035°N	110.292664°E

续表

序号	小镇名	分类	省（市）	纬度	经度
109	新建乡	C	湖南	27.515565°N	110.191783°E
110	沅陵镇	A	湖南	28.454461°N	110.397508°E
111	五强溪镇	C	湖南	28.761828°N	111.030785°E
112	官庄镇	B	湖南	28.529395°N	110.922139°E
113	凉水井镇	B	湖南	28.424885°N	110.476823°E
114	麻溪铺镇	C	湖南	28.304657°N	110.354003°E
115	明溪口镇	D	湖南	28.629573°N	110.347561°E
116	荔溪乡	C	湖南	28.229875°N	110.467995°E
117	杜家坪乡	B	湖南	28.418595°N	110.803512°E
118	火场土家族乡	C	湖南	28.923141°N	110.554957°E
119	上蒲溪瑶族乡	A	湖南	27.602024°N	110.412766°E
120	龙潭镇	A	湖南	27.412817°N	110.545499°E
121	高椅乡	A	湖南	26.949088°N	110.023895°E
122	石羊哨乡	D	湖南	27.903611°N	109.660025°E
123	谭家寨乡	C	湖南	27.808084°N	109.698305°E
124	岩门镇	C	湖南	27.851203°N	109.751907°E
125	凉伞镇	E	湖南	27.087183°N	108.950823°E
126	林冲乡	D	湖南	27.277499°N	109.028043°E
127	五郎溪乡	B	湖南	27.557468°N	109.618057°E
128	渠阳镇	B	湖南	26.572783°N	109.694099°E
129	临口镇	B	湖南	26.242307°N	109.868119°E
130	黄岩	B	湖南	26.345285°N	109.347985°E

续表

序号	小镇名	分类	省（市）	纬度	经度
131	黔城镇	A	湖南	27.190554°N	109.818601°E
132	安江镇	A	湖南	27.313974°N	110.149075°E
133	托口镇	A	湖南	27.119344°N	109.637915°E
134	沅河镇	E	湖南	27.193588°N	109.679877°E
135	上梅镇	A	湖南	27.742721°N	111.304291°E
136	科头乡	C	湖南	27.662263°N	111.280163°E
137	维山乡	B	湖南	27.612754°N	111.300959°E
138	湄江镇	C	湖南	27.857952°N	111.794768°E
139	桥头河镇	B	湖南	27.816221°N	111.868376°E
140	杨市镇	B	湖南	27.631028°N	111.821125°E
141	白马镇	D	湖南	27.571741°N	111.703531°E
142	茅塘镇	B	湖南	27.579048°N	111.775267°E
143	禾青镇	E	湖南	27.604369°N	111.437138°E
144	渣渡镇	D	湖南	27.720168°N	111.576492°E
145	锋山镇	B	湖南	27.686252°N	111.434984°E
146	梓龙乡	B	湖南	27.683792°N	111.542234°E
147	白沙镇	E	湖南	28.216522°N	110.221149°E
148	浦市镇	A	湖南	28.078218°N	110.113069°E
149	阿拉营镇	B	湖南	27.902797°N	109.396473°E
150	山江镇	B	湖南	28.038789°N	109.471379°E
151	廖家桥镇	C	湖南	27.929028°N	109.522483°E
152	沱江镇	A	湖南	27.950782°N	109.593026°E

续表

序号	小镇名	分类	省（市）	纬度	经度
153	林峰乡	B	湖南	27.842489°N	109.534338°E
154	米良乡	C	湖南	28.237381°N	109.516272°E
155	落潮井乡	C	湖南	27.922943°N	109.347067°E
156	碗米坡镇	C	湖南	28.775943°N	109.495124°E
157	夯沙乡	B	湖南	28.417197°N	109.668186°E
158	古阳镇	A	湖南	28.613082°N	109.948157°E
159	默戎镇	A	湖南	28.482589°N	109.854205°E
160	红石林镇	A	湖南	28.705903°N	109.880614°E
161	芙蓉镇	A	湖南	28.740773°N	109.947651°E
162	塔卧镇	E	湖南	29.192062°N	109.962405°E
163	润雅镇	D	湖南	29.457663°N	109.443939°E
164	边城镇	A	湖南	28.501757°N	109.284481°E
165	排吾乡	B	湖南	28.373076°N	109.421235°E
166	矮寨镇	B	湖南	28.320776°N	109.598377°E
167	社塘坡乡	C	湖南	28.231564°N	109.621875°E
168	庙塘镇	B	贵州	28.559785°N	107.178544°E
169	新州镇	A	贵州	28.809896°N	107.360638°E
170	和溪镇	C	贵州	28.451123°N	107.448706°E
171	流渡镇	B	贵州	28.314669°N	107.515148°E
172	土坪镇	E	贵州	28.265892°N	107.372687°E
173	玉溪镇	B	贵州	28.890612°N	107.608626°E
174	三江镇	D	贵州	28.681985°N	107.490283°E

续表

序号	小镇名	分类	省（市）	纬度	经度
175	旧城镇	B	贵州	28.744313°N	107.689757°E
176	洛龙镇	B	贵州	29.070838°N	107.718959°E
177	大矸镇	A	贵州	28.990893°N	107.480053°E
178	都濡镇	C	贵州	28.528554°N	107.895737°E
179	大坪镇	D	贵州	28.586098°N	107.945743°E
180	蕉坝乡	B	贵州	28.803479°N	108.105032°E
181	泥高乡	C	贵州	28.695396°N	107.819691°E
182	龙泉镇	C	贵州	27.968586°N	107.723995°E
183	进化镇	C	贵州	27.797595°N	107.691276°E
184	琊川镇	C	贵州	27.689532°N	107.676833°E
185	花坪镇	D	贵州	28.032009°N	107.799196°E
186	绥阳镇	C	贵州	28.117228°N	107.752696°E
187	天桥乡	C	贵州	27.624066°N	107.841096°E
188	石径乡	B	贵州	27.975087°N	107.835564°E
189	湄江镇	C	贵州	27.772779°N	107.483146°E
190	马山镇	C	贵州	28.054589°N	107.589134°E
191	黄家坝镇	C	贵州	27.741787°N	107.425178°E
192	高台镇	C	贵州	27.620346°N	107.389421°E
193	白泥镇	D	贵州	27.219023°N	107.909211°E
194	大乌江镇	E	贵州	27.402499°N	107.713226°E
195	敖溪镇	A	贵州	27.528837°N	107.629095°E
196	松烟镇	B	贵州	27.612079°N	107.628388°E

续表

序号	小镇名	分类	省（市）	纬度	经度
197	花山苗族乡	D	贵州	27.350474°N	107.518531°E
198	和平土家族侗族乡	C	贵州	27.789158°N	109.101087°E
199	双江镇	B	贵州	27.704877°N	108.843051°E
200	太平土家族苗族乡	B	贵州	27.772899°N	108.801441°E
201	坝盘土家族苗族乡	B	贵州	27.718173°N	108.949081°E
202	亚鱼乡	D	贵州	27.508061°N	109.146022°E
203	汤山镇	A	贵州	27.524416°N	108.239341°E
204	本庄镇	D	贵州	27.546094°N	107.934817°E
205	白沙镇	B	贵州	27.487897°N	108.039686°E
206	花桥镇	C	贵州	27.534908°N	108.341011°E
207	中坝镇	B	贵州	27.464589°N	108.204262°E
208	国荣乡	A	贵州	27.476736°N	108.142887°E
209	石固仡佬乡	C	贵州	27.573188°N	108.452727°E
210	坪山仡佬族侗族乡	C	贵州	27.393382°N	108.231371°E
211	塘头镇	C	贵州	27.740582°N	108.200466°E
212	文家店镇	D	贵州	27.678363°N	108.009446°E
213	长坝镇	B	贵州	27.718149°N	107.956964°E
214	板桥镇	C	贵州	27.662108°N	108.201253°E
215	木黄镇	B	贵州	28.090781°N	108.701463°E
216	郎溪镇	B	贵州	30.977012°N	119.132421°E
217	缠溪镇	C	贵州	27.865135°N	108.471028°E
218	新业乡	E	贵州	28.047209°N	108.700365°E

续表

序号	小镇名	分类	省（市）	纬度	经度
219	永义乡	B	贵州	27.979848°N	108.590606°E
220	煎茶镇	B	贵州	30.381761°N	104.059654°E
221	潮砥镇	C	贵州	28.107678°N	108.246373°E
222	枫香溪镇	A	贵州	28.107678°N	108.246373°E
223	平原镇	B	贵州	28.212486°N	108.407804°E
224	复兴乡	B	贵州	28.095442°N	107.898182°E
225	桶井乡	C	贵州	28.322094°N	108.278324°E
226	荆角乡	C	贵州	28.357138°N	108.174528°E
227	和平镇	A	贵州	28.562458°N	108.500122°E
228	谯家镇	C	贵州	28.301754°N	108.460977°E
229	淇滩镇	A	贵州	28.490766°N	108.473558°E
230	夹石镇	C	贵州	28.338008°N	108.342624°E
231	洪渡镇	A	贵州	28.964379°N	108.324211°E
232	黑獭乡	D	贵州	28.633212°N	108.514042°E
233	甘溪乡	C	贵州	28.392265°N	108.432344°E
234	中寨乡	B	贵州	28.606871°N	108.178915°E
235	黄土乡	B	贵州	28.708417°N	108.277251°E
236	后坪乡	C	贵州	28.992335°N	108.148731°E
237	蓼皋镇	A	贵州	28.172586°N	109.216528°E
238	盘信镇	C	贵州	28.025177°N	109.246392°E
239	普觉镇	A	贵州	27.980685°N	108.991823°E
240	寨英镇	C	贵州	27.948557°N	108.920268°E

续表

序号	小镇名	分类	省（市）	纬度	经度
241	迓驾镇	B	贵州	28.457842°N	109.196307°E
242	牛郎镇	C	贵州	27.900251°N	109.172573°E
243	正大乡	D	贵州	27.966688°N	109.287399°E
244	瓦溪乡	C	贵州	28.402957°N	108.708386°E
245	万山镇	B	贵州	27.522935°N	109.211409°E
246	高楼坪侗族乡	B	贵州	27.496029°N	109.189188°E
247	社坛镇	D	重庆	29.994161°N	107.627668°E
248	高家镇	D	重庆	30.023855°N	107.871073°E
249	包鸾镇	C	重庆	29.767415°N	107.690171°E
250	南天湖镇	C	重庆	29.704372°N	107.930463°E
251	都督乡	C	重庆	29.636187°N	108.125242°E
252	太平坝乡	D	重庆	29.726792°N	108.163053°E
253	西沱镇	A	重庆	30.405365°N	108.220896°E
254	黄水镇	C	重庆	30.245985°N	108.401925°E
255	鱼池镇	B	重庆	30.268781°N	108.234395°E
256	三河镇	C	重庆	30.041693°N	108.194331°E
257	冷水镇	B	重庆	30.135424°N	108.557867°E
258	三星乡	C	重庆	29.900795°N	108.119164°E
259	枫木乡	B	重庆	30.254907°N	108.496751°E
260	清溪场镇	D	重庆	28.411798°N	108.921972°E
261	溶溪镇	B	重庆	28.529855°N	108.892324°E
262	石堤镇	B	重庆	28.719101°N	109.191289°E

续表

序号	小镇名	分类	省（市）	纬度	经度
263	洪安镇	B	重庆	28.501393°N	109.275451°E
264	兰桥乡	C	重庆	32.958632°N	116.936042°E
265	涌洞乡	C	重庆	28.612992°N	109.133598°E
266	兴隆镇	C	重庆	29.262621°N	109.050847°E
267	丁市镇	C	重庆	28.777885°N	108.556406°E
268	龚滩镇	A	重庆	28.913345°N	108.359377°E
269	苍岭镇	D	重庆	29.004494°N	108.610779°E
270	偏柏乡	C	重庆	29.034764°N	109.105883°E
271	木叶乡	B	重庆	29.259453°N	108.998962°E
272	万木乡	B	重庆	28.636169°N	108.507213°E
273	官清乡	C	重庆	28.622464°N	108.697479°E
274	楠木乡	B	重庆	28.611826°N	108.774823°E
275	郁山镇	A	重庆	29.536144°N	108.437634°E
276	高谷镇	B	重庆	29.395842°N	108.086853°E
277	鹿角镇	B	重庆	29.137521°N	108.295674°E
278	长生镇	B	重庆	29.360551°N	108.330405°E
279	小南海镇	D	重庆	29.648021°N	108.741616°E
280	阿蓬江镇	B	重庆	29.161692°N	108.758887°E
281	石会镇	B	重庆	29.576013°N	108.628463°E
282	黎水镇	B	重庆	29.830669°N	108.654076°E
283	马喇镇	C	重庆	29.287178°N	108.862894°E
284	濯水镇	B	重庆	29.303589°N	108.780049°E

续表

序号	小镇名	分类	省（市）	纬度	经度
285	杉岭乡	B	重庆	29.738411°N	108.629138°E
286	江口镇	B	重庆	29.244319°N	107.885967°E
287	仙女山镇	E	重庆	29.434916°N	107.775022°E
288	庙垭乡	B	重庆	29.449424°N	107.331577°E
289	石桥苗族土家族乡	B	重庆	29.190571°N	107.836544°E

后　记

本书初稿成形于五年前的春天我从中科院地理科学与资源研究所毕业前的博士论文。2017年2月底，我从湖北赶回北京，将尚在襁褓中的小与留在父母老家，进入研究成文最艰苦的阶段。如今再想起当初文思不畅、方法受阻以及其他写作之波折，都变得微不足道。相反，此时再回味那段时光，竟变得尤其充实有趣，价值非凡了。

首先要感谢的是中科院地理科学与资源研究所的刘家明研究员。刘老师是我的博士导师，也是我在地理学这个学科领域的启蒙者。自本书构思之初，老师就提出了东西部乡村旅游发展路径差异性的探讨主题，并于成文的过程中始终在旁给予了活泼且批判性的教导。在此书出版之际，谨向恩师致以最衷心的感谢！

2017年秋我求学于麻国庆教授门下从事旅游人类学博士后研究，其间在麻老师的指引下，我对于地理"空间"的研究范式有了人文关怀的转向。本书的书名《流动的乡土：景观·小镇·村落》是在老师指导下确定的。老师精湛深厚的学识见地与博大自由的思维方式，将一直指引我成长！

本书的写作受惠于作者博士四年就读的中科院地理所这个一流的科研平台，尤其感谢陈田研究员、蔡建明研究员、钟林生研究员和任国柱老师等在我研究的不同阶段给我许多中肯的建议和启发。老师们国际化的视野，前沿而精湛的学术造诣，严谨勤奋的治学风格深深影响着我，帮助我开启了人文地理学的认知窗口。

感谢中央民族大学提供多元化的研究交流机会，以及对青年学者们的科研资助，让本书得以出版！

在田野调查中得到了很多人的帮助，我对他们心怀感激！田野中的每一份"遇见"，都为这项研究的顺利开展提供了丰富且珍贵的科研数据。

作为一名母亲，一名女性科研者，事实上一边抚育幼子一边做研究对我们而

后　记

言异常艰难。在此，尤其感谢父母给我最深厚的爱，你们一直以来无私、坚定、默默地支持着我，为我分担生活的重担，你们是我永远的港湾、我的榜样、我心底最柔软之所在。感谢弟弟对我的鼓励，初来北京求学那一年冬天你在送我的小本扉页上写下的："山高水长，更加勇敢、更加坚强"这句话，时刻给我力量，与你共勉！

感谢我的爱人王欣欣，是你温和笃定的陪伴，让我从不惶恐，从不落寞。

感谢王容与小朋友，你让我的生命更有意义，让未来的每一天充满了新的希望。愿你如名字的寓意一样，怡然自得，快乐成长。

谨以此书献给所有关怀、帮助、支持、鼓励我的亲人、师长、学友和朋友们！

陶　慧

2021 年 6 月 1 日